Arbeitsmarkt und Herrschaftsapparat
in Guatemala 1920-1940

HISPANO-AMERICANA
Geschichte, Sprache, Literatur

Herausgegeben von
Walther L. Bernecker, Martin Franzbach,
José María Navarro und Dieter Reichardt

Band 19

PETER LANG
Frankfurt am Main · Berlin · Bern · New York · Paris · Wien

Peter Fleer

Arbeitsmarkt und Herrschaftsapparat in Guatemala 1920-1940

PETER LANG
Europäischer Verlag der Wissenschaften

Die Deutsche Bibliothek - CIP-Einheitsaufnahme

Fleer, Peter:

Arbeitsmarkt und Herrschaftsapparat in Guatemala 1920-1940 /
Peter Fleer. - Frankfurt am Main ; Berlin ; Bern ; New York ;
Paris ; Wien : Lang, 1997
   (Hispano-Americana ; Bd. 19)
   Zugl.: Bern, Univ., Diss., 1997
   ISBN 3-631-32158-9

ISSN 0943-6022
ISBN 3-631-32158-9
© Peter Lang GmbH
Europäischer Verlag der Wissenschaften
Frankfurt am Main 1997
Alle Rechte vorbehalten.

Das Werk einschließlich aller seiner Teile ist urheberrechtlich
geschützt. Jede Verwertung außerhalb der engen Grenzen des
   Urheberrechtsgesetzes ist ohne Zustimmung des Verlages
      unzulässig und strafbar. Das gilt insbesondere für
Vervielfältigungen, Übersetzungen, Mikroverfilmungen und die
      Einspeicherung und Verarbeitung in elektronischen Systemen.

Printed in Germany 1 2 4 5 6 7

Für meine Eltern

Vorwort

Guatemala polarisiert. Man ist aufgefordert, Stellung zu beziehen: für die Indianer oder die *ladinos*, für die Armen oder die Reichen, für die Linken oder die Rechten, für die Guerilla oder die Armee, für die Demokratie oder die Diktatur. Eine klare Stellungnahme heißt jedoch oft Ausblenden von komplexen Zusammenhängen und Problemen. Dagegen laufen scheinbare Unvoreingenommenheit und nüchterne Analyse leicht Gefahr, Gegensätze auszuglätten - dort Vermittlung zu suchen, wo es nichts zu vermitteln gibt. Als eines der ärmsten Länder der westlichen Hemisphäre stellt Guatemala uns unerbittlich vor die Frage nach den Gründen für Ungerechtigkeit, Unterdrückung, Unterentwicklung und Ausbeutung. Wohl jede Auseinandersetzung mit Lateinamerika, und Guatemala im besonderen, beginnt irgendwo am Anfang mit diesem Erkenntnisinteresse. So ist auch diese Arbeit ein Versuch, den Ursachen von Unterentwicklung und Gewaltherrschaft etwas näher zu kommen. Sie handelt vom indianischen Widerstand gegen die fortschreitende Unterwerfung unter die Herrschaft der ladinischen Kaffeeoligarchie. Nach dem Ende des über dreißigjährigen Bürgerkriegs erscheint das im folgenden Dargestellte als das Gegenstück zum nun eingeleiteten Friedensprozeß, dessen Ziel die Eroberung verlorener ökonomischer Ressourcen und neuer politischer Rechte durch die indianische Bevölkerung sein muß.

Es ist selbstverständlich, daß diese Arbeit nur dank der Hilfe und Unterstützung zahlreicher Personen zustandekam. Nur einem kleinem Teil von ihnen sei an dieser Stelle namentlich gedankt: Prof. Dr. Walther L. Bernecker für die stete Ermutigung und große Geduld; Prof. Dr. Hans-Werner Tobler für die spontane Übernahme des Korreferats; Franz Binder für die moralische Unterstützung in der täglichen Archivarbeit und die kundige Einführung in die *scientific community* Guatemalas; Dr. Julio Pinto Soria für das Interesse, das er meiner Arbeit entgegenbrachte und die anregenden, leider zu kurzen, Gespräche in seinem Büro; Enrique Gordillo für die unbürokratische Hilfe bei der Benutzung der Bibliothek des IIHAA; Hector Conchoa für die Einführung in das *Registro General de Propiedad Inmueble*; Ana Carla Ericastilla, die bei der Suche nach verschollenen *legajos* im Staub des *depósito* des AGCA ihre Gesundheit aufs Spiel setzte. Nicht vergessen sei auch der Dank an Dr. Markus Glatz, dessen kritische Anregungen die Qualität des Manuskripts zu verbessern vermochten. Finanzielle Unterstützung erhielt das Forschungsprojekt vom Feldarbeiten-Fonds der philosophisch-historischen Fakultät der Universität Bern, der einen Teil der Kosten für die Archivarbeit in Guatemala übernahm.

Besonderen Dank schulde ich ferner Don Ricardo und Doña María Teresa Toledo Palomo sowie Pablo und Lylian Girón, die mir viele Türen aufstießen, nicht zuletzt diejenige zum guatemaltekischen Herzen. Gleiches gilt für alle, die ich im Zusammenhang mit dem "Club Montes" kennenlernen durfte. Zuletzt bleibt mir noch der Dank an meine Frau Hanni und an Eva, Rita und Samuel, die Partner und Vater zu oft entbehren mußten und ohne deren Großmut die vorliegende Arbeit kaum entstanden wäre.

Meiringen, im Juni 1997

Inhalt

Verzeichnis der Karten, Tabellen, Diagramme und Figuren   10

Einleitung   13

Teil I
1. Wirtschaft, Gesellschaft und Staat 1870-1940   27
2. Methode und Theorie   45
3. Das regionale System Zentral-West Guatemalas   65

Teil II
4. Die *municipios* des Hochlandes   83
5. Die indianische Wirtschaft   107
6. Formen der Zwangsarbeit   137

Teil III
7. Die Kaffeefincas der *boca costa*   165
8. Die *cafetaleros*   197
9. Von der "Schuldknechtschaft" zum "freien Markt"   217

Zusammenfassung   239
Abkürzungen und Siglen   243
Umrechnung von Maßen und Einheiten   244
Quellen- und Literaturverzeichnis   245

Verzeichnis der Karten, Tabellen, Diagramme und Figuren

Karten

Karte 1	Guatemala: Kaffeeanbaugebiete	67
Karte 2	Region Zentral-West Guatemala	68

Tabellen

Tabelle 3.1.	Prozentanteil der Kaffeefincas nach der Fläche	75
Tabelle 3.2.	Wichtigste Unternehmungen mit *fincas* in der Region Zentral-West Guatemalas zwischen 1920 und 1940	77
Tabelle 3.3.	Verteilung des Bodenbesitzes nach Departementen	79
Tabelle 3.4.	Chimaltenango: Zusammenhang zwischen *milpa*, *cafetales* und durchschnittlicher Fläche pro *finca*	80
Tabelle 3.5.	Besitzverhältnisse der Hochlanddepartemente	81
Tabelle 4.1.	Polizeibestände in den Departementen Sololá, Sacatepéquez und Chimaltenango im Jahr 1937	103
Tabelle 5.1.	Wirtschaftliche Spezialisierung der *municipios* des Departements Sololá	108
Tabelle 5.2.	Milpafläche und Maisproduktion im Departement Sololá	125
Tabelle 5.3.	Bevölkerungsentwicklung im Departement Sololá 1893-1950	127
Tabelle 5.4.	Bevölkerungsentwicklung im Departement Sololá 1930-1939	128
Tabelle 5.5.	Milpaland pro Familie	132
Tabelle 7.1.	Jährlicher Arbeitszyklus einer Kaffeefinca	166
Tabelle 7.2.	Kaffeefincas: Produktion und Flächenerträge	168
Tabelle 7.3.	Modellbilanz der ersten zehn Jahre einer mittelgroßen Kaffeefinca	172
Tabelle 7.4.	Laufende Kosten einer Modellfinca im 6. Betriebsjahr	179

Tabelle 7.5.	Kosten für einen Mann-Arbeitstag eines *cuadrillero*		186
Tabelle 9.1.	Gerichtsverfahren wegen Vagabundismus im Departement Sacatepéquez 1940		231

Diagramme

Diagramm 5.1.	Maispreise 1926-1940	122
Diagramm 5.2.	Saisonale Preisfluktuationen	123
Diagramm 6.1.	*Semanas de Vialidad*	143
Diagramm 7.1.	Kreditvolumen 1925-1936	175
Diagramm 7.2.	Handänderungen von *fincas rústicas* im Departement Suchitepéquez 1920-1935	177
Diagramm 7.3.	Taglohn der Kafeearbeiter 1920-1940	180
Diagramm 7.4.	Kaffeepreise 1870-1940	194
Diagramm 8.1.	Saisonale Arbeitskräfte: Angebot und Nachfrage	211

Figuren

Figur 2.1.	Lohn-Mengen-Diagramm des neoklassischen Arbeitsmarktmodells	48
Figur 2.2.	Arbeitskraftangebot bei voller Subsistenzsicherung und ohne eigene Subsistenzbasis	52
Figur 2.3.	Verhältnis von Legitimität und Repression in Herrschaftsbeziehungen	56
Figur 3.1.	Region Zentral-West Guatemala	70
Figur 5.1.	Mais: Saat und Ernteperioden in verschiedenen *municipios*	116
Figur 9.1.	Arbeitsmarkt: *habilitaciones*-System	225
Figur 9.2.	Arbeitsmarkt: Vagabundengesetz	226
Figur 9.3.	Zusammenhang zwischen Produktionsweisen und Arbeitsverhältnis	227
Figur 9.4.	Typologie der Arbeitsverhältnisse	228
Figur 9.5.	Renten auf dem Arbeitsmarkt bei elastischem und inelastischem Arbeitskräfteangebot	235

Einleitung

Seit den letzten zwanzig Jahren kommt Guatemala immer wieder in die Schlagzeilen der amerikanischen und europäischen Medien. Die Themen sind immer die gleichen: Militärdiktatur, Menschenrechtsverletzungen, Flüchtlingselend, Guerillakrieg, Armut, Marginalisierung. Am Anfang dieses Interesses stehen zwei Ereignisse, die ganz Lateinamerika zuoberst auf die Agenda der internationalen Politik rückten. 1954 setzte der von der Eisenhower-Administration unterstützte Militärputsch dem ersten demokratischen Entwicklungsversuch Guatemalas ein blutiges Ende. 1959 erschütterte die erfolgreiche kubanische Revolution die Vorherrschaft der USA in der Region. Dadurch stand Guatemala plötzlich im Brennpunkt des Kalten Krieges, gleich hinter Kuba. Für die europäische Linke wurde Guatemala zum Schandmal des us-amerikanischen Imperialismus, sozusagen das idealtypische Gegenstück zu Kuba. Für die Rechte hatte Guatemala die Richtigkeit der Dominotheorie bestätigt und das militärische Eingreifen gerechtfertigt.

Die politische und ideologische Brisanz der Geschehnisse in Guatemala seit 1954 gaben den Anlaß für zahlreiche Studien, die die jüngste Geschichte des Landes aufarbeiten.[1] Dabei werden die Errungenschaften und Versäumnisse der zehnjährigen demokratischen Regierungsperiode unter Juan José Arévalo (1945-1951) und Jacobo Arbenz (1951-1954) kritisch gewürdigt und die gesellschaftliche Polarisierung und wirtschaftliche Unterentwicklung den folgenden Militärdiktaturen angelastet. Tatsächlich zerstörte der Putsch von 1954 die Hoffnung Guatemalas auf eine Entwicklung, die in Anlehnung an die keynesianisch-fordistischen Modelle der sozialen Marktwirtschaft der Industrienationen eine breitere Streuung des Wohlstandes und eine Ausweitung des Konsumgütermarktes anstrebte. Die wachsende Mittelschicht, soziale Grundlage für den demokratischen Konsens, wurde politisch entmachtet und sozial korrumpiert.[2]

Die Zerstörung des demokratischen Experiments bedeutete im Grunde die Rückkehr zum liberal-oligarchischen Entwicklungsmodell, das seit dem Sturz der dreißigjährigen konservativen Herrschaft im Jahre 1871 die Geschichte Guatemalas bestimmte. Die Militärregimes nach 1954 knüpften an die letzte liberale Diktatur unter Jorge Ubico (1931-1944) an. Die wirtschaftliche Orientierung auf den Export von Agrarprodukten wurde festgeschrieben, die Verwaltung weiter zentralisiert und die Penetration der Gesellschaft durch den Staat vorangetrieben. Die politische Macht konzentrierte sich in den Händen der Exportoligarchie und

---

1   Vgl. etwa: Gleijeses 1992; Jonas 1991; Carmack (Hg.)1988; Plant 1978; Fried/Gettleman/Levenson/Peckenham 1983; Smith (Hg.) 1990; Handy 1984.

2   Zu einer ähnlichen Einschätzung der Mittelschichten kommt im zentralamerikanischen Kontext auch Torres Rivas 1976: 116.

der Militärs. Hatte das Herrschaftsgefüge des guatemaltekischen Liberalismus noch bis in die 40er Jahre hinein auf verhältnismäßig geringem Gewaltniveau stabilisiert werden können, bedrohten nach 1954 die veränderten und sich beschleunigt wandelnden sozio-ökonomischen Bedingungen den oligarchischen Staat. Neben Kaffee traten Baumwolle und Zuckerrohr als wichtige Exportprodukte. Infolge des demographischen Wachstums verloren immer mehr indianische Kleinbauern ihre Subsistenzbasis und migrierten als marginalisiertes und unterbeschäftigtes Proletariat in die Hauptstadt. Die demokratische Öffnung unter Arévalo und Arbenz hatte nicht nur die städtischen Mittelschichten mobilisiert, sondern auch Teile der ländlichen Bevölkerung politisiert. In den 60er Jahren spitzten sich die sozialen und politischen Spannungen zum bewaffneten Konflikt zu. Dessen gewaltsame Niederschlagung stärkte das Selbstvertrauen der Generäle und trieb die Militarisierung des Staates voran. Die Armee war nicht mehr willfähriges Instrument der Regierung wie noch zu Zeiten Ubicos, sondern trat nun als eigenständiger Machtpol auf. Piero Gleijeses beschreibt die Veränderung des Herrschaftsgefüges mit dem im lateinamerikanischen Kontext vielsagenden Bild einer Geschlechtsumwandlung. War die Armee nach 1954 die Braut der Oligarchie, wuchsen ihr im Gefolge der Guerillabekämpfung Schnurrbart und Muskulatur; seit den späten 70er Jahren verkörperte die Armee den "*macho*" der guatemaltekischen Gesellschaft. Sie war die stärkste "politische Partei" und kontrollierte als einzige wirksame Ordnungsmacht des Staates sowohl die ländlichen Gebiete wie das nationale Budget [Gleijeses 1992: 386]. Der autoritäre Staat verhinderte, daß der gesellschaftliche Wandel sich im oligarchischen Herrschaftsgefüge niederschlug.

Wie weit die Militärs und die herrschenden Schichten zur Verteidigung des liberal-oligarchischen Projekts zu gehen bereit waren, zeigte sich anfangs der 80er Jahre, als der Antiguerillakrieg das Tor zum Genozid an der indigenen Bevölkerung aufstieß. Der darauf folgende Übergang zu einer zivilen Regierung unter formal demokratischem Verfassungsrecht bedeutete keinen historischen Bruch. Es war vielmehr der Versuch, das durch die Politik der verbrannten Erde erzeugte repressive Klima auszunutzen, um mit einer begrenzten politischen Öffnung die Legitimationsbasis für das liberal-oligarchische Projekt zu erweitern. Die Verfassung von 1985 garantierte zwar die formellen politischen Rechte, gleichzeitig wurde aber auch der Armee freie Hand in der Bekämpfung der Guerilla gegeben. Sie konnte daher de facto als Veto-Macht auftreten und die Grenzen des demokratischen Handlungsspielraums bestimmen. Gewalt, ausgeübt von der Armee selbst oder von ultrareaktionären Todesschwadronen, blieb nach wie vor das wichtigste Element der Herrschaftssicherung. Sie änderte jedoch ihre Form und wandelte sich vom Instrument des generalisierten Terrors zu einem makabren Nachrichtensystem, das - selektiv angedroht oder gegen einzelne Aktivisten gesellschaftlicher Basisorganisationen eingesetzt - ganze Bevölkerungsgruppen einzuschüchtern vermochte [Jonas 1991: 154-167]. Die zivilen staatlichen Institutionen blieben schwach und außerstande wirksam zu handeln. Der "demokratische" Staat absorbierte zwar die sozialen Konflikte, aber er konnte sie angesichts seines engen Handlungsspielraumes nicht entschärfen. Derart aufgeladen mit unvermittelten politischen Gegensätzen geriet er in eine Lage, in der sich die verschiedenen Machtblöcke gegenseitig in Schach hielten. Der kalte Staatsstreich von Serrano Elías im März 1993 war der gescheiterte Versuch, diesen gordischen Knoten im Interesse der Oligarchie zu durchtrennen.

Bemerkenswert und für unseren Zusammenhang von Bedeutung ist die Tatsache, daß die begrenzte "Demokratisierung" zur Blockierung des politischen Systems führte, die den "demokratischen" Staat handlungsunfähig machte. In diesem Punkt scheint sich die Geschichte zu wiederholen. Bereits in den 1920er Jahren kam es nach dem Sturz der Estrada Cabrera-Diktatur (1898-1920) zu einer begrenzten politischen Öffnung. Mit der gebotenen Vorsicht könnte man sie als das erste "demokratische Experiment" der neueren Geschichte Guatemalas bezeichnen.[3] Das exekutive Machtmonopol wurde aufgeweicht, das Parlament und mit ihm die politischen Parteien aufgewertet. Meinungs- und Redefreiheit belebten die Presse. Eine kommunistische Partei wurde gegründet. Gewerkschaften organisierten Streiks. Konflikte zwischen unterschiedlichen Interessen und Ideologien traten offen zu Tage [Pitti 1975: 77-87, 263-285; Taracena Arriola 1989: 49-63]. Der Machtverlust der Exekutivgewalt war jedoch nicht der Auftakt zur Stärkung der zivilen Gesellschaft und Demokratisierung der Politik, sondern führte zu Ineffizienz und Korruption innerhalb der staatlichen Verwaltung und zur völligen Handlungsunfähigkeit des politischen Systems. Erst die Ubico-Diktatur (1931-1944) vermochte, um den Preis allerdings der vollständigen Entmachtung von Parlament und ziviler Gesellschaft, wirkungsvolles staatliches Handeln wieder zu ermöglichen. Dies war nicht bloß wegen der Auswirkungen der Weltwirtschaftskrise von Bedeutung, sondern auch und vor allem wegen des seit dem Sturz Estrada Cabreras stets wachsenden Handlungsbedarfs in der Sozial- und Wirtschaftspolitik des Landes. Gelang 1924 dank us-amerikanischem Druck noch die Reform des Geldwesens, kamen andere dringend erforderliche Reformen wie die Modernisierung des Bankensystems oder die Umgestaltung des Arbeitsrechts nicht voran. Die staatliche Verwaltung blieb korrupt und ineffizient. Der Ausbau des Verkehrswesens war bescheiden. Unter Ubico wurden längst geforderte Lösungsansätze für diese Probleme in die Tat umgesetzt. Die staatliche Verwaltung wurde gestrafft, die Kontrolle und Repression gegenüber den Bürgern vertieft, das Straßenbauwesen reorganisiert und das Arbeitsrecht auf eine neue Grundlage gestellt.

---

3   Es braucht wohl nicht betont zu werden, daß hier nicht einem einfachen historischen Determinismus im Sinne "der Wiederkehr des ewig Gleichen" das Wort geredet wird. Auch sei an dieser Stelle vor vorschnellen historischen Vergleichen gewarnt. Die sozio-ökonomischen und politischen (insbesondere auch die weltpolitischen) Umstände hatten sich zwischen den 20er und 50er Jahren grundlegend geändert.

Besonders der letztgenannte Problemkreis ist von besonderer Bedeutung für die historische Forschung über Guatemala.[4] Der Bruch mit traditionellen schuldknechtschaftähnlichen Praktiken (*habilitaciones*-System) und die rechtliche Festschreibung der "freien Lohnarbeit" als einzige legale Form der Arbeitsbeziehungen waren Ausdruck langfristiger sozio-ökonomischer Prozesse und standen in Zusammenhang mit politischen und kulturellen Herrschaftsproblemen, die über die eigentlichen Arbeitsbeziehungen hinausreichten. Der Wandel in den Arbeitsbeziehungen betraf die Kaffeeplantagenbesitzer (*finqueros*, darunter auch ausländische Gesellschaften) als Arbeitgeber ebenso wie die indigenen Kleinbauern des Hochlandes, die sich zur saisonalen Arbeit auf den Plantagen verdingen mußten.

Damit rücken die zwei wichtigsten Sektoren der tief gespaltenen guatemaltekischen Gesellschaft ins Blickfeld. Die Kaffeepflanzer repräsentierten den nach außen orientierten ladinisch dominierten Exportsektor, der den Gesetzmäßigkeiten des kapitalistischen Weltmarktes unterlag. Die *finqueros* waren urban, nationalstaatlich orientiert und gehörten im weitesten Sinne dem nordatlantischen Kulturkreis an. Die Maisbauern des Hochlandes bildeten den indianisch geprägten Subsistenzsektor, der als eine marktorientierte Kleinwarenwirtschaft (*petty commodity economy*) funktionierte. Die Indianer waren rural, gemeinschaftlich orientiert und verkörperten eine autochthone Kultur. In der sozialen Hierarchie standen sie an unterster Stelle. Sie verfügten nur über sehr beschränkte ökonomische und politische Ressourcen, um ihre Interessen im Staat geltend zu machen. Die politische Macht wurde von der Kaffeeoligarchie und dem Militär monopolisiert.

Das eben gezeichnete Bild einer dualen Gesellschaft kann nicht mehr sein als eine erste Orientierung. Zum einen existierten zwischen dem Export- und Subsistenzsektor zahlreiche Verbindungen und Wechselwirkungen, zum anderen läßt sich keiner der beiden Sektoren ausschließlich auf seine Export- bzw. Subsistenzorientierung reduzieren. Diese Feststellung ist eine methodische Verpflichtung. Erst die Untersuchung beider Sektoren als Ganzes gibt den Blick frei auf die tieferen Zusammenhänge und Prozesse der guatemaltekischen Geschichte. Dabei reicht es nicht aus, nur zu fragen, inwieweit die indianischen Bauern von den Konjunkturen im Exportsektor betroffen waren. Die Produktionsorganisation der Exportwirtschaft und die Form der von ihr implementierten Herrschaftsverhältnisse waren nicht bloß eine von äußeren Faktoren (kapitalistische Produktionslogik, Weltmarkt) gegebene Größe, sondern hingen ebensosehr von den sozio-kulturellen Gegebenheiten des Subsistenzsektors ab. Zusammen bildeten Export- und Subsistenzsektor ein komplexes System. Darauf wird später zurückzukommen sein.

---

4 Ausgehend von verschiedenen Gesichtspunkten betonen mehrere Autoren die Bedeutung des Arbeitsproblems. Vgl. hierzu: Pitti 1975: 487; McCreery 1994: 245; Samper 1993: 64; Naylor 1967: 227; Smith 1979: 589; Wolf 1969: 277.

Der Anspruch, Export- und Subsistenzsektor als Ganzes zu untersuchen, bedeutet nicht die Absicht, eine Gesamtschau der guatemaltekischen Gesellschaft geben zu wollen. Im Gegenteil erfordert die differenzierte Untersuchung der Wechselwirkungen zwischen den beiden Sektoren Einschränkungen nach mehreren Seiten. Nur dadurch ist es möglich, zu einer quellenmäßig abgestützten Datendichte zu kommen, die die Feinheiten des Systems zuverlässig wiedergibt und auch quantitativ-statistische Angaben zuläßt. Aus diesen Überlegungen habe ich meinen Untersuchungsgegenstand zunächst zeitlich auf die 20er und 30er Jahre dieses Jahrhunderts begrenzt. Die gut zwei Jahrzehnte zwischen dem Sturz Estrada Cabreras 1920 und dem Sturz Ubicos 1944 stellen in der Geschichte Guatemalas eine Phase des beschleunigten sozialen und politischen Wandels dar. Die demographische Entwicklung im indianischen Hochland und die starken Konjunkturschwankungen auf den Weltmärkten führten das liberal-oligarchische Projekt des 19. Jahrhunderts an einen kritischen Punkt. Die Grenzdaten von 1920 bzw. 1940 ergeben sich aus einer wirtschaftsgeschichtlichen Periodisierung. 1920 markiert nicht nur den Sturz der Estrada Cabrera Diktatur, sondern auch eine schwere Krise der Kaffeewirtschaft. Absichtlich habe ich die Studie nicht bis zum Jahr 1944 weitergeführt, weil erstens die wichtigen sozio-ökonomischen Trends bis 1940 klar genug herausgearbeitet werden können und zweitens die ubiquistische Reorganisation des Staatsapparates und der Arbeitsbeziehungen bis zu diesem Zeitpunkt abgeschlossen waren. Ferner bedeutete die Schließung der europäischen Märkte infolge des Zweiten Weltkrieges und die Ausrichtung auf den nordamerikanischen Markt eine neue Aera in der guatemaltekischen Kaffeeproduktion.[5] Nicht zuletzt ist darauf hinzuweisen, daß der Sturz Ubicos und die Ereignisse, die zum ersten demokratischen Regime in der Geschichte Guatemalas führten, gut dokumentiert sind.[6] Im Rahmen meiner Arbeit könnte hier kaum Neues zu Tage gebracht werden.[7]

Einschränkungen mußten auch in thematischer und geographischer Hinsicht vorgenommen werden. Thematisch beschränke ich mich auf die Darstellung der Arbeits- und Herrschaftsbeziehungen im Zusammenhang mit der Kaffeeproduktion. Kaffee war mit Abstand das wichtigste Exportprodukt Guatemalas. Von seinen Konjunkturen hing nicht nur die gesamte Wirtschaft, sondern auch der Staat ab. Die Betonung des Faktors Arbeit rechtfertigt sich durch dessen zentrale gesellschaftliche Bedeutung. In keinem anderen Bereich äußerten sich die Vertei-

---

5 Vgl. hierzu auch LaFeber 1984:78.

6 Von den zahlreichen Werken, die sich mit dieser Zeit befassen, seien hier nur zwei Arbeiten neueren Datums angegeben: Karlen 1991: 403-451; Gleijeses 1991: 22-36.

7 Interessant wäre eine mesohistorische Arbeit, die die sozio-ökonomischen Trends auf regionaler Ebene im Zeitraum zwischen etwa 1940 bis 1960 weiterverfolgen könnte. Das Quellenmaterial hierzu ist sehr umfangreich, liegt aber nur ungeordnet vor. Um die Aufgabe sinnvoll anzugehen, wären zuerst umfangreiche Katalogisierungs- und Klassifizierungsarbeiten im AGCA nötig.

lungs- und Machtkämpfe zwischen Arm und Reich und zwischen Mächtigen und Beherrschten deutlicher. Im Gegensatz zur Landfrage, deren Front seit der Jahrhundertwende praktisch zum Stillstand gekommen war, war die Arbeitsproblematik nicht nur Gegenstand täglicher Auseinandersetzung zwischen *patronos* und *jornaleros*, sondern auch politischer Streitpunkt zwischen unterschiedlichen Fraktionen der Oligarchie. Anhand der Arbeitsproblematik lassen sich sowohl die Herrschaftsbeziehungen zwischen der Kaffeeoligarchie, regionalen ladinischen Eliten und den Indianern als auch die Machtkämpfe innerhalb der herrschenden Schichten darstellen.

Geographisch konzentriere ich mich auf den östlichen Teil West-Guatemalas, der im wesentlichen aus den Departementen Sacatepéquez, Chimaltenango, Sololá, Suchitepéquez und Escuintla besteht. Die Region umfaßt sowohl die Kaffeeanbaugebiete der *boca costa* wie das Hochland der indianischen Maisbauern.

Methodisch kann man zwischen einer politisch-kulturellen und einer wirtschaftlich-sozialen Ebene unterscheiden. Erstere fragt unter dem Aspekt der Herrschaft nach den Voraussetzungen und Mechanismen der gesellschaftlichen Stabilisierung. Letztere befaßt sich mit langfristigen Prozessen im guatemaltekischen Agrarsektor hinsichtlich der Rekrutierung und Allokation von Arbeitskräften für die Kaffeeproduktion. Die Bestimmungsfaktoren von Angebot und Nachfrage der Arbeitskraft sollen herausgearbeitet werden. Zu diesem Zweck betrachte ich die Vorgänge im Rahmen eines einfachen neoklassischen Arbeitsmarktmodells. Auf der Angebotsseite geht es darum, das Verhalten der indianischen Bevölkerung auf dem Arbeitsmarkt abzuschätzen und das Arbeitskräfteangebot qualitativ und sofern möglich auch quantitativ zu bestimmen. Auf der Nachfrageseite stehen die Restriktionen im Vordergrund, denen die Großgrundbesitzer unterworfen waren. Inwiefern wurde deren Handlungsspielraum durch die Produktions- und Weltmarktbedingungen ihres Produkts, die Währungspolitik, das Kreditsystem und die relativen Knappheiten auf den Faktormärkten eingeschränkt?

Die Verwendung des Begriffs "Arbeitsmarkt" macht an dieser Stelle zwei klärende Anmerkungen notwendig. Erstens stellt sich die Frage, inwiefern der Begriff den hier untersuchten Sachverhalten gerecht werden kann. Von Arbeitsmarkt spricht man üblicherweise nur in vollständig marktwirtschaftlich organisierten Gesellschaften, wo die Lohnarbeit die einzige Einkommensquelle der Arbeiter ist. Für meine Zwecke schlage ich aber eine weitergefaßte Definition vor, die es erlaubt, auch Vorstadien des "freien" Arbeitsmarktes im Lichte von Arbeitsmarktmodellen zu sehen. Im folgenden verstehe ich unter Arbeitsmarkt das Rekrutierungs- und Allokationssystem, das private Unternehmen und Arbeitskräfte miteinander verbindet, ungeachtet ob "freie Lohnarbeit" oder außerökonomische Zwangsmechanismen vorliegen.[8]

Zweitens stellt sich die Frage, inwieweit der Markt für Kaffeearbeiter isoliert betrachtet werden kann. Neben der Unterscheidung in urbane und rurale Märkte müssen auch die Teilarbeitsmärkte in bezug auf die beiden wichtigsten Exportprodukte Kaffee und Bananen auseinandergehalten werden. Ich gehe davon aus, daß noch in den 30er Jahren die Interdependenzen zwischen den verschiedenen Teilmärkten vernachlässigbar waren. Im Hinblick auf die urbanen und ruralen Märkte kann angeführt werden, daß damals kaum eine nennenswerte Land-Stadt-Migration stattfand. Zwischen Bananen- und Kaffeesektor bestanden sowohl nachfrage- wie angebotsseitig klare Unterschiede. War die Bananenproduktion ausschließlich in den Händen eines nordamerikanischen Konzerns, wurde der Kaffee von in- und ausländischen Mittel- und Großgrundbesitzern produziert. Besonders wichtig ist die Tatsache, daß sich die beiden Sektoren nicht auf dem Arbeitsmarkt konkurrenzierten. Der Kaffeesektor rekrutierte die Arbeitskräfte hauptsächlich unter der indianischen Bevölkerung. Der Bananensektor dagegen beschäftigte vor allem ladinische und schwarze Arbeiter.[9] Es kann somit davon ausgegangen werden, daß zwischen den Sektoren kaum Substitutionseffekte vorkamen und jeder Markt ein geschlossenes System bildete.

Auf der Ebene der politisch-kulturellen Systemerhaltung stellen sich zunächst Fragen nach dem Wertsystem der Indianer und den Kohäsions- bzw. Repulsionskräften innerhalb der indianischen *municipios*. Ferner ist die institutionelle Einbindung der indianischen Gemeinschaften in den Nationalstaat von großem Interesse. Wie wurde Herrschaft von der Zentralmacht bis hinunter zu den indianischen *municipios* vermittelt? Welches waren die Legitimationsmechanismen, welches die Gewaltmöglichkeiten der dominanten Schichten, und wie standen Legitimationsbedarf und Gewaltpotential zueinander? Um diese Fragen zu beantworten, ist eine differenzierte Darstellung der Kaffeeoligarchie und der politisch-militärischen Klasse einerseits sowie der Funktion und Beschaffenheit des Staates andererseits notwendig.

Die Gliederung meiner Arbeit folgt einem thematischen Spiralprinzip, das die aufgeworfenen Fragen aus unterschiedlichen Blickwinkeln beleuchtet. Im ersten Teil wird der Untersuchungsgegenstand in historischer, theoretischer und geographischer Hinsicht näher bestimmt. Teil II widmet sich dem indianischen Hochland und der Bedeutung der indianischen Arbeitskräfte für den Staat und die Kaffeewirtschaft. Die beiden ersten Kapitel von Teil III beschreiben zunächst die Arbeits- und Herrschaftsproblematik aus der Sicht der wirtschaftlichen und politischen Eliten des Landes. Das letzte Kapitel diskutiert den Wandel der Arbeits-

---

8   Auch Pierenkemper/Tilly (Hgg.) [1982: 11] fassen in ihrer historischen Arbeit den Begriff weit. Unter Arbeitsmarkt verstehen sie den "ökonomischen Ort des Austausches zwischen dem Angebot an Arbeitskraft und der Nachfrage nach Arbeitskraft".

9   Vgl. etwa: Winson 1978: 34; Jones 1940: 154-166; Kepner/Soothill 1935: 168.

verhältnisse zwischen 1920 und 1940 unter theoretischen Gesichtspunkten und stellt ihn in den weiteren historischen Rahmen.

In bezug auf die konzeptuelle Bewältigung des empirischen Materials setze ich voraus, daß insbesondere in der Sozial- und Wirtschaftsgeschichte Quellen nie als solche schon eine Erklärung historischer Zusammenhänge gewährleisten, sondern der theoretischen Aufarbeitung bedürfen. Ausdrücklich mache ich deshalb in meiner Arbeit Gebrauch von theoretischen Modellen. Theorie wird jedoch nicht eingesetzt, um deren empirischen Wert zu testen oder verallgemeinerbare Aussagen abzuleiten. Im Vordergrund stehen das Quellenmaterial und die untersuchte Periode. Die Modelle werden zur Strukturierung des Quellenmaterials und zur Erklärung von Zusammenhängen im Hinblick auf konkrete Problemstellungen gebraucht. Das bedeutet, daß je nach Fragestellung andere theoretische Zugänge gewählt werden müssen.[10]

Der Hauptteil meiner Arbeit stützt sich auf das Quellenmaterial im *Archivo General de Centroamérica* (AGCA). Die Akten der Departementsverwaltungen (*Jefaturas Políticas*) von Sololá, Sacatepéquez und Chimaltenango lieferten wertvolles Material in bezug auf die sozio-ökonomische Organisation der indianischen Bevölkerung, die Funktionsweise der Arbeitsrekrutierung im Hochland sowie die Arbeitsverhältnisse in den Kaffeeplantagen. Die Aktenbündel (*legajos*) enthalten unterschiedliche Quellentypen, die ungeordnet zu Bündeln zusammengeschnürt wurden. Die Quellen umfassen die amtliche Korrespondenz der *Jefatura Política* mit den Gemeindeverwaltungen und den verschiedenen Ministerien der Zentralverwaltung. Zu unterscheiden sind Rundbriefe (*circulares*), die jeweils von einer übergeordneten Amtsstelle an die untergeordneten Verwaltungen gerichtet waren, und administrative Schreiben (*oficios*), die in beiden Richtungen ausgetauscht wurden. Zu den amtlichen Schriftstücken gehören auch die Monats- und Jahresberichte (*Informes* und *Memorias*) der Gemeinden und der *Jefatura Política*, die monatlichen Statistiken (*estadísticas mensuales*) der Gemeinden und Namenslisten (*catastros* und *censos*) von Steuerpflichtigen. Dazu kommen Auszüge aus Verhandlungsprotokollen und Gerichtsurteilen. Neben dem amtlichen Schriftgut im engeren Sinn finden sich auch Bittschriften (*peticiones*), Klagen und Beschwerden von Bürgern an den *Jefe Político* oder an den Staatspräsidenten sowie Verträge zwischen Privatpersonen. Da das Material ungeordnet in *legajos* zusammengeschnürt ist und keine Klassifizierung besteht, ergeben sich bei der Zitierung Probleme. Die *legajos* sind zwar nach Jahren geordnet, aber unter den bis zu zwanzig *legajos* eines Jahres besteht weder eine zeitliche noch thematische Ordnung. Das Auffinden einzelner Dokumente ist kaum möglich.

---

10 Vgl. zum Zusammenhang zwischen Untersuchungsgegenstand, Fragestellung und Theoriewahl sowie zum ekklektizisitschen Theoriegebrauch in der Geschichtswissenschaft: Kocka (Hg.) 1977: 10, 79. Allgemein zum Theoriegebrauch in den Sozialwissenschaften vgl.: Mills 1961: 46-47, 143-164; Aya 1979: 67; McNall 1982: I-XVI; North 1981: 48; Koselleck 1987: 173-190; Mann 1994: VII-VIII.

Nebst den Basisangaben über Bestand, Departement und Jahr (z.B.: JP Sololá 1930) gebe ich daher für die einzelnen Quellen ausführliche Angaben über Absender, Adressat, Ort, Datum und - wenn erforderlich - nähere Umstände. Bei den Quellenzitaten habe ich die Originalschreibweise so weit wie möglich belassen und nur offensichtliche Schreibfehler oder mißverständliche Stellen korrigiert. Die Zitate entsprechen daher nicht immer der heute gültigen spanischen Orthographie.

Die Akten der *Secretaría de Gobernación y Justicia* (SGJ) waren sehr aufschlußreich in bezug auf die Herrschaftsbeziehungen zwischen indianischen *municipios* und dem Staat. Nebst dem Schriftwechsel zwischen den *Jefaturas Políticas* und dem Ministerium finden sich hier insbesondere Kollektiv-Bittschriften ganzer *municipios* oder *parcialidades*. Die *legajos* sind klassifiziert und können einfach zitiert werden (Beispiel: SGJ Chimaltenango, Leg. 30796).

Zu den Schriftstücken, die die Interessen der indianischen Bevölkerung repräsentieren, ist zu bemerken, daß sie nur mittelbar einen Einblick in die Interessenlage und Motive der Betroffenen erlauben, da sie von ladinischen Schreibern, sogenannten *tinterillos* oder *guisaches*, abgefaßt wurden, die die Anliegen der Indianer in die Sprache und Vorstellungswelt der *ladinos* transformierten.[11] Mitunter beklagten sich die Plantagenbesitzer darüber, daß die "*tinterillos*" die Indianer dazu verleiteten, bei den Amtsstellen unbegründete Klagen einzureichen.[12]

Neben den erwähnten Beständen habe ich die Listen des *Censo de Vialidad* der *Secretaría de Agricultura* in den Jahren 1934 bis 1940 sowie einige *legajos* mit weiterem Material derselben Amtsstelle durchgesehen. Bei den letzteren war die Ausbeute aber zu gering, um eine systematische Durchsicht zu rechtfertigen. Aufgrund einer maschinengeschriebenen Liste über die Bestände der *Secretaría de Fomento*, bei der übrigens die Grenzdaten fehlen, habe ich die Abteilungen *Correspondencia recibida de la Jefatura Política del departamento de Sololá, Correspondencia de la Dirección General de Agricultura, Habilitadores* und *Jornaleros* durchgesehen. Es stellte sich aber heraus, daß zu den 20er und 30er Jahren kaum Material vorhanden war.

Neben den hand- oder maschinenschriftlichen Quellen habe ich die gedruckten Jahresberichte (*Memorias*) verschiedener Ministerien ausgewertet. Im Vordergrund standen dabei die *Memorias de la Secretaría de Agricultura*, die *Memorias de la Secretaría de Fomento* und die *Memorias de la Secretaría de Hacienda y Crédito*.[13]

---

11   Vgl. dazu: McCreery 1990: 168.

12   Vgl. zum Beispiel: Finca Arabia, Chicacao, an JP Sololá vom 22.4.1936 (JP Sololá 1936).

13   Der Sprachgebrauch zur Bezeichnung der Secretarías war nicht immer gleich. Ich werde mich im folgenden an die hier vorgestellten Bezeichnungen halten.

Im Zusammenhang mit der politischen Diskussion über das Arbeitsproblem und der Einflußnahme der *cafetaleros* auf den Staat habe ich ferner in der *Hemeroteca de la Biblioteca Nacional* die wichtigsten Zeitungen durchgesehen. Hierzu gehören der unabhängige *El Imparcial* und das Sprachrohr der Regierung *Diario de Centroamérica*. Zu erwähnen ist an dieser Stelle auch die *Biblioteca Cesar Brañas*, die neben einem reichen Fundus an Büchern auch zahlreiche agrarische Fachzeitschriften führt, die einen Einblick in die Interessenlage und Motive der *cafetaleros* geben.

Für Fragen im Hinblick auf demographische Entwicklungen und regionale Differenzierungen waren die verschiedenen Erhebungen der *Dirección General de Estadística* hilfreich. Das statistische Material für die 20er und 30er Jahre ist jedoch äußerst unzuverlässig, und Schlüsse daraus können nur mit großer Vorsicht gezogen werden. Dafür waren weniger die unzureichenden statistischen Methoden verantwortlich als die willkürliche Manipulation der Ergebnisse aus politischen Gründen.[14] Die ersten zuverlässigen statistischen Erhebungen stammen aus dem Jahr 1950. Ich benutze daher diese Ergebnisse als Referenzdaten für das statistische Material aus den 30er Jahren.

Neben den bereits genannten Institutionen habe ich in folgenden Bibliotheken und Archiven recherchiert: *Biblioteca de la Escuela de Historia de la Universidad San Carlos* (USAC), *Instituto de Investigaciones Históricas, Antropológicas y Arqueológicas* (IIHAA) *de la* USAC, *Instituto de Investigaciones Económicas y Sociales* (IIES) *de la USAC, Biblioteca Central de la* USAC, *Biblioteca del Banco de Guatemala, Registro General de Propiedad Inmueble, Ministerio de Agricultura, Instituto Nacional de Transformación Agraria* (INTA), *Archivo de Protocolos de la Corte Suprema de Justicia, Sociedad de Geografía e Historia, Archivo Eclesiástico. Hemeroteca de la Biblioteca Nacional, Archivo del Imparcial* (La Morgue), *Biblioteca de la Asociación Nacional del Café* (ANACAFE), *Centro de Investigaciones Regionales de Mesoamérica* (CIRMA).

Der Kaffeearbeitsmarkt ist Teil der Agrargeschichte Guatemalas. Über das 19. und 20. Jahrhundert gibt es zwar unzählige historische Arbeiten, die die ruralen Verhältnisse wenigstens am Rande berücksichtigen, nur die wenigsten davon beruhen jedoch auf umfangreicher Quellenarbeit. Eine wichtige Ausnahme ist David McCreery. Mit seinem kürzlich erschienen Buch "Rural Guatemala 1760-1940" liegt erstmals eine auf Quellen beruhende umfassende agrargeschichtliche Studie über Guatemala vor [McCreery 1994]. Insbesondere stellt er hierin auch für die 1930er Jahre weitreichendes Quellenmaterial vor. Seine früheren Arbeiten über diesen Zeitraum stützten sich noch hauptsächlich auf vorhandene Literatur [McCreery 1983].

---

14 Vgl. zur Problematik der guatemaltekischen Statistik: Jones 1940: 107; Stadelman 1940: 94; Grieb 1979: 153f; Nyrop (Hg.) 1984: 88; Bulmer-Thomas 1987: 295-306.

Nach wie vor wichtig bleibt das klassische Werk von Chester Lloyd Jones aus den 40er Jahren, wobei es nicht zuletzt die zeitliche Nähe des Verfassers zum Gegenstand ist, die den Wert der Informationen ausmacht [Jones 1940]. Zu erwähnen ist hier auch Julio C. Castellanos' Untersuchung über die Entstehung der Plantagenwirtschaft im 19. Jahrhundert [Castellanos 1985]. Trotz der unzureichenden Interpretation ist seine Darstellung von Bedeutung, da sie wichtiges Quellenmaterial, insbesondere auch aus deutschen Archiven, bietet. Verschiedene *tesis de licenciatura* der *Escuela de Historia de la Universidad San Carlos* (USAC) in Guatemala verarbeiten Quellenmaterial aus dem AGCA. Die Qualität der Arbeiten ist sehr unterschiedlich und reicht von der bloßen Kompilation bis zu soliden historischen Arbeiten. Genannt sei hier etwa die unveröffentlichte Studie Juan Barrilas Barrientos über die Zwangsarbeit in den 1920er Jahren. Weiter liegen einige Dissertationen nordamerikanischer Autoren vor, die verschiedene Zeiträume und thematische Aspekte untersuchen. Erwähnt sei etwa die Studie von James W. Bingham über die Zeit Estrada Cabreras. Die meisten dieser Arbeiten bewegen sich auf einer makrohistorischen Ebene und versuchen, die großen sozio-ökonomischen Trends und die wirtschaftspolitischen Maßnahmen der Regierungen herauszuarbeiten. Die ungleiche Landverteilung, das Fortbestehen von Zwangsarbeit und das Vordringen des Kapitalismus sind die Hauptlinien der Argumentation. Der meist stark politikgeschichtlich geprägte Ansatz der Arbeiten verstellt den Blick auf die sozio-ökonomischen Rahmenbedingungen und verhindert die Auslotung des Handlungsspielraums der Akteure. Leicht werden dann die Kaffeeoligarchie und ihr Staat zu uneingeschränkt herrschenden Ausbeutern und die indianische Bevölkerung zu passiven Opfern.

Außer den bereits erwähnten Arbeiten McCreerys und einer kürzlich erschienenen Arbeit von Jean Piel [1995] über die Zwangsarbeit zwischen 1870 und 1920, die zwar keine neuere Literatur zum Thema berücksichtigt, dafür aber neues Quellenmaterial vorbringt, gibt es keine sozial- und wirtschaftsgeschichtlich angelegten Untersuchungen. Deshalb sind für das indianische Hochland ethnographische Feldstudien wie etwa diejenigen von Sol Tax und Robert Redfield unentbehrliche Quellen. Zusammen mit den Notizen ihrer Feldarbeit, die als Mikrofilme zugänglich sind, geben ihre Publikationen wichtige Informationen zur Erschließung der sozio-ökonomischen Struktur der indianischen Gemeinschaften.

Im Zusammenhang mit den Arbeitsbeziehungen sind ferner einige nicht-historische Werke zu nennen. Die Studie von Lester Schmid über die saisonale Migration der Hochlandindianer auf die Kaffeeplantagen aus den 1960er Jahren bringt eine Fülle von Material, das auch in historischer Perspektive wichtig ist. Dazu kommen die Arbeiten von Carlos Figueroa Ibarra und Humberto Flores Alvarado, die die ruralen Arbeitskräfte unter dem Aspekt der Proletarisierung untersuchen. Obschon beide Autoren von marxistischen Ansätzen ausgehen, unterscheiden sich ihre Resultate doch erheblich. Figueroa Ibarra zeichnet sich durch einen flexiblen Umgang mit marxistischen Konzepten aus. Dagegen ist die Arbeit von Flores Alvarado einem orthodoxen Strukturalismus verpflichtet, der mitunter empirische Fakten theoretisch umbiegt.

Im Hinblick auf die Herrschaftsproblematik in den 20er und 30er Jahren fällt auf, daß es für die 20er Jahre keine Gesamtdarstellung gibt. Diese Periode scheint von der Historiographie im Schatten der beiden Diktaturen von Estrada Cabrera und Ubico vergessen worden zu sein. Die einzige umfangreiche Studie zu den 20er Jahren ist Joseph A. Pittis Arbeit über den Werdegang Ubicos. Trotz ihres Fokus' auf den späteren Diktator liefert sie wertvolle Detailinformationen über die verschiedenen Gruppierungen innerhalb der Machteliten und die politischen Vorgänge dieses Jahrzehnts. Leider bleibt die Arbeit infolge des ausschließlich historistischen Ansatzes rein deskriptiv. Dasselbe gilt auch für die Untersuchung Kenneth J. Griebs über das Ubico-Regime. Dessen Aussagen bleiben infolge der einseitigen Ausrichtung auf die politischen Elite notwendigerweise beschränkt. Eine kritische Auseinandersetzung mit den Resultaten Pittis und Griebs enthält die Dissertation Stefan Karlens, der aufgrund des Schriftgutes der US-Botschaft in den *National Archives* wichtiges, bisher unbeachtetes Quellenmaterial vorbringt [Karlen 1991]. In theoretischer Hinsicht für das Studium der Herrschaftsbeziehungen sind ferner die Arbeiten von Carol Smith von Bedeutung. Erwähnt sei hier nur ihre Einleitung zum Sammelband "Guatemalan Indians and the State: 1540 to 1988" [Smith (Hg.) 1990]. Obschon die Autoren des Bandes aus unterschiedlichen Disziplinen stammen und die Beiträge sehr heterogen sind, entsteht dank der theoriegeleiteten Interpretation ein kohärentes Bild der guatemaltekischen Gesellschaft. Erstaunlich ist immerhin, daß zu der hier zur Diskussion stehenden Periode kein einziger Beitrag zu finden ist. Abschließend muß noch auf die Beiträge von Mario Samper K., Arturo Taracena Arriola und Víctor Hugo Acuña Ortega im Band vier der *Historia General de Centroamérica* hingewiesen werden, die aus vergleichender Perspektive den neueren Forschungsstand aufarbeiten und interessante Informationen zu den einzelnen Ländern liefern.

Die Forschungslage in bezug auf die Agrargeschichte in den 20er und 30er Jahren ist in Anbetracht der beschränkten Literaturlage schnell umrissen. Auffällig ist, daß die meisten Arbeiten sich auf die ungleiche Landverteilung und die Auswirkungen der Zwangsarbeitsgesetze auf die indianische Bevölkerung konzentrieren. Im Zentrum steht der Aspekt der Ausbeutung.[15] Die leitende Fragestellung in diesem Zusammenhang ist, wie die Expansion der Kaffeewirtschaft Gesellschaft und Staat veränderte. Inwieweit die *cafetaleros* selbst von den vor-

---

15 Mit stärkerer Gewichtung der Landfrage vgl. etwa: Melville/Melville 1971; Mendizábal Prem 1975; Schulz/Graham (Hgg.) 1984; Monteforte Toledo 1972; Cambranes 1985; McCreery 1989; Higbee 1947; Adams 1970a; Coleman/Herring 1985; Torres Rivas 1971; Whetten 1961; Nyrop (Hg.) 1984; Cambranes (Hg.) 1992. Mit vermehrtem Einbezug der Arbeitsfrage vgl.: McCreery 1994; Figueroa Ibarra 1979, 1980, Flores Alvarado 1975; Barrilas Barrientos 1981; Jones 1940.

herrschenden sozialen und wirtschaftlichen Gegebenheiten betroffen waren, wird kaum thematisiert. Eine gehaltvolle Diskussion der Forschungslage ist zum jetzigen Zeitpunkt nicht möglich, weil erstens die Vielfalt der methodischen Zugänge nicht ausreicht, um alle politischen und sozio-ökonomischen Aspekte der Agrargeschichte hinreichend auszuleuchten, und zweitens ist die Aufarbeitung des Quellenmaterials noch zu wenig weit fortgeschritten. Insbesondere fehlen lokal oder regional angelegte Detailstudien mit vergleichendem Ansatz. Ferner fehlen Arbeiten, die Politik- Sozial- und Wirtschaftsgeschichte methodisch stringent verknüpfen. Entsprechend den unterschiedlichen Forschungsschwerpunkten konzentriert sich das Augenmerk der Autoren auf Teilbereiche der guatemaltekischen Gesellschaft. Politikgeschichtliche Untersuchungen beleuchten hauptsächlich das urban-ladinische Segment. Sozial- und wirtschaftsgeschichtliche Studien fragen insbesondere nach den Auswirkungen rechtlicher Dispositionen auf die rurale indigene Bevölkerung.

Forschungslücken sind dementsprechend zahlreich, und ich will mich hier darauf beschränken, nur die augenfälligsten zu nennen. Der Mangel an Untersuchungen, die die Grenzen des Handlungsspielraums der *cafetaleros* näher bestimmen, wurde bereits erwähnt. Interessant wären hier nebst Arbeiten zu den Produktions-, Absatz- und Kreditbedingungen der Kaffeeproduzenten detaillierte betriebswirtschaftliche Studien in bezug auf den Faktor Arbeit. Not täte auch eine umfassende Abklärung von Wanderungsbewegungen zwischen dem Subsistenz- und dem Exportsektor infolge von Veränderungen der äußeren Rahmenbedingungen. Historische Untersuchungen über die soziale Differenzierung der indianischen Gesellschaft könnten hier wichtige Resultate liefern. Der Zusammenhang zwischen Verschuldung und Landverlust wäre ebenso abzuklären wie die Bedeutung der Lohnarbeit innerhalb des Subsistenzsektors und deren Abhängigkeit vom Lohnniveau und den Arbeitsbedingungen im Exportsektor. Von großer Wichtigkeit wären im weiteren Untersuchungen der sozialen und regionalen Zusammensetzung der politischen Eliten und deren Verhältnis zum Staat. Inwiefern hatten die Kaffeepflanzer den Staat im Griff, wie weit ging die Autonomie des Staates? In diesen Problemkreis gehören auch die Beziehungen zwischen nationalen, regionalen und lokalen Eliten und deren ethnischem Hintergrund. Wo konvergierten, wo divergierten deren Interessen? Inwieweit konnten die indianischen *municipios* oder lokale ladinische Machthaber gegenüber der zentralstaatlichen Administration beschränkte Autonomiebereiche aufrechterhalten?

Abschließend sind noch zwei formale Hinweise nötig. Der erste bezieht sich auf die Handhabung von Maßen. Ich habe mich dazu entschlossen, dort metrische Angaben zu machen, wo es lediglich darum geht, die gemachten Aussagen mit Zahlen zu verdeutlichen und eine Vorstellung von den Größenordnungen zu geben. In Zusammenhängen, wo das Zahlenmaterial die Funktion hat, Sachverhalte präziser zu erfassen und Schlußfolgerungen zu belegen, bleibe ich der einfacheren Vergleichbarkeit halber möglichst nahe bei den Angaben in der Literatur und den Quellen. Der zweite Hinweis richtet sich an die Leser aus dem deutschsprachigen Europa, die sich hoffentlich nicht von gelegentlichen Helvetismen in Morphologie und Orthographie beirren lassen.

TEIL I

1. Wirtschaft, Gesellschaft und Staat 1870-1940

Die Weltwirtschaftskrise von 1929 bedeutete für die Länder Zentralamerikas einen tiefen Einschnitt, obschon die Auswirkungen weniger hart waren, als es auf den ersten Blick scheinen mochte. Zwischen den einzelnen Ländern bestanden ausgeprägte Unterschiede in bezug auf Ausmaß und zeitliche Abfolge der wirtschaftlichen Schwierigkeiten.[1] Die Krise stellte eine ernsthafte Herausforderung für das liberale Entwicklungsmodell dar, welches seit den 1870er Jahren in allen zentralamerikanischen Republiken die treibende Kraft war. Grundlage des zentralamerikanischen Liberalismus war das Gedankengut des Positivismus, der nicht die Verwirklichung persönlicher Freiheitsrechte, sondern materiellen Fortschritt um jeden Preis anstrebte. Ordnung in allen gesellschaftlichen Bereichen war die unerläßliche Grundvoraussetzung für jeden Fortschritt. Dies hatte der französische Mathematiker und Philosoph Auguste Comte bereits 1838 postuliert. Zusammen mit den sozialdarwinistischen Ideen von Herbert Spencer brachte der radikale Positivismus den besonders aggressiven, mit rassistischen Elementen durchsetzten Liberalismus zentralamerikanischer Prägung hervor.[2]

In Guatemala konnte die Wirtschaft die Krise von 1929 nicht mehr wie diejenigen von 1898 und 1921 als konjunkturellen Einbruch wegstecken. Zu tief und langdauernd waren die Auswirkungen [Bulmer-Thomas 1987: 49]. In allen Bereichen von Wirtschaft, Gesellschaft und Staat entstand ein Handlungsbedarf, der die Eliten zwang, die Mittel zur Umsetzung ihres Wirtschaftsmodells den neuen Umständen anzupassen. Es kann daher nicht verwundern, daß die 30er Jahre eine Zeit des Umbruchs in der guatemaltekischen Geschichte darstellen. Die tiefgreifenden Veränderungen, vorab in wirtschaftlicher und administrativer Hinsicht, waren jedoch nicht die Reaktion eines an sich stabilen Systems auf eine äußere Krise. Das liberale Entwicklungsmodell war seit jeher mit schwerwiegenden Mängeln behaftet und hatte die Verzerrungen und Ungleichgewichte der kolonialen Gesellschaft nie überwunden.

Die Machtergreifung durch die Liberalen 1871 trieb die Integration Guatemalas in den Weltmarkt auf der Grundlage von Agrarexporten und Industriegüterimporten voran. Damit nahm Guatemala einen Platz an der Peripherie des kapi-

---

1 Bulmer-Thomas 1984: 290; Torres Rivas 1973: 154; Karlen 1991: 454. Zu Lateinamerika siehe: Furtado 1976: 72-74, 135.

2 Vgl. Woodward (Hg.) 1971; Woodward 1983: 6-10; García Laguardia 1985: 159-162, 211-220; Handy 1984: 61; Karlen 1991: 20-25; Pinto Soria 1989: 58.

talistischen Weltmarktes ein.³ Im Gegensatz zu den Ländern des Zentrums, die sich unter Einsatz von ausgebildeten und gut bezahlten Arbeitskräften auf kapitalintensive Produktionsbereiche spezialisierten, beruhte die Produktion in Guatemala auf arbeitsintensiven Methoden und schlecht ausgebildeten, unterbezahlten Arbeitskräften.⁴ Im Mittelpunkt des in dieser Weise organisierten Exportsektors stand die Kaffeeproduktion. Für den Staat war sie in zweierlei Hinsicht wichtig. Einmal leistete sie über Exportsteuern einen wesentlichen Beitrag zur Finanzierung des Staates. Die Erlöse aus dem Kaffee-Export brachten darüber hinaus die für Importe notwendigen Devisen ins Land - und Importsteuern machten den Hauptteil der Staatseinnahmen aus.⁵ Die Kaffeeproduktion lag in den Händen von großen und mittleren Kaffeebauern (*cafetaleros, finqueros*), die entweder aus der großgrundbesitzenden konservativen Elite stammten oder von der liberalen Politik der Privatisierung von Kirchen- und Kommunalland profitiert hatten. Die *finqueros* übernahmen aufgrund der wirtschaftlichen Bedeutung ihres Produktes die führende Stellung in der Wirtschaft. Trotz ihrer liberalen Bekenntnisse bildeten sie jedoch keine Bourgeoisie im Sinne einer hegemonialen Klasse, die imstande gewesen wäre, die Gesellschaft aus eigener Kraft zusammenzuhalten und nach ihren Vorstellungen zu formen.⁶ Dazu waren die Besitzverhältnisse innerhalb der Kaffeeoligarchie zu ungleich. Der *Censo Agropecuario* von 1950 wies eine Gesamtzahl von 348'687 *fincas* aus, die eine Fläche von 3'712'108 ha einnahmen. Die *fincas* über 45,1 ha (1 *caballería*) machten davon nur 2,1% aus, nahmen aber 72,2% der Fläche in Anspruch. Gemäß der Definition des Comité Interamericano de Desarrollo Agrícola (CIDA) ist eine *finca* von über 896 ha als Latifundium zu bezeichnen. 0,15% der *fincas* fielen in diese

---

3   Vgl. zu Zentrum, Semiperipherie und Peripherie: Wallerstein 1974; Wallerstein 1979 sowie die Diskussion des Weltsystemansatzes in Senghaas (Hg.) 1979; Duncan/Rutledge (Hgg.) 1977 und Evans/Rüschemeyer/Skocpol (Hgg.) 1985.

4   Smith 1984c: 76f. Vgl. auch Furtado 1971: 80-85. Er unterscheidet entwickelte von unterentwickelten Regionen. Die entscheidende Variable ist dabei die Produktivität. Sind die Produktionsfaktoren in entwickelten Regionen optimal ausgelastet und Produktivitätssteigerungen nur noch durch neue Technologien möglich, ist die Produktivität in unterentwickelten Regionen suboptimal.

5   MHC 1929: 556; Jones 1940: 72; Solórzano F. 1977: 386; Bulmer-Thomas 1987: 37f; Karlen 1991: 237; Grieb 1979: 141.

6   Ich beziehe mich hierbei auf den Hegemoniebegriff Gramscis, der die hegemoniale Kraft einer Klasse in deren Fähigkeit sieht, die intellektuelle und moralische Führung der Gesellschaft zu übernehmen. Herrschaft durch Gewalt tritt in diesem Moment zurück. Im Vordergrund steht die Erzeugung und Aufrechterhaltung eines ideologisch abgestützten Konsenses, der die gesamte Gesellschaft, insbesondere auch die Unterschichten, umfaßt. Vgl. Femia 1981: 24-58. Mouffe (Hg.) 1979; Harvey 1982: 135-140; Zum Hegemonieproblem in der abhängigen Gesellschaft vgl.: Touraine 1976: 54; Pereyra 1984: 161-163; Kaplan 1981: 82-85, 277; Kaplan 1987: 135; Laclau 1981: 54, 69f, 125.

Gruppe. Sie vereinigten 40,1% der Gesamtfläche auf sich.[7] Die Großgrundbesitzer kontrollierten die fruchtbarsten, klimatisch günstig gelegenen Böden der *boca costa* und der Alta Verapaz. Sie waren auch an der Weiterverarbeitung und dem Export des Kaffees beteiligt [Cambranes 1986: 169; McBryde 1969 1. Bd.: 65]. Diese latifundiengestützte Kaffeeoligarchie orientierte sich nicht am Aufbau der nationalen Wirtschaft, sondern vielmehr an den Zentren der Welt. Zum einen erklärt sich das durch die dominierende Stellung ausländischer *finqueros* innerhalb der Kaffeeoligarchie. Eine Berechnung aus dem Jahr 1914 zeigt, daß fast die Hälfte der gesamten Jahresproduktion an Kaffee von *fincas* erzeugt wurde, die in ausländischem Besitz waren. Besonders markant war die Bedeutung der Deutschen. 170 deutsche *finqueros* produzierten in diesem Jahr 358'353 *quintales* Kaffee, gegenüber einer Produktion der 1657 guatemaltekischen *finqueros* von 525'356 *quintales*.[8] Zum anderen erklärt sich die Außenorientierung der guatemaltekischen Oligarchie aber auch aus wirtschaftlichen Gründen. Kaffee konnte nur auf dem Weltmarkt gewinnbringend abgesetzt werden. Den weitaus wichtigsten Absatzmarkt stellte dabei Deutschland dar, das mehr als die Hälfte des guatemaltekischen Kaffees abnahm.

Wegen des ineffizienten inländischen Bankensystems waren die *finqueros* auf Kredite angewiesen, die von Ausländern vermittelt wurden. Besonders deutschen Unternehmern gelang es, den lokalen Finanzmarkt zu kontrollieren. Ihren Bedarf an Investitions- und Luxusgütern deckten die *finqueros* mangels einer einheimischen Industrie durch Importe aus den Industriestaaten. Die USA nahmen in diesem Bereich die wichtigste Stelle ein. 1913 stammten gut 50% aller Importe aus diesem Land [González Davison 1987b: 22].

Die guatemaltekischen Eliten verfolgten eine "Entwicklung nach Außen" (*desarrollo hacia afuera*).[9] Besonders deutlich kam dies beim Ausbau der wirtschaftlichen Infrastruktur zum Ausdruck. Es ging dabei nicht um die Stärkung des Binnenmarktes, sondern um den verbesserten Anschluß an den Weltmarkt. Im Vordergrund standen der Ausbau der Verkehrswege von den Kaffeeregionen an die Meeresküsten und die Errichtung von hochseetauglichen Häfen. Diese Projekte waren für den guatemaltekischen Staat jedoch nur mit fremder Hilfe zu bewältigen. Das äußerte sich nicht nur in der Kreditaufnahme bei ausländischen Banken, sondern auch in der Vergabe von Konzessionen an ausländische Firmen für Bau und Betrieb der Anlagen. Die Kontrolle über die wichtigsten Infrastrukturanlagen (Häfen, Eisenbahnen und später die Elektrizitätsversorgung der

---

7 Die Zahlen beruhen auf dem Censo Agropecuario 1950, Cuadro No 1. Vgl. auch: Jones 1940: 176. Zur Definition der fincas vgl. CIDA 1965: 56f; Monteforte Toledo 1972 1. Bd.: 192; CEPAL 1980: 47.

8 Cambranes 1985: 98, 144; Jones 1940: 207. Zur Rolle der Deutschen vgl.: Karlen 1991: 181f, 206-217; Wagner 1987; Wagner 1991.

9 Siehe dazu: O'Brien 1977: 35; Torres Rivas 1973: 160; Bulmer-Thomas 1987: 16; Sandner 1985: 181.

Hauptstadt) lag in den Händen nordamerikanischer Unternehmen [González Davison 1987a: 53; Jones 1940: 254-256]. Abgesehen von einer deutschen Linie in der Alta Verapaz, wurde das gesamte Eisenbahnnetz seit 1912 von der *International Railways of Central America* (IRCA) betrieben, die damit die strategisch wichtigen Exportkanäle des Landes kontrollierte. Die IRCA war sowohl personell wie wirtschaftlich eng mit der United Fruit Company (UFCO) verflochten. Dieses international tätige nordamerikanische Unternehmen, das die gesamte Bananenproduktion Guatemalas beherrschte, verfügte über gute Verbindungen zur US-Regierung. Dadurch wurde auch die Stellung der IRCA in Guatemala gestärkt. Wegen ihrer monopolistischen Preispolitik, die die *cafetaleros* gegenüber der UFCO massiv benachteiligte, kam es des öfteren zu Konflikten. Angesichts der Unterstützung, die das Unternehmen bei der US-Regierung genoß, war es jedoch für den guatemaltekischen Staat unmöglich, rechtliche Schritte gegen das Unternehmen zu ergreifen.[10]

In verschiedener Hinsicht kann somit von Abhängigkeit gesprochen werden. Die Ausrichtung auf ein Exportprodukt machte die Wirtschaft gegenüber den Konjunkturen auf dem Weltmarkt verwundbar. Die ausländische Kontrolle über die Infrastruktur sowie über die private und öffentliche Schuld schränkte die Entscheidungsspielräume des Staates und des privaten Sektors ein. Die Stellung der Kaffeeoligarchie als führende Klasse in der Gesellschaft hing aufgrund ihrer schmalen sozialen Basis von der Unterstützung der Zentren und der Fähigkeit eines autoritären Staates ab, die nationale Einheit zu garantieren.[11] Der Ausbau der Bananenproduktion durch die UFCO zu Beginn des 20. Jahrhunderts bedeutete in diesem Zusammenhang weniger eine Diversifizierung der Wirtschaft als die verstärkte Einflußnahme eines mächtigen nordamerikanischen Unternehmens auf die innerstaatlichen Angelegenheiten. Die geringen Exportsteuern auf Bananen brachten der Staatskasse keine bedeutenden Mehreinnahmen, und die von den einheimischen Märkten abgeschottete Produktion in den Enklaven der UFCO-Plantagen vermochte der guatemaltekischen Wirtschaft keine Wachstumsimpulse zu geben.[12]

Unter diesen Bedingungen vollzog sich der kapitalistische Modernisierungsprozeß nur langsam und unvollständig. Statt die kolonialen Statusunterschiede zwischen den verschiedenen Volksgruppen einzuebnen, verschärfte er den ethnisch geprägten Dualismus sowohl in wirtschaftlicher wie in gesellschaftlicher Hinsicht. Abgesehen von der Bananenproduktion lag der Exportsektor in den Händen der traditionellen kreolischen Oberschicht, mestizischen Aufsteiger und

---

10 Vgl. hierzu: Torres Rivas 1973: 130-132; Jones 1940: 251-258; Karlen 1991: 244f; Brocket 1990: 31.

11 Vgl. dazu etwa: McCreery 1976: 459.

12 Kepner/Soothill 1935: 29-53, 86-99; Jones 1940: 212f; Torres Rivas 1973: 90-93, 97-104; Nyrop (Hg.) 1984: 102f; Karlen 1991: 237.

weißen Einwanderer, die auf ihren Latifundien für den Weltmarkt produzierten. Sie stellten die führende Schicht innerhalb der nicht-indianischen Bevölkerung, der *ladinos*, dar. Die Grundnahrungsmittelproduktion lag dagegen zum größten Teil in den Händen der Indianer (*indios*, *indígenas* oder *mayas*), die je nach Schätzung über 60 bis 75% der Bevölkerung ausmachten.[13] Sie verkörperten den Subsistenzsektor, dessen vorherrschende Produktionseinheit das Minifundium war.

Die außergewöhnlich starke Ausprägung des indianischen Elements in Guatemala war nicht zuletzt das Resultat der 33-jährigen konservativen Herrschaft unter Rafael Carrera (1838-1865) und Vicente Cerna (1865-1871), die es den Indianern ermöglicht hatte, verhältnismäßig unbehelligt von äußeren Einflüssen ihre kulturelle und soziale Eigenart zu wahren.[14] Erst durch die liberalen Reformen geriet die indianische Bevölkerung verstärkt unter Druck. Die Privatisierung von Grund und Boden hatte eine Verminderung des von Indianern kontrollierten Landes zur Folge. Viele indianische Gemeinden verloren ihr Kommunalland. Zahlreiche Minifundisten wurden willkürlich enteignet. Aber auch ohne die Anwendung illegaler Praktiken waren die Indianer auf dem Bodenmarkt benachteiligt, weil sie der spanischen Sprache nicht mächtig waren und die Besitz- und Verkaufsurkunden nicht lesen konnten. Dazu kam, daß viele Indianer aus Armut ihre Güter mit Hypotheken belastet hatten. Konnten sie die Schulden weder zurückzahlen noch abarbeiten, drohte ihnen die Enteignung. Große Teile des fruchtbarsten Landes gerieten dadurch in die Hände von *ladinos*. Die Indianer wurden mehr und mehr auf die kargen, oft sehr steilen, von Erosion bedrohten Böden des Hochlandes zurückgedrängt. Dort bauten sie unter schwierigen Bedingungen auf kleinen und kleinsten Gütern vor allem Mais und Bohnen (*frijoles*) für den Eigenbedarf und den lokalen Markt an.[15]

Die ungleiche Bodenverteilung war das herausragendste Merkmal des Agrarsektors in Guatemala. Nirgendwo anders war der Gegensatz zwischen Latifundium und Minifundium so ausgeprägt [Furtado 1976: 96f; Winson 1978: 35; Nyrop (Hg.) 1984: 100]. 1950 zählte man 308'073 Minifundien. Sie machten 88,8%

---

13 Der Censo General 1921 wies 64,8% Indianer aus. Vgl. Whetten 1961: 44; Wagley 1941: 5. Auf die Diskussion über die Konnotationen, die mit den verschiedenen Benennungen der Indianer verbunden sind, lasse ich mich nicht ein. Im folgenden werde ich das deutsche Wort Indianer verwenden.

14 Handy 1984: 35-55; Jones 1940: 42-48; Woodward 1976: 92-94; Dawson 1965: 125f; McCreery 1986: 109; Smith 1984c: 141; Mosk 1980 1. Bd.: 358; Cambranes 1985: 55f, 101; Centroamérica 1987: 136.

15 Die durchschnittliche Größe der Micro- und Minifundien lag bei 1,7 ha. Vgl. Censo Agropecuario 1950. Cuadro No. 1; Mendizábal Prem 1975: 38; Karlen 1991: 179.

aller *fincas* aus, bewirtschafteten aber nur 21,6% des in bäuerlichem Besitz stehenden Bodens.[16]

Die markanten Unterschiede zwischen Export- und Subsistenzsektor in bezug auf Größe und Organisation der Produktionseinheiten dürfen jedoch nicht darüber hinwegtäuschen, daß zwischen beiden Sektoren ein reger Austausch von Gütern und Produktionsfaktoren stattfand. Der Exportsektor war auf die Arbeitskräfte und Nahrungsmittel aus dem Subsistenzsektor angewiesen. Umgekehrt verwendeten die Indianer zahlreiche Produkte, die sie nur von ladinischen Händlern erwerben konnten. Dazu gehörten in erster Linie *machetes* (Buschmesser), Hacken, Baumwollfaden, Lederwaren, Kleider und Alkohol.[17]

Diese engen Wechselbeziehungen zwischen Export- und Subsistenzsektor machen deutlich, daß die beiden Sektoren eine Einheit bildeten. Von Dualismus in der Wirtschaft kann somit nur hinsichtlich der Unterschiede in der Produktionsorganisation gesprochen werden, nicht aber in bezug auf den Austausch zwischen beiden Sektoren. Dies gilt nicht für die Gesellschaft. Hier bestand zwischen *ladinos* und Indianern eine deutlich sichtbare Kluft.[18] Sie beruhte auf dem kulturell geprägten Überlegenheitsgefühl der *ladinos* und dem aus der kolonialen Erfahrung stammenden Mißtrauen der Indianer. Die Unterscheidung zwischen *ladinos* und Indianern wurde weniger nach rassischen als nach sozio-kulturellen Kriterien vorgenommen. Legte ein Indianer die Bräuche seiner Gemeinschaft ab, kleidete er sich nach ladinischer (d.h. westeuropäischer) Art, verstand er die spanische Sprache, übernahm er ganz allgemein die ladinische Lebensweise, konnte er sich zum *ladino* wandeln. Dieser Ladinisierungsprozeß (*ladinización*), der sich meist über mehrere Generationen hinzog, verwischte die Grenze zwischen *ladinos* und Indianern im täglichen Leben keineswegs.[19] Ein sozialer und

---

16 Guerra Borges 1969 1. Bd.: 294. Der Gegensatz und die Beziehungen zwischen Latifundium und Minifundium finden zahlreiche Erwähnung in der Literatur. Vgl. Madigan 1976: 157; Whetten 1961: 93-95; Cambranes 1985: 249f; Flores Alvarado 1977: 157, 174-187; Figueroa Ibarra 1980: 69; Centroamérica 1987: 147f; Fletcher/Graber/ Merrill/Thorbecke 1971: 67-78; Torres Rivas 1973: 195, 227 Anm. 60; Karlen 1991: 179.

17 Vgl. hierzu: Redfield/Tax 1952: 51; Tax 1937: 440; Tax 1947: 171; Jones 1940: 314-320; Wagley 1941: 22; McBryde 1969: 227f; Schmid 1973: 149; Gillin 1958: 112; Bunzel 1981: 100; Wisdom 1961: 42, 51.

18 Zum Gegensatz zwischen ladinos und Indianern vgl.: Martínez Peláez 1971: 224; Tax 1941: 27f; Tax 1964 2. Bd.: 488; Tax 1942: 43-46; Tax 1957: 147f; McBryde 1969 1. Bd.: 50-59; Siegel 1941: 420; Gillin 1958: 341; Bunzel 1981: 42-45; Figueroa Ibarra 1980: 428-433; Adams 1957b: 332-335; Adams 1994: 527-543; Termer 1929: 411; Dawson 1965: 127; Wisdom 1961: 260-263; Jones 1940: 342; Whetten 1961: 64f; Karlen 1991: 285; Guerra Borges 1981: 323-331; LeBeau 1956: 180; Noval 1972: 31, 64, 101-112; Swetnam 1989: 94-97.

19 Das Kontinuum zwischen Indianern und ladinos wurde von Nathan Whetten [1961: 70-76] mit den Begriffen des "traditional indian", des "transitional indian" und des "ladinoized indian" beschrieben. Vgl. auch Adams 1957b: 271f.

kultureller Austausch im Sinne einer gegenseitigen Akkulturation fand nicht statt. Für die Indianer war die Gemeinde, das *municipio*, die kulturelle, soziale, politische und wirtschaftliche Einheit, innerhalb derer sich ihr Leben abspielte. Sie hatten keinen Bezug zu den Institutionen des liberalen Nationalstaates. Die von der ladinischen Oberschicht proklamierte Nation hatte für sie keine Bedeutung. Sowohl in bezug auf Kultur und Bildung wie auf politische Partizipation blieben die Indianer außerhalb der guatemaltekischen Gesellschaft.[20] Der engen Einbindung in die nationale Wirtschaft als Arbeitskräfte und Nahrungsmittelproduzenten stand die soziale und politische Ausgrenzung der Indianer als Bürger gegenüber [Whetten 1961: 65; LeBeau 1956: 113].

Die Klassenstruktur der guatemaltekischen Gesellschaft wurde von diesem kulturell-ethnischen Gegensatz überlagert und verzerrt.[21] Die herrschende Klasse der Latifundisten, Bankiers, Exporteure und Militärs und die Mittelschicht (Freiberufliche, höhere Beamte, Lehrer, Gewerbetreibende und Fincaverwalter) bestanden ausschließlich aus *ladinos*. Die Produktionsmittel des Exportsektors und die politische Macht konzentrierten sich in den Händen der Oligarchie. Die schmale Mittelschicht hatte keine eigene Perspektive, sondern lehnte sich in ihrem Streben nach sozialem Aufstieg an die Oligarchie an. Die Unterschichten setzten sich mehrheitlich aus Indianern zusammen. Besonders auf dem Land gab es nur wenig arme *ladinos*. Trotz ihrer ähnlichen materiellen Situation bestand der Graben zwischen den beiden Gesellschaftssegmenten fort. Die *ladinos* waren auf die von Oligarchie und Mittelschichten geprägte nationale Gesellschaft und sozialen Aufstieg ausgerichtet.[22] Der gesellschaftliche Bezugsrahmen der India-

---

20 Manning Nash [1957: 826] prägte für diesen Sachverhalt den Begriff "multiple society with plural cultures". Die "national society" besteht demnach aus ladinos, während die Indianer "subordinate societies" auf lokaler Ebene mit beschränkten ökonomischen Ressourcen bilden. John Hawkins [1984: 3-15] widersprach dieser Beschreibung der guatemaltekischen Gesellschaft, indem er die kulturellen Gegensätze zwischen ladinos und Indianern als entgegengesetzte Teile eines übergeordneten kulturellen Systems zu verstehen suchte. Ausgehend von einem Kulturbegriff, der nicht behavioristisch argumentierte, sondern unter Kultur ein System sinngebender Symbole verstand, untersuchte er die Beziehungen zwischen beiden Bevölkerungssegmenten als Austausch symbolischer Informationen. Ladinos und Indianer besaßen demnach inverse ideologische Bilder (inverse ideological images) voneinander, die innerhalb des täglichen kulturellen Austausches ständig reproduziert wurden. In diesem Sinn diente der kulturelle Austausch zur Zementierung der gegenseitigen (ideologischen) Abgrenzung.

21 Zum Konzept der Klasse allgemein vgl.: Touraine 1976: 13, 93-100; Bartra 1985: 147-151; Kaplan 1987: 91-94. Zu Guatemala vgl.: Whetten 1961: 86; Nash 1957: 828-830; Schulz/Graham (Hgg.) 1984: 115; Winson 1978: 36; Melville/Melville 1971: 1-25.

22 Im Unterschied zu den meisten anderen Autoren sieht Kalman H. Silvert [1969: 180] den Lokalismus auch bei den armen ladinos verwurzelt. In der Beurteilung des fundamentalen Gegensatzes zwischen ladinos und Indianern stimmt er jedoch mit den übrigen Autoren überein.

ner war die Dorfgemeinschaft ihres *municipios*. Beide Gruppen unterschieden sich insbesondere in bezug auf ihr Verhältnis zu den Produktionsmitteln. Die armen *ladinos* waren meist mittellose Tagelöhner. Dagegen besaß die Mehrheit der Indianer wenigstens etwas Land zur Selbstversorgung. Die Unterschichten bildeten weder von den wirtschaftlichen Voraussetzungen noch von der kulturellen und sozialen Perspektive her eine homogene Masse. Dadurch wurde der Klassengegensatz gerade dort unscharf, wo man angesichts der großen Reichtumsunterschiede eine klare Abgrenzung erwarten müßte: zwischen herrschender Oligarchie und beherrschten Unterschichten. Die Klassen traten nicht als strukturierendes Element der Gesellschaft, als "Akteure der sozialen Struktur" in Erscheinung [Touraine 1976: 13].

Da die Oligarchie den kapitalistischen Umbau von Wirtschaft und Gesellschaft nicht kraft ihrer Hegemonie durchsetzen konnte, machte sie den Staat zum zentralen Modernisierungsagenten. Die guatemaltekischen Positivisten rechtfertigten das diktatoriale Regime General Justo Rufino Barrios' (1873-1885) als notwendige Übergangsphase auf dem Weg zur Demokratie.[23] Barrios, ein Repräsentant der aufstrebenden Kaffeeoligarchie West-Guatemalas, war nach dem Sieg der liberalen Truppen 1871 zum Kommandanten der Region von Los Altos ernannt worden. In dieser Funktion hatte er sofort begonnen, ehrgeizige Infrastrukturprojekte und weitreichende Reformen einzuleiten. Seine entschieden antiklerikale Politik gipfelte 1872 in der Vertreibung der Jesuiten aus Quetzaltenango. In der Folge kam es zur Auseinandersetzung zwischen Barrios und der gemäßigten Fraktion der Liberalen Partei um den amtierenden Präsidenten Miguel García Granados (1871-1873). Mit militärischem Druck erzwang Barrios den Rücktritt von García Granados und die Ausschreibung von Wahlen, aus denen er siegreich hervorging. Mit der Armee im Rücken errichtete er eine autokratische Diktatur ohne verfassungsmäßige Grundlage. Die führenden Politiker des *Partido Liberal* akzeptierten diese De facto-Herrschaft nur als vorübergehende Erscheinung und drängten auf die Einberufung einer verfassunggebenden Versammlung. Nach einem ersten von Barrios vereitelten Versuch erhielt Guatemala schließlich 1879 eine liberale Verfassung.

Die Hoffnung vieler Liberaler, nach dem Tod des Generals werde damit der Weg zu einer demokratischen Republik geebnet, erfüllte sich indessen nicht. Der seit 1971 entstandene Herrschaftspakt zwischen der führenden Fraktion der *cafetaleros* und barristischen Armeespitzen hatte sich soweit verfestigt, daß der Versuch des *Partido Liberal*, eine zivile Regierung einzusetzen, scheiterte. Mit Waffengewalt hievten die von Quetzaltenango aus operierenden Militärs General Manuel Lisandro Barillas (1885-1892) ins Präsidentenamt. Ihre Vormachtstellung wurde erst gebrochen, als sich Barillas Nachfolger, General José María

---

23 Vgl. zum Folgenden: Taracena Arriola 1993: 179-184, 212-251; 20-32; García Laguardia 1985: 39-166; Garrard Burnett 1990: 13-31; Woodward (Hg.) 1971; Woodward 1983; Woodward 1984: 291-298; González 1994: 595-642.

Reina Barrios (1892-1898), anschickte, den Verfassungsgrundsatz der *noreelección* anzutasten, und damit einen militärischen Aufstand oppositioneller Armeefraktionen provozierte. Im Verlauf der politischen Wirren, die unter dem Namen *Revolución de Occidente* in die Geschichte eingingen, wurde Reina Barrios (vom Schweizer Oscar Zollinger) ermordet. Sein Innenminister, Manuel Estrada Cabrera (1898-1920), übernahm die Präsidentschaft.[24] Sofort begann er seine Macht zu konsolidieren, indem er einerseits die Armee von barristischen Militärs säuberte und andererseits eine zivile Machtbasis aufbaute. Zu diesem Zweck formte er den *Partido Liberal* von einer aristokratischen Honoratiorenpartei zu einer wirkungsvollen Wahlkampfmaschine um. Die Mobilisierung der Wählermassen und der Wahlbetrug wurden zu zentralen Elementen der estradacabreristischen Herrschaftstechnik. Mit der Vergabe vorteilhafter Konzessionen an die us-amerikanischen Unternehmen UFCO und IRCA schuf sich Estrada Cabrera zusätzlich eine äußere Machtbasis, da die us-amerikanischen Investoren und mit ihnen das *State Departement* großes Interesse an der von ihm mit eiserner Hand garantierten politischen Stabilität hatten. Als Guatemala infolge des chronischen Haushaltdefizits 1913 die Bezahlung seiner finanziellen Verpflichtungen gegenüber dem Ausland suspendierte, stützten die USA das Regime mit neuen großzügigen Krediten. Damit wurden die USA zum wichtigsten Handelspartner Guatemalas. Die europäischen Mächte, allen voran Deutschland, verloren an Einfluß; eine Entwicklung, die sich infolge des Ersten Weltkrieges weiter fortsetzte.

Im Grunde stellte die aktive Konzessionspolitik den einzigen - wie immer auch fragwürdigen - Beitrag Estrada Cabreras zur Modernisierung des Landes dar. Im Innern verfolgte er eine Politik, die allein auf die Erhaltung des Status quo abzielte und die wirtschaftliche und gesellschaftliche Entwicklung einfror. Damit entsprach er uneingeschränkt den Interessen der Kaffeeoligarchie, die ihrerseits bereit war, über die offensichtlichen Schwächen des Regimes hinwegzusehen. Korruption, Vetternwirtschaft, unkontrollierte Geldemmission und hohe Staatsverschuldung untergruben jedoch zusehends die staatliche Handlungsfähigkeit. Das Versagen der Regierung angesichts der schweren Wirtschaftskrise nach dem Ende des Ersten Weltkrieges führte schließlich zum Sturz Estrada Cabreras. Als Folge der verheerenden Erdbeben von 1917/18, die große Teile der Hauptstadt zerstörten, brachen die vorhandenen sozialen Spannungen auf. Gewerbetreibende und Arbeiterschaft forderten staatliche Maßnahmen zur Linderung der wirtschaftlichen Not. Gleichzeitig planten konservative Kräfte einen Staatsstreich. Aus dieser Situation heraus formierte sich der *Partido Unionista* als Zusammenschluß konservativer Kreise der Oligarchie mit aufständischen Sektoren der Arbeiterschaft. Die Uneinsichtigkeit des Präsidenten verhinderte einen Kompromiß zwischen Liberalen und Konservativen, der einen gewaltlosen Macht-

---

24 Von seinen Gegnern wurde Estrada Cabrera beschuldigt, den Mord an Reina Barrios selbst angeordnet zu haben.

wechsel hätte ermöglichen sollen. Die Konservativen waren nun auf die Arbeitermilizen angewiesen, um den Sturz Estrada Cabreras gewaltsam zu erzwingen. Nach dem Sturz des Diktators mußten sich die Eliten neu formieren.[25] Die Konservativen sahen sich vor das Problem gestellt, die mobilisierte Arbeiterschaft aus dem politischen Machtkampf auszuschließen. Die Liberalen mußten ihre Reihen von Exponenten der Diktatur säubern. Ein Staatsstreich liberaler Generäle unter Führung von José María Orellana (1921-1926) klärte Ende 1921 die verworrenen Machtverhältnisse. Umgehend ließ sich Orellana zum Präsidenten wählen. Damit lag die politische Macht erneut in den Händen liberaler Militärs. Die Mobilisierung der städtischen Unterschichten, die konservative Opposition und Flügelkämpfe innerhalb des *Partido Liberal* verhinderten indessen einen autokratischen Herrschaftsstil nach dem Vorbild früherer Diktatoren. In der Folge stieg die Bedeutung des Parlaments, wo die verschiedenen Fraktionen der Eliten ihre Machtansprüche austarierten. Insbesondere kam es immer wieder zu Auseinandersetzungen zwischen den verschiedenen Interessengruppen des liberalen Lagers. Dabei profilierte sich vor allem der progressistische Flügel immer wieder als Widersacher der Regierung. Den *progresistas* gehörten namhafte Exponenten der *Generación de 1920*, einer Gruppe Intellektueller, die maßgeblich am Sturz Estrada Cabreras beteiligt war, an.[26] Als 1926 klar wurde, daß Orellana sich erneut zur Präsidentschaftswahl stellen wollte, unterstützten die *progresistas* General Jorge Ubico als Gegenkandidaten. Nach dem plötzlichen Tod Orellanas trat General Lázaro Chacón (1926-1930) als designierter Nachfolger an dessen Stelle. In der Wahl unterlag Ubico zwar deutlich, aber die Regierung Chacóns stand von Anfang an auf schwachen Beinen, da sie über keine klare Hausmacht im Parlament verfügte. Seine Amtszeit zeichnete sich in der Folge durch ein Maß an politischer Toleranz aus, das in Guatemala bisher unbekannt war.

Chacón verpaßte es, die günstige wirtschaftliche Lage auszunutzen, um den Staatshaushalt zu sanieren [Pitti 1975: 358; Grieb 1979: 2]. Bei Ausbruch der Weltwirtschaftskrise 1929 verfügte der Staat weder über die Mittel, die Auswirkungen der Krise zu bekämpfen, noch über die organisatorische Fähigkeit, seine Ausgaben zu senken. Der drastische Rückgang der Einnahmen verursachte in kurzer Zeit beträchtliche Haushaltsdefizite, wodurch die Bezahlung der ausländischen Anleihen erschwert wurde.

Bei den städtischen Arbeitern und den Mittelschichten machte sich Unzufriedenheit gegenüber der Hilflosigkeit des Staates breit. Die *finqueros*, die vom Preiszerfall des Kaffees auf dem Weltmarkt unmittelbar betroffen waren, erwarteten von der Regierung Exportzollerleichterungen und finanzielle Zuschüsse zur Überbrückung der Rezession. Es erstaunt deshalb nicht, daß aus der unklaren

---

25 Vgl. zum Folgenden: Pitti 1975: 62-107; Karlen 1991: 26-29; Taracena Arriola 1989: 49-63; Taracena Arriola 1993: 231-234.

26 Vgl. zur Generación de 1920: Karlen 1991: 26 und Pitti 1975: 197-213.

politischen Situation, die nach einem Militärputsch Anfang 1931 entstanden war, ein Mann an die Präsidentschaft gelangte, der bereits früher als Departementsgouverneur (*Jefe Político*) seine Führungsqualitäten unter Beweis gestellt hatte [Grieb 1979: 3-11; Karlen 1991: 41-68]. Jorge Ubico, ein Abkömmling aus der liberalen Kaffeeoligarchie und hoher Offizier, versprach, Korruption und Ineffizienz in der Verwaltung zu beenden, die Staatsfinanzen zu konsolidieren und wirksame Maßnahmen zur wirtschaftlichen Entwicklung durchzusetzen. Zudem erfreute er sich der Unterstützung durch die USA, die mit ihrer Nichtanerkennungspolitik aufgrund des 1923 mit den zentralamerikanischen Republiken geschlossenen Friedens- und Freundschaftsvertrages (*Treaty of Peace and Amity*) erheblichen Einfluß auf die politischen Prozesse in Zentralamerika nahmen [Leonard 1985: 50-53; Grieb 1970: 5-21].

Unter Ubico gewann der Staat gegenüber der Gesellschaft wieder an Gewicht. Die Kaffeeoligarchie hatte die Machtausübung erneut an ein autoritäres Regime delegiert [Bulmer-Thomas 1983: 270; Torres Rivas 1973: 164f]. Mit ihrer Billigung errichtete Ubico entschlossen eine repressive Diktatur. Das Parlament verlor den Einfluß, den es während der 20er Jahre gewonnen hatte [Pitti 1975: 271-274, 493]. Die Unabhängigkeit der Justiz wurde mit der Einsetzung von Ubico-treuen Richtern unterlaufen. Die Macht wurde in der Exekutive und in der Person des Präsidenten konzentriert. Die Bekämpfung der Korruption in der Verwaltung aufgrund der *Ley de Probidad* (Rechtschaffenheitsgesetz) diente gleichzeitig zur Säuberung des Staatsapparates von nicht loyalen Beamten.[27]

Oppositionelle Kräfte, die das liberale Entwicklungsmodell guatemaltekischer Prägung in Frage stellten, wurden kompromißlos unterdrückt. 1932 wurden die Gewerkschaften aufgelöst; 1934 verloren die Mittelschichten jede Aussicht auf Beteiligung an der Macht. Nach der Aufdeckung eines Komplotts gegen Ubico wurden zahlreiche ihrer Führer hingerichtet oder mußten ins Exil flüchten. Polizei und Militär wurden die wichtigsten Stützen des Regimes. Folter und Anwendung der *Ley Fuga* (in Guatemala bekannte Praxis, Häftlinge "auf der Flucht zu erschießen") waren an der Tagesordnung.[28]

Der Ausbau und die Zentralisierung der staatlichen Kontrollapparate ermöglichten den unmittelbaren Zugriff der Behörden auf die Bevölkerung. Denselben Zweck verfolgten das Gesetz betreffend die *Cédula de Vecindad* (1932), das alle Frauen und Männer im Alter zwischen 18 und 60 Jahren verpflichtete, einen Per-

---

27 Die Effizienz dieses Gesetzes ist umstritten. Während Grieb ihm verhältnismäßig große Bedeutung beimißt, zeigen neueste Ergebnisse, daß das Gesetz nur in begrenztem Rahmen wirksam war und im Ganzen wohl die propagandistischen Versprechungen nicht erfüllte. Vgl. Grieb 1979: 13, 56 und Karlen 1991: 85.

28 Vgl. zur Repression unter Ubico: Sandoval Vásquez 1946; Gleijeses 1989; Grieb 1979: 43, 117f; Ríos 1948; Morales 1966; Arévalo Martínez 1984; Karlen 1991: 98-102, 329-402.

sonalausweis bei sich zu tragen, und die Reform der Gemeindegesetzgebung (1934), die die Selbstverwaltung der indianischen *municipios* einschränkte. Das wichtigste Element zur Kontrolle des indianischen Unruhepotentials auf dem Lande blieb jedoch Ubicos paternalistischer Herrschaftsstil. Sein Auftreten als oberste Berufungsinstanz und Schirmherr der Indianer sicherte ihm deren Loyalität. Besonders wirksam waren in dieser Hinsicht seine regelmäßigen Inspektionsreisen durch das Land (*Jiras Presidenciales*), wo er den unmittelbaren Kontakt zur Bevölkerung suchte und als gerechter Anwalt der Armen auftrat.[29] Die Popularität bei der indianischen Bevölkerung war für Ubico ein nicht zu unterschätzender Machtfaktor, gab sie ihm doch gegenüber der sozialen Basis seiner Macht, der Kaffeeoligarchie, einen beschränkten Handlungsspielraum [Karlen 1991: 293f].

Das offensichtliche zeitliche Zusammenfallen von Weltwirtschaftskrise und dem Entstehen von diktatorischen Regimes in Zentralamerika in den 30er Jahren wurde mitunter mit der These erklärt, die Diktaturen in Guatemala, El Salvador, Honduras und Nicaragua seien eine unmittelbare Reaktion der Oligarchien auf krisenbedingte soziale und politische Unruhen gewesen. Aus dieser Überlegung heraus sehen viele Autoren in den Regimes der 30er Jahre verschiedene Ausprägungen von Depressionsdiktaturen.[30] Zumindest für Guatemala muß jedoch der unmittelbare Zusammenhang zwischen Krise, sozialen Problemen, Mobilisierung der Unter- und Mittelschichten und Diktatur in Zweifel gezogen werden.[31] Untersucht man Ausmaß und Verlauf der Krise näher, läßt sich die Diktatur Ubicos nicht ohne weiteres als Reaktion auf soziale Unruhen deuten. Die Krise äußerte sich in Guatemala in erster Linie in fallenden Preisen für Exportprodukte und in steigenden Preisen für Importe aus den Industrieländern.[32] War der Preiseinbruch des Kaffees auf dem Weltmarkt von bisher unbekanntem Ausmaß - die Preise sanken von 1927 bis 1932 um mehr als zwei Drittel-, verzeichneten die Produktions- und Exportmengen nur einen bescheidenen Rückgang.[33] Die Verschlechterung der *terms of trade* traf zuallererst und unmittelbar die Kaffeeoligarchie, deren Gewinnmarge erheblich sank. Zahlreichen *finqueros* drohte die Enteignung,

---

29 Vgl. dazu: Hernández de León 1940; Karlen 1991: 94-97; Grieb 1979: 115.

30 Die These von den "depression dictatorships" wurde erstmals von Charles W. Anderson [1967: 215] geäußert. Folgende Autoren gehen von dieser These aus: Bulmer-Thomas 1987: 61-67; Cambranes 1985: 321; Woodward 1976: 215; Boris/Rausch (Hgg.) 1986: 26; Coleman/Herring 1985: 30f; Castillo 1966: 58; Torres Rivas 1973: 158.

31 Siehe dazu vor allem Tobler 1988; Karlen 1991: 45, 454; aber auch Montenegro Ríos 1976: 12. In einer kürzlich erschienenen Studie wurde die These der "depression dictatorships" auch für El Salvador überzeugend widerlegt (vgl. Suter 1996: 608-612).

32 Kepner/Soothill 1935: 136; Centroamérica 1987: 138; Torres Rivas 1973: 155.

33 Karlen 1991: 148, 482 Tab. 16; Grieb 1979: 146 f, 296; González Davison 1987b: cuadro 7; Schulz/Graham (Hgg.) 1984: 102; Torres Rivas 1973: 149.

da sie ihre *fincas* mit Hypotheken belastet hatten und die hohen Zinsen nicht mehr bezahlen konnten. Vor allem guatemaltekische *finqueros* waren von dieser Entwicklung betroffen. Sie mußten befürchten, ihren Besitz an ausländische Großgrundbesitzer und Exporteure zu verlieren, die über bessere Kreditverbindungen verfügten.[34] Der Exportsektor, und mit ihm der Staat, bekamen die Auswirkungen der Krise unmittelbar zu spüren und waren gezwungen, Maßnahmen zu deren Überwindung zu ergreifen.

Die Lage im Subsistenzsektor war grundlegend anders. Er wurde von der Krise nicht unmittelbar betroffen. Die Kapazität der Grundnahrungsmittelproduktion reichte aus, um eine Subsistenzkrise zu vermeiden. Insbesondere die Indianer fanden in ihren noch weitgehend intakten Gemeinschaften eine Nische, die ihnen ein, wenn auch prekäres, Überleben ermöglichte. Auf der anderen Seite waren die *finqueros* nach wie vor auf eine große Zahl von saisonalen Arbeitskräften angewiesen.

Die indianischen Arbeitskräfte wurden von der Krise insofern betroffen, als die *finqueros* versuchten, durch Lohnsenkungen die Folgen der Krise auf sie abzuwälzen. Obschon dies zu zahlreichen Streitigkeiten führte, kann nicht von einer allgemeinen Unruhe auf dem Lande gesprochen werden. Für die indianische Bevölkerung war das Problem der Subsistenzsicherung wichtiger als die Lohnsenkungen für die Arbeit auf den Kaffeefincas. Es kam zwar hin und wieder zu Unmutsäußerungen, sie blieben aber lokal beschränkt und stellten keine ernsthafte Bedrohung für das liberale Wirtschaftsmodell dar. Zur Unterdrückung des sozialen Unruhepotentials auf dem Land hätte die Oligarchie nicht unbedingt einer Diktatur bedurft.

Auch ein Blick auf den Verlauf der Krise stellt einen unmittelbaren Zusammenhang zwischen dem Ausbruch der Weltwirtschaftskrise und der Errichtung einer Diktatur in Frage. Die Kaffeepreise begannen nicht erst nach dem Börsenkrach zu sinken. Bereits seit 1927 standen sie infolge der weltweiten Überproduktion unter Druck.[35] Als Brasilien im November 1927 seine Preisschutzpolitik lockerte und seine Rekordernte zu Tiefstpreisen auf den Weltmarkt warf, kamen die Preise unweigerlich ins Rutschen.[36] Von 1927 bis 1930 sanken die Kaffeepreise zwar um gut 40%, aber der eigentliche Einbruch geschah erst nach der Wahl Ubicos im Verlaufe des Jahres 1931, wo die Preise gegenüber dem Vorjahr um 45% fielen [ANACAFE 1987: 30-32]. Auf volkswirtschaftlicher Ebene zeichnete sich ein Einbruch erst in den Jahren 1932/33 ab. Noch 1931 stand das

---

34 Rubio Sánchez 1968 2. Bd.: 397; González Davison 1987b: 17; Bunzel 1981: 44; Montenegro Ríos 1976: 313; Karlen 1991: 151; Coleman/Herring 1985: 30.

35 Vgl. The World's Coffee 1947: 26, 355-371, 389.

36 The World's Coffee 1947: 433, 472. Victor Bulmer-Thomas [1984: 284] sieht den Grund für die Phasenverschiebung zwischen Preiszerfall und Ausbruch der Weltwirtschaftskrise darin, daß der größte Teil des Kaffees auf Terminmärkten gehandelt wurde. Vgl. auch Kap. 7.

Pro-Kopf-Einkommen auf gleichem Niveau wie in den 20er Jahren. Erst 1932 verringerte es sich um 15% gegenüber dem Vorjahr.[37] Der Tiefpunkt der Krise wurde im Jahr 1933 erreicht. Danach kam es zu einer kontinuierlichen Erholung der Wirtschaft.

Weder die Ereignisse, die Anfang 1931 zur Wahl Ubicos führten, noch die Dauer seines Regimes lassen sich somit in unmittelbaren Zusammenhang mit sozialen Mobilisierungseffekten der Weltwirtschaftskrise in Verbindung bringen. Sie dürften eher im Zusammenhang mit den sinkenden Gewinnmargen und dem damit verbundenen Konzentrationsprozeß innerhalb des Kaffeesektors stehen. Das labile Machtgleichgewicht zwischen mittleren und großen, fortschrittlichen und konservativen *finqueros*, zwischen Guatemalteken und Ausländern wurde erschüttert.[38] Zudem war durch die Krise die Ineffizienz des Staates offen zu Tage getreten. Nur eine starke Exekutivgewalt versprach, ein offenes Ausbrechen der Interessengegensätze innerhalb der Oligarchie zu verhindern und den maroden Staat zu sanieren.

In Guatemala äußerte sich der Einbruch auf dem Weltmarkt nicht in erster Linie als alle Schichten umfassende soziale Krise, sondern als eine auf Exportsektor, Handel und Banken beschränkte Finanzkrise. Die dabei zu Tage tretenden Probleme waren der Ausdruck von strukturellen Ungleichgewichten des exportorientierten liberalen Entwicklungsmodells guatemaltekischer Prägung. In den Augen der Oligarchie bestand die Aufgabe der Regierung darin, die Probleme zu lösen, ohne die Strukturen von Wirtschaft und Gesellschaft tiefgreifend zu ändern. Die Wirtschaftspolitik der Ubico-Administration entsprach in erster Linie den Interessen der Kaffeeproduzenten. Tiefe Preise und Löhne, die Senkung der Kreditzinsen sowie die staatliche Unterstützung bei Produktion und Vermarktung des Kaffees sollten den *finqueros* die Überwindung der Krise ermöglichen und wirtschaftliches Wachstum in den hergebrachten Bahnen auslösen.

Da die *mozos* auf den Kaffeeplantagen einen Teil ihres Lohnes in Form von Essensrationen erhielten, stellten die Grundnahrungsmittelpreise einen wichtigen Kostenfaktor für die *fincas* dar. Eine Grundvoraussetzung für tiefe Preise sah Ubico in der Steigerung der inländischen Produktion. Immer wieder ermahnte er die *Jefes Políticos*, in ihren Departementen dafür zu sorgen, daß die Bauern insbesondere den Maisanbau intensivierten.[39] Gemäß den offiziellen Anbaustatistiken der Jahre 1930 bis 1940 stieg die bebaute Fläche um mehr als das Zweieinhalbfache und die produzierte Menge um mehr als das Dreifache an. Die Anga-

---

37 Berechnet nach Bulmer-Thomas 1987: 312.

38 Zu den Interessengegensätzen innerhalb der Oligarchie siehe González Davison 1987a: 53-59.

39 Karlen 1991: 454; Grieb 1979: 169. Vgl. als Beispiele ferner: Circular JP Sololá an Alcaldes, 7.1.1930; Informe Anual JP Sololá an MGJ, 1930 (beide JP Sololá 1930); Circular Ubico an Jefes Políticos, 5.4.1938 (JP Sololá 1938); Informe Intendente San Pablo an JP Sololá, 3.5.1939 betr. Anbaupflicht (JP Sololá 1939).

ben sind jedoch äußerst unzuverlässig und widersprüchlich. Zum Beispiel weisen sie 1937 eine Steigerung um fast das Doppelte gegenüber dem Vorjahr aus, was angesichts der schlechten Versorgungslage in diesem Jahr unwahrscheinlich erscheint. Grieb [1979: 153] vermutet, daß die sprunghafte Zunahme in der Fläche und der Produktion darauf beruht, daß die statistische Erfassung durch das *Ministerio de Agricultura* verbessert wurde. Karlen [1991: 197f] hingegen betont die in der zweiten Hälfte der Amtszeit Ubicos vermehrt betriebene Praxis der politischen Manipulation von statistischen Ergebnissen. Immerhin deutet die Tatsache, daß die Maisimporte gegenüber den 20er Jahren sanken und in der zweiten Hälfte der 30er Jahre sogar Mais exportiert werden konnte, auf eine spürbare Zunahme der inländischen Produktion.[40] Auch die verhältnismäßig tiefen Maispreise in den 30er Jahren weisen in diese Richtung. Das offiziell geltend gemachte Ausmaß der Steigerung bleibt jedoch unwahrscheinlich. Mindestens teilweise können die tieferen Durchschnittspreise auf verbesserte marktwirtschaftliche Rahmenbedingungen und die Senkung der Transportkosten durch den Ausbau des Straßennetzes zurückgeführt werden.

Die wirtschaftspolitische Absicht, von Importen unabhängig zu werden und die eigene Produktion auszubauen, beschränkte sich allein auf den Anbau von Grundnahrungsmitteln. Im Gegensatz zu vielen südamerikanischen Staaten verfolgte Guatemala zusammen mit den anderen zentralamerikanischen Republiken in den 30er Jahren keine Industrialisierung auf der Basis von Importsubstitution.[41] Der Anteil der Industrie am Bruttosozialprodukt (BSP) nahm sogar eher ab. Betrug er im Jahr 1930 noch 13,9%, fiel er bis 1940 auf 11,7%.[42] Auch der Versuch, die Exportwirtschaft zu diversifizieren, schlug fehl. Kaffee blieb mit Abstand das wichtigste Exportprodukt, gefolgt von Bananen und Kautschuk. Wertmäßig betrug der Anteil des Kaffees an den gesamten Exporten im Jahre 1930 82,1% (Bananen 10,3%, Kautschuk 2,5%) und 1944, am Ende der Regierungszeit Ubicos, immer noch 64,9% (Bananen 12,5%, Kautschuk 6,7%) [Karlen 1991: 484 Tab. 18; González Davison 1987b: Cuadro 11].

Das Schwergewicht der wirtschaftspolitischen Maßnahmen lag in der Ausweitung und Stärkung der Kaffeeproduktion. Zum Beispiel wurden schon kurz nach der Amtsübernahme Ubicos die Exportsteuern auf Kaffee von 2,00 auf 1,50 *Quetzales* pro *quintal* gesenkt [Bulmer-Thomas 1987: 75]. Auf jeden Fall sollte verhindert werden, daß immer mehr Kaffeefincas in die Hände von ausländischen Kapitalgebern gerieten. In diesem Zusammenhang war vor allem die Kreditpoli-

---

40 Jones 1940: 189; Karlen 1991: 197, 481 Tab. 15; Grieb 1979: 153. Vgl. zur Entwicklung der Maispreise auch Kapitel 5.

41 Bulmer-Thomas 1987: 79f; Torres Rivas 1973: 160; Dosal 1988: 341-350. Zur Importsubstitution siehe Boris/Rausch (Hgg.) 1986: 30-37; Dosal 1989: 3.

42 Berechnung nach Bulmer-Thomas 1987: 308, 322.

tik wichtig. Ungeachtet seiner knappen finanziellen Mittel setzte der Staat alles daran, den meist hochverschuldeten *finqueros* zu günstigen Überbrückungskrediten in Form von Erntebevorschussungen zu verhelfen. Gleichzeitig wurden Maximalzinssätze festgesetzt, um die Zinslast der *finqueros* zu verringern [Pitti 1975: 129; Karlen 1991: 192f]. Auf der anderen Seite leistete die 1931 gegründete *Oficina Central del Café* technische Hilfe bei der Produktion und unterstützte die *finqueros* durch eine eigene Vermarktungsorganisation beim Verkauf ihres Produktes.

Ein wichtiger Pfeiler der ubiquistischen Wirtschaftspolitik stellte ferner die Verbesserung der öffentlichen Infrastruktur dar. Hierzu gehörte nebst der Erweiterung des Telegraphennetzes vor allem das ehrgeizige Straßenbauprogramm.[43] Dadurch sollten erstens die Vermarktungskosten der *finqueros* gesenkt werden. Nebenbei beabsichtigte man, auf diesem Weg das Transportmonopol der IRCA aufzubrechen [Pitti 1975: 234, 491]. Zweitens förderte ein leistungsfähiges Straßennetz den einheimischen Handel. Insbesondere erleichterte es den regionalen Austausch von Mais. Drittens weitete die Erschließung abgelegener Regionen den Herrschaftsbereich des Staates beträchtlich aus.

Die umfassende Kontrolle der ländlichen Bevölkerung war eine wichtige Voraussetzung für die Umstellung der Arbeitsgesetzgebung Mitte der 30er Jahre. Das Dekret Nr. 1995 verbot die Gewährung von Darlehen gegen zukünftige Arbeitsleistung *(habilitaciones)*. Dazu wurde mit der *Ley contra la Vagancia* (Dekret Nr. 1996) ein allgemeiner Arbeitszwang verfügt, der vor allem die indianische Bevölkerung betraf. Die Bedeutung der Maßnahmen ist in der Literatur umstritten. Neigen die einen dazu, darin einen Schritt zur Befreiung der Indianer aus quasi-feudaler Knechtschaft zu sehen, halten sie andere eher für eine Verschärfung der Unterdrückung und Ausbeutung der indianischen Bevölkerung.[44]

Zu betonen bleibt, daß keine der Maßnahmen, die Ubico ergriff, um die Krise zu bekämpfen und wirtschaftliches Wachstum einzuleiten, etwas grundsätzlich Neues darstellte, handelte es sich nun um das Straßenbauprogramm, die Abschaffung der *habilitaciones*, die *Ley contra la Vagancia* oder die *Cédula de Vecindad*. Alle diese Maßnahmen waren früher schon einmal diskutiert worden oder in Kraft gewesen. Auch die vielgeschmähte Anwendung der *Ley Fuga* war nicht eine Erfindung Ubicos, sondern Tradition im guatemaltekischen Vollzugswesen.[45] Was die Administration Ubicos von den vorhergehenden Regierungen

---

43 Vgl. hierzu: Jones 1940: 247; Valladares de León de Ruiz 1983: 91; Montenegro Ríos 1976: 222-233.

44 Vgl. zur ersten Gruppe: Bunzel 1981: 41, 44; Tax 1964 1. Bd.: 262. Jones 1940: 73; Bulmer-Thomas 1987: 127; McBride/Merle 1942: 264; González Davison 1987a: 59; Grieb 1979: 40; Pitti 1975: 487. Vgl. zur zweiten Gruppe: Adams 1970a: 89; Dawson 1965: 137; Karlen 1991: 288, 303, 306; Gleijeses 1989: 33f; McCreery 1983: 744-758; McCreery 1986: 113f; Jensen 1955: 131.

45 Vgl. Lic. Fernando Aguilar, abogado, an Tribunal Militar, 7.8.1928 (JP Sololá 1928).

unterschied, war die höhere Systematik der Verwaltungsorganisation und die effiziente Arbeitsweise.

2. Methode und Theorie

Zur Bewältigung der einleitend aufgeworfenen Fragen verwende ich ein methodisch-konzeptionelles Raster, das es erstens erlaubt, den Untersuchungsgegenstand in methodische Teilbereiche zu gliedern und deren Strukturen und Prozesse zu beschreiben. Zweitens sollen damit auch die Wechselwirkungen zwischen den einzelnen Teilbereichen herausgearbeitet werden können. Meine Fragestellung umfaßt in methodischer Hinsicht zwei Ebenen: eine wirtschaftlich-soziale und eine politisch-kulturelle. Die wirtschaftlich-soziale Ebene faßt strukturelle Gegebenheiten und deren langfristige Veränderung ins Auge.[1] Insbesondere geht es um nichtintendierte Prozesse und Ergebnisse. In den Worten Fernand Braudels [1969: 12, 44] sind das die großen unterschwelligen Wellenbewegungen der *histoire économique et sociale*.

Die politisch-kulturelle Ebene bezieht sich auf die institutionellen Verhältnisse und deren Veränderungen. Der zeitliche Horizont reicht hier von nur langsam sich vollziehenden kulturellen Umwälzungen der *longue durée* bis zur kurzfristigen politischen Handlungsebene der *temps court, à mesure des individus* [Braudel 1969: 45]. Auf dieser Ebene haben menschliche Intentionen ein stärkeres Gewicht. Die historischen Akteure erkennen, wollen und handeln aber unter Bedingungen unvollständiger Information und imperfekter Wahrnehmung. [Giddens 1979: 250; North 1981: 5-6]. Insbesondere für die Untersuchung von sozialen Herrschaftsbeziehungen ist dies in Rechnung zu stellen. Bei großen Machtgefällen, wie sie in Guatemala vorherrschen, besteht sonst die Gefahr, in ein Täter-Opfer Schema zu verfallen, das der Komplexität der sozialen Verhältnisse nicht gerecht wird. Erst die sorgfältige Bestimmung der Handlungsspielräume und Wahrnehmungsmuster zeigt sowohl Herrschende wie Beherrschte als historische Akteure.

Wright C. Mills [1961: 46] stellte richtig fest, daß es die "*Grand Theory*" in den Sozial- und Geisteswissenschaften nicht gebe. Für den Historiker geht es daher darum, pragmatisch vorzugehen und das Verhältnis zwischen Fragestellung, empirischem Material und Theorie von Fall zu Fall neu zu beurteilen. Im Zusammenhang mit meiner Untersuchung der 20er und 30er Jahre lassen sich unter diesem Blickwinkel mehrere theoretische Konzepte und Modelle fruchtbar machen. Die Vorgänge auf der Angebotsseite des Arbeitsmarktes lassen sich als

---

1   Wenn hier von Struktur oder strukturell die Rede ist, so wird damit nicht eine statische Grundordnung vorausgesetzt, auf der sich irgendwelche Prozesse vollziehen. Struktur meint Unveränderbarkeit nur im Verhältnis zum Wandel. Insbesondere wohnt dem Begriff auch eine subjektive Dimension inne. Erscheint für einen Akteur ein Sachverhalt als unveränderbar und damit als strukturell gegeben, kann derselbe Sachverhalt von anderen Akteuren durchaus beeinflußt werden und erscheint somit als Gegenstand der Handlungsebene. Vgl. Adams 1975: 98-99.

Proletarisierungsprozeß deuten. Die Entwicklungen innerhalb des Kaffeesektors legen eine modernisierungstheoretische Sichtweise nahe. Der Widerstand der indianischen Bevölkerung gegen die ladinische Gesellschaft weist auf den *moral-economy*-Ansatz von James Scott. Die regionalen Strukturen Zentral-West Guatemalas und der Kaffeeweltmarkt können in systemtheoretische Zusammenhänge gebracht werden. Fragen in bezug auf die soziale Herrschaft und den Staat lassen sich im Rahmen funktionalistischer, marxistischer, neo-smithianischer oder weberianischer Tradition beantworten. Ich werde im Verlauf meiner Arbeit auf verschiedene der erwähnten Konzepte zurückgreifen und sie an entsprechender Stelle erläutern. Aus den oben differenzierten methodischen Ebenen lassen sich jedoch zwei Konzepte ableiten, die ich als den theoretischen Kern meiner Arbeit bezeichnen möchte. Sie beziehen sich auf die beiden zentralen Themenkreise der Arbeits- bzw. Herrschaftsbeziehungen und sollen im folgenden etwas breiter dargestellt werden. Den Arbeitsbeziehungen lege ich ein einfaches neoklassisches Arbeitsmarktmodell zugrunde. Die Herrschaftsbeziehungen werden innerhalb der weberianischen Tradition gedeutet.

Die Theorien und Modelle über den Arbeitsmarkt gehen alle von einer Situation aus, in der entweder Vollbeschäftigung oder Arbeitslosigkeit herrscht. Die Frage, inwiefern Vollbeschäftigung erreicht wird oder erreicht werden kann, führte zu einer ausgedehnten Diskussion auf makroökonomischer Ebene. Postulierte die klassische Theorie aufgrund des Bevölkerungsgesetzes, daß der Arbeitsmarkt sein Gleichgewicht automatisch bei Vollbeschäftigung zum Subsistenzlohn finde, anerkannten keynesianische Theorien, daß der Arbeitsmarkt bei Gleichgewicht auf den Gütermärkten sich durchaus auch bei Arbeitslosigkeit einpendeln könne [Spahn/Vorubra (Hgg.) 1986: 451; Pierenkemper/Tilly (Hgg.) 1982: 18]. Dieser fundamentale Gegensatz zwischen Klassikern und Keynesianern auf makroökonomischer Ebene erscheint auf mikroökonomischer Ebene nicht mehr. Auch Keynes geht hier letztlich von den klassischen Prämissen über die Gleichgewichtsfindung im Markt aus [Bolle 1976: 42]. Da meine Fragestellung auf die Struktur und das Funktionieren des Arbeitsmarkts als solchem abzielt, gehe ich an dieser Stelle nicht weiter auf die makroökonomische Diskussion ein, sondern widme mich den mikroökonomischen Aspekten.

Unterstellt man Voll- oder Unterbeschäftigung, hat jede Gesellschaft zwei grundlegende Probleme zu lösen: erstens die optimale Allokation der Arbeitskraft zur Herstellung des gesellschaftlichen Reichtums und zweitens die Distribution dieses Reichtums unter die Menschen der Gesellschaft [Leibfried/Tennstedt (Hgg.) 1985: 41f]. In arbeitsteiligen kapitalistischen Marktgesellschaften kommt dem Arbeitsmarkt dabei eine Doppelrolle zu. Erstens soll er eine optimale Allokation des Faktors Arbeit in bezug auf die anderen Produktionsfaktoren, Land und Kapital, gewährleisten. Marktwirtschaftliches Kriterium ist in diesem Zusammenhang die Effizienz im Hinblick auf gesamtwirtschaftliche Zielsetzungen, aber auch auf betriebliche Produktivität und unternehmerische Profitmaximierung. Zweitens sorgt der Arbeitsmarkt für die Verteilung des gesellschaftlichen

Reichtums. Die Möglichkeit, am Arbeitsmarkt teilzunehmen, und die Bedingungen, unter denen dies geschieht, teilen den Arbeitskräften bestimmte Lebenschancen zu. Die Doppelfunktion des Arbeitsmarktes weist darauf hin, daß er sich in verschiedener Hinsicht von den Kapital- und Gütermärkten unterscheidet.[2] Das "Gut" Arbeit hat nicht vollständig den Charakter der Ware angenommen. Vielmehr ist Arbeit "fiktive Ware" [Polanyi 1978: 107f]. Die Nutzenmaximierung ist nicht das einzige Motiv, am Arbeitsmarkt teilzunehmen, sondern vorab der existentielle Zwang, seinen Lebensunterhalt zu verdienen. Die klassische Theorie leitet aus diesem Sachverhalt ein vollständig elastisches Arbeitsangebot ab.[3] Das bedeutet, daß die Anbieter von Arbeitskraft aus existentieller Not bereit sind, für einen bestimmten Lohn jede beliebige Menge Arbeitskraft anzubieten. Ein unerschöpfliches Reservoir an Arbeitskräften führt dazu, daß der Lohn stets auf dem Subsistenzminimum bleibt. Der "natürliche Lohn" deckt gerade noch die Kosten für die Reproduktion der Arbeitskraft, läßt aber keinen Spielraum für eine Erhöhung des Lebensniveaus der Arbeiter zu, da jede Lohnerhöhung durch entsprechendes Bevölkerungswachstum alsbald aufgezehrt würde [Pierenkemper/ Tilly (Hgg.) 1982: 15f]. Nicht weniger pessimistisch ist in dieser Hinsicht die marxistische Arbeitswerttheorie. Zwar erhöht der kapitalistische Akkumulationsprozeß die Nachfrage nach Arbeitskraft, die damit verbundene Tendenz zu Lohnsteigerungen wird aber durch die von den Unternehmern vorangetriebene Rationalisierung und Mechanisierung unterlaufen. Damit wird ständig eine relative Übervölkerung, die "industrielle Reservearmee", erzeugt, die dafür sorgt, daß der Lohn den Wert der Reproduktionskosten nicht überschreitet [Furtado 1971: 28-51].

Haben sowohl die klassische wie die marxistische Theorie langfristige Entwicklungen im Auge, zielt die sogenannte "neoklassische Wahlhandlungstheorie" auf kurzfristige Lohnanpassungen auf dem Arbeitsmarkt. Die Theorie geht von individuellen Nutzenkalkülen aus und aggregiert diese zu Angebots- und Nachfragefunktionen. Im Gegensatz zur klassischen Wertlehre ergibt sich der Wert

---

2   Vgl. dazu Spahn/Vorubra 1986: 441-442; Sengenberger (Hg.) 1985: 46-50; Marsden 1989: 5, 111-113; Solow 1990: 33-34.

3   Die Elastizität mißt die prozentuale Reaktion einer abhängigen Variablen auf die prozentuale Veränderung der unabhängigen Variablen. Die Lohnelastizität des Arbeitskräfteangebots zeigt die Reaktionsintensität der angebotenen Menge an Arbeitskraft auf Lohnänderungen an. Der mathematische Ausdruck lautet:

$$E = \frac{\Delta q/q}{\Delta w/w}$$

wobei: E: Lohnelastizität des Arbeitskräfteangebots
q: angebotene Menge
w: Lohn

Bei Elastizitäten zwischen 0 und 1 (oder minus 1) spricht man von unelastischem Angebot (Nachfrage) Bei Elastizitäten zwischen unendlich und 1 (oder minus 1) spricht man von elastischem Angebot (Nachfrage). Bei einem Wert von 0 ist das Angebot völlig inelastisch, bei einem Wert von unendlich völlig elastisch.

eines Gutes nicht aus den für seine Herstellung notwendigen Kosten (der aufgewendeten Arbeit), sondern aus der Gegenüberstellung der Angebots- und Nachfragefunktionen.[4] Die Nachfrage nach Arbeitskraft beruht auf der Grenzproduktivitätstheorie, die besagt, daß jede zusätzliche Arbeitseinheit, die der Unternehmer bei sonst gegebener Faktorausstattung einsetzt, einen geringeren Mehrertrag erzeugt als die vorangehenden Arbeitseinheiten. Die Produktionsfunktion des Unternehmers unterliegt somit dem Gesetz der sinkenden Grenzerträge. Die Unternehmer werden solange Arbeitskräfte nachfragen, bis der Grenzertrag gleich dem Grenzerlös ist. Bei vollständiger Konkurrenz entspricht der Grenzerlös dem Produktpreis. Aus diesen Überlegungen ergibt sich, daß die Nachfrage nach Arbeitskräften negativ von der Lohnhöhe abhängt. Je höher der Lohn, desto höher muß der Grenzertrag sein, desto eher ist die Grenze der Nachfrage nach Arbeitskraft erreicht.

Figur 2.1.: **Lohn-Mengen-Diagramm des neoklassischen Arbeitsmarktmodells**

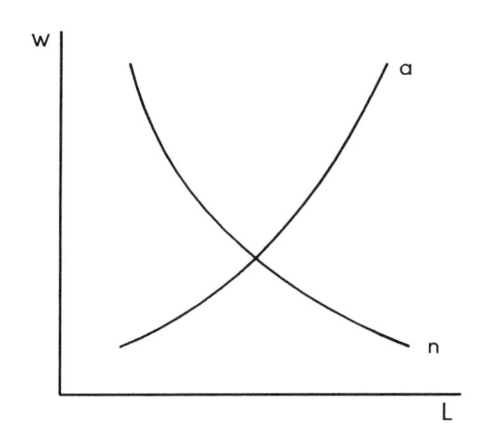

Das Angebot an Arbeitskraft seinerseits beruht auf dem Gesetz des abnehmenden Grenznutzens. Danach sind die Arbeiter solange bereit, zusätzliche Arbeitseinheiten anzubieten, als der dadurch erzielbare Nutzen in Form eines marginalen Einkommenszuwachses größer ist als der Nutzenverzicht durch den Verlust an Freizeit. Das Arbeitskraftangebot hängt somit positiv vom Lohn ab. Je

---

4 Vgl. hierzu und zum Folgenden Pierenkemper/Tilly (Hgg.) 1982: 17f; Sengenberger (Hg.) 1985: 46-49; Bolle 1976: 27.

höher der Lohn, desto höher der Grenznutzen jeder zusätzlichen Arbeitseinheit, desto später wird die Grenze des Nutzenverzichts erreicht. Die unterschiedlichen Abhängigkeiten von Angebot und Nachfrage vom Lohn stellen sicher, daß es immer einen Lohnsatz gibt, der den Arbeitsmarkt ins Gleichgewicht bringt. Diese Überlegungen lassen sich in einer einfachen Graphik, die Lohnsatz und Mengen in Beziehung setzt, darstellen (Vergleiche Figur 2.1.).

Das neoklassische Modell geht von Arbeitsverhältnissen aus, die dem Typ der "freien Lohnarbeit" entsprechen. In rechtlicher Hinsicht zeichnet sich "freie Arbeit" dadurch aus, daß zwei gleichberechtigte Rechtssubjekte einen privatrechtlichen Vertrag schließen. Keiner der Vertragspartner ist zur Vertragsschließung gezwungen. Der Vertrag basiert somit auf Freiwilligkeit. Beide Beteiligten können ihn jederzeit auflösen, und mit anderen Arbeitern bzw. Unternehmern neue Vertragsverhältnisse eingehen. Der Staat setzt lediglich den rechtlichen Rahmen der Verträge und sorgt dafür, daß beide Vertragspartner die stipulierten Bedingungen einhalten.

In sozialer Hinsicht wird der Vertrag von zwei ungleichen Partnern geschlossen. Auf der einen Seite steht der Arbeitgeber, der Unternehmer, auf der anderen Seite der Arbeitnehmer. In der Gesellschaft nehmen beide fundamental unterschiedliche Positionen ein [Pierenkemper/Tilly (Hgg.) 1982: 15]. Ist der eine Besitzer von Produktionsmitteln, verfügt der andere nur über seine Arbeitskraft. Der eine ist primär Produzent, der andere primär Konsument. Daraus ergeben sich unterschiedliche Interessenlagen, die in sozialwissenschaftlicher Perspektive in einen Klassengegensatz münden. Der Unternehmer gehört der herrschenden Klasse an, während der Arbeiter zur beherrschten Klasse gehört. Die Unternehmerklasse verfügt über ungleich größere Einflußmöglichkeiten auf das politische System und den Staat als die Arbeiterklasse. Dies entspricht den unterschiedlichen ökonomischen Voraussetzungen. Der Unternehmer verfügt nebst den Produktionsmitteln über wirtschaftliche und soziale Ressourcen (Vermögen, Wohneigentum, Bildung, Beziehungen), die ihm eine gewisse Unabhängigkeit und Sicherheit vor materieller Not garantieren. Der Arbeiter deckt seine Bedürfnisse aus den laufenden Lohneinkünften. Er verfügt weder über genügend Ersparnisse noch über alternative Produktionsmöglichkeiten, um seine Grundbedürfnisse (Nahrung, Wohnung, Kleidung) längere Zeit ohne Arbeit befriedigen zu können. Er ist daher dauernd darauf angewiesen, seine Arbeitsleistung gegen Lohn einsetzen zu können. Der Geldlohn ist das primäre Mittel, um die Reproduktionskosten der Arbeitskraft zu decken [Bergad 1984: 98f]. Er ist jedoch nicht subsistenz-, sondern arbeitsorientiert. Unter diesen Bedingungen spricht man von "freier Lohnarbeit". Der Arbeiter ist in doppelter Hinsicht frei.[5] Zunächst ist er frei in bezug auf die Entscheidung, wem er seine Arbeitskraft zur Verfügung stellt. Weder persönliche Bindungen noch extra-ökonomische Zwänge verpflichten ihn, bei einem bestimmten Arbeitgeber zu arbeiten. Die Entscheidfindung

---

5 Vgl. hierzu: Bergad 1984: 144; Figueroa Ibarra 1979: 60.

über Arbeitsort, Lohn und Arbeitsbedingungen kommt auf dem Arbeitsmarkt zustande. Die zweite Dimension der Freiheit liegt weniger klar auf der Hand. Der "freie Arbeiter" ist vollständig proletarisiert.[6] Das heißt, er ist "frei" von Produktionsmitteln und (nur noch) abhängig von seiner Arbeitskraft. "Freiheit" bedeutet in diesem Zusammenhang den Zwang, seine Arbeitskraft aus ökonomischen Gründen veräußern zu müssen.

Das neoklassische Modell ist aus verschiedener Sicht kritisiert worden. Auf makroökonomischer Ebene stößt vor allem die Annahme, daß bei Gleichgewicht auf dem Arbeitsmarkt auch Vollbeschäftigung in der Wirtschaft herrsche, auf Widerspruch. Von den Kritikpunkten, die aus mikroökonomischer Sicht geäußert werden, will ich mich auf zwei Vorwürfe beschränken, die auf grundsätzliche Mängel im neoklassischen Modell verweisen und die für meine Fragestellung von Bedeutung sind.[7] Beide Vorwürfe beziehen sich auf den besonderen Charakter des Arbeitsmarkts gegenüber dem Kapital- bzw. dem Gütermarkt [Spahn/Vorubra (Hgg.) 1986: 441-443; Sengenberger (Hg.) 1985: 163]. Der erste besteht in der Feststellung, daß eine steigende Angebotsfunktion Alternativkosten der Arbeit voraussetzt. Der Anbieter muß dazu über existenzsichernde Alternativen zur Lohnarbeit verfügen. Zwei Möglichkeiten können dazu ins Auge gefaßt werden. Einerseits könnte der Arbeitskraftbesitzer durch den Zugang zu Produktionsmitteln für seine Existenz aufkommen, ohne seine Arbeitskraft veräußern zu müssen, andererseits könnten sozialstaatliche Formen der Existenzsicherung ihn des Zwangs entheben, am Arbeitsmarkt teilzunehmen. Die steigende Angebotskurve, die die neoklassische Theorie im Vornherein unterstellt, ist somit nur unter bestimmten Voraussetzungen gegeben.

Der zweite Vorwurf zielt auf die Gleichgewichtsvermutung des neoklassischen Modells. Er geht davon aus, daß der Gleichgewichtsmechanismus über den Preis nur in Märkten besteht, auf denen Bestandesgrößen gehandelt werden. Diesem Markttypus entspricht am ehesten der Kapitalmarkt. Man denke etwa an den Handel mit einem gegebenen Bestand an Wertpapieren. Bei Märkten, auf denen dagegen Stromgrößen gehandelt werden, kommen Anpassungsprozesse zwischen Angebot und Nachfrage mehr über Mengenanpassungen als über Preisänderungen in Gang. Dies gilt für die Gütermärkte, wo sich die Produktion (als Stromgröße) der Nachfrage anpaßt. Der Arbeitsmarkt nimmt gegenüber beiden Markttypen eine Sonderstellung ein. Die Zahl der verfügbaren Arbeitskräfte, das Arbeitspotential, ist eine Bestandesgröße. Sie ist etwa mit der Größe der ökono-

---

6 Vgl. hierzu: Bergad 1983: 144; Figueroa Ibarra 1980: 24; Flores Alvarado 1977: 85f, 265; Cardoso 1972: 83; Banaji 1973: 400f.

7 Siehe zur Kritik am neoklassischen Modell und zu alternativen Ansätzen Sengenberger (Hg.) 1985: 25-41, 46-50, 103-110; Polanyi 1978: 226; Leibfried/Tennstedt (Hgg.) 1985: 47f; Kregel 1988: 27-42; Hart 1988: 43-47; Roncaglia 1988: 9-23; Bolle 1976: 28, 31-46; Freiburghaus 1976: 71-90; Pierenkemper 1996: 243-246; Pierenkemper/Tilly (Hgg.) 1982: 18-29; Furtado 1971: 52-55; Spahn/Vorubra (Hgg.) 1986: 493f.

misch aktiven Bevölkerung gegeben. Auf dem Markt werden jedoch nicht Bestände bzw. Arbeiter gehandelt - dies entspräche einem Sklavenmarkt -, sondern die Stromgröße Arbeitskraft. Es ist daher unsicher, ob über Mengen- oder Preisanpassungen stets ein Gleichgewicht gefunden wird. So ist etwa das Arbeitspotential kaum flexibel genug, um ausreichend auf wechselnde Knappheitsverhältnisse auf dem Arbeitsmarkt zu reagieren. Auf der anderen Seite können Lohnsenkungen im Subsistenzbereich dazu führen, daß das Arbeitskraftangebot steigt, um die verschlechterte Einkommenslage auszugleichen. Dadurch kommt es zu verschärfter Konkurrenz unter den Arbeitskräften auf dem Arbeitsmarkt, und dies führt zu weiteren Lohnsenkungen. Unter diesen Bedingungen führen die Anpassungsmechanismen auf dem Markt nicht zurück zum Gleichgewicht, sondern weiter davon weg.

Soweit hat sich die Diskussion um den Arbeitsmarkt vor dem Hintergrund des Beschäftigungsproblems bewegt. Der Faktor Arbeit ist im Verhältnis zu den Faktoren Kapital und Land im Überfluß vorhanden. Insbesondere die relative Knappheit beim Kapital in Form von Investitionsengpässen kann Arbeitslosigkeit und Unterbeschäftigung verursachen. Die Allokation der Produktionsfaktoren und die Distribution des sozialen Reichtums stellen in dieser Situation die beiden zentralen Probleme dar. Bezieht man Situationen von Arbeitskräftemangel mit ein, stellt sich ein weiteres Problem: die Rekrutierung von Arbeitskräften. So wie bei den knappen Produktionsfaktoren Kapital und Boden versucht wird, durch Investitionen bzw. Landerschließungen deren Knappheit zu vermindern, werden bei Arbeitskräftemangel Maßnahmen zur Ausdehnung des Arbeitskräftereservoirs getroffen. Abgesehen von bevölkerungspolitischen Maßnahmen läßt sich die Knappheit an Arbeitskräften nur mittelbar über den Marktmechanismus steuern.[8] Angebotsseitig wird sie vor allem von der Größe und Struktur der Bevölkerung und den nicht-arbeitsmarktbezogenen Subsistenzmöglichkeiten der Arbeitskräfte bestimmt. In einer Situation, wo die Arbeitskräfte ihre Subsistenz noch zu unterschiedlichen Graden mit eigenen Produktionsmitteln erwirtschaften können, gelten die beiden oben erwähnten grundsätzlichen Einwände gegen das neoklassische Arbeitsmarktmodell nicht mehr, denn erstens treten nun Alternativkosten in Form selbständiger Subsistenzproduktion auf und zweitens ist das Arbeitspotential dank der Pufferfunktion des Subsistenzsektors flexibel und daher nicht mehr als fester Bestand gegeben. Der Arbeitsmarkt entspricht unter diesen Bedingungen den Gütermärkten, wo Stromgrößen gehandelt werden und das Gleichgewicht über Preis- und Mengenanpassungen erreicht wird.

---

[8] Toni Pierenkemper sieht im Zusammenhang mit dem Arbeitsmarkt das grundlegende Problem in der "Rekrutierung von Arbeitskraft für produktive Zwecke". In historischer Perspektive sei es auch anders als durch den Arbeitsmarkt gelöst worden. Vgl. Pierenkemper/Tilly (Hgg.) 1982: 9. Die begriffliche Unschärfe zwischen Allokation und Rekrutierung fällt bei Pierenkempers Fragestellung nicht ins Gewicht. Für meine Zwecke ist es jedoch angebracht, zwischen Rekrutierung und Allokation zu unterscheiden.

Der Zusammenhang zwischen Subsistenzsektor und Arbeitskräfteangebot läßt sich im neoklassischen Modell auf einfache Weise graphisch interpretieren. Bei vollständiger Deckung des Subsistenzbedarfs aus eigener Produktion ist die Angebotskurve völlig lohninelastisch. Mit abnehmendem Bedarfsdeckungsgrad nimmt die Elastizität zu und mündet beim völligen Fehlen einer eigenen Subsistenzbasis in den "klassischen" Fall einer waagrechten Angebotskurve (vgl. Figur 2.2.).

Figur 2.2.: **Arbeitskraftangebot bei voller Subsistenzsicherung und ohne eigene Subsistenzbasis**

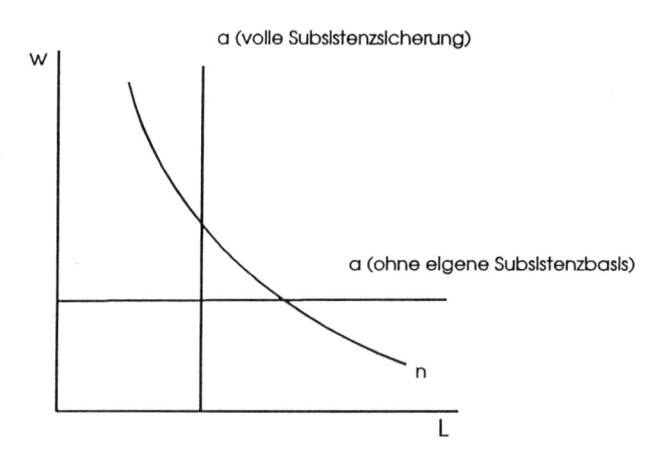

```
w |       a (volle Subsistenzsicherung)
  |\
  | \
  |  \
  |   \
  |    \        a (ohne eigene Subsistenzbasis)
  |_____
  |      \
  |       \___
  |           n
  |_____
                            L
```

Mitunter wird sogar eine negativ geneigte Kurve unterstellt. In einer Studie über afrikanische Arbeitsmärkte mahnt Berg [1961: 485-492] jedoch zur Vorsicht. Unter Bedingungen, wo die Arbeitskräfte über weitgehend intakte Subsistenzmöglichkeiten verfügen, stellt er zwei Effekte einer Lohnerhöhung fest. Zum einen verringert sie die Arbeitszeit, die die Arbeitskräfte zu leisten bereit sind. Aufgrund ihrer beschränkten Einkommensziele arbeiten sie nur solange, bis sie das angestrebte Subsistenzniveau erreicht haben. Zum anderen nimmt aber bei einer Lohnerhöhung der Personenkreis zu, für den der Arbeitsmarkt neben der Subsistenzproduktion zu einer attraktiven Einkommensquelle wird. Beide Effekte wirken in bezug auf das Arbeitsangebot in gegenteiliger Richtung. Es ist daher nicht möglich, die Auswirkung einer Lohnerhöhung zum vornherein zu bestimmen. Immerhin hält Berg fest, daß mit rückwärtsgeneigten Angebotskurven nur gerechnet werden muß, wenn zwischen Subsistenzsektor und marktorientierter

Warenwirtschaft kaum Beziehungen bestehen - eine Bedingung, die zumindest für das 20. Jahrhundert ausgeschlossen werden kann.

Ich gehe davon aus, daß der ländliche Arbeitsmarkt in Guatemala bis in die 1940er Jahre dem Fall einer zwar steilen, aber doch positiv geneigten Angebotskurve entsprach. Auf der einen Seite enthoben die Produktionsmöglichkeiten im Subsistenzsektor die Mehrheit der indianischen Arbeitskräfte des ökonomischen Zwangs, unter allen Umständen am Arbeitsmarkt teilzunehmen. Auf der anderen Seite war die indianische Wirtschaft weit davon entfernt, autark zu sein. Zwischen den kapitalistischen Sektoren des nationalen Marktes, der Exportwirtschaft und der regional organisierten indianischen Kleinwarenwirtschaft bestanden vielfältige Beziehungen. Der aus diesen Bedingungen resultierende Mangel an Arbeitskräften für die Exportwirtschaft bildete den Gegenstand ständiger Klagen der Großgrundbesitzerklasse, die mit unterschiedlichen Mitteln versuchte, das Arbeitskraftangebot auszuweiten. Daher basierte der Arbeitsmarkt in Guatemala nicht auf "freier", sondern auf "unfreier Arbeit", bei der die Arbeitskräfte mittels extra-ökonomischen Zwangsmethoden dazu gebracht wurden, ihre Arbeitskraft zu veräußern.

Die institutionelle Ausgestaltung der Arbeitsbeziehungen ist unweigerlich mit Macht- und Herrschaftsfragen verknüpft. Sie vollzieht sich vor dem Hintergrund der politisch-kulturellen Auseinandersetzung zwischen gegensätzlichen sozioökonomisch definierten Interessengruppen. Auf dieser methodischen Ebene stehen drei Begriffe im Vordergrund: Herrschaft, Macht und Staat. Max Weber hat Herrschaft definiert als "...die Chance, für einen Befehl bestimmten Inhalts bei angebbaren Personen Gehorsam zu finden" [Weber 1976 1. Bd.: 28]. Macht bedeutet bei ihm "... jede Chance, innerhalb einer sozialen Beziehung den eigenen Willen auch gegen Widerstreben durchzusetzen, gleichviel worauf diese Chance beruht". Im Unterschied zum Herrschaftsverhältnis ist das Machtverhältnis amorph. [Weber 1976 1. Bd.: 28]. Das heißt, daß in einer sozialen Beziehung jede Partei in verschiedenen Bereichen über unterschiedliche Macht verfügen kann. Giddens trägt diesem Sachverhalt Rechnung, indem er festhält, daß Macht stets eine Beziehung ist, die in zwei Richtungen verläuft.[9] In einem Arbeitsverhältnis etwa haben Arbeitgeber und Arbeitnehmer Macht, die auf unterschiedlichen Ressourcen beruht. Der Arbeitgeber bestimmt weitgehend über Arbeitsbedingungen, Lohn, Anstellung und Kündigung. Der Arbeitnehmer kann in gewissem Rahmen Arbeitsrhythmus und Produktqualität manipulieren. Wie groß das Machtgefälle zwischen beiden ist, hängt von äußeren und inneren Faktoren der

---

9 Giddens lehnt aber den methodischen Standpunkt Webers als normativ und subjektivistisch ab. Seiner Auffassung nach blendet das Verständnis von Macht als intendierte, gewollte Handlung die institutionell-strukturelle Qualität des Begriffs aus. Giddens' Machtbegriff umfaßt sowohl die Handlungs- (transformative capacity) wie die Strukturebene (domination). Erstaunlicherweise bringt er aber an keiner Stelle Webers Herrschaftsbegriff ins Spiel. Vgl. Giddens 1979: besonders 86-92.

Beziehung ab. Das Gewicht einer Entlassungsdrohung hängt von institutionellen Regelungen und den konjunkturellen Bedingungen auf dem Arbeitsmarkt ab. Die Möglichkeit der Qualitätsmanipulation ist bedingt durch die Art der Arbeit und den erforderlichen Kontrollaufwand. Es liegt jedoch auf der Hand, daß der Arbeitgeber in dieser Beziehung mehr Macht hat. Die Chance, seinen Willen durchzusetzen, ist in den meisten Fällen größer als diejenige des Arbeitnehmers. Dementsprechend schätzen die Beteiligten ihre Machtchancen größer oder geringer ein.[10]

Von Herrschaft spricht Weber [1976 1. Bd.: 122] dann, wenn sich solche Machtverhältnisse zu stabilen sozialen Beziehungen verfestigen und ein "bestimmtes Minimum an Gehorchenwollen" vorliegt. Damit ist gleichzeitig auch gesagt, daß Herrschaft nie auf bloßer Gewaltandrohung oder -anwendung beruhen kann. Der minimale Konsens zwischen Herrscher und Beherrschten erfordert die Legitimierung der Herrschaft im Rahmen eines minimalen Kerns mehrheitlich akzeptierter Normen und Werte. Erst dadurch kann das für die Stabilität der Beziehung nötige Maß an Zustimmung erreicht werden. Den Herrschenden sind strukturelle Grenzen in der Machtausübung gesetzt. Selbst in Beziehungen mit sehr großen Machtunterschieden verfügen die Beherrschten über einen Rest an Gegenmacht. Verschiedene Autoren haben aus unterschiedlichen Blickwinkeln auf diesen Zusammenhang hingewiesen.[11]

In seiner Studie über Herrschaft und Bauernbewegungen in Lateinamerika geht Peter Singelmann [1981: 103] zwar davon aus, daß die Beziehungen zwischen *campesinos* und *patrones* von vollständiger Abhängigkeit gekennzeichnet sind und in erster Linie die latente Gewaltandrohung die ausbeuterischen Verhältnisse aufrechterhält, dennoch muß aus seinen Resultaten geschlossen werden, daß selbst unter diesen Bedingungen die *patrones* gewisse minimale Grenzen nicht willkürlich überschreiten können. So birgt etwa der Entzug patronaler Leistungen gegenüber den *campesinos* soziale und politische Unruhepotentiale in sich, die unter Umständen nur mit aufwendigen Repressionsmaßnahmen kontrolliert werden können [Singelmann 1981: 132-137]. Die Grenzen des herrschaftlichen Handlungsspielraums treten jedoch nur selten in der Form offenen Widerstandes auf, sondern nehmen die Gestalt struktureller Bedingungen an und sind daher nicht auf den ersten Blick zu erkennen.

---

10 Luhmann [1975: 118, Anmerkung 25] stützt die Ansicht, daß Webers Chancenbegriff nicht eine statistische Größe ist, sondern sich auf die Einschätzung des Machtunterworfenen bezieht. Immerhin besteht zwischen der Einschätzung der Machtchancen durch die Beteiligten und der (statistisch erfaßbaren) Erfahrung faktischer Machtausübung durchaus ein Zusammenhang.

11 Moor 1966: 457; Giddens 1979: 6, 149, 208-209; Wolf 1969: 282; Roseberry 1989: 186-196; Luhmann 1975: 85; Scott 1976: 33, 193-203; Scott 1985; Scott/Kerkvliet 1986; Harvey 1982: 134; Bauer 1979: 38-41; Smith 1984a: 194.

Die Aufrechterhaltung eines Herrschaftsverhältnisses beruht sowohl auf Legitimation wie auf Repression, wobei beide invers voneinander abhängen [Singelmann 1981: 33]. Je weniger ein Herrschaftsverhältnis legitimiert ist, desto mehr muß auf repressive Mittel zurückgegriffen werden. Unabhängig davon, worauf die Herrschaft gründet, erfordert sie bestimmte Normen und Regeln, deren Durchsetzung nicht kostenlos ist [North 1981: 18-19]. Die Herrschenden sehen sich somit einer Kostenabwägung zwischen Legitimation und Repression gegenüber. Ein höheres Maß an Legitimität vermindert die Kosten, die mit der Kontrolle und Durchsetzung der Normen und Regeln verbunden sind. Normen, die mehrheitlich als gerecht wahrgenommen werden, sind einfacher durchzusetzen, als solche, die von einer Mehrheit abgelehnt werden. Douglass C. North [1981: 50-53] versteht unter Legitimität das Maß, in dem die Akteure ein Beziehungssystem als *fair* wahrnehmen.[12] Er macht in diesem Zusammenhang zwei Feststellungen, die für meine Zwecke von Bedeutung sind. Erstens hat die Wahrnehmung der Akteure mit Ideologie zu tun. Eine Gesellschaft investiert in ideologische Apparate, um Kosten für die repressive Durchsetzung von Normen zu senken. Zweitens führt die Verschlechterung in den als gerecht wahrgenommenen Bedingungen bei den davon Betroffenen zu einer Neubeurteilung der Herrschaftslegitimität und erhöht entweder die Kosten für repressive Maßnahmen oder destabilisiert die bestehende Ordnung [North 1981: 65]. Ich nehme als Beispiel wieder die Arbeitsbeziehungen. Beschneidet etwa der Arbeitgeber bestimmte bisher als gerecht wahrgenommene Leistungen, leidet die Legitimität seiner Herrschaft über die Arbeitnehmer. Mit ideologischen oder repressiven Maßnahmen kann er versuchen, den Legitimitätsverlust aufzufangen.

Aus diesen Überlegungen läßt sich ein Modell skizzieren, das Ideologie, Normen, Legitimität und Repression in einen Zusammenhang bringt. Zur Vereinfachung setze ich voraus, daß Herrschende und Beherrschte grundsätzlich über unterschiedliche Werte- und Normensysteme verfügen.[13] Es ist die Aufgabe der Herrschaftslegitimierung, einen Teil beider Systeme zur Deckung zu bringen. Führt man unter diesen Voraussetzungen North' Gedanken weiter, läßt sich feststellen, daß Legitimität vom Normenbündel abhängt, das unter den gegebenen Bedingungen sowohl von den Herrschenden wie von den Beherrschten als gerecht wahrgenommen wird.[14] Je größer dieses gemeinsame Normenbündel ist, desto stabiler ist das System, desto weniger Repression nötig. Das gemeinsame Normenbündel ist das Ergebnis eines kontinuierlichen sozialen Verhandlungsprozesses zwischen Herrschenden und Beherrschten und somit ständigem Wandel unterworfen. Mich interessiert jedoch nicht nur die Größe des gemeinsamen

---

12 Vgl. hierzu auch: Adams 1975: 35: "Legitimacy refers to an agreement about the correctness of anything - a form of behavior, a law, an act of power, an authority."

13 Vgl. zu den Begriffen Kultur und Subkultur: Ritter 1979: 40-41; Scott 1985: 38-47.

14 Vgl. hierzu auch: Mann 1994: 22.

Normenbündels. Wichtig ist auch dessen qualitative Zusammensetzung. Ich gehe davon aus, daß Legitimität nicht bloß auf einem ideologisch beeinflußten "falschen Bewußtsein" der Beherrschten beruht, denn Herrschaft kann grundsätzlich sowohl durch Ideologie wie durch materielle Konzessionen legitimiert werden.[15] Selbst auf Ideologie beruhende Wahrnehmungen sind nicht von vornherein sachlich falsch. Ideologien können nicht allein Legitimation privater Interessen und materieller Herrschaft sein. Um erfolgreich zu sein, müssen sie wenigstens für die zentralen sozialen Probleme plausible Erklärungen liefern [Mann 1994: 23]. Legitimität kann somit von den Herrschenden in zwei Beziehungen qualitativ verändert werden. Erstens können sie gegenüber den Beherrschten Konzessionen machen und damit einen Teil von deren Normen akzeptieren. Zweitens können sie versuchen, die Wahrnehmung der Beherrschten ideologisch so zu beeinflussen, daß diese Normen der Herrschenden verinnerlichen.

Figur 2.3. **Verhältnis von Legitimität und Repression in Herrschaftsbeziehungen**

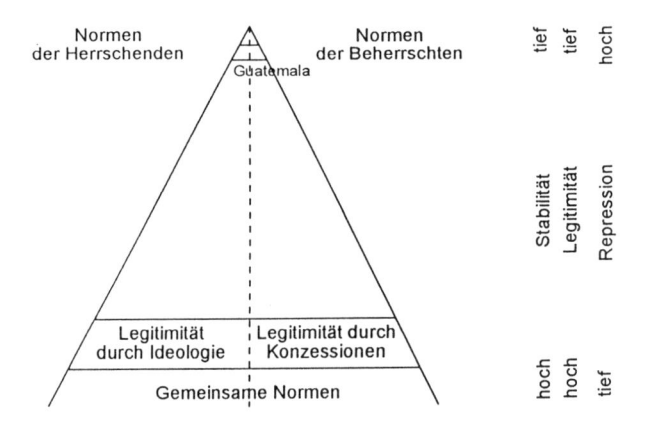

Der Zusammenhang zwischen Ideologie, Normen, Legitimität und Repression läßt sich in einem Schaubild darstellen (vgl. Figur 2.3.). Herrschaftsbeziehungen können in diesem Schema gemäß ihrer Legitimität bzw. Repressivität und gemäß dem Verhältnis zwischen Ideologie und Konzession innerhalb des gemeinsamen Normenbündels eingestuft werden. Wenig legitimierte, repressive Beziehungen

---

15 Vgl. zum Begriff des falschen Bewußtseins: Giddens 1979: 168.

haben nur ein schmales gemeinsames Normenbündel und befinden sich in der Spitze des Dreiecks. Die Qualität der Legitimität äußert sich in den Anteilen, welche die Normen der Herrschenden bzw. der Beherrschten am gemeinsamen Normenbündel haben. Je stärker das Normenbündel auf Ideologie beruht, desto mehr ihrer eigenen Normen konnten die Herrschenden durchsetzen. Ein größerer Anteil an materiellen Konzessionen bedeutet, daß die Beherrschten ihre Normen einbringen konnten.

Das Mischungsverhältnis von Ideologie, Konzession, Legitimität und Repression wird von den verfügbaren Ressourcen und dem unterschiedlichen Zugang, den die Akteure zu ihnen haben, bestimmt. Da nicht alle Akteure über die gleichen Möglichkeiten und Fähigkeiten verfügen, Ressourcen zur Machtausübung zu nutzen, ergeben sich innerhalb einer Herrschaftsbeziehung unterschiedlich stark ausgeprägte Machtgefälle. Der Zugang zu repressiven Mitteln ist in dieser Hinsicht zwar eine wichtige, aber nicht die einzige Machtressource. Verfügungsgewalt über die wirtschaftlichen (Boden, Kapital, Arbeit) und politischen (Staat) Institutionen ist zumindest ebenso wichtig. In modernen Gesellschaften ist die Kontrolle über die ideologischen Apparate wie Schule und Medien ein kaum zu überschätzender Machtfaktor.

Nach der Diskussion des Legitimationsproblems sind einige Ausführungen über die Ausübung von Herrschaft nötig. Ausgehend von Webers Terminologie kann man Herrschaft als eine soziale Beziehung auffassen, die auf institutionalisierten - und legitimierten - Machtunterschieden beruht. Für Weber war "Herrschaft" - nicht "Macht" - der zentrale Begriff. Er hat sich daher nur am Rande zu den Bedingungen und materiellen Ausformungen der Macht geäußert. In der angelsächsischen Literatur wird auf der anderen Seite meist auf den Machtbegriff (*power*) abgehoben und der Herrschaftsbegriff (*domination*) außer Acht gelassen, obschon die Autoren nicht eine amorphe, sondern eine strukturierte und gerichtete Beziehung im Auge haben [Adams 1975: 4; Giddens 1979: 256; Mann 1994: 6]. Es scheint mir deshalb berechtigt, diese Konzepte im Lichte des Weberschen Herrschaftsbegriffs zu diskutieren.

Im Grunde geht es bei den folgenden Ausführungen um die nähere Bestimmung des Schlusses von Webers Machtdefinition: "...gleichviel worauf diese Chance beruht". Hierzu ist es zunächst wichtig, festzuhalten, daß Macht nicht bloß die Beziehung zwischen Menschen umfaßt. Es gehört immer auch ein Drittes dazu. Michael Mann definiert Macht folgendermaßen: "In its most general sense, power is the ability to pursue and attain goals through mastery of one's environment." [Mann 1994: 6]. In bezug auf soziale Macht unterscheidet Mann zwischen distributiven und kollektiven Aspekten der Macht. Der distributive Aspekt zielt auf die unmittelbare Macht über andere Menschen. In einem Machtverhältnis zwischen A und B ist die Machtsumme immer konstant. Wenn B mehr Macht gewinnt, muß A Macht verlieren. Die Webersche Machtdefinition reduziert den Machtbegriff auf diesen Aspekt. Auch Richard Adams versteht unter sozialer Macht in erster Linie die Kontrolle über "some set of energy forms or flows *that constitute part of the meaningful environment of another actor"*. Er unterscheidet in diesem Zusammenhang ausdrücklich zwischen Kontrolle und Macht. Bezieht sich Kontrolle auf die technische Beherrschung der Energieflüsse und -formen einer beliebigen Umgebung, kommt Macht erst ins Spiel, wenn die Umgebung für einen anderen Menschen bedeutungsvoll ist.[16] Manns kollektiver Aspekt hingegen bezieht sich auf die Tatsache, daß Personen durch Kooperation ihre gemeinsame Macht über dritte oder über die Natur erhöhen können, Macht somit kein Nullsummenspiel mehr ist. In den meisten sozialen Beziehungen sind beide Aspekte eng verknüpft. Die arbeitsteilige wirtschaftliche Organisation etwa schafft distributive Machtunterschiede. Gleichzeitig erhöht sie aber die kollektive Macht in bezug auf die Ausbeutung natürlicher Ressourcen und menschlicher Arbeitskraft.

Im folgenden werde ich auf zwei Konzepte kurz eingehen, die für meine weiteren Überlegungen wichtig sind. Das eine ist das Konzept der *power domains* von Richard N. Adams. Das andere ist das IEMP-Modell von Michael Mann.[17] Von *power domain* (Machtbereich) spricht Adams [1970b: 157], wenn "one party has greater control over the environment of another party." Es handelt sich dabei um soziale Beziehungen, in denen die Akteure über ungleiche Macht verfügen. Hat A im Verhältnis zu B größere Macht, kann man sagen, daß B sich innerhalb der *power domain* von A befindet [Adams 1975: 68]. Solche Beziehungen erfüllen vier Voraussetzungen. Sie besitzen erstens eine eigene Ressourcenbasis. Zweitens liegt die Verfügungsgewalt über die Ressourcen bei einer Autorität, die drittens die Gewalt- und Sanktionsmittel kontrolliert. Viertens zeichnet sich der Machtbereich durch ein konsistentes Gefüge von sozialen Beziehungen und kulturellen Formen aus. [Adams 1964: 63-64]. Mit diesen Voraussetzung kommt Adams meiner Meinung nach sehr nahe an das, was Max Weber wohl mit Herrschaft bezeichnet hätte. Ich spreche deshalb in diesem Zusammenhang lieber von Herrschafts- als von Machtbereich. Mein Interesse konzentriert sich jedoch nicht auf die inneren Bedingungen, sondern auf die äußeren Beziehungen der Herrschaftsbereiche unter sich. Adams [1975: 68-69] unterscheidet hier insbesondere zwei Fälle: die *unitary domains* und die *multiple domains*. In einem einheitlichen Herrschaftsbereich unterstehen die Beherrschten nur einem Herrscher. In vielfachen Bereichen unterstehen sie gleichzeitig mehreren Herrschern,

---

16 Vgl. Adams 1975: 12-13. Dessen Machtdefinition lautet im vollen Wortlaut: "In dealing with social power (as distinct from the engineering usage) we are concerned not so much with the rate of flow or conversion as with *the control that one actor, or party, or operating unit exercises over some set of energy form or flows* and, most specifically, over some set of energy forms or flows *that constitute part of the meaningful environment of another actor.*"(Hervorhebungen im Original).

17 IEMP steht für die Abkürzung der vier grundlegenden Machtquellen und deren Organisationsformen: Ideological, Economic, Military und Political power (Vgl. weiter unten in diesem Kapitel).

die selbst wieder auf unterschiedlichen Herrschaftsstufen stehen können. Die Beherrschten haben somit die Möglichkeit, ihre Anliegen auf unterschiedlichen Kanälen nach oben zu transportieren. Dadurch entsteht unter den Herrschaftsbereichen in gewissem Sinn eine Konkurrenzsituation, denn die Beherrschten werden ihre Loyalität dort allozieren, wo sie die besten Bedingungen herausschlagen können. Im Übergang von einheitlichen zu vielfachen Herrschaftsbereichen sieht Adams [1975: 71] eine der wichtigsten strukturellen Entwicklungen der jüngsten lateinamerikanischen Geschichte, wobei er die klassische *hacienda* mit ihren Charakteristika (Schuldknechtschaft, Isolation und Repression) als Archetyp der einheitlichen Herrschaftsdomäne darstellt. Inwieweit die Arbeitsverhältnisse in Guatemala diesem Muster entsprechen, wird noch zu diskutieren sein.

Das IEMP-Modell Manns verbindet Geschichte mit soziologischer Theorie und ist deshalb insbesondere für historische Arbeiten äußerst nützlich. Sein wichtigster Vorteil gegenüber anderen Modellen, die oft auf einer zu hohen Abstraktionsebene angesiedelt sind, liegt darin, daß es Macht auf einer konkreten räumlich-organisatorischen Ebene untersucht, somit die Infrastruktur der Macht ins Auge faßt. Aus diesem Ansatz resultiert ein Begriffsinstrumentarium, das eine differenzierte Untersuchung der materiellen und institutionellen Bedingungen von Macht erlaubt, auf dessen Grundlage dann das Verhältnis zwischen Staat und Gesellschaft (*civil society*) analysiert werden kann.[18] Mann geht davon aus, daß Menschen ursprünglich in Machtbeziehungen eintreten, um ihre Bedürfnisse zu befriedigen und ihre Ziele zu erreichen. Daraus leitet er vier gesellschaftlich-historisch entscheidende Machtquellen ab: ideologische, ökonomische, militärische und politische (IEMP). Jede dieser Machtquellen schlägt sich in eigenen organisatorischen Formen nieder. Ich werde alle Formen kurz charakterisieren, aber nur diejenigen näher erläutern, die für mein Thema von Bedeutung sind. Aus diesem Grund ist die folgende Darstellung von Manns Modell etwas ungleichgewichtig und gibt nicht dessen gesamte Reichweite wieder.

Die ideologische Machtorganisation ergibt sich aus der Tatsache, daß soziales Handeln nicht aufgrund bloßer Wahrnehmung zustandekommt, sondern sinngebender Kategorien, moralischer Normen und ästhetisch-ritueller Praxis bedarf. Sie kann einerseits vorhandene soziale Räume transzendieren und (insbesondere religiöse oder kulturelle) Gemeinschaften schaffen, die weiterreichen als soziale Gebilde, die auf den anderen Machtquellen ruhen (Klassen, Nationen, Staaten). Auf der anderen Seite wirkt Ideologie aber auch als Kohäsionsfaktor oder - wie es Mann nennt - als immanente Moral vorhandener sozialer Gruppen (Klassen, Nationen). Diese Bedeutung entspricht meinem weiter oben verwendeten Begriff von Ideologie als legitimitätsspendendem Herrschaftsmittel.

Die ökonomische Machtorganisation beschreibt die Wirtschaftskreisläufe von Produktion, Distribution, Austausch und Konsum von Gütern und Ressourcen. Auf der Basis dieser Kreisläufe unterscheidet Mann drei soziale Konfigurationen:

---

18 Vgl. zum Folgenden: Mann 1994: 1-32, 518-541; Mann 1995: 6-21, 723-739.

Klassen, Sektoren und Segmente. Klassen lassen sich aufgrund ihrer spezifischen Rechte über ökonomischen Ressourcen differenzieren. Damit wird zwar der Dualismus des klassischen Marxschen Klassenbegriffs, der den Besitz oder Nichtbesitz an Produktionsmitteln zum wichtigsten Unterscheidungsmerkmal erhob, überwunden, die ökonomische Dimension des Begriffs aber nicht aufgegeben.[19] In Abhängigkeit ihres unterschiedlichen Zugangs zu den vorhandenen Ressourcen stehen Klassen in vertikalen Beziehungen zueinander. Man kann von dominanten und untergeordneten Klassen sprechen. Der Klassenkonflikt liegt jedoch selten in reiner Form vor. Meist wird er von sektoriellen Gruppierungen innerhalb einer Klasse und von klassenübergreifenden segmentiellen Allianzen gebrochen oder überlagert. Segmentielle Auseinandersetzungen verlaufen im Gegensatz zu Klassenkonflikten horizontal.

Im Zusammenhang mit der ökonomischen Machtorganisation muß ich kurz auf die von Mann unterschiedenen Formen der Macht eingehen. Neben der bereits erwähnten Unterscheidung in kollektive und distributive Macht beurteilt er Macht auch bezüglich ihrer Intensität und ihrer Durchsetzungsmechanismen. Intensive Macht (*intensive power*) ist in der Regel räumlich beschränkt und verlangt ein hohes Maß an gegenseitiger Verpflichtung. Extensive Macht (*extensive power*) kann eine große Zahl von Menschen über weite Räume organisieren. Die Beteiligten sind jedoch nur locker miteinander verbunden. Autoritativ durchgesetzte Macht (*authoritative power*) besteht aus willentlichen Befehlen eines Akteurs und dem bewußten Gehorchen der Untergebenen. Indirekte Macht (*diffused power*) dagegen ist unpersönlich und unbewußt und auferlegt den Beteiligten Beschränkungen in Form struktureller Rahmenbedingungen. In der genuinen Kombination von intensiver, autoritativer (im Bereich der Produktion) und extensiver, diffuser Macht (im Bereich des Austauschs) liegt die außerordentliche Kraft der ökonomischen Machtorganisation.

Militärische Machtorganisation tritt in erster Linie als konzentrierte Gewalt auf. In bezug auf das räumliche Durchdringungsvermögen militärischer Macht unterscheidet Mann zwischen einem Kerngebiet, wo unmittelbarer Zwang tatsächlich durchgesetzt werden kann, und einer Randzone, wo die bloß punktuelle militärische Präsenz zwar äußere Zeichen der Unterwerfung erzwingt, das alltägliche Leben jedoch nicht unmittelbar zu beeinflussen vermag. Militärische Macht ist deshalb nur im Kern intensiv und autoritativ. In den Randzonen nimmt sie ei-

---

19 Je nach dem welche Rechte an Ressourcen man in den Vordergrund stellt, lassen sich weitere Klassen differenzieren. Marx [1969: 111-207] selbst unterschied weitere "Klassen". Auch andere marxistische Autoren kamen ohne Aufweichung des Marxschen Dualismus nicht aus. Gramsci zum Beispiel unterschied in bezug auf die kapitalistische soziale Formation zwischen fundamentalen Klassen (Bourgeoisie/Proletariat) und weniger bedeutenden, auf früheren Produktionsmodi beruhenden Klassen (Kleinbauern, Adel, usw.). Vgl. hierzu: Mouffe (Hg.) 1979: 183-187. Vgl. zum Klassenbegriff ferner: Shanin 1971: 252-253; Giddens 1979: 109-115; Aya 1979: 44; Bartra 1985: 147-151; Kaplan 1987: 91-93; Bourdieux 1984: besonders 175-197; von Beyme 1992: 205-216.

nen extensiven und diffusen Charakter an. Die Reichweite auf Gewalt basierender Kontrolle wird durch die verfügbaren technischen und logistischen Mittel und die Kosten zur Durchsetzung militärischen Zwangs bestimmt. Politische Machtorganisation äußert sich als Staatsmacht. Sie ist immer auf ein bestimmtes Territorium bezogen und übt von einem Zentrum aus regulative Funktionen und Zwang aus. Hierzu bedient sie sich vor allem autoritärer Machttechniken.[20]

In Kenntnis der vier wichtigsten Machtquellen und deren Organisation im sozialen Raum läßt sich nun der Begriff des Staates präziser erfassen.[21] Ausgehend von der Staatsdefinition Webers, bestimmt Mann vier grundlegende Elemente, die jeder Staat aufweist. Erstens besteht der Staat aus einem differenzierten Gebilde von Institutionen und Personen. Im Sinne der politischen Machtorganisation verkörpert er zweitens Zentralität und drittens Territorialität. Viertens erläßt er autoritative und verbindliche Gesetze, die er mit organisierter physischer Gewalt durchsetzen kann. Der letzte Punkt ist insofern zu beachten, als Mann hier das von Weber postulierte staatliche Monopol der legitimierten physischen Gewalt aufgibt. Daraus ergeben sich zwei wichtige Konsequenzen in bezug auf die Autonomie und die innere Konsistenz des Staates. Der Staat ist weder ein autoritärer, in sich geschlossener Akteur, noch der bloße Ort, wo sich Klassenkonflikte verdichten. Er ist beides gleichzeitig. Als Akteur bildet er jedoch nicht einen monolitischen Block mit klar definierten Interessen und Zielsetzungen. Seine Institutionen und Personen haben unterschiedliche Funktionen, Blickwinkel und Interessen.[22] Staatliches Handeln umfaßt nicht nur politische, sondern in unterschiedlichen Verhältnissen ebenso militärische, ökonomische und ideologische Macht und ist somit nicht eindeutig und linear, sondern konfliktreich, vielschichtig und oft widersprüchlich. Der Staat ist jedoch auch der Ort, wo unterschiedliche gesellschaftliche Interessen zusammentreffen. In diesem Sinn ist er zugleich Zentrum und Territorium. Er besteht einerseits aus den politischen Eliten und Institutionen des Zentrums und andererseits aus den Beziehungen mit den Machtorganisationen der Gesellschaft (Bürger, Verbände, Lobbies, Parteien, lokale und regionale Machthaber). In gleichem Maße, wie der moderne Staat sein Territorium mit seinem Recht und seiner Verwaltung durchdringt, wächst auch die Möglichkeit der Gesellschaft, Einfluß auf den Staat zu nehmen.

Weber beschrieb die Penetration der Gesellschaft durch den modernen Staat als Prozesse der Rationalisierung und Bürokratisierung der Herrschaft. Ebenso wichtig ist jedoch der umgekehrte Vorgang: die Penetration des Staates durch

---

20 Mann betont neben dieser innenpolitischen noch die geopolitische Dimension politischer Organisation. Für mein Thema ist diese jedoch ohne Belang, und ich lasse sie deshalb hier weg.

21 Vgl. zum Folgenden: Mann 1994:167-176; Mann 1995: 44-88.

22 Vgl. hierzu auch: North 1981: 26-27.

gesellschaftliche Akteure. Die Vernachlässigung dieses Aspekts führte dazu, daß die zunehmende Fähigkeit des Staates, das gesellschaftliche Leben zu ordnen, mit der Zunahme seiner (distributiven) Macht gegenüber der Gesellschaft gleichgesetzt wurde. Zieht man hingegen die gegenseitige Durchdringung von Staat und Gesellschaft in Betracht, ist es hilfreich, zwei Arten von staatlicher Macht zu unterscheiden. Despotische Macht bezieht sich auf die distributive Macht der Staatselite gegenüber der Gesellschaft. Sie ist umso größer, je stärker die Staatseliten sich von gesellschaftlichen Machtgefügen abschotten können und je größer ihr willkürlicher Entscheidungsspielraum ist. Infrastrukturelle Macht dagegen ist die institutionelle Kapazität des Zentralstaats, sein Staatsgebiet zu durchdringen und das gesellschaftliche Leben durch staatliche Infrastruktur zu ordnen und mitzugestalten.[23] Infrastrukturell schwache Staaten verfügen weder über die organisatorischen noch die finanziellen Mittel, die Verwaltung ihres Territoriums allein mittels zentral organisierter Behörden zu gewährleisten. Sie sind dazu auf lokal vorgeformte Institutionen und Eliten angewiesen, die ihre eigenen Herrschaftsformen und Rechtssysteme zwischen den Staat und den Bürger schieben. Indem ein Staat seinen Einflußbereich ausdehnt und tiefer in das gesamte Spektrum sozialer Beziehungen eindringt, erhöht er seine infrastrukturelle und damit kollektive Macht. Die Machtverteilung zwischen Staat und Gesellschaft wird dadurch zwar nicht verändert, die infrastrukturelle Stärkung des Staates ist jedoch mit bedeutenden Machtverschiebungen innerhalb der verschiedenen gesellschaftlichen Machtorganisationen verbunden. Insbesondere lokale und regionale Herrschaftsbereiche verlieren einen Teil ihrer Autonomie zugunsten national ausgerichteter Institutionen und Eliten, seien diese nun staatlicher oder gesellschaftlicher Natur.

Die theoretische Diskussion der Begriffe Arbeitsmarkt, Macht, Herrschaft und Staat verfolgte nicht den Zweck, Resultate theoretisch vorwegzunehmen oder falsifizierbare Thesen aufzustellen. Vielmehr sollen damit heuristisch brauchbare Referenzpunkte definiert werden, von denen aus die empirischen Ergebnisse gemessen werden können. So verstanden lassen sich nun zusammen mit dem vorangegangenen historischen Überblick zwei Arbeitshypothesen formulieren:

1. Die Veränderungen, die sich in Guatemala seit 1871 im Bereich der Produktionsbeziehungen vollzogen haben, können als fortschreitende Durchkapitalisierung der Produktionsbeziehungen gedeutet werden. Darunter verstehe ich die

---

23 Carol Smith (Hg.) [1990: 14] möchte neben der despotischen und infrastrukturellen noch eine dritte, die hegemoniale Staatsmacht unterschieden wissen. Sie sieht darin die Fähigkeit des Staates, die Institutionen der Gesellschaft mittels der Manipulation der nationalen politischen Ideologie zu zähmen. Ich folge hier jedoch Mann. Meiner Ansicht nach kann dieser Aspekt mit dem Begriff der infrastrukturellen Macht erfaßt werden. Vor allem aber gehört der Begriff der Hegemonie in den Bereich der Gesellschaft und nicht in denjenigen des Staates. Insbesondere besteht die Gefahr, daß man die Einheit des Staates überbetont. Vgl. hierzu insbesondere: Femia 1981: 24 und Mouffe (Hg.) 1979: 49. Zum Hegemoniebegriff vgl. weiter: Kaplan 1981: 82-85; Kaplan 1987: 135; Harvey 1982: 129-159; Pereyra 1984: 161-171; Zermeño 1981: 70.

Zunahme der Bedeutung des Lohns im Arbeitsverhältnis, die Verstärkung der arbeitsorientierten Lohnelemente, den zunehmend unpersönlichen Charakter der Beziehung zwischen Arbeitgeber und -nehmer sowie die Steigerung der Mobilität der Arbeitskraft. Resultat dieser Veränderungen ist die Flexibilisierung und Optimierung der Allokationsvorgänge auf dem Arbeitsmarkt. Die Entwicklung verläuft jedoch nicht selbsttätig. Vielmehr ist sie die Folge von zwei historischen Prozessen, die sich aus der konkreten Form des beginnenden Kapitalismus in Guatemala ergeben. Die fortschreitende Proletarisierung der indianischen Minifundisten erzeugte eine immer größer werdende Masse landloser Arbeiter, die am Arbeitsmarkt teilnehmen mußten. Kennzeichnend an diesem Prozeß ist, daß er langsam und unvollständig verlief. Die Integration in den Weltmarkt auf der Basis kapitalistischen Warenaustausches erhöhte die Komplexität der Wirtschaft, wodurch die Flexibilitätsanforderungen an den Exportsektor zunahmen. Kennzeichnend für diesen Prozeß ist, daß er ungebremst und vollständig war. Die ungleiche Geschwindigkeit, mit der sich die Entwicklung im Bereich der Produktionsbeziehungen einerseits und im Bereich des Warenaustausches andererseits vollzog, führte zu einer eigentümlichen Verzahnung von vorkapitalistischen und kapitalistischen Produktionsbeziehungen.

2. Den herrschenden ladinischen Schichten ging es seit der liberalen Reform 1871 um die Nutzbarmachung der wirtschaftlichen und gesellschaftlichen Ressourcen im Interesse einer exportgesteuerten Integration in die Weltwirtschaft. Im 20. Jahrhundert verlegte sich das Hauptszenario des Kampfes um Ressourcen vom Produktionsfaktor Boden zum Produktionsfaktor Arbeit. Der Zugriff auf die indianische Arbeitskraft rückte damit ins Zentrum der Aufmerksamkeit der ladinischen Oligarchie. Spätestens seit Ende des letzten Jahrhunderts forderten fortschrittliche *finqueros* eine Umgestaltung der Arbeitsbeziehungen im Sinne kapitalistischer Lohnarbeit. In erster Linie versprachen sie sich davon einen Effizienzgewinn für die Exportwirtschaft. Darüber hinaus erhofften sie sich aber auch eine Besserung der oft beklagten schlechten Arbeitsmoral der Indianer. Konservative Kreise der Oligarchie befürchteten von der Abkehr vom *habilitaciones*-System nicht nur eine zusätzliche Verknappung des Arbeitskräfteangebots, sondern auch eine Gefährdung des labilen, auf Patron-Klientel-Beziehungen beruhenden Herrschaftsgefüges zwischen ladinischen Eliten und Indianern. Um den konservativen Widerstand gegen die Umgestaltung der herrschenden Arbeitsbeziehungen zu überwinden, mußten gleichzeitig oder vorher Maßnahmen zur Mobilisierung und Kontrolle der indianischen Arbeitskräfte implementiert werden. Dadurch wurde die Änderung des Arbeitsrechts zu einer vielschichtigen und komplexen Aufgabe. Es ist daher nicht verwunderlich, daß erst in den Zwanzigerjahren dieses Jahrhunderts neuer Wind in die entsprechende Diskussion kam. Es sollte jedoch noch ein Jahrzehnt dauern, bis das *habilitaciones*-System von der Ubico-Diktatur verboten und die Allokation der Arbeitskräfte auf die Grundlage des "freien Arbeitsmarktes" gestellt wurde. Dies war jedoch nur möglich, weil die gestraffte bürokratische Kontrolle und ein flankierendes Vagabun-

63

dengesetz sowohl die Herrschaftsproblematik wie auch das Problem einer befürchteten Arbeitskraftverknappung von vornherein entschärften. Daß die infolge des Proletarisierungsprozesses veränderten Knappheiten auf dem Arbeitsmarkt ihrerseits manche *finqueros* von der Notwendigkeit einer Änderung des Arbeitsrechts überzeugten, liegt auf der Hand. Während somit sozio-ökonomische Faktoren eine Umgestaltung der Arbeitsbeziehungen immer dringender verlangten, verzögerten insbesondere politisch-kulturelle Herrschaftsfragen deren Durchsetzung.

3. Das regionale System Zentral-West Guatemalas

In diesem Kapitel geht es darum, einen Überblick über die sozio-ökonomischen Strukturen der Region Zentral-West Guatemalas mit den Departementen Suchitepéquez, Escuintla, Sacatepéquez, Chimaltenango und Sololá zu gewinnen. Ich werde mich dabei insbesondere auf das Material der statistischen Erhebungen des Jahres 1950 stützen, die für Guatemala die ersten zuverlässigen Ergebnisse dieser Art darstellen.[1] Selbstverständlich können sie angesichts der zeitlichen Verschiebung für meine Zwecke nur als grobe Anhaltspunkte dienen. Immerhin lassen sich damit doch Aussagen machen, die zumindest in der Tendenz auch für die 20er- und 30er Jahre zutreffen.

Während die Departemente Escuintla und Suchitepéquez die tiefen und mittleren Höhenlagen umfassen und wirtschaftlich dem Exportsektor zuzuordnen sind, liegt der größte Teil von Sololá und Chimaltenango im subsistenzwirtschaftlichen Hochland. Sacatepéquez nimmt eine Sonderstellung ein, indem hier Subsistenz- und Exportsektor geographisch eng verknüpft sind (Vgl. Karte 2). Die Sonderstellung von Sacatepéquez wird deutlich, wenn man die wirtschaftliche Struktur des Departementshauptortes mit derjenigen des Hinterlandes vergleicht. In den Tiefland- bzw. Hochlanddepartementen ist das administrative Zentrum auf denselben Wirtschaftssektor (Export- bzw. Subsistenzsektor) ausgerichtet wie das Hinterland. In Sacatepéquez dagegen bestand in dieser Hinsicht zwischen Zentrum und Hinterland bis in die 1950er Jahre ein deutlicher Gegensatz. Der Departementshauptort Antigua lag in einem zwar kleinen, aber dank seines qualitativ hochwertigen Produkts wichtigen Kaffeeanbaugebiet. Das Hinterland war von der kleinbäuerlichen *milpa*-Landwirtschaft des Subsistenzsektors geprägt.[2]

In bezug auf die wirtschaftliche Ausrichtung des Hinterlandes von Chimaltenango und Sololá ist gleich an dieser Stelle eine Präzisierung nötig, da beide Departemente über wichtige Kaffeeanbaugebiete verfügten. In Chimaltenango gehörten dazu die *municipios* Pochuta und San Pedro Yepocapa. In Sololá waren

---

[1] Vgl. insbesondere: Censo agropecuario 1950 und den Sexto Censo de población 1950.

[2] Seit den 50er Jahren machte Sacatepéquez dank der verkehrstechnischen Nähe zur Hauptstadt Guatemalas eine rasante Entwicklung durch, die die Struktur des Hinterlandes veränderte. Besonders in den Gemeinden, die an den Verbindungstraßen zwischen Guatemala und Antigua bzw. Chimaltenango liegen, siedelten sich industrielle Betriebe an oder wurde die Landwirtschaft auf nicht-traditionelle Exportprodukte wie Gemüse und Früchte umgestellt. Nicht zu unterschätzende sozio-ökonomische Auswirkungen hatte auch die zunehmende Attraktivität der Region als Naherholungsgebiet für die Bevölkerung der Hauptstadt.

es die *municipios* Patulul, Santa Barbara, San Juan Bautista und Chicacao, die 1934 zu Suchitepéquez geschlagen wurden.[3]

Im Zusammenhang mit der dieser Arbeit zugrundeliegenden Fragestellung muß betont werden, daß die Region, die den Untersuchungsgegenstand meiner Studie bildet, als ein Ganzes betrachtet wird. Erst dadurch können die engen Wechselbeziehungen zwischen Hoch- und Tieflandzonen herausgearbeitet werden. In diesem Sinn stellten auch Subsistenz- bzw. Exportsektor nicht selbständige Einheiten dar, die getrennt voneinander untersucht und dann allenfalls verglichen werden können. Vielmehr sind beide Sektoren als Subsysteme eines Gesamtsystems zu betrachten [Smith 1979: 585]. Führt man diese Überlegungen unter systemtheoretischen Gesichtspunkten weiter, sind einerseits die System-Umweltinteraktionen und andererseits die Beziehungen zwischen den einzelnen Elementen und Subsystemen innerhalb des Systems in Betracht zu ziehen.[4] Zu den wichtigsten außengesteuerten Einflüssen, die systemische Anpassungen hervorriefen, gehörten die Entwicklungen und Konjunkturen auf dem Kaffeeweltmarkt und die politischen Entscheidungen der Zentralregierung in Guatemala-Stadt. Innerhalb des Systems äußerten sich die Beziehungen zwischen den einzelnen Elementen und Subsystemen in erster Linie als wirtschaftliche Ressourcen- und Gütertransfers.

Figur 3.1. gibt einen Überblick über die wichtigsten Elemente des regionalen Systems von Zentral-West Guatemala und deren wirtschaftlichen Zusammenhängen. Neben dem Faktor Arbeit als wichtigster wirtschaftlicher Größe wurde der Austausch von Mais und Gebrauchsgütern wie *machetes* und Baumwollfaden berücksichtigt, die für die indianische Kleinwarenwirtschaft unabdingbar waren.

---

3   Oficio SA an Presidente de la Junta de Agricultura y Caminos, Sololá, 30.5.1938 (JP Sololá 1933). Für die finqueros der Region vereinfachte sich durch die Loslösung von Sololá in erster Linie die Verbindung zum Departementshauptort, da der Weg nach Sololá sehr beschwerlich war. Jede Konsultation mit dem Jefe Político erforderte eine Überquerung des Lago Atitlán. Wegen des Xocomils, eines heimtückischen Windes, der oft nachmittags unvermittelt ausbrach, war die Überfahrt bisweilen gefährlich. (Information aus einem Interview vom 16. Dezember 1990 mit Rufino Guerra Cortave, ehemaliger Korrespondent beim Imparcial und in den 1930er Jahren Fincaverwalter in der Region, mitbeteiligt am Begehren zur Umteilung der municipios zu Suchitepéquez.) Neben diesen unmittelbaren Vorteilen, die die Umteilung der municipios zu Suchitepéquez für die finqueros hatte, ist ein Zusammenhang mit der Reform der Gemeindeverwaltungen unter Ubico, mit der die Neuordnung zahlreicher Gemeindegrenzen verknüpft war, nicht auszuschließen (Vgl. Kap. 4).

4   Vgl. hierzu: Leipold 1988: 4-13. Giddens [1979: 74-75] weist auf die Gefahr der Ideologisierung der Systemtheorie in den Gesellschaftswissenschaften hin. Er gesteht der systemtheoretischen Analyse zwar eine Überlegenheit im Vergleich mit funktionalistischen Ansätzen zu, zur Untersuchung einer Gesellschaft mit ihren reflexiven Selbstregulationsmechanismen reicht sie jedoch nicht aus. In diesem Sinn werden hier systemtheoretische Überlegungen nur insoweit verwendet, als sie heuristisch nützlich sind und sich auf wirtschaftliche Aspekte beschränken.

Karte 1:   Guatemala: Kaffeeanbaugebiete

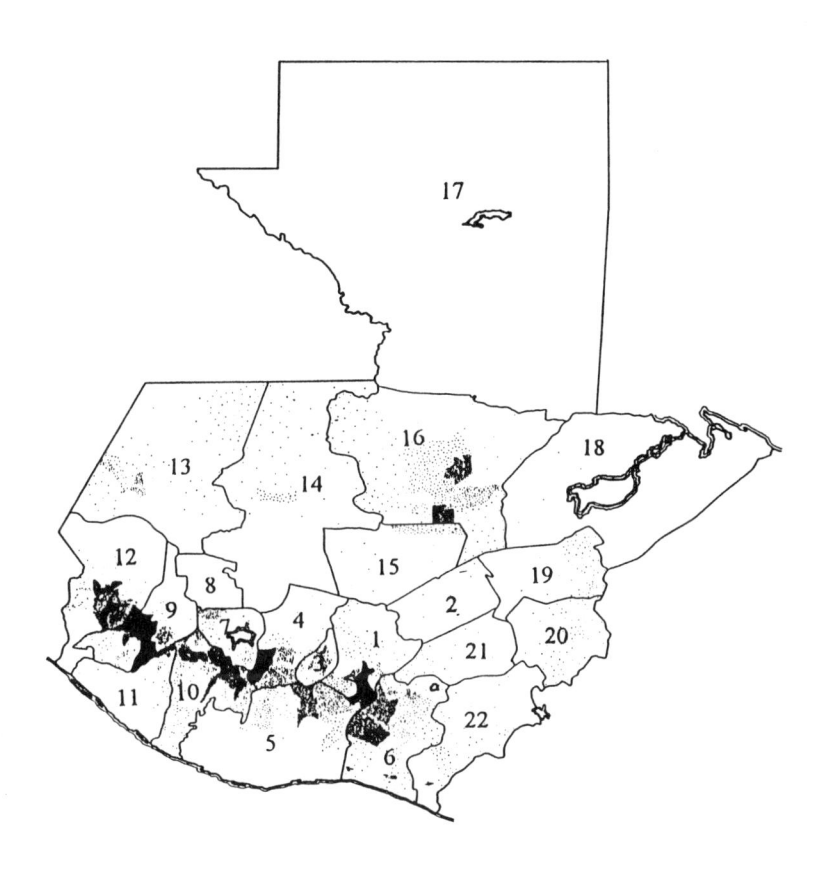

1 GUATEMALA	9 QUEZALTENANGO	17 PETEN
2 EL PROGRESO	10 SUCHITEPEQUEZ	18 IZABAL
3 SACATEPEQUEZ	11 RETALHULEU	19 ZACAPA
4 CHIMALTENANGO	12 SAN MARCOS	20 CHIQUIMULA
5 ESCUINTLA	13 HUEHUETENANGO	21 JALAPA
6 SANTA ROSA	14 QUICHE	22 JUTIAPA
7 SOLOLA	15 BAJA VERAPAZ	
8 TOTONICAPAN	16 ALTA VERAPAZ	

Karte 2:   **Region Zentral-West Guatemala**

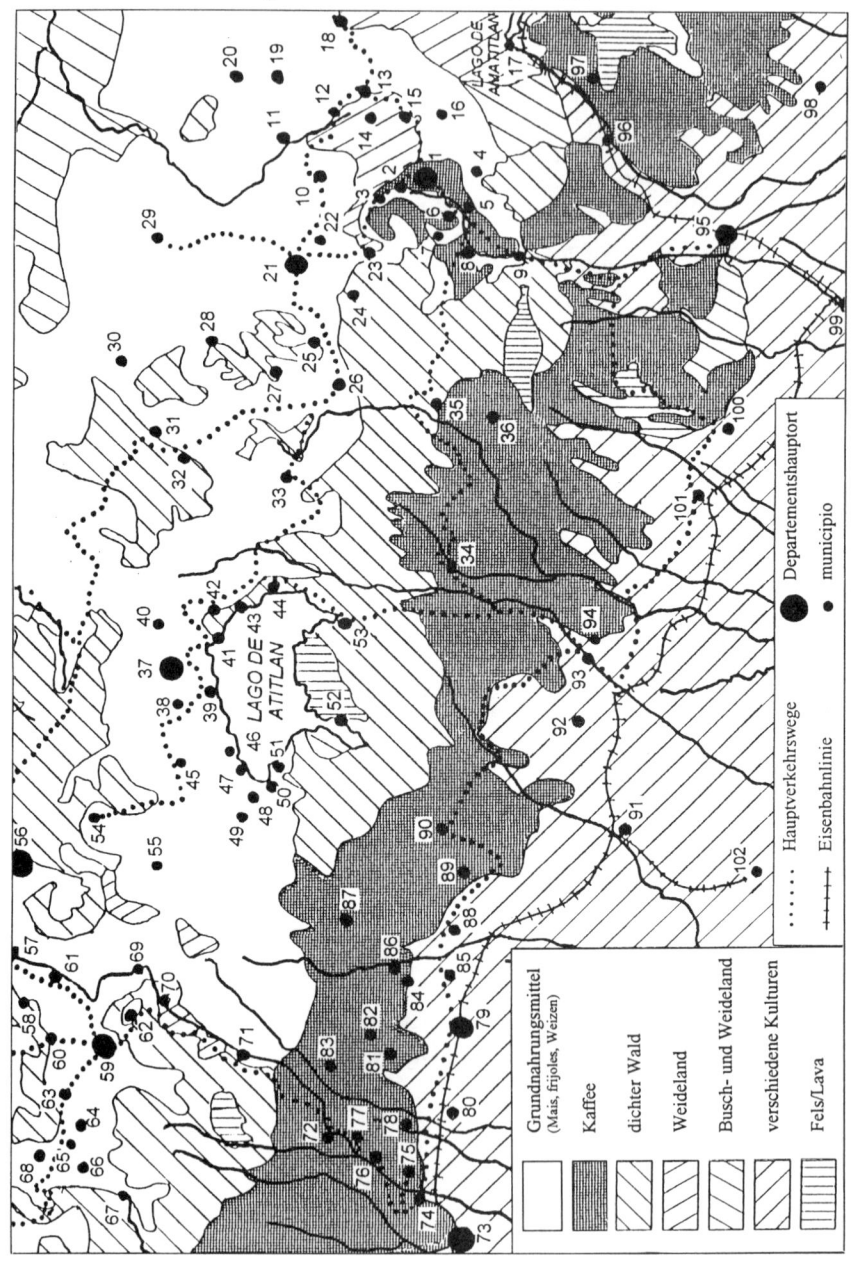

Ortsverzeichnis Region Zentral-West-Guatemala

Departement Sacatepéquez
1. Antigua Guatemala
2. Jocotenango
3. Pastores
4. Santa María de Jesús
5. Ciudad Vieja
6. San Antonio Aguas Calientes
7. Santa Catarina Barahona
8. San Miguel Dueñas
9. Alotenango
10. Sumpango
11. Santo Domingo Xenacoj
12. Santiago Sacatepéquez
13. San Lucas Sacatepéquez
14. San Bartolomé Milpas Altas
15. Santa Lucía Milpas Altas
16. Magdalena

Departement Guatemala
17. Amatitlán
18. Mixco
19. San Pedro Sacatepéquez
20. San Juan Sacatepéquez

Departement Chimaltenango
21. Chimaltenango
22. El Tejar
23. Parramos
24. San Andrés Itzapa
25. Zaragoza
26. Patzicía
27. Santa Cruz Balanyá
28. Comalapa
29. San Martín Jilotepeque
30. San José Poaquil
31. Santa Apolonia
32. Tecpán Guatemala
33. Patzún
34. Pochuta
35. Acatenango
36. Yepocapa

Departement Sololá
37. Sololá
38. San José Chacayá
39. Santa Cruz La Laguna
40. Concepción
41. Panajachel
42. San Andrés Semetabaj
43. Santa Catarina Palopó
44. San Antonio Palopó
45. Santa Lucía Utatlán
46. San Marcos La Laguna
47. San Pablo La Laguna
48. Santa Clara La Laguna
49. Santa María Visitación
50. San Juan La Laguna
51. San Pedro La Laguna
52. Santiago Atitlán
53. San Lucas Tolimán
54. Nahualá
55. Santa Catarina Ixtahuacán

Departement Totonicapán
56. Totonicapán
57. San Cristóbal Totonicapán
58. San Andrés Xecul

Departement Quetzaltenango
59. Quetzaltenango
60. Olintepeque
61. Salcajá
62. Almolonga
63. La Esperanza
64. San Mateo
65. Ostuncalco
66. Concepción Chiquirichapa
67. San Martín Sacatepéquez
68. San Miguel Sigüilá
69. Cantel
70. Zunil
71. Santa María de Jesús
72. El Palmar

Departement Retalhuleu
73. Retalhuleu
74. San Sebastián
75. Santa Cruz Muluá
76. San Martín Zapotitlán
77. San Felipe
78. San Andrés Villa Seca

Departement Suchitepéquez
79. Mazatenango
80. Cuyotenango
81. San Francisco Zapotitlán
82. Zunulito
83. Pueblo Nuevo
84. Samayac
85. San Bernardino
86. San Pablo Jocopilas
87. Santo Tomás La Unión
88. San Antonio Suchitepéquez
89. San Miguel Panán
90. Chicacao
91. Río Bravo
92. Santa Bárbara
93. San Juan Bautista
94. Patulul

Departement Escuintla
95. Escuintla
96. Palín
97. San Vicente Pacaya
98. Guanagazapa
99. Masagua
100. Siquinalá
101. Santa Lucía Cotzumalguapa
102. Tiquisate

Aus dem Schaubild geht die geographische und wirtschaftliche Dreigliederung der Region hervor.[5] Das Hochland ist Teil der Sierra Madre und umfaßt Gebiete über 1500 m.ü.M.[6] Die topographischen Verhältnisse sind größtenteils schwie-

Figur 3.1.: **Region Zentral-West Guatemala**

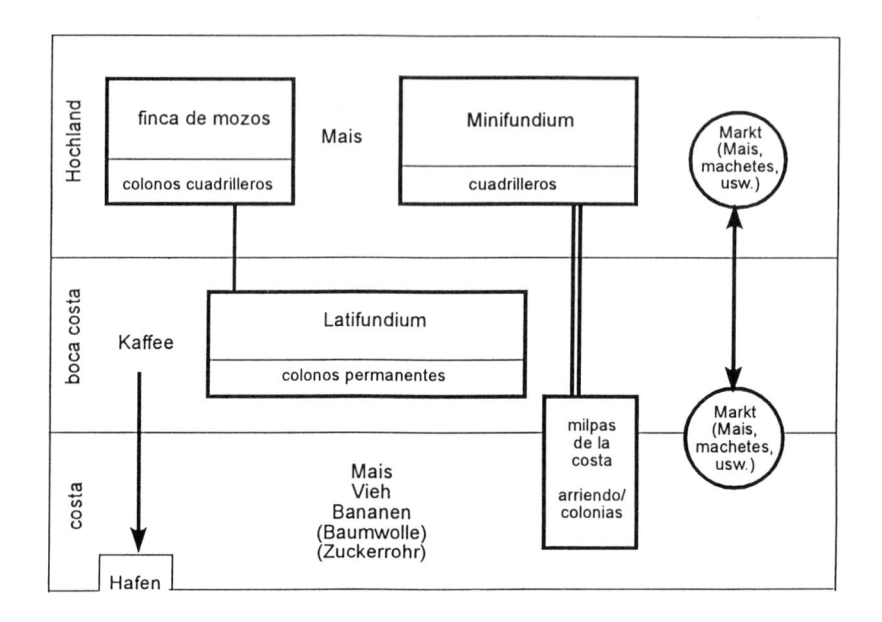

Hochland	finca de mozos	Mais	Minifundium	Markt (Mais, machetes, usw.)
	colonos cuadrilleros		cuadrilleros	

boca costa	Kaffee	Latifundium		
		colonos permanentes		
costa		Mais Vieh Bananen (Baumwolle) (Zuckerrohr)	milpas de la costa	Markt (Mais, machetes, usw.)
			arriendo/ colonias	
	Hafen			

rig. Zahlreiche Flüsse und Bäche durchbrechen die Gebirgszüge und formen enge Täler und Schluchten. Steile Hänge führen auf die bis auf über 3000 m.ü.M. ansteigenden Vulkane. Klimatisch gehört der größte Teil des Hochlandes zur Zone der *tierra fría* (über 1800 m.ü.M.). Obschon in gewissen Gegenden markante Temperaturunterschiede im Jahres- und Tag-Nachtwechsel zu verzeichnen sind, werden die Jahreszeiten - und damit der agrikulturelle Zyklus -

---

5 Im Unterschied zu West-Guatemala gibt es für die andere wichtige Kaffeeregion, die Alta Verapaz, keine eindeutige geographische Aufteilung der Wirtschaftssektoren. Die räumliche Nähe von Kaffee- und Maisproduktion in Sacatepéquez würde dem "Fall" Alta Verapaz am ehesten entsprechen. Vgl. Montenegro Ríos 1976: 75; Barrilas Barrientos 1981: 155f; McCreery 1986: 105.

6 Vgl zum Folgenden: Guerra Borges 1969 1. Bd.: 20-40, 125-162; Guerra Borges 1981 1. Bd.: 82-88; McBryde 1969 1. Bd.: 37-47.

in erster Linie durch die Niederschläge bestimmt.[7] Lokal unterscheidet man zwei Jahreszeiten: *invierno* mit Regenfällen zwischen Mai und Oktober und die Trockenperiode des *verano* von November bis April.[8] Die Regenperiode wird zwischen Juli und Mitte August von einer kurzen Trockenperiode (*canícula*) unterbrochen. In Jahren, wo diese Trockenheit länger als gewöhnlich (3-4 Wochen) andauert, kann es zu empfindlichen Ernteausfällen kommen.

Das Klima der *boca costa* entspricht dem subtropischen Muster der *tierra templada* zwischen 600 und 1800 m.ü.M. Die saisonalen Temperaturunterschiede sind geringer als im Hochland, dafür sind die Niederschlagsmengen und die saisonalen Fluktuationen wesentlich größer. Die topographischen Verhältnisse der *boca costa* sind ähnlich schwierig wie im Hochland. Zahlreiche Fließgewässer zerschneiden das hügelige Land und erschweren die verkehrstechnische Erschließung. Die *costa* ist Teil der *tierra caliente* zwischen 0 und 600 m.ü.M. In diesem ebenen Landstreifen zwischen dem Pazifik und den zum Hochland ansteigenden Hängen herrscht heißes tropisches Klima vor. Die jährliche Niederschlagsmenge liegt jedoch unter derjenigen der *boca costa*.

In Abhängigkeit der klimatischen und topographischen Gegebenheiten bildeten sich die unterschiedlichen Wirtschaftsräume der Region heraus. Der wichtigste Wirtschaftszweig des Hochlandes war die Maisproduktion. Sie wurde hauptsächlich von indianischen Bauern auf kleinen und kleinsten Parzellen (*minifundios*) betrieben. Die Landbesitzverhältnisse waren äußerst komplex und reichten von verbrieften Besitztiteln im Rahmen des liberalen Bodenrechts über Pacht und Halbpachtverträge mit Privaten oder Gemeinden bis zu gewohnheitsrechtlichen, von den Gemeinden anerkannten Nutzungsrechten. Obschon die Maisproduktion zur Deckung der familiären Subsistenz im Vordergrund stand, entsprach die indianische Wirtschaft nicht dem Bild einer auf Autarkie ausgerichteten Subsistenzwirtschaft. Bei näherer Betrachtung zeigt sich, daß produktive Vielfalt, Spezialisierung und marktgesteuerter Austausch, ja sogar Monetarisierung, weit vorangeschritten waren. Gegenüber einer kapitalistischen Wirtschaft spielten jedoch Kapitalakkumulation und technologische Innovation kaum eine Rolle [Nash 1964: 299-310].

Die Wirtschaftsstruktur der *boca costa* entsprach in weiten Teilen der lateinamerikanischen Plantagenwirtschaft. Sowohl die fruchtbaren Böden als auch das subtropische Klima in der gemäßigten Zone zwischen 500 und 1500 m.ü.M. eigneten sich ausgezeichnet für die Kaffeeproduktion. Zahlreiche Flüsse und Bäche sorgten für ausreichende Wasserversorgung und dienten als Energielieferanten.[9]

---

7   Vgl. hierzu: Chambers/Longhurst (Hgg.) 1981: 11-21.

8   Die Bezeichnungen "invierno" (Winter) und "verano" (Sommer) laufen unserem Gebrauch gerade zuwider.

9   Higbee 1947: 194f; Guerra Borges 1969 1. Bd.: 28-36, 102f, 152; The World's Coffee 1947: 135.

Der größte Teil des Kaffees wurde in mittleren und großen Latifundien angebaut, die sich im Besitz von ladinischen Großgrundbesitzern oder ausländischen Gesellschaften befanden. Die Kaffeefincas waren unmittelbar an den Kaffeeweltmarkt angeschlossen und finanzierten sich auf den nationalen und internationalen Finanzmärkten. Sie wirtschafteten nach den kapitalistischen Grundsätzen von Profitmaximierung und Kapitalakkumulation.

Die unterschiedlichen Wirtschaftsstrukturen im Hochland und an der *boca costa* verhinderten nicht, daß sich vielfältige Austauschbeziehungen zwischen beiden Wirtschaften etablierten. Dies galt nicht zuletzt auch für das wichtigste Grundnahrungsmittel, den Mais. Ein Teil der Maisernte des Hochlandes wurde auf den Märkten der *boca costa* abgesetzt. Umgekehrt bildeten saisonale Maislieferungen aus dem Tiefland oder der *boca costa* ein wichtiges Element zur Entschärfung periodischer Versorgungsengpässe im Hochland. In den 20er Jahren mußte Guatemala sogar beträchtliche Mengen an Mais einführen, um die Versorgung der Bevölkerung sicherzustellen. Hochland- und Tieflandzonen standen jedoch nicht bloß durch den marktgesteuerten Austausch von Mais miteinander in Beziehung. Zahlreiche *minifundistas* bewirtschafteten Maisparzellen (*milpas*) an der *boca costa* oder dem Tiefland. Diese *milpas de la costa* waren eine wichtige Ergänzung zu den milpas im Hochland, da sie zwei bis drei Produktionszyklen im Jahr ermöglichten und die Ernten gegenüber der Haupternte im Hochland periodisch versetzt waren. Auch hier bestand eine große Vielfalt an Besitz- und Nutzungsrechten. Verschiedene Hochlandmunicipios verfügten noch über Land an der *costa* und traten die Parzellen ihren Gemeindemitgliedern zur Nutzung ab. Zum Teil bewirtschafteten die Hochlandbauern auch *milpas de la costa*, die sie von ladinischen Großgrundbesitzern gepachtet hatten.

Die *machete* war neben der Hacke das wichtigste Werkzeug der indianischen Kleinbauern. Ihr Verwendungsbereich ging weit über die Landwirtschaft hinaus. Nicht zuletzt diente die *machete* auch als Waffe. Baumwollfaden war der Grundstoff für die Webarbeit der indianischen Frauen, deren farbenprächtige Stoffe kulturelle und wirtschaftliche Bedeutung hatten. Sowohl *machetes* wie Baumwollfaden mußten vom Ausland eingeführt werden. Ob dadurch die Monetarisierung der indianischen Wirtschaft beschleunigt wurde, und wie stark sich zum Beispiel internationale Preisschwankungen von *machetes* und Baumwollfaden auswirkten, war nie Gegenstand anthropologischer oder historischer Forschung.[10] Immerhin darf vermutet werden, daß der Kauf einer *machete* eine ver-

---

10 In der Literatur gibt es keine detaillierten Angaben über die wirtschaftliche Bedeutung der "Importgüter". Hinweise auf die Herkunft des Baumwollfadens finden sich in McBryde 1969: 187. Douglas E. Brintnall [1979: 109] sieht die Einführung der machete in der indianischen Wirtschaft im Zusammenhang mit der Ausbreitung des Kaffees und der damit verbundenen Geldwirtschaft. Vgl. für weitere Hinweise in bezug auf die Einbindung der indianischen Wirtschaft in den nationalen und internationalen Wirtschaftskreislauf: Jones 1940: 313-320; Tax 1947: 171 und Wisdom 1961: 42.

hältnismäßig große Belastung für das kleinbäuerliche Budget darstellte. In den 30er Jahren kostete eine neue *machete* zwischen 70 und 75 *centavos*.[11] Verglichen mit einem durchschnittlichen Lohnniveau im Landwirtschaftssektor von 15 *centavos* pro Tag machte das fast einen ganzen Wochenlohn aus.

Während die soeben angesprochenen Aspekte in der wissenschaftlichen Literatur nur am Rande Beachtung gefunden haben, gibt es zahlreiche Arbeiten, die sich mit den Arbeitsbeziehungen zwischen den indianischen Kleinbauern des Hochlandes und den Kaffeeplantagen der *boca costa* befassen. Unzweifelhaft ist dies auch der bedeutendste und konfliktreichste Bereich der Beziehungen zwischen Hoch- und Tieflandzonen und verdient daher besondere Aufmerksamkeit. Die Indianer des Hochlandes stellten als Arbeitskräfte den wichtigsten Produktionsfaktor für die Kaffeeplantagen der *boca costa* dar. Im Gegensatz zum Boden war der Faktor Arbeit knapp. Die Rekrutierung einer ausreichenden Zahl an Arbeitskräften stellte für die *finqueros* ein dauerndes Problem dar. Sie griffen daher zu unterschiedlichen Maßnahmen, um die Indianer als Arbeitskräfte auf ihre Plantagen zu zwingen. Nach dem kolonialen Vorbild der *repartimientos* rekrutierte der Staat noch Ende des 19. Jahrhundert in den Hochlandgemeinden Zwangskontingente für die Arbeit in den Kaffeeplantagen. Daneben existierten jedoch bereits Mechanismen, die darauf abzielten, den Indianern Kredite zu gewähren, die sie dann abzuarbeiten hatten. Diesen unter dem Namen Schuldknechtschaft (*peonaje, debt peonage, debt bondage, debt slavery*) bekannten Ausbeutungsmechanismus verkörperte in Guatemala das *habilitaciones*-System. Während der Kaffee-Ernte migrierten die *mozos habilitados* in Gruppen (*cuadrillas*) aus ihren Herkunftsorten im Hochland zu den *fincas* der *boca costa*. Daher nannte man sie *mozos cuadrilleros* oder einfach *cuadrilleros*. Von ihnen unterschieden sich die *colonos permanentes*, die auf den Plantagen selbst lebten. Die *finca* stellte ihnen eine Parzelle zum Anbau der eigenen *milpa* zur Verfügung. Dafür mußten die *colonos* bestimmte Arbeitsleistungen auf der Plantage erbringen.[12] Besonders die großen Kaffeeplantagen verfügten nicht nur über ausgedehnte Ländereien an der *boca costa*, sondern besaßen im Hochland sogenannte *fincas de mozos* (*fincas de colonos*), die sie parzellierten und an indianische Arbeitskräfte verpachteten.[13] Da die *colonos* der *fincas de mozos* gleich wie

---

11 Vgl. Copia del Inventario del Departamento de Sacatepéquez, Pertenencias a vialidad, 30.4.1934 (JP Sacatepéquez 1934); Libro de Inventario de Antigua 31.12.1938 (JP Sacatepéquez 1939).

12 Vgl. z.B.: Administrador de la finca La Concha, San Juan Bautista, an JP Sololá, 4.2.1930 (JP Sololá 1930).

13 Es gab auch Verträge zwischen fincas an der boca costa und Grundbesitzern im Hochland, die eine eigentumsrechtliche Spielform der fincas de mozos darstellten. Gegen Bezahlung parzellierte der Grundbesitzer im Hochland sein Land und verpachtete es an indianische Kleinbauern, die sich als Gegenleistung zu bestimmten Arbeitsleistungen auf der Vertragsfinca an der boca costa verpflichten mußten. Vgl. Diligencia Manuel Curruchiche y com-

die *cuadrilleros* hauptsächlich als saisonale Arbeitskräfte zur Kaffeeernte eingesetzt wurden, ist in den Quellen mitunter von *colonos cuadrilleros* die Rede. Neben diesen Arbeitskräftekategorien, deren Arbeitsverhältnisse mehr oder weniger Elemente vorkapitalistischer Zwangsarbeit enthielten, gab es seit jeher auch freie Lohnarbeiter. Diese *voluntarios* oder *ganadores* spielten jedoch in den 20er- und 30er Jahren noch kaum eine Rolle und werden daher hier nur am Rand erwähnt.

Die *cuadrilleros* und *colonos cuadrilleros* glichen sich zwar in bezug auf den saisonalen Arbeitsrhythmus in der Stammfinca, ihre Arbeitsverhältnisse unterschieden sich jedoch deutlich voneinander. Die *cuadrilleros* verfügten noch über ein - wenn auch kleines - Stück Land und waren in die Struktur der indianischen *municipios* eingebunden. Die Art ihrer Arbeitskraftveräußerung entsprach im weitesten Sinn einem marktgesteuerten Austausch zwischen zwei unabhängigen Wirtschaftssubjekten. Inwieweit die institutionellen Regelungen die Unabhängigkeit und die freie Preisbildung einschränkten, wird Diskussion der nächsten Kapitel sein. Im Gegensatz zu den *cuadrilleros* standen die *colonos* ständig unter der unmittelbaren Kontrolle der Fincaverwaltung. Ihre Arbeitsleistung auf den Kaffeeplantagen war fester Bestandteil ihres Status als *colonos* und brauchte nicht immer wieder neu ausgehandelt zu werden.

Die Kaffeeanbaugebiete der Departemente Suchitepéquez, Escuintla, Sacatepéquez, Chimaltenango und Sololá gehörten zu den wichtigsten Kaffeezentren Guatemalas. In den 20er und 30er Jahren stammte durchschnittlich ein Drittel des Kaffees aus dieser Region. Mehr als die Hälfte davon wurde allein in Suchitepéquez (nach 1934) produziert.[14] Die wirtschaftliche Bedeutung der Region kommt in der guten Verkehrserschließung zum Ausdruck. Seit 1908 verband eine Eisenbahnlinie die Kaffeeanbaugebiete mit der Hauptstadt und den vier Exporthäfen Guatemalas: Champerico und San José am Pazifik und Livingston und Puerto Barrios am Atlantik.[15] Besonders die Verbindung zu den Atlantikhäfen gewann in den 30er Jahren an Bedeutung. Liefen 1925/26 50,9% der Kaffeeexporte über diese Häfen, waren es 1934/35 bereits 62,4%. In Puerto Barrios allein wurde über 55% des Kaffees verschifft.[16] Heute ist die Region über die wichtigste Überlandstraße erschlossen, die Guatemala und El Salvador mit Mexiko und den USA verbindet.

Wenn vorhin im Zusammenhang mit den Kaffeefincas der *boca costa* von Latifundium die Rede war, so ist damit nicht in erster Linie die flächenmäßige Aus-

---

pañeros, San Martín Jilotepeque vs. Carmen y Emiliano Medina y Daniel García, propietarios de finca Canajal de Medina, 8.11.1933-29.2.1934 (JP Chimaltenango 1934).

14 Errechnet aus: Rubio Sánchez 1968 2. Bd.: 376-446 und 3. Bd. 452; Montenegro Ríos 1976: 22-57; MA 1929-1940.

15 Jones 1940: 254-255; Boesch 1952: 127; Piedra-Santa Arandi 1981: 78f.

16 Berechnet nach: Jones 1940: 387 Anm. 57.

dehnung der Besitztümer gemeint. Selbst wenn man in Rechnung stellt, daß die zur Verfügung stehenden Angaben die Ausdehnung der *fincas* nur ungenau wiedergeben, da die Besitzer bemüht waren, aus steuertechnischen Gründen nicht ihren gesamten Besitz in den offiziellen Statistiken erscheinen zu lassen, repräsentierten die Kaffeefincas der Region doch nicht die typische guatemaltekische Kaffeeplantage von 130 bis 210 *caballerías*, von der Louise Hearst sprach (Vgl. Tabelle 3.1.).[17]

Tabelle 3.1.   Prozentanteil der Kaffeefincas nach der Fläche.

Fläche	Sacatepéquez	Suchitepéquez/ Sololá	Chimaltenango	Escuintla
bis 1 cab	76.32	16.61	3.17	6.45
1-20 cab	19.74	73.47	80.95	45.16
über 20 cab	3.95	9.91	15.87	48.39

Quelle: Directorio General de la República de Guatemala 1929: 151-157, 164-168, 199-201, 204-206.

Anmerkung Die Aufzählung des *Directorio* ist weder vollzählig noch völlig genau in den Größenangaben. Immerhin stimmen die Ergebnisse mit den Angaben aus anderen Quellen überein. Aus der *Memoria de la Secretaría de Agricultura* aus dem Jahre 1921 ergibt sich für die Departemente Suchitepéquez und Sololá eine durchschnittliche Fläche pro *finca* von 6 *caballerías* (vgl. Rubio Sánchez 1968, 2. Bd.: 365). Für das Departement Suchitepéquez ergeben sich gemäß dem *Censo Cafetalero* 1950 folgende Prozentanteile: bis 1 cab. (21,5%); 1-20 cab. (74,3%); über 20 cab. (4,3%).

Der Tabelle liegt die Klassifizierung der CIDA zugrunde. Darin wird unterschieden zwischen *microfincas* mit einer Fläche unter 1 *manzana*, *fincas subfamiliares* mit einer Fläche zwischen 1 und 10 manzanas, *fincas familiares* zwischen 10 und 64 *manzanas*, *fincas multifamiliares medianas* zwischen 64 bis 1280 *manzanas* (1 bis 20 *caballerías*) und *fincas multifamiliares grandes* über 1280 *manzanas* oder 20 *caballerías*. Es zeigt sich, daß einzig in Escuintla die *fincas multifamiliares grandes* überwogen, während in den übrigen Departementen mittlere und in Sacatepéquez kleinere *fincas* das Bild prägten.

Bezieht man nebst der Größe weitere Faktoren, wie die Art des Faktoreinsatzes, die Produktionsbeziehungen und die Besitzverhältnisse in bezug zur Bodenqualität mit ein, können die Kaffeeplantagen aber durchaus als Latifundien bezeichnet werden. Zumindest wiesen sie diesbezüglich wichtige Merkmale auf:

---

17 Hearst 1932: 57. Vgl. auch: Boesch 1952: 131. Er spricht von fincas zwischen 2000 und 3000 ha. Vgl. ferner: Torres Rivas 1973: 195; Estadística agrícola del municipio de Patulul, 1928 (JP Sololá 1928).

die Konzentration des besten Landes in den Händen weniger Grundbesitzer, die extensive Nutzung der Produktionsfaktoren, die niedrige Investitionsrate und das Vorherrschen von antiquierten Arbeitsverhältnissen (Halbpacht- und *colonato*-Systeme).[18] Ferner gilt es zu berücksichtigen, daß die Angaben über die flächenmäßige Ausdehnung der *fincas* keinen Aufschluß über die Besitzverhältnisse geben, denn nicht selten befanden sich mehrere *fincas* im Besitz einer Familie oder eines Clans. Auch operierten verschiedene große Unternehmungen in diesem Raum. Die wichtigsten von ihnen sind in Tabelle 3.2. zusammengestellt.

Ungefähr 20 bis 25% der *fincas* waren im Besitz von Ausländern, allen voran Deutschen. Sie produzierten über 50% des Kaffees der Region. Dies entsprach den vorherrschenden Verhältnissen in anderen Kaffeeregionen Guatemalas.[19] Die Latifundien der *boca costa* lagen ausschließlich in den Händen von *ladinos*. Ein beträchtlicher Teil der Bevölkerung in dieser Zone bestand jedoch aus Indianern. 1950 gehörten im Departement Escuintla 15,9% und in Suchitepéquez gar 67,7% dieser Ethnie an.[20] Richard Adams hat in diesem Zusammenhang darauf hingewiesen, daß die Ausbreitung der Kaffeewirtschaft im 19. Jahrhundert nicht zu einer Kontraktion der indianischen Gebiete führte, wie das aufgrund der organisierten Landnahme im Zuge der liberalen Reformen auf den ersten Blick erscheinen mochte, sondern im Gegenteil die Ausdehnung von Gebieten mit starker indianischer Bevölkerung nach sich zog.[21] Ein großer Teil der Indianer lebte als *colonos* auf dem Land der Kaffeefincas.[22] Manche *fincas* wiesen über 200 *colonos* aus. Rechnet man deren Familien hinzu, kommt man ohne weiteres auf eine Zahl von bis zu 1000 Personen, die auf diese Weise im unmittelbaren Herrschaftsbereich einer *finca* lebten.[23]

---

18 Vgl. hierzu: Guerra Borges 1969 1. Bd.: 292; Duncan/Rutledge 1977: 196.

19 Rubio Sánchez 1968, 2. Bd: 365; Revista Agrícola, Vol. XIII, Nr. 4 (3 de junio 1935), S. 256; MA 1931: 172. Vgl. insbesondere zum deutschen Besitz in der Region auch: Wagner 1991: 160-161.

20 Sexto Censo de Población, 1950: XXXII. Vgl. auch: Noval 1963: 8.

21 Adams 1957b: 287. Auch Cambranes [1985: 47] stellt fest, daß die Bevölkerung in den Kaffeeregionen anstieg.

22 In den 40er Jahren lebten in Suchitepéquez 40% und in Escuintla fast 90% der indianischen Bevölkerung als colonos auf den fincas. Vgl. Informe Cafetalero 1949: 99; Sexto Censo de Población 1950: XXXII.

23 Vgl. Nómina de fincas del municipio de Santa Bárbara 20.12.1930; Formularios de la salubridad pública 1930 (beide JP Sololá 1930); Nominas de mozos colonos verschiedener fincas der municipios San Lucas Tolimán, Patulul, Chicacao, Santa Bárbara 1934 (JP Sololá 1934).

Tabelle 3.2. Wichtigste Unternehmungen mit *fincas* in der Region Zentral-West Guatemalas zwischen 1920 und 1940

Unternehmung	fincas in der Region (municipio / Dept.)	Größe (jährl. Prod.)	Bemerkungen
C.A. Plantation Corporation of New York	San Andrés Osuna (Escuintla)	97 cab (über 10'000 qq)	Kontrollierte in Guatemala insgesamt 9 fincas
	Chocolá (San Pablo Jocopilas / Suchi.)	56 cab (4-10'000 qq)	
	Morelia y Santa Sofía (Yepocapa / Chim.)	30 cab (2-4000 qq)	
	Palo Gordo (San Antonio / Suchi.)	14 cab (Zucker, Mais)	
	El Hato (Antigua / Saca.)	25 cab (Mais)	finca de mozos
Cía Plantaciones Concepción	Concepción (Escuintla)	97 cab (über 10'000 qq)	
	Santa Isabella (Masagua / Esc.)	30 cab (potrero, Mais)	
	Centeno (Chimaltenango)	3 cab (Mais)	finca de mozos
Gordon Smith y Co.	Los Tarrales (Patulul / Suchi.)	17 cab (2-4000 qq)	Kontrollierte insgesamt 7 fincas.
	Mocá (Santa Barbara / Suchi.)	53 cab (8000 qq)	
Overseas States Ltd.	El Zapote y anexos (Escuintla)	71 cab (4-10'000 qq)	
Guatalón Plant. Ltd.	El Potosí (Pochuta / Chim.)	20 cab (4-10'000 qq)	
	San Rafael Panán (Santa Bárbara / Suchi.)	25 cab (4-10'000 qq)	
Guillermo Luttmann	La Torre (Pochuta / Chim.)	? (4-10'000 qq)	
	Santa Anita (Pochuta / Chim.)	? (2-4000 qq)	
	San José Chinchuyú (Tecpan / Chim.)	5 cab (Mais)	finca de mozos
Nottebohm Hermanos	Sta. Cecilia y anex. (Sn. Francisco Z. / Suchi.)	29 cab (4-10'000 qq)	Kontrollierte insgesamt 11 fincas
	Florida (Pochuta / Chim.)	14 cab (1000 qq)	
Herrera Hermanos (Herrera & Co. Ltd.)	San Vicente Osuna (Siquinalá / Esc.)	25 cab (2-4000 qq)	Dazu verschiedene fincas, die unter den Namen einzelner Familienmitglieder eingetragen sind.
	Retana (Antigua / Saca.)	8 cab (1200 cab	
	El Portal (Antigua / Saca.)	3 cab (1000 qq)	
	El Potrero (Ciudad Vieja / Saca.)	7 cab (2500 qq)	
	El Baúl (Santa Lucía Cotz. / Esc.)	67 cab (6000 qq)	
	Obraje (Puerto de San José / Esc.)	120 cab (potrero, Mais)	
	El Corozo (Puerto de San José / Esc.)	80 cab (potrero, Mais)	
	Los Magueyes (San Martín Jil. / Chim.)	13 cab (Mais)	finca de mozos
	El Rosario (San José Poaquil / Chim.)	70 cab (Mais)	
	El Tigre (Santiago Saca.)	2 cab (Mais)	finca de mozos
	Pachal (Santiago Saca.)	3 cab (Mais)	
	Pantaleón (Siquinalá / Esc.)	70 cab (Zucker)	
J. Molina Z., Sucs.	Nueva California y Liberia (Pochuta/Chim.)	14 cab (2-4000 qq)	
	San Rafael Pancún (Acatenango / Chim.)	8 cab (100 qq)	
	El Salto (Pochuta / Chim.)	3 cab (1000 qq)	
	Santa Elena (Patulul)	10 cab (2200 qq)	
Guillermo Nelson	Panamá y anexos (San Bartolome / Suchi.)	54 cab (2-4000 qq)	
	La Cabaña (San Bartolome / Suchi.)	31 cab (potrero, Mais)	
	La Asunción (Santa Bárbara / Suchi.)	42 cab potrero, Mais)	
Enrique Boppel	San Isidro (Mazatenango / Suchi.)	7 cab (2-4000 qq)	
	Las Nubes (San Francisco Zap. / Suchi.)	18 cab (2-4000 qq)	
	Zambo (San Francisco Zap. / Suchi.)	4 cab (2-4000 qq)	
	Altamira (San Francisco Zap. / Suchi.)	11 cab (2000 qq)	

Quelle: Alvarado 1936, 2. Bd.: 557-566; Directorio General 1929: 145-206; Wagner 1991: 280-286.

Diese Überlegungen machen deutlich, daß komplementäre Begriffszuordnungen wie Indianer, Minifundium und Subsistenzproduktion für das Hochland bzw. *ladinos*, Latifundium und Exportproduktion für die *boca costa* die Wirklichkeit nur unvollständig abbilden. Sowohl in bezug auf die Arbeitskräfte wie in bezug auf die Maisproduktion kann nicht von einer einfachen Komplementarität ausgegangen werden. Eine solche bestand nur bei den Arbeitskräften für die Kaffee-Ernte, die zum größten Teil aus dem Hochland an die *boca costa* migrierten.

Die regionale Differenzierung zwischen Subsistenz- und Exportsektor darf auch nicht dazu verleiten, die Maisproduktion der Tieflandzonen zu unterschätzen. Die Aussage, daß die Tieflandzonen den Exportsektor verkörperten, ist nur im Verhältnis mit Regionen richtig, die hauptsächlich Subsistenzproduktion betrieben, denn bedeutende Mengen von Mais wurden in der Exportzone selbst angebaut. 1934 produzierten die fünf Departemente, die fast vollständig in der Exportzone lagen, Escuintla, Retalhuleu, Santa Rosa, San Marcos und Suchitepéquez, über 31,3% der gesamten Maisernte. Suchitepéquez und Escuintla allein produzierten über 12%.[24] Die Exportzonen leisteten damit einen wichtigen Beitrag an die Grundnahrungsmittelproduktion des Landes. In diesem Zusammenhang muß man sich vergegenwärtigen, daß die Kaffeeproduktion nur einen Bruchteil der gesamten Agrarfläche Guatemalas einnahm. 1935 waren nur gerade 4,1% des in bäuerlichem Besitz stehenden Landes mit Kaffee bebaut. In den Departementen San Marcos, Suchitepéquez und Quetzaltenango, die zusammen mehr als die Hälfte des guatemaltekischen Kaffees produzierten, lagen diese Werte zwar wesentlich höher, überstiegen aber nie die 20%-Marke.[25]

Die ungleiche Verteilung des Bodens ist das auffälligste Charakteristikum der guatemaltekischen Landwirtschaft. 1950 kontrollierten 516 Latifundien (*fincas multifamiliares grandes*) eine Fläche von insgesamt 2'170'484 *manzanas*. Die 308'073 Minifundien (*microfincas* und *fincas subfamiliares*) dagegen verfügten nur über 761'616 *manzanas*. In Prozenten ausgedrückt heißt das, daß 0,2% der *fincas* über 40% des landwirtschaftlichen Bodens kontrollierten, während 88,3%

---

24 MA 1934: 398. Zum Vergleich dazu: Gemäß dem Censo Agropecuario [1950. Cuadro No. 18] produzierten die fünf Departemente in diesem Jahr 26,8% der gesamten Maisernte. Vgl. auch: Guerra Borges 1969 2. Bd.: 60 sowie Juzgado municipal y de paz de Patulul an JP Sololá, 29.10.1930 (JP Sololá 1930). Man rechnete mit einer Ernte von 12'072 quintales. Vgl. ferner im gleichen legajo: Nomina de fincas y laboristas que sembraron milpa de 2a. en el municipio de Chicacao 1930; Cuadro que demuestra la extensión de maíz y frijol sembrado en el municipio de Santa Bárbara 1930; Nómina de las fincas y vecinos de la población de San Juan Bautista que han sembrado maíz de segunda en el presente año de 1930; Cuadro de fincas del municipio de Chicacao que hicieron siembra de milpa de segunda en el año 1930.

25 Im einzelnen ergeben sich für die Departemente folgende Ergebnisse: San Marcos (19,6%), Quetzaltenango (16,1%), Suchitepéquez (9,8%), Santa Rosa (4,0%) Retalhuleu (3,0%), Escuintla (1,7%). Vgl. MA 1935: 263-265. Die Werte für das Jahr 1950 ergeben einen Flächenanteil der gesamten Exportproduktion am landwirtschaftlich genutzten Boden von 3,3%. Vgl. dazu: Adams 1970a: 152; Smith 1979: 589.

der Landwirte weniger als 15% bewirtschafteten [Guerra Borges 1969 1. Bd.: 294]. Die Tabelle 3.3. zeigt die Verhältnisse für die Region Zentral-West Guatemalas. Die größten Unterschiede in bezug auf die Verteilung des Bodens weisen die Departemente Escuintla und Suchitepéquez auf. Aber auch in den anderen Departementen bestehen erhebliche Ungleichgewichte zwischen großem und kleinem Besitz.

Tabelle 3.3. Verteilung des Bodenbesitzes nach Departementen (Flächen in *manzanas*)

	Sacatepéquez		Sololá		Chimaltenango		Suchitepéquez		Escuintla	
	fincas	Fläche	fincas	Fläche	fincas	Fläche	fincas	Fläche	fincas	Fläche
Minifundien	8498	13906	12980	17210	16089	26623	11897	5716	9755	3183
Prozent	93.98	32.10	95.72	39.38	89.09	16.98	93.42	2.35	91.49	0.50
Latifundien	2	2763	2	3550	12	25447	35	102515	84	497281
Prozent	0.02	6.38	0.01	8.12	0.07	16.23	0.27	42.23	0.79	78.51
Total	9042	43325	13561	43702	18059	156772	12735	242748	10662	633393

Quelle: Censo Agropecuario 1950: 20-22.

Es mag nicht erstaunen, daß die Bodenkonzentration in den Departementen des Exportsektors höher war als in denjenigen, die hauptsächlich dem Subsistenzsektor angehören. Daß eine Verbindung zwischen Exportwirtschaft und Bodenkonzentration besteht, zeigt ein regionaler Vergleich der Durchschnittsflächen pro *finca*. Bei der vorherrschenden krassen Ungleichverteilung des Bodens kann die durchschnittliche Fläche pro *finca* als grober regionaler Indikator für das Maß der Bodenkonzentration verwendet werden. Wo der Anteil des sich im Besitze von Latifundien befindenden Bodens größer ist, wird der Durchschnittswert angehoben.[26] In den Departementen Escuintla und Suchitepéquez besaßen die *fincas* durchschnittlich 51 bzw. 19 *manzanas* eigenes Land. In den Departementen Chimaltenango (9 mz), Sacatepéquez (5 mz) und Sololá (3 mz) lag dieser Wert deutlich tiefer.[27] Ein Vergleich der *municipios* von Chimaltenango verdeutlicht den Zusammenhang zwischen der wirtschaftlichen Ausrichtung und der Bo-

---

26 Es muß betont werden, daß dieses Vorgehen nur unter den genannten Bedingungen aufschlußreich ist. Bei gleichmäßigeren Bodenbesitzverhältnissen sagt der Durchschnittswert nichts aus.

27 Vgl. Censo Agropecuario 1950: 10. Es wurde nur auf die Fläche in Eigenbesitz (propia) abgestellt.

denkonzentration. In den *municipios*, wo Kaffeeanbau vorherrschte, bestand ein höheres Maß an Bodenkonzentration als dort, wo vor allem Mais angebaut wurde (Vgl. Tabelle 3.4.)

Tabelle 3.4. **Chimaltenango: Zusammenhang zwischen *milpa*, *cafetales* und durchschnittlicher Fläche pro *finca*. (Flächen in *manzanas*)**

municipios	Landwirt-schaftsland a	milpa b	cafetales c	milpa : cafetal d *	Fläche pro finca e **
Pochuta	10797	398	6461	-0.88	28.2
San Pedro Yepocapa	14024	1360	4515	-0.54	82.0
Acatenango	9495	2771	1765	0.22	12.7
Parramos	2472	1629	159	0.82	2.6
El Tejar	858	563	27	0.91	6.9
Patzún	9020	5908	242	0.92	7.0
Patzicía	6021	4456	103	0.95	4.3
San Martín Jilotepeque ***	14986	6252	130	0.96	11.0
Chimaltenango	4900	3696	69	0.96	5.2
Tecpán	11389	6083	53	0.98	9.7
San Andrés Itzapa	4792	3511	30	0.98	4.0
Santa Cruz Balanyá	1025	752	5	0.99	3.0
Comalapa	7302	4947	27	0.99	5.0
Zaragoza	3625	2903	9	0.99	4.6
San José Poaquil	2893	1923	5	0.99	4.3
Santa Apolonia	1747	1105	0	1.00	8.5
Summen/Durchschnitte	105346	48257	13600	0.56	12.4

* Kolonne d ist eine Kennzahl, die das Verhältnis zwischen milpa- und cafetal-Fläche widerspiegelt. Sie basiert auf folgender Berechnung: d = (b-c) : (b+c). Daraus ergibt sich eine Zahl, die zwischen -1 und +1 schwankt. Der Wert -1 entspräche ausschließlicher Kaffee-, der Wert 1 ausschließlicher Maisproduktion. Bei negativen Werten überwiegt die Kaffee-, bei positiven die Maisproduktion.

** Die Werte beziehen sich nicht auf die gesamte bewirtschaftete Fläche, sondern nur auf das sich in Privatbesitz befindliche Land.

*** Der hohe Durchschnittswert von San Martín Jilotepeque zeigt dessen Besonderheit als indianisches municipio mit starker ladinischer Lokalelite, die große Teile des Bodens besitzt und als fincas de mozos nutzt.

Quelle: Censo Agropecuario 1950: 28, 99-100, 128.

Von den drei Hochlanddepartementen der Region verkörperte Sololá (nach 1934) am eindeutigsten die indianische Kleinwarenwirtschaft. Ein Vergleich der ethnischen Zusammensetzung der Bevölkerung macht dies deutlich. Der Sexto Censo de población von 1950 weist 93,8% der Bevölkerung Sololás der indianischen Ethnie zu.[28] In Chimaltenango gehörten 77,6%, in Sacatepéquez 51,6% dieser Bevölkerungsgruppe an. Ein Blick auf die munizipale Ebene zeigt, daß in Sacatepéquez die ladinische Bevölkerung sich schwerpunktmäßig auf die *municipios* Ciudad Vieja (90%), Antigua (83%), Pastores (80%), Santa Lucía Milpas Altas (75%), Jocotenango (72%), San Lucas Sacatepéquez (58%) und San Miguel Dueñas (55%) konzentrierte. In den *municipios* San Bartolomé Milpas Altas und Magdalena Milpas Altas war knapp ein Drittel ladinischer Herkunft. Die übrigen sechs *municipios* wiesen alle einen Ladinoanteil von unter 10% auf. In Chimaltenango waren die *ladinos* stärker über das ganze Departement verteilt, so daß trotz der geringeren ladinischen Präsenz nur vier *municipios* weniger als 10% *ladinos* aufwiesen.[29]

Tabelle 3.5. Besitzverhältnisse der Hochlanddepartemente

Departement	Total	Operadores						
		Propietarios	%	Arrendantes	%	Colonos	%	Ocupantes	%
Sacatepéquez	9042	5690	**62.9**	1932	**21.4**	853	**9.4**	209	**2.3**
Chimaltenango	18059	10865	**60.2**	4712	**26.1**	1418	**7.9**	156	**0.9**
Sololá	13561	7361	**54.3**	854	**6.3**	217	**1.6**	4937	**36.4**

Quelle: Censo Agropecuario 1950: 47-49.

Daß zwischen den drei Departementen auch hinsichtlich der Besitzverhältnisse Unterschiede bestanden, zeigt Tabelle 3.5. Während in Sacatepéquez und Chimaltenango Kleineigentümer (*propietarios*) und Pächter (*arrendantes*) vorherrschten, gab es in Sololá neben den *propietarios* zahlreiche sogenannte *ocupantes*. Der größte Teil von ihnen bewirtschaftete aufgrund unterschiedlicher traditioneller Nutzungsrechte Gemeindeland (*terrenos comunales*) oder besitz-

---

28 Vgl. hierzu und zum Folgenden Sexto Censo de población 1950: XXXII, 8-18.

29 Swetnam [1989: 94] gibt an, daß Ende des 19. Jahrhunderts in Guatemala nur 1.3% der indianischen Bevölkerung in ethnisch reinen Gemeinschaften lebten. 42.6% lebten in municipios mit einem ladino-Anteil von unter 10%; mehr als die Hälfte lebte in municipios, wo die ladinos entweder eine beachtliche Minderheit oder die Mehrheit der Bevölkerung ausmachte.

rechtlich nicht definierte Brachflächen (*baldíos*). Diese Zahlen legen die Vermutung nahe, daß in Sacatepéquez und Chimaltenango der Bodenbesitz in stärkerem Maße von nationalen Rechtsnormen durchdrungen war als in Sololá, wo lokales Gewohnheitsrecht noch ein größeres Gewicht hatte.

Sololá unterschied sich auch unter dem Gesichtspunkt der Subsistenzsituation von den beiden anderen Departementen. Auf einen km^2 Landwirtschaftsfläche kamen hier 211 Personen; in Sacatepéquez waren es 168 und in Chimaltenango 98 Personen.[30] Berücksichtigt man, daß die Fischerei im Lago Atitlán eine die Landwirtschaft ergänzende Subsistenzmöglichkeit bot, wird die hohe Bevölkerungsdichte von Sololá etwas relativiert. Für die 30er Jahre kann angenommen werden, daß Sololá und Sacatepéquez in dieser Beziehung etwa ähnliche Voraussetzungen boten.

Trotz dieser Unterschiede, die festzuhalten wichtig ist, um spätere exemplarische Ergebnisse richtig einordnen zu können, sind alle drei Departemente, von wenigen *municipios* abgesehen, Teil des indianischen Hochlandes. Die unterschiedlichen Voraussetzungen in bezug auf Ressourcenausstattung und demographische Struktur lassen die verschiedenen Aspekte der sozio-ökonomischen und politischen Struktur der Region deutlicher zu Tage treten.

---

30 Vgl. Censo agropecuario 1950: 86; Sexto Censo de población 1950: XXII. Rechnet man mit der gesamten Fläche der Departemente so ergeben sich folgende Zahlen: Sololá (78 Personen/km^2), Chimaltenango (61 Personen/km^2) und Sacatepéquez (129 Personen/km^2). Der große Unterschied bei den Zahlen von Sololá erklärt sich durch die bedeutende Fläche des Lago Atitlán von knapp 180 km^2.

Teil II

4. Die *municipios* des Hochlandes

Wenn Carol Smith [1990: 11-12] feststellt, "that we can locate the main political dialectic in Guatemala in the relations of power and culture embedded in the two institutions of community and state", so hat sie dabei insbesondere die indianischen *municipios* des westlichen Hochlandes und der Alta Verapaz im Auge. In der Tat nahmen in Guatemala die scharfen sozialen und kulturellen Gegensätze zwischen Indianern und *ladinos* nicht die Form eines Klassenkonflikts an, sondern verdichteten sich in den Herrschaftsbeziehungen zwischen Zentralstaat und lokalen Gemeinschaften. Im Zentrum der Auseinandersetzung zwischen den beiden Institutionen stand die Frage, inwieweit es dem Staat gelang, die Autonomieansprüche der *municipios* abzublocken und den lokalen Alltag seinen eigenen Interessen gemäß zu organisieren.[1] Ungeachtet der despotischen Machtfülle der kolonialen, konservativen oder liberalen Regimes war die Zentralmacht stets auf traditionelle munizipale Institutionen angewiesen, um das gesellschaftliche Leben vor Ort zu regulieren. Im Verlaufe der Auseinandersetzung zwischen Staat und *municipio* wurden die lokalen Traditionen umgeformt und erhielten teilweise neue Funktionen. Die indianischen Gemeinschaften führten ein zähes Rückzugsgefecht gegen die Herrschaftsansprüche des Staates, dessen infrastrukturelle Macht zwar ständig zunahm, aber nie ausreichte, um die munizipale Eigenständigkeit vollständig auszuhöhlen.[2]

In der Historiographie wird das Jahr 1934 mitunter als Bruch in der Geschichte der indianischen Selbstverwaltung hervorgehoben. Es wird geltend gemacht,

---

1   Die Gleichsetzung von indianischer Gemeinschaft und municipio entspricht nicht ganz der Wirklichkeit, ist jedoch eine zulässige Vereinfachung. Vgl. Smith 1991: 18.

2   Vgl. Jones 1940: 309-310; McBride/Merle 1942: 265-268. Adams 1957a 4-18; Wisdom 1961: 267-274; Wagley 1964: 30-36; Castellanos Cambranes 1977: 22-23; Brintnall 1979: 88-101; Carmack 1983: 231; Valladares 1983: 54-56; Piel 1989: 361; McCreery 1994: 124-157, 210-240. Den Höhepunkt der staatlichen Einflußnahme auf die municipios stellte die Anti-Guerilla-Offensive anfang der 1980er Jahre dar. Doch selbst die bis anhin unerreichte Armeepräsenz konnte die munizipalen Strukturen nicht vollständig untergraben. Die seither institutionalisierten Patrullas de Autodefensa Civil (PAC) führten zu einer Militarisierung der lokalen Gemeinschaften von innen heraus, deren Auswirkungen auf die indianische Identität noch nicht klar absehbar sind. Immerhin gibt es Hinweise darauf, daß die indianische Bevölkerung nach neuen Formen der Identität sucht. Vgl. hierzu: Perera 1993: 314-328; Solares (Hg.) 1993; Adams 1990: 279; Adams 1994: 536; Allebrand 1997: 86-134; Cojtí Cuxil 1997: 136-171.

daß die bis dahin verhältnismäßig weitgehende Autonomie der *municipios* durch das von Ubico eingeführte *Intendente*-System drastisch eingeschränkt wurde.[3] Im Vordergrund der Argumentation steht dabei die Figur des *Intendente*, der als obrigkeitlich eingesetzter Beamter mit autoritären Machtbefugnissen lokaldemokratischen Strukturen zuwiderlief. Ohne diese Feststellungen in Zweifel zu ziehen, gehe ich davon aus, daß die ubiquistische Reform der Munizipalverwaltung im Zusammenhang mit den Herrschaftsverhältnissen zwischen Indianern, lokalen ladinischen Eliten und Staat gesehen werden muß. Aus der Sicht der Indianer erschien das *intendente*-System weniger als singulärer Einschnitt denn als neue Form des permanenten ladinischen Angriffs auf die traditionelle indianische Selbstverwaltung.

Wenn an dieser Stelle von "Eliten" die Rede ist, so geht es zunächst darum, Personengruppen zu bezeichnen, die sich von der Mehrheit hinsichtlich ihres Machtinteresses und ihrer verfügbaren Ressourcen unterscheiden. Absichtlich verzichte ich darauf, den Begriff definitorisch zu stark einzuengen.[4] Richard Adams [1970b: 169-174] ordnet die Eliten in Guatemala entlang einem Kontinuum von lokalen, regionalen, nationalen und internationalen Ebenen ein. Ordnungsmerkmale dieses räumlichen Kontinuums sind die Machtbasis und der Aktionsradius der verschiedenen Herrschaftsbereiche. In diesem Sinne verfügen lokale Eliten über einen kleineren Herrschaftsbereich als regionale und nationale Eliten. Diese Betrachtungsweise schließt jedoch nicht aus, daß auch lokale Eliten auf regionaler und nationaler Ebene operieren. Umgekehrt gehört die lokale Ebene auch in den Herrschaftsbereich regionaler und nationaler Eliten. Zwischen den Eliten der verschiedenen Ebenen ergeben sich je nach dem, wie weit sich deren Herrschaftsbereiche überschneiden, unterschiedliche Konfigurationen. Liegt der Herrschaftsbereich einer untergeordneten Elite vollständig im Bereich der übergeordneten Eliten, so kann sie nur die Rolle eines Statthalters spielen und verfügt über keine eigenen Entscheidungsspielräume. Je weniger sich die beiden Herrschaftsbereiche decken, desto unabhängiger kann die untergeordnete Elite agieren. Wo sich keine Überlagerung mehr ergibt, kann sie als Gegenelite auftreten.[5]

---

3   Vgl. etwa: Karlen 1991: 288; Brintnall 1979: 99; Whetten 1961: 65; Anderson 1982: 20; Dawson 1965: 138.

4   Vgl. zum Elitebegriff: Stone 1990: 5f; von Beyme 1992: 218-242. Insbesondere möchte ich darauf verzichten, den Elitebegriff mit Legitimitätsansprüchen an deren Herrschaft aufzuladen.

5   Adams diskutiert nur den Fall, wo die untergeordneten Herrschaftsbereiche innerhalb der übergeordneten Bereiche liegen. Meiner Ansicht nach überschätzt er dabei die Fähigkeit übergeordneter Eliten, auf unteren Ebenen tatsächlich Kontrolle auszuüben. Zieht man Fragen in bezug auf infrastrukturelle Aspekte von Macht mit ein, muß man von einer größeren Eigendynamik untergeordneter Eliten ausgehen.

Vor diesem Hintergrund hebt sich in der Auseinandersetzung um die munizipale Autonomie neben der indianischen Gemeinschaft und der Zentralmacht eine dritte Gruppe ab, die ich hier als lokale *ladinos* bezeichnen möchte. Die Ausdehnung der Kaffeewirtschaft seit den 1870er Jahren führte zu einer Zunahme der ladinischen Bevölkerung im Hochland. [McCreery 1994: 262]. Nicht zuletzt die große Nachfrage nach Arbeitskräften für die *fincas* der *boca costa* schuf in den indianischen *municipios* neue gewinnbringende Erwerbsmöglichkeiten. Nebst den *habilitadores* und *contratistas*, die Arbeitskräfte für die *fincas* rekrutierten, gab es zahlreiche *ladinos*, die eine *tienda* betrieben, wo sie vor allem importierte Fertigwaren, Fleisch und Alkohol verkauften. Gewöhnlich besaßen die *ladinos* auch etwas Land, das sie entweder zur Viehwirtschaft selber nutzten oder an Indianer zur Maisproduktion verpachteten. Neben den neuen wirtschaftlichen Möglichkeiten hatten aber auch die Bemühungen des liberalen Staates, seine Herrschaft im Hinterland zu vertiefen und die Indianer zu "zivilisieren", eine größere Präsenz von *ladinos* zur Folge, sei es als Beamte, Milizkommandanten oder Lehrer.

In politischer Hinsicht spielten die lokalen *ladinos* im Verhältnis zwischen Staat und indianischer Bevölkerung eine wichtige Rolle. Häufig traten sie als verlängerter Arm der Zentralmacht auf. Es wäre aber eine unzulässige Vereinfachung, den *ladinos* im Hochland einfach eine Brückenkopffunktion zuzuschreiben. Besonders in Regionen, wo sich eine lokale ladinische Elite herausbildete, konnte es durchaus zu Interessenkonflikten mit der Zentralregierung kommen. Dies galt nicht zuletzt auch in bezug auf die Kontrolle der indigenen Bevölkerung. Auf der einen Seite hatten sowohl die lokalen Eliten als auch der Staat ein gemeinsames Interesse an der Unterdrückung sozialer Unruhen, auf der anderen Seite verfolgten beide eigene ökonomische und politische Ziele, die sich nicht zu decken brauchten. Waren die lokalen Eliten bestrebt, ihren Handlungs- und Entscheidungsspielraum auf lokaler Ebene möglichst groß zu halten, hatte die Zentralregierung ein grundsätzliches Interesse an der Beschränkung lokaler Eigenständigkeit.

Der politische Kern des indianischen Autonomieanspruchs bildete das traditionelle *cargo*-System, das zivile und religiöse Führungsfunktionen miteinander verwob.[6] Männliche Gemeindemitglieder mit hohem sozialem Ansehen und ausreichenden wirtschaftlichen Mitteln konnten - oder mußten - innerhalb der weltlich-religiösen Hierarchien bis zum Bürgermeister (*Alcalde*) aufsteigen. Der Aufstieg in religiösen Ämtern fand innerhalb von Gemeinschaften (*cofradías*)

---

6 Vgl. zum Folgenden: Wisdom 1961: 267-276; Wagley 1949: 95-101; Wagley 1964: 33; McBride/Merle 1942: 265-268; Jones 1940: 309-311; Adams 1957a: 4,-18; Adams 1970a: 106, 176; Valladares de León de Ruiz 1983: 54-56; Bunzel 1981: 210-240; Silvert 1969: 182-198; Guatemala, Instituto Indigenista Nacional 1946: 9-26; Nash 1970: 200; Smith 1984a: 198-200; Bauer Paiz 1965: 136; Moore 1973: 70-94; Smith (Hg.) 1990: 8; Brintnall 1979: 94-100; Carmack 1983: 231; McCreery 1994: 237.

statt, die sich um bestimmte katholische Heilige gruppierten. Der weltliche Aufstieg vollzog sich im Rahmen der *municipalidad*. Alle Männer waren verpflichtet, wenigstens die untersten Amtsstufen im öffentlichen Dienst zu absolvieren. *Alguaciles* und *Mayores* verrichteten öffentliche Arbeiten und nahmen polizeiliche Funktionen wahr. Hatte jemand sich in diesen Ämtern verdient gemacht, konnte er zum *Regidor* oder *Alcalde* aufsteigen. Die *Regidores* hatten polizeiliche und beratende Aufgaben inne, mitunter traten sie an die Stelle eines vorübergehend abwesenden *Alcaldes*.

Die oberen Stufen der Hierarchie konnten nur Männer ausüben, die über genügend wirtschaftliche Mittel verfügten, denn in jedem Fall war die Übernahme eines Amtes mit beachtlichen Einkommenseinbußen einerseits und mit besonderen Auslagen andererseits verbunden. Keines der Ämter war öffentlich besoldet. Von den obersten Amtsträgern wurde erwartet, daß sie bei munizipalen Festlichkeiten große Mengen Alkohol spendierten und die Auslagen für *marimba*-Gruppen (Holzxylophon-Gruppen) oder Kostüme übernahmen.

Der Staat und ladinische Lokaleliten versuchten seit dem ausgehenden letzten Jahrhundert verstärkt, diese traditionellen Institutionen aufzubrechen. Die *Ley para las municipalidades de los pueblos de la República* von 1879 legte die Grundzüge der Munizipalverwaltung fest.[7] Artikel 12 sah für die *municipalidades* zwei *Alcaldes*, einen *Síndico* (Bevollmächtigten in Rechtsangelegenheiten, bei denen die Gemeinde Partei war) und vier *Regidores* vor. Ohne politischen Auftrag gehörten weiter ein *Secretario* (Art. 67-72) und ein *Tesorero* (Art. 73-83) zur Munizipalverwaltung. Beide Funktionen waren bezahlt und konnten nur von Leuten mit Grundschulausbildung - de facto somit nur von *ladinos* - erfüllt werden. Es liegt auf der Hand, daß sowohl der *Secretario* durch die Manipulation von amtlichen Schriftstücken und Verträgen als auch der *Tesorero* durch die Manipulation der Gemeindefinanzen die Möglichkeit hatten, sich persönlich zu bereichern und informelle Macht auszuüben. Angesichts der bescheidenen finanziellen Mittel der meisten indianischen *municipios* kam jedoch dem *Secretario* in dieser Beziehung die größere Bedeutung zu.[8]

Die Doppelbesetzung des *Alcalde*-Amtes führte in ethnisch gemischten *municipios* gewöhnlich dazu, daß der *Alcalde primero* ein *ladino* war, und die Indianer nur bis zum *Alcalde segundo* aufsteigen konnten. Mitunter bildeten sich in *municipios* mit starker ladinischer Präsenz zwei verschiedene Regierungs- und Verwaltungsstrukturen aus, die verhältnismäßig unabhängig voneinander funk-

---

7 El Guatemalteco, Mittwoch, 2.10. und Mittwoch, 9.10.1879 (Decreto Gubernativo num. 241 "Ley para las municipalidades de los pueblos de la República" del 30 de septiembre y 7 de octubre 1879).

8 Vgl. zur Funktion des Secretario als Vollstrecker ladinischer Interessen: McCreery 1994: 263.

tionierten.⁹ Die indianische *municipalidad* wurde vom Rat der *principales*, alles ältere, verdiente Männer von hohem sozialem und religiösem Prestige, dominiert. Im Zusammenhang mit der zivilen Verwaltung und politischen Belangen traten die *principales* jedoch nur in Ausnahmesituationen in Erscheinung. Deshalb schlug sich ihr Einfluß kaum in den Quellen nieder. Eine Abschätzung ihrer Macht ist deshalb in historischer Perspektive schwierig.¹⁰ Immerhin deuten anthropologische Studien darauf hin, daß die *principales* noch in den 1930er Jahren großes Gewicht hatten.¹¹

Zu einem wichtigen Instrument der lokalen *ladinos* im Kampf um die Vorherrschaft in den indianischen *municipios* wurde schon im 19. Jahrhundert das Konzept der *municipalidad mixta*. Dabei handelte es sich um eine Quotenregelung, die den *ladinos* nicht nur die Hälfte der Ämter der *municipalidad* garantierte, sondern ihnen auch die einflußreichsten Funktionen (*Alcalde primero* und *Síndico*) zusprach. Die Besetzung des *Alcalde*-Amtes war nicht bloß von großer politischer Bedeutung für die *ladinos*; zumindest ebensosehr fiel ins Gewicht, daß der *Alcalde primero* als Friedensrichter (*Juez de paz*) die erste Entscheidungsinstanz in zivilrechtlichen Angelegenheiten war.¹²

Zunächst vollzog sich die Einführung der *municipalidad mixta* auf der Basis von zentralstaatlichen *acuerdos*, die auf Betreiben der lokalen *ladinos* konzediert wurden und nur für das betreffende *municipio* Geltung hatten.¹³ Angesichts der Häufigkeit von Gesuchen zur Einführung der *municipalidad mixta* erhob die Regierung Lázaro Chacóns das Konzept 1927 zum allgemeinen Standard für *municipios*, "donde predomina el elemento indígena". Daß es nicht nur um eine "angemessene" Vertretung der *ladinos* ging, sondern auch die Akkulturation der indianischen Eliten vorangetrieben werden sollte, wird in den letzten Zeilen des Dekrets deutlich. In bezug auf die Wahl der Mitglieder der *municipalidad* wurde

---

9   Vgl. etwa: Municipalidad indígena Sololá an JP Sololá, 18.3.1935; Alcalde primero Sololá an SGJ, 27.2.1935 (beide SGJ Sololá, Leg. 31013); JP Chimaltenango an SGJ, 29.2.1936 (JP Chimaltenango 1936).

10 Vgl. zur Verborgenheit des Einflusses der pincipales auch Moore 1973: 89-91.

11 Vgl. etwa: Bunzel 1981: 234-241; Wagley 1949: 97-98; McBride/Merle 1942: 267; Guatemala Instituto Indigenista Nacional 1946: 14.

12 Wo eine Besetzung des alcalde-Amtes mit einem ladino nicht möglich war, verlangten die lokalen ladinos von der Regierung mitunter die Einsetzung eines ladinischen Juez de paz. Vgl. hierzu: Vecinos ladinos Santa María de Jesús an JP Sacatepéquez, 14.1.1928 (JP Sacatepéquez 1928); Vecinos ladinos Tecpán an JP Chimaltenango, 7.3.1930 (SGJ Chimaltenango, Leg. 30380).

13 In den Departementen Sololá, Sacatepéquez und Chimaltenango waren folgende municipios von der Einführung der municipalidad mixta betroffen: Santiago Atitlán (1920), San Lucas Tolimán (1931), San Lucas Sacatepéquez (1886), Sumpango (1892), Santiago Sacatepéquez (1913), Alotenango (1915), San Martín Jilotepeque (1921), Patzicía (1921). Vgl. Morales Urrutia 1961.

festgelegt, "... que siempre queden representados por mitad los ladinos e indígenas del lugar, prefiriéndose en la elección a los que hablen el castellano, usen el traje de la clase ladina y sepan leer y escribir."[14]

Die Umsetzung des Beschlusses war jedoch mit großen Schwierigkeiten verbunden. Seine erstmalige Anwendung anläßlich der Gemeindewahlen im Dezember 1927 traf auf den erbitterten Widerstand der indianischen Bevölkerungsmehrheit.[15] Im Fall von Santa María de Jesús warnte der *Jefe Político* von Sacatepéquez schon vor den Wahlen davor, daß in Anbetracht der geringen Zahl von *ladinos* in diesem *municipio* der Beschluß nicht vollumfänglich anwendbar sei und man sich darauf beschränken müsse, die Ämter des *Alcalde primero* und des *Síndico* mit *ladinos* zu besetzen.[16] Tatsächlich zählte der von der *Secretaría de Gobernación y Justicia* angeforderte Bericht der *Dirección General de Estadística* bei einer Gesamtbevölkerung von 2940 nur 93 *ladinos*.[17] Aufgrund massiver Proteste seitens der indianischen Bevölkerung setzte die Regierung nach einigem Zögern und gegen den Widerstand der lokalen *ladinos* auf den 11. März die Wiederholung der Wahl des *Alcalde primero* fest.[18] Doch auch dies vermochte die Lage nicht zu beruhigen. Tags darauf meldete der *Jefe Político*:

> "No fué posible dar cumplimiento a lo ordenado por Ud. respecto a que se elijiera un ladino, pues éstos apenas si llegan a diez y ninguno goza de las simpatías de los indígenas.
> Toda la maza indígena estaba alborotada aclamando voto, todos unanimemente lo dieron por un natural, que sabe leer y escribir, habiendose llenado todas las formalidades de la ley electoral, y quién alcanzó una mayoría absoluta de votos. Lo que pongo en su conocimiento."[19]

---

14 Diario de Centro América, Donnerstag, 2.6.1927 "Acuerdo del 31 de mayo"; Circular JP Chimaltenango an Alcalde primero San Martín Jilotepeque, 4.6.1927 (JP Chimaltenango 1927); Informe JP Sololá an SGJ, 27.6.1927 (SGJ Sololá, Leg. 30041).

15 Vgl. z.B.: Informe JP Totonicapán an SGJ, 31.1.1928 (SGJ Informes de Jefes Políticos, Leg. 30060).

16 JP Sacatepéquez an SGJ, 12.11.1927 (SGJ Sacatepéquez, Leg. 30035).

17 Dirección General de Estadística an SGJ, 8.4.1926 (SGJ Sacatepéquez, Leg. 30035).

18 Vecinos Santa María de Jesús an SGJ, 16.12.1927 (SGJ Sacatepéquez, Leg. 30114); Vecinos indígenas Santa María de Jesús an Chacón, 22.12.1927 (SGJ Sacatepéquez, Leg. 30035); Vecinos ladinos Santa María de Jesús an JP Sacatepéquez, 14.1.1928; Vecinos ladinos Santa María de Jesús an SGJ, 11.1.1928; SGJ an JP Sacatepéquez, 19.1. und 23.1.1928; Vecinos indígenas Santa María de Jesús an SGJ, 26.1.1928 (alle JP Sacatepéquez 1928).

19 JP Sacatepéquez an SGJ, 12.3.1928 (SGJ Sacatepéquez, Leg. 30113).

Der entschlossene Widerstand der indianischen Bevölkerung schien sich für einmal gelohnt zu haben. Sie konnte weiterhin den *Alcalde primero* stellen.[20] Erst die Reform der Munizipalverwaltung von 1935 setzte der indianischen Besetzung des obersten Gemeindeamtes von Santa María de Jesús ein Ende. Der Widerstand der Indianer zog sich teilweise über Jahre hin oder wurde, wenn die Umstände günstig schienen, immer wieder manifest. Aus den Quellen geht hervor, daß die Indianer von Xenacoj zumindest zwei Mal Übernahmeversuche der *ladinos* abwehrten. 1927 konnten sie die Einführung der *municipalidad mixta* verhindern, indem sie glaubhaft machten, daß von den neun lokalen *ladinos* keiner für ein Gemeindeamt wählbar war. Zwei waren Lehrer, zwei hatten Patente für den Verkauf von Alkohol, vier waren *habilitadores* oder *caporales* im Dienste großer *fincas* und einer bekleidete das Amt des *Secretario municipal*.[21] Tatsächliche verbot die *Ley para las municipalidades* allen die Ausübung eines öffentlichen Amtes. Nach der Wahl Ubicos 1931 versuchten es die *ladinos* nochmals. Als wie üblich ein Indianer zum *Alcalde primero* gewählt worden war, verlangten sie Neuwahlen. Eine Kundgebung der indianischen Bevölkerung, bei der die *ladinos* offen bedroht wurden, löste die Armee zwar auf, die Zentralregierung erklärte die Wahl des indianischen *Alcalde* jedoch für gültig.[22]

Die Hartnäckigkeit der indianischen Bevölkerung im Kampf gegen die ladinische Vorherrschaft wurde jedoch nicht immer belohnt. Die Beispiele von Santa María de Jesús und Xenacoj müssen vielmehr als Ausnahmen angesehen werden. Im Gegensatz dazu waren alle Bemühungen der *atitecos* erfolglos, die 1920 verordnete *municipalidad mixta* anzufechten. Anläßlich der Gemeindewahlen von 1933 weigerten sich die Indianer, ihre Stimme den vom *Jefe Político* für die obersten Gemeindeämter bestimmten *ladinos* zu geben. Sie wurden jedoch von der Armee gewaltsam zur Stimmabgabe gezwungen. Die Anführer wurden verhaftet und im Departementsgefängnis von Sololá eingekerkert. Zwei Petitionen an den Präsidenten der Republik verhallten wirkungslos.[23]

---

20 Vecinos indígenas Santa María de Jesús an SGJ, 23.4.1928 "... que después de una lucha amparados en nuestras leyes hemos logrado que el alcalde de nuestro pueblo sea indígena ..." (JP Sacatepéquez 1928); Nomina de las personas que forman las municipalidades desde 1933 (SGJ Sacatepéquez, Leg. 30578).

21 Vecinos indígenas Xenacoj an SGJ, 28.11.1927; Despacho JP Sacatepéquez, 1.12.1927; Juzgado de primera instancia Xenacoj, 3.12.1927 (alle JP Sacatepéquez 1927).

22 J. Luis Ortiz an Ubico, 13.4.1931; JP Sacatepéquez an SGJ, 23.4.1931 (beide SGJ Sacatepéquez, Leg. 30433); Nomina de las personas que forman las municipalidades desde 1933 (SGJ Sacatepéquez, Leg. 30578).

23 Vecinos indígenas de Santiago Atitlán an Ubico, 18.1.1933; Informe JP Sololá an SGJ, 19.1.1933 (beide SGJ Sololá, Leg. 30731); Vecinos indígenas Santiago Atitlán an Ubico, 21.7.1934; JP Sololá an SGJ, 13.10.1934; Fiscalía del Gobierno an SGJ, 20.10.1934; Vecinos indígenas Santiago Atitlán an Ubico, 14.12.1934 (alle SGJ Sololá, Leg. 30873).

Die Erfolgschancen eines *municipios*, sich gegen die *municipalidad mixta* zu wehren, hingen von verschiedenen Faktoren ab. Die ladinische Präsenz im betreffenden *municipio* spielte zwar eine wichtige Rolle, war jedoch allein nicht ausschlaggebend. Ebenso wichtig waren die soziale Zusammensetzung der lokalen *ladinos*, die Repressivität der Departementsverwaltung, die zur Verfügung stehenden Gewaltmittel und die Bedeutung des *municipios* im regionalen und nationalen Kontext.[24]

Aus den obigen Beispielen geht hervor, daß nicht alle *municipios* in gleicher Weise von der *municipalidad mixta* betroffen waren. In *municipios* ohne nennenswerte ladinische Präsenz und in *municipios*, die schon vorher von *ladinos* dominiert wurden, hatte die *municipalidad mixta* keine institutionellen Veränderungen zur Folge.[25] Im ersten Fall, weil der *acuerdo* diese *municipios* gar nicht betraf; im zweiten Fall, weil die wichtigsten Gemeindeämter ohnehin schon in den Händen von *ladinos* lagen. Die größten Auseinandersetzungen gab es in *municipios*, wo sich eine ladinische Elite mit starken lokalen wirtschaftlichen Interessen herausgebildet hatte. Meist handelte es sich dabei um *ladinos*, die als Ladenbesitzer oder *habilitadores* Vermittlerfunktionen für die nationale Wirtschaft ausübten. Mit der Übernahme der politischen Kontrolle über die Munizipalverwaltung waren für sie insbesondere zwei Vorteile verbunden. Zum einen konnten die lokalen *ladinos* gegenüber der Zentralregierung und den nationalen Eliten nun als politische *broker* auftreten. Zum anderen stellte der erweiterte Handlungsspielraum gegenüber der indianischen Bevölkerung eine Erhöhung der eigenen Profitrate in Aussicht, indem die Gesetze entspechend interpretiert und

---

24 Ein Vergleich der municipios Xenacoj und Santiago Atitlán kann diese Faktoren illustrieren. Der Sexto Censo de población [1950: 9, 18] weist für Xenacoj einen ladino-Anteil von 8% und für Atitlán einen solchen von 4% aus. Dies zeigt, daß die zahlenmäßige Präsenz der ladinos nicht allein ausschlaggebend für Erfolg oder Mißerfolg des indianischen Widerstandes gewesen sein konnte. Eine größere Rolle dürfte der sozialen Zusammensetzung der ladinischen Bevölkerung zugekommen sein. Xenacoj war ein verkehrsmäßig schlecht erschlossenes municipio mit ausschließlicher Subsistenzproduktion. Santiago Atitlán dagegen lag an der Verbindungsroute zu den Kaffeegebieten der boca costa und wies selbst einige kleinere Kaffeefincas auf. Daher waren hier die Interessen der nationalen Kaffeepflanzeroligarchie unmittelbar betroffen. In Xenacoj standen dagegen nur die Interessen der lokalen Eliten auf dem Spiel. Die verkehrstechnische Verbindung von Santiago Atitlán zum nächstgelegenen Armeequartier in San Lucas Tolimán war einfacher als die Verbindung von Xenacoj zum Militärposten von Sumpango. Nicht unwesentlich dürfte auch die Größe der municipios gewesen sein. Zählte Xenacoj 1950 unter 2000 Einwohner, lag die Zahl in Santiago Atitlán bei über 9000. Vgl. Sexto Censo de población 1950: 9, 18. Angeführt sei ferner, daß der allgemeine Eindruck, der sich aus den Quellen ergibt, den Schluß zuläßt, daß in Sacatepéquez zumindest im politischen Bereich die Schwelle zur Anwendung von offener Gewalt seitens der Ordnungskräfte höher war als in Sololá. Möglicherweise hing dies mit der Nähe der urbanen Zentren Antigua und Guatemala-Stadt zusammen.

25 Vgl. für den Zusammenhang zwischen rechtlichen Dispositionen und der ethnischen Bevölkerungszusammensetzung auf lokaler Ebene auch: Silvert 1969: 188-189.

auch illegale Praktiken - zum Beispiel im Zusammenhang mit der Arbeitskräfterekrutierung - gedeckt wurden.

Die Quote zugunsten der ladinischen Minderheit stand im Widerspruch zum verfassungsmäßig verankerten Grundsatz der Mehrheitswahl. Der *acuerdo* sah vor, daß vor den Gemeindewahlen die Wahllisten mit dem *Jefe Político* abzusprechen seien. De facto konnte der *Jefe Político* dadurch den Wahlausgang bestimmen. Dieses Verfahren gab jedoch immer wieder Anlaß zu Konflikten. So etwa bei den Gemeindewahlen 1930 in Santa María Cauqué, einem *municipio* mit 111 indianischen und 10 ladinischen wahlberechtigten Männern.[26] Am 22. Dezember beklagten sich die *indígenas* beim *Ministro de Gobernación y Justicia*, daß der *Jefe Político* das Wahlergebnis nicht respektiere und statt der mit je 58 Stimmen für die Ämter des *Alcalde primero* und *Síndico* gewählten Indianer die ladinischen Bewerber eingesetzt habe, auf die nur je 28 Stimmen kamen. Offensichtlich hatte der *Jefe Político* einer Beschwerde der lokalen *ladinos* vom 15. Dezember - dem Tag nach der Wahl - stattgegeben. In ihrem Schreiben hielten die *ladinos* fest, daß die amtierende *municipalidad* (offensichtlich noch ausschließlich von Indianern besetzt) die Einführung der *municipalidad mixta* zum Vornherein ablehne.[27] Insbesondere warfen sie dem *Alcalde primero* vor, er habe sein Amt mißbraucht, um den indigenen Kandidaten zum Wahlsieg zu verhelfen. In der Folge setzte der *Jefe Político* Neuwahlen auf den 28. Dezember fest. Das Ergebnis sah aber für die *ladinos* noch schlechter aus. Den 57 Stimmen für die indianischen Wahlsieger standen nur 18 Stimmen für die ladinischen Bewerber gegenüber. Dennoch erklärte der *Jefe Político* die *ladinos* als gewählt. Dies hatte weitere Proteste der Indianer beim Justizminister zur Folge. Die Angelegenheit wurde in der Folge der *Fiscalía de Gobierno* und dem *Consejo de Estado* zur Abklärung unterbreitet. Der Bericht des Consejo de Estado vom 20. März faßte die Problematik treffend zusammen:

> "Para que pueda cumplirse con la ley, que previene que cuando en una población supere el número de indígenas al de ladinos, el Alcalde 1o. y el Síndico 1o. deben ser ladinos que sepan leer y escribir, y además para llenar el requisito de

---

26 Vgl zum Folgenden: Vecinos ladinos Santa María Cauqué an JP Sacatepéquez, 15.12.1930; Despacho JP Sacatepéquez, 20.12.1930; Vecinos indígenas Santa María Cauqué an SGJ, 22.12.1930; Informe JP Sacatepéquez an SGJ, 10.1.1931; Nomina de las personas que ... obtuvieron votos para integrar la municipaldiad de Santa María Cauqué ..., 21.1.1931; Fiscalía del Gobierno an SGJ, 27.1.1931; Vecinos indígenas Santa María Cauqué an SGJ, 9.2.1931; SGJ, 20.3.1931 (alle SGJ Sacatepéquez, Leg. 30433); Informe anual JP Sacatepéquez an SGJ, 25.1.1932 (JP Sacatepéquez 1932).

27 Ende 1927 hatten die Indianer von Santa María Cauqué einen ersten Angriff auf die municipalidad indígena abgewehrt. Vgl. Vecinos indígenas Santa María Cauqué an SGJ, 22.12.1927; Vecinos ladinos Santa María Cauqué an SGJ, 28.12.1927; Despacho JP Sacatepéquez, 31.12.1927; JP Sacatepéquez an SGJ, 31.12.1927 (alle SGJ Sacatepéquez, Leg. 30114).

reunir la mayoría de votos, es indispensable un acuerdo previo a la elección entre el vecindario y la Jefatura Política, porque de otro modo siempre sería mayor el número de votos indígenas y nunca se llegaría a la finalidad de que los principales cargos municipales fueran servidos por ladinos."[28]

Noch am gleichen Tag verlangte der Justizminister den Vorschlägen der beiden Beratungsinstanzen folgend die Durchführung einer dritten Wahl. Die Indianer von Santa María Cauqué konnten sich jedoch darüber nicht freuen, denn der Minister verlangte ausdrücklich die vorherige Absprache der Wahllisten mit dem *Jefe Político*. Man war im *Ministerio de Gobernación y Justicia* entschlossen, der indianischen Selbstverwaltung in Santa María ein Ende zu setzen. Offensichtlich hatte man aber ein Interesse daran, die *municipalidad mixta* nicht in krasser Mißachtung des Wahlrechts durchzusetzen. Die Gemeindebehörden sollten zumindest den Anschein einer auf freier Wahl beruhenden Legitimität vermitteln. Möglicherweise hatte das legalistische Vorgehen der Verwaltung auch mit einer gewissen Verunsicherung zu tun, die mit dem bevorstehenden Regierungswechsel (der endgültige Entscheid des Ministeriums fiel fünf Tage nach der Amtseinsetzung Ubicos) verbunden war.

Das Konzept der *municipalidad mixta* hatte aus der Sicht der Zentralregierung nicht nur den Nachtteil, daß es in Widerspruch zur Verfassung stand und häufig den entschlossenen Widerstand der indianischen Bevölkerung hervorrief. Der immer wieder vorgebrachte Einwand der Indianer, die Zahl der wählbaren *ladinos* sei zu klein und lasse keinen periodischen Machtwechsel zu, entsprach durchaus der Wirklichkeit. Sicher hielt dieser Umstand das Justizministerium davon ab, die *municipalidad mixta* in allen Fällen durchzusetzen. Der Staat hatte schließlich kein Interesse daran, daß sich eine kleine lokale Gruppe ein Machtmonopol aufbaute, das sich zuletzt auch gegen die Zentralregierung richten konnte.[29] Die *municipalidad mixta* hatte für den Staat nicht nur den Vorteil, mit Hilfe der lokalen ladinischen Eliten die Kontrolle über die indianische Bevölkerung zu stärken, sondern barg auch die Gefahr einer Verselbständigung der lokalen Eliten gegenüber der Zentralmacht in sich. In diesem Sinn stellte das Konzept der *municipalidad mixta* einen Kompromiß zwischen lokalen und nationalen Eliten dar, der nicht zuletzt darauf beruhte, daß die infrastrukturelle Macht des Staates nicht ausreichte, die Verwaltung auf lokaler Ebene in die eigenen Hände zu nehmen. Dementsprechend schlug sich die Machtausdehnung des ubiquistischen Staates auch in einer neuen *Ley Municipal* nieder. Das Dekret Nr. 1702 vom 9. August 1935 zielte nicht bloß auf die weitere Aushöhlung der indianischen Selbstverwaltung, sondern auch auf die Einschränkung der Macht lokaler

---

28 Presidencia del Consejo de Estado an Ministro de Gobernación y Justicia, 20.3.1931 (SGJ Sacatepéquez, Leg. 30433).

29 Vgl. hierzu auch: McBride/Merle 1942: 267-268.

ladinischer Eliten.[30] In der Praxis stand je nach ethnischer Bevölkerungsstruktur der *municipios* der eine oder andere Aspekt im Vordergrund. Die entscheidendste Neuerung des Gesetzes war die Abschaffung der Ämter des *Alcalde primero* und *segundo*. An deren Stelle trat nun ein von der Regierung eingesetzter *Intendente*, der vorzugsweise ein nicht ortsansässiger *ladino* sein sollte. Die gewählten Mitglieder der *municipalidad* hatten nur noch den Status von *Regidores*. Von dieser Regelung waren nun auch die rein indianischen *municipios* betroffen. Ihr *Alcalde* mußte einem ladinischen *Intendente* weichen. In Gemeinden mit einer *municipalidad mixta* wurde der indianische *Alcalde segundo* zum ersten oder zweiten *Regidor* herabgestuft.[31] Die indianische Bevölkerung nahm auch diese Neuerungen nicht widerstandslos hin. Ihr Protest richtete sich jedoch - in realistischer Abschätzung der Machtverhältnisse - nicht gegen das *intendente*-System selbst, sondern verfolgte zwei Stoßrichtungen. *Municipios* mit überwiegend indianischer Bevölkerung versuchten die Einsetzung eines *Intendente ad honorem* zu erwirken. Dort, wo der ladinische Anspruch auf das *intendente*-Amt nicht angefochten werden konnte, versuchten die Indianer seine Machtfülle einzuschränken, indem sie seine Amtsführung bei den übergeordneten Stellen - dem *Jefe Político*, dem *Ministro de Gobernación y Justicia* oder dem Präsidenten - anprangerten und die Neubesetzung des Amtes forderten.

In Einzelfällen kam es auch vor, daß ladinische *Intendentes* von der indianischen Bevölkerung unterstützt wurden. In einer Bittschrift an den Präsidenten wandten sich über 800 Indianer von San Martín Jilotepeque gegen die Entlassung von Fulgencio A. López als *Intendente*. Sie machten geltend, daß er das Opfer von Verleumdungen einer kleinen Gruppe *ladinos* sei, die seine Ablösung vorantrieben. Auf jeden Fall verlangten die Indianer,

> "que si no es pocible que el señor López vuelva a su puesto, que seamos favorecidos con que sea nombrada persona imparcial y que no sea de nuestro Departamento, para evitar asi las componendas con el grupo de habilitadores quienes siempre han tratado de explotarnos, lo que no lograron con el señor López, ...".[32]

---

30 Decreto No. 1702 "Ley Municipal de la República de Guatemala", 9 de agosto 1935. Vgl.: Recopilación de las leyes de la República de Guatemala años 1935-36, 1938, tomo LIV: 402-416.

31 JP Chimaltenango an SGJ, 15.8.1935; JP Chimaltenango an SGJ, 21.8.1935 (beide JP Chimaltenango 1935); JP Chimaltenango SGJ, 23.2.1936 (JP Chimaltenango 1936); Memoria San Martín Jilotepeque 1935 (JP Chimaltenango 1935); JP Chimaltenango an Intendente San Martín Jilotepeque, 23.2.1936 (JP Chimaltenango 1936).

32 José Sutuj y compañeros San Martín Jilotepeque an Ubico, 23.10.1937. Vgl. zu diesem Fall auch: Audiencia recibida por el secretario de estado en el despacho de Gobernación y Justicia, 20.8.1937; Jefe Interino de la Policía de Hacienda an JP Chimaltenango, 27.8.1937; Informe Comandancia Local de San Martín Jilotepeque, 28.8.1937; Informe JP Chimaltenango an SGJ, 3.9.1937; JP Chimaltenango an SGJ, 2.11.1937 (alle SGJ Chimaltenango, Leg. 31247). Vgl. für eine ähnliche Argumentation auch: Vecinos indígenas Santiago Saca-

Mit dieser Argumentation lagen die Indianer ganz auf der Linie der Ubico-Administration, die das *intendente*-System unter anderem damit rechtfertigte, daß damit Korruption und Vetternwirtschaft in den Gemeinden verhindert würden.[33]

Die erhöhte administrative Kapazität der Zentralmacht und der Wille Ubicos, seine Macht auch auf lokaler Ebene unmittelbar zur Geltung zu bringen, machten es für die indianische Bevölkerung schwierig, sich dem ladinischen Zugriff zu entziehen. Erfolgsaussichten im Kampf um einen indigenen *Intendente* konnten sich nur *municipios* ausrechnen, deren Bevölkerung überwiegend aus Indianern bestand und deren ausgeprägte kulturelle Eigenart eine unmittelbare ladinische Kontrolle zu behindern drohte. Vor allem im Departement Sololá konnten sich einige *municipios* diese Umstände zu Nutze machen. Die *Nómina de las personas que se proponen y que a juicio de la Jefatura Política pueden desempeñar el cargo de Intendentes municipales* vom September 1935 schlug für elf der 19 *municipios* indianische *Intendentes* vor. In San Antonio Palopó, San Pedro la Laguna, Nahualá und Santa Catarina Ixtahuacán stammten die vorgeschlagenen Männer aus anderen Gemeinden des Departements. San Juan la Laguna, San Pablo la Laguna, San Marcos la Laguna, Santa Cruz la Laguna, Concepción, Visitación und Santa Catarina Palopó erhielten einen einheimischen *Intendente* zugesprochen.[34] Dort, wo die ladinische Präsenz stärker war, hatte der indianische Widerstand gegen die Einsetzung ladinischer Beamten keine Aussicht auf Erfolg. *Municipios*, die sich noch erfolgreich gegen die *municipalidad mixta*

---

tepéquez an Ubico, 30.8.1935 (SGJ Sacatepéquez, Leg. 31006) und Vecinos indígenas San Andrés Itzapa an Ubico, 24.5.1937 (SGJ Suchitepéquez, Leg. 31246); Vecinos indígenas Sumpamgo an SGJ, 9.6.1937 (SGJ Sacatepéquez, Leg. 31327).

33 Vgl. hierzu: Circular JP Sacatepéquez an Intendentes municipales, 22.10.1935 (JP Sacatepéquez 1935); Secretaría de la Presidencia, 11.3.1937 an JP Sacatepéquez (JP Sacatepéquez 1937).

34 Intendente Santa Catarina Barahona an JP Sacatepéquez, 25.8.1937 (JP Sacatepéquez 1937); Nómina de las personas que se proponen y que a juicio de la Jefatura Política pueden desempeñar el cargo de intendentes municipales, 20.9.1935 (SGJ Sololá, Leg. 31013). Vgl hierzu auch: JP Sololá an SGJ, 6.11.1935; Pedro Sosof an JP Sololá, 26.11.1935 (beide SGJ Sololá, Leg. 31013); JP Sololá an SGJ, 16.7.1936 (SGJ Sololá, Leg. 31176); JP Sololá Memoria anual, 13.1.1938 (SGJ Sololá, Leg. 31339); Vecinos San Pedro la Laguna an JP Sololá, 23.1.1936; JP Sololá an SGJ, 31.1.1936 (beide SGJ Sololá, Leg. 31176); JP Sololá an SGJ, 30.1.1937 (SGJ Sololá, Leg. 31339); Intendente Santa Lucía Utatlán an JP Sololá, 7.7.1937 (JP Sololá 1937). Von den 16 municipios des Departements Chimaltenango verfügten nur vier über einen Intendente ad honorem (San José Poaquil, Santa Apolonia, Santa Cruz Balanyá und El Tejar). Vgl. Presupuesto de gastos ordinarios para las municipalidades de los municipios del departamento, September 1935 (SGJ Chimaltenango, Leg. 30940).

gewehrt hatten, mußten nun die Übernahme des höchsten Gemeindeamtes durch einen *ladino* hinnehmen.[35]

Die Einsetzung eines ladinischen *Intendente* vermochte jedoch den indianischen Widerstand nicht zu brechen. Die Indianer nutzten die Tatsache, daß die *Intendentes* vom Staat eingesetzte Beamte waren, und beschwerten sich bei den übergeordneten Stellen gegen Amtsmißbräuche. Immer wieder wurden ausbeuterische Praktiken der *Intendentes* angeprangert. Zu den häufigsten Vorwürfen zählten die Erhebung von ungerechtfertigten Steuern und Gebühren, die Veranstaltung von nicht bewilligten Sammlungen (*colectas*), die Erzwingung unentgeltlicher Sonntagsarbeit (*faenas*) und der mißbräuchliche Einsatz von *mozos de vialidad* für eigene Zwecke oder zugunsten ladinischer Grundbesitzer.[36] Immer wieder kam es auch zu Klagen in bezug auf die Durchsetzung sanitärer Maßnahmen in den Gemeinden, die die Bewohner zur Reinigung der Häuser und Höfe verpflichteten oder die das freie Herumlaufen der Schweine verboten.[37]

Die Wirkung der indianischen Beschwerden kann nicht bloß an deren unmittelbaren Erfolgsaussichten gemessen werden. Die Fälle, wo die Indianer Recht bekamen und Sanktionen gegen den *Intendente* verhängt wurden, waren selten.[38] Eine Beschwerde an den *Jefe Político*, ans Ministerium oder an den Präsidenten löste jedoch immerhin eine administrative Untersuchung aus, bei der je nach

---

35 Dies galt zum Beispiel auch für Santa María de Jesús. Vgl. JP Sacatepéquez an SGJ, 15.10.1935; JP Sacatepéquez an SGJ, 8.10.1935 (beide SGJ Sacatepéquez, Leg. 31006); Vecinos indígenas Santa María de Jesús an Ubico, 19.6. und 26.6.1936 (JP Sacatepéquez 1936).

36 Vgl hierzu etwa: Vecinos indígenas Alotenango an SGJ, 6.9.1935 (JP Sacatepéquez 1935); Vecinos indígenas Alotenango an SGJ, 20.7.1936 (JP Sacatepéquez 1936); Reyes Melgar an SA, 25.7.1936 (JP Sacatepéquez 1936); Comisaría de la Policía Nacional an JP Sacatepéquez, 20.1.1937 (JP Sacatepéquez 1937); Vecinos indígenas Alotenango an JP Sacatepéquez, 3.12.1935 (JP Sacatepéquez 1935); Vecinos indígenas Xenacoj an Ubico, 10.3.1937 (JP Sacatepéquez 1937); Vecinos indígenas Aldea de San Mateo Milpas Altas an JP, 25.10.1935 (JP Sacatepéquez 1935); Vecinos indígenas Santiago Sacatepéquez an Ubico, 3.8.1936 (JP Sacatepéquez 1936); Intendente Santiago Sacatepéquez an JP Sacatepéquez, 7.8.1936 (JP Sacatepéquez 1936).

37 Vgl. hierzu etwa: Vecinos indígenas Xenacoj an Ubico, 11.12.1935 (JP Sacatepéquez 1935); Manuel Ajquiy y compañeros, San Andrés Itzapa, an Ubico, 17.9.1936; JP Chimaltenango an SGJ, 25.9.1936 (beide SGJ Chimaltenango, Leg. 31088).

38 Für Entscheide übergeordneter Instanzen gegen den Intendente vgl.: JP Sacatepéquez an Intendente Santa Catarina Barahona, 9.10.1935 (JP Sacatepéquez 1935); JP Sacatepèquez an SGJ, 30.7.1936 (SGJ Sacatepéquez, Leg. 31164); JP Sacatepéquez an SGJ, 13.7.1936 (SGJ Sacatepéquez, Leg. 31161); JP Sacatepéquez an SGJ, 16.7.1936; JP Sacatepéquez an SGJ, 19.11.1936 (beide SGJ Sacatepéquez, Leg. 31162)3; JP Sololá an SGJ, 26.3.1936; JP Sololá an SGJ, 16.7.1936 (beide SGJ Sololá, Leg. 31176); JP Sololá an SGJ, 28.5.1937 (SGJ Sololá, Leg. 31339); JP Chimaltenango Circular, 22.7.1936 (JP Chimaltenango 1936); Juzgado 1a. Instancia Chimaltenango an SGJ, 27.1937 (SGJ Chimaltenango, Leg. 31247); Audiencia en el Despacho de la Secretaría de Gobernación y Justicia, 19.7.1937 (SGJ Sacatepéquez, Leg. 31327).

Sachlage verschiedene Regierungsinstitutionen eingeschaltet wurden. Der beschuldigte *Intendente* mußte seine Handlungen gegenüber den übergeordneten Stellen rechtfertigen. Geht man davon aus, daß die *Intendentes* kaum ein Interesse daran haben konnten, ständig in solche Untersuchungen verwickelt zu werden, darf man annehmen, daß die latente Beschwerdedrohung gewisse vorbeugende Wirkung gegen den systematischen Machtmißbrauch hatte. Natürlich wurde dadurch das System der ladinischen Herrschaft im Kern nicht getroffen.

Bisher beschränkte sich die Diskussion der neuen *Ley Municipal* auf die Figur des *Intendente*. Das Gesetz hatte jedoch weiterreichende Folgen, die insbesondere für kleinere indianische Gemeinschaften verhängnisvoll sein konnten, weil sie Gefahr liefen, ihren Status als *municipio* zu verlieren. Ubico ging es nicht nur um die Ersetzung der gewählten lokalen *Alcaldes* durch eingesetzte Beamte, sondern um die Straffung der gesamten departementalen und munizipalen Verwaltungsstruktur. In diesem Zusammenhang waren zwei Artikel von Bedeutung. Artikel 4 legte für die Gründung eines *municipios* die Mindestgröße von 5000 Einwohnern fest. Auf jeden Fall mußten die *municipios* über genügend finanzielle Mittel verfügen, um die gesetzlich vorgeschriebenen Ausgaben bewältigen zu können. Artikel 31 verpflichtete die *municipios* gleichzeitig zur Bezahlung des *intendente*-Gehalts. Zwar sah Artikel 32 für *municipios* mit geringen Einkünften auch die Einsetzung von *Intendentes ad honorem* vor, zusammen mit der Bestimmung über die Mindestgröße bedrohte aber Artikel 31 die Selbständigkeit kleinerer indianischer Gemeinden, deren Verwaltung bislang fast ausschließlich auf dem nicht-monetären *cargo*-System beruht hatte. Solche Gemeinschaften mußten befürchten, einem größeren *municipio* einverleibt zu werden.[39]

So erging es zum Beispiel dem indianischen *municipio* San Antonio Nejapa.[40] Auf Betreiben des *Jefe Político* von Chimaltenango wurde ihm der Status als *municipio* entzogen. Zur Begründung wiesen die Behörden insbesondere auf die prekäre finanzielle Lage der Gemeindekasse hin. Gegen die Angliederung an die Nachbargemeinde Acatenango setzten sich die Bewohner von San Antonio jedoch hartnäckig zur Wehr. Sie machten geltend, daß die finanziellen Probleme der Gemeinde erst seit der Einführung der *municipalidad mixta* im Jahr 1927 bestünden, weil seither die von *ladinos* kontrollierten Gemeindebehörden die öf-

---

39 Die wissenschaftliche Literatur konzentrierte sich bis anhin ausschließlich auf den Intendente. Einzig Charles Wagley weist darauf hin, daß die Einführung des Intendente-Systems im Zusammenhang mit der Reorganisation der Verwaltung stand und teilweise mit einer Neuordnung der Gemeindegrenzen verknüpft war. In seiner Untersuchung über Santiago Chimaltenango beschreibt er den Widerstand der Chimaltecos gegen die Anexion ihres municipios an San Pedro Necta. Vgl. Wagley 1941: 9, Anmerkung 4 und Wagley 1949: 8f.

40 Vgl. zum Folgenden: Copia del Acuerdo, 3.10.1934; Dirección General de Estadística an SGJ, 18.9.1934; Julian Xerón y compañeros an Ubico, 21.11.1934; Vecinos y principales representantes del pueblo de San Antonio Nejapa an SGJ, 26.2.1935; Vecinos, principales y representantes del pueblo de San Antonio Nejapa an Ubico, 16.11.1937; Julian Xerón y compañeros an Ubico, 20.2. 1942 (alle SGJ Chimaltenango, Leg. 30799).

fentlichen Mittel verschwendeten. Weiter führten sie aus, daß San Antonio als *municipio* finanziell überlebensfähig sei, wenn die Geschicke der Gemeinde wieder in die Hände der Indianer gelegt würden. Mit der Angliederung von San Antonio an Acatenango befürchteten die Indianer, schutzlos der ladinischen Ausbeutung preisgegeben zu sein:

> "... siendo indígenas seguiremos siendo motivo de explotación y engaño de parte de los ladinos de Acatenango a quien hemos averiguado se debe la supresión, en quienes causó bastante alegría y llenos de sarcasmo pregonan que seremos sus esclavos."[41]

Auch nach dem Scheitern der ersten Proteste gaben die Indianer von San Antonio nicht auf. 1937 - und nochmals 1942 - richteten sie in dieser Angelegenheit Petitionen an den Präsidenten und forderten die Wiederherstellung ihres *municipios* und die Einsetzung eines *Intendente ad honorem*.

Die Angliederung kleiner Gemeinschaften an größere *municipios* blieb nicht auf isolierte Einzelfälle beschränkt, sondern stand in einem weiteren Zusammenhang. Zur besseren Durchsetzung der *Ley Municipal* sollte gleichzeitig die politische Gliederung verschiedener Departemente reformiert werden. Davon waren auch die Departemente Sololá und Sacatepéquez betroffen. In Sololá beabsichtigte man die *municipios* San José Chacayá, Santa María Visitación, Concepción, Santa Catarina Palopó und San Juan la Laguna an Nachbargemeinden anzuschließen und die *municipios* Santa Cruz, San Marcos und San Pablo la Laguna zusammenzufassen. In Sacatepéquez sollte die Anzahl der *municipios* von 26 auf 14 reduziert werden. Von der Aufhebung bedroht waren Jocotenango, San Lorenzo el Tejar, Santa María Cauqué, Santo Tomás, San Mateo Milpas Altas, Magdalena Milpas Altas, San Lorenzo el Cubo, San Andrés Ceballos, Santiago Zamorra, San Felipe de Jesús, San Juan del Obispo und San Pedro las Huertas.[42]

Die Durchsetzung der Projekte war in beiden Departementen verschieden. In Sololá führte der Widerstand der betroffenen Gemeinden, zusammen mit geographischen und organisatorischen Faktoren zur Aufgabe des gesamten Projekts. In Sacatepéquez dagegen wurden mit Ausnahme von Jocotenango und Magdalena die vorgesehenen Grenzverschiebungen vollzogen. Weshalb die ladinische Gemeinde von Jocotenango nicht an Antigua angeschlossen wurde, geht aus den Quellen nicht hervor. Hingegen finden sich die Akten zu Magdalena Milpas Altas. Das Projekt sah vor, die *municipios* Santa Lucía Milpas Altas, San Mateo,

---

41 Indígenas principales San Antonio Nejapa an SGJ, 7.11.1934 (SGJ Chimaltenango, Leg. 30799).

42 JP Sacatepéquez an SGJ, 1.10.1935; JP Sacatepéquez an SGJ, 11.10.1935; Dirección General de Estadística an SGJ, 24.10.1935 (alle SGJ Sololá, Leg. 31176); Dirección General de Estadística an SGJ, 20.3.1936 (SGJ Sacatepéquez, Leg. 31161); JP Sacatepéquez an SGJ, 1.10.1935 und 15.1.1936 (beide SGJ Sacatepéquez, Leg. 31005).

Santo Tomás und Magdalena Milpas Altas zusammenzuschließen. Als Hauptort war Santa Lucía vorgesehen, obschon seine Einwohnerzahl nur knapp zwei Drittel von derjenigen Magdalenas ausmachte. Die Gründe für diesen Entscheid lagen vermutlich nicht nur in der verkehrstechnisch günstigeren Lage Santa Lucías, sondern auch darin, daß das *municipio* politisch von *ladinos* dominiert wurde. Die von der Auflösung bedrohten Gemeinden setzten sich gegen den Plan zur Wehr.[43] Die Auseinandersetzung mit den staatlichen Behörden drehte sich in erster Linie um die Frage, inwieweit die Gemeinschaften fähig waren, die Kosten für einen *Intendente* zu tragen. Anläßlich einer Aussprache mit dem *Jefe Político* machten die *magdaleños* folgendes Angebot: "[P]agar la suma de 15 Quetzales al Intendente que sirva dicho puesto, en tal de que no se les anexe a Santa Lucía."[44] Gleichzeitig versprachen sie einen Plan vorzulegen, der die Finanzierung des *intendente*-Gehalts garantieren sollte. Darin wurden dann unter anderem die munizipalen Steuern und Gebühren angehoben und der Pachtzins für Kommunalland von 20 auf 30 *centavos* pro *cuerda* heraufgesetzt. Darüber hinaus erklärten sich 234 Personen freiwillig bereit, monatlich zwischen 5 und 25 *centavos* beizusteuern. Rechnet man diese Zahl mit einer durchschnittlichen Familiengröße von 5 Personen auf die gesamte Bevölkerung Magdalenas von 1257 Personen um, so steht zu vermuten, daß annähernd jede Familie ihren Beitrag zur Erhaltung der munizipalen Selbständigkeit leistete.[45] Angesichts der bescheidenen ökonomischen Verhältnisse der indianischen Bevölkerung bedeuteten diese

---

43 Vgl. zum Folgenden: JP Sacatepéquez an Intendente Magdalena Milpas Altas, 21.1.1936; Vecinos Magdalena Milpas Altas an JP Sacatepéquez, 15.3.1936; Plan que propone desarrollar la municipalidad de Magdalena Milpas Altas para cubrir su presupuesto mensual y consideraciones sugeridas al respecto, 11.5. 1936; Lista General de los vecinos del municipio de Magdalena Milpas Altas que contribuyen voluntariamente y con cuota mensual para ayudar a la municipalidad a cubrir sus gastos, Mayo 1936, (alle SGJ Sacatepéquez, Leg. 31161).

44 JP Sacatepéquez an SGJ, 25.5.1936 (SGJ Sacatepéquez, Leg. 31161). Der gleiche Streitpunkt stand auch bei der Debatte um den Anschluß von Santa Cruz Balanyá an Comalapa im Vordergrund. Hier ging der Wunsch, das municipio von Santa Cruz aufzuheben, auf eine Petition einer Gruppe Einheimischer zurück, die damit die Kosten für den Intendente sparen wollten. Die Mehrheit der Bevölkerung von Santa Cruz stellte sich diesem Vorhaben jedoch entgegen. Eine von der Secretaría de Gobernación y Justicia verlangte Gemeindeabstimmung zu dieser Frage ergab ein Resultat von 217 zu 5 Stimmen gegen den Anschluß. Vgl. Vecinos Santa Cruz Balanyá an Ubico, 18.9.1935; Vecinos indígenas Santa Cruz Balanyá an SGJ, 25.1935; Dirección General de Estadística an SGJ, 23.10.1935; SGJ, 8.11.1935; El Secretario municipal de Santa Cruz Balanyá certifica, 15.1.1936; Vecinos indígenas Santa Cruz Balanyá an SGJ, 31.1.1936; JP an SGJ, 17.2.1936 (alle SGJ Chimaltenango, Leg. 31088).

45 Ob die Beiträge tatsächlich freiwillig erfolgten oder ob die Bevölkerung von den *principales* zu einer Abgabe verpflichtet wurde, läßt sich aufgrund der Quellenlage nicht beantworten. Vermutlich standen die Leute aber zumindest unter sozialem und moralischem Druck, einen Beitrag an die Unabhängigkeit ihres municipios zu leisten.

Maßnahmen für alle eine spürbare Belastung. Immerhin wurde der geschlossene Widerstand belohnt, und Magdalena behielt seinen Status als selbständiges *municipio*.

An dieser Stelle gilt es zwei Feststellungen zu machen. Erstens stieß selbst das diktatoriale Regime Ubicos in der Frage der *municipio*-Verwaltung an die Grenzen seiner infrastrukturellen Macht und mußte immer wieder flexibel auf die örtlichen Verhältnisse und lokalen Widerstand reagieren. Die in der wissenschaftlichen Literatur immer wieder zitierte unbeschränkte Machtbefugnis des *Intendente* unterlag durchaus Einschränkungen. Die straffe Verwaltungsorganisation unter Ubico und die Möglichkeit der Indianer, Beschwerden an die übergeordneten Stellen zu richten, konnten in den meisten Fällen verhindern, daß sich *Intendentes* zu autokratischen Dorfbaronen aufschwangen. Inwieweit das *intendente*-System die tiefverwurzelte indianische Eigenständigkeit auszuhöhlen vermochte, ist umstritten. Carol Smith [1984a: 199f] etwa macht in diesem Zusammenhang geltend, daß der verstärkte staatliche Zugriff auf die *municipios* zu einer Stärkung der *parcialidades*, der vorkolonialen korporativen Gemeinschaften, führte. In bezug auf die Anzahl der meist von *principales* angeführten kollektiven Bittschriften der Indianer hatte das *intendente*-System jedenfalls keinen Einfluß. Die rechtlichen Auswirkungen des Gesetzes für die Indianer waren zwiespältig. Einerseits konnten sie sich davon einen besseren Schutz gegen die lokale ladinische Willkür versprechen, andererseits gerieten sie gleichzeitig unter unmittelbare zentralstaatliche Kontrolle, wodurch sich der Kreis der ladinischen Herrschaft enger um die indianischen Gemeinschaften schloß.

Zweitens stellte die Stoßrichtung der ubiquistischen Politik keine Neuheit dar. Sie bedeutete jedoch eine Verschiebung der Machtverhältnisse auf Kosten lokaler Eliten. Dank der erhöhten administrativen Kapazität des Staates besaßen die Maßnahmen größere territoriale Reichweite und vermochten tiefer in die gesellschaftlichen Strukturen einzudringen. Sie entsprachen damit nicht zuletzt den Interessen der *cafetaleros*, die im Zusammenhang mit der Arbeitsgesetzgebung schon im 19. Jahrhundert eine effiziente administrative Erfassung und Kontrolle der indianischen Bevölkerung im Hochland gefordert hatten.[46]

Die Auseinandersetzungen um die *municipalidad mixta*, das *intendente*-System und die Aufhebung von *municipios* werfen ein grelles Licht auf die gespannten Beziehungen zwischen Indianern und *ladinos*. Der Großteil der sozialen und politischen Konflikte wurde von den Beteiligten im Lichte der ethnischen Frage interpretiert. Die weiter oben zitierten Beispiele zeigen das Mißtrauen und die Ablehnung der Indianer gegenüber den (lokalen) *ladinos*. Mit wenigen Ausnahmen wurden die *ladinos* als Eindringlinge in die indianische Gemeinschaft angesehen, die nur danach trachteten, die Indianer wirtschaftlich auszubeuten und politisch zu unterjochen. Korrupt, gewalttätig und ausbeuterisch waren die

---

46 Brief von Gustav Bernoulli an den Jefe Político von Suchitepéquez vom 16. August 1871. Nach der englischen Abschrift in Cambranes 1985: 123.

Attribute, die die Indianer wohl den meisten *ladinos* zugedacht hätten. Auf der anderen Seite stand die Sicht der *ladinos*. Sie sahen sich als die natürlich Überlegenen an, die den Fortschritt gegen die indianische Indolenz zu verteidigen hatten. In ladinischen Augen galten die Indianer entweder als dumm, faul und unehrlich oder als unmündige Kinder, denen der richtige Weg zu weisen sei. Trotz dieser tief verwurzelten gegenseitigen Ablehnung ergaben sich vor dem Hintergrund des alltäglichen Zusammenlebens zahlreiche ethnisch übergreifende Beziehungsfelder.[47] Der ladinische *Alcalde* war auf die Mitarbeit der indianischen *Regidores* und *Mayores* angewiesen. Diese waren bis zu einem gewissen Grad Teil des ladinischen Kontrollapparats und mußten auf unterster Stufe behördliche Maßnahmen gegenüber Angehörigen ihrer eignen Ethnie durchsetzen. Darüber hinaus befanden sich zahlreiche Indianer in wirtschaftlicher Abhängigkeit von *ladinos*, sei es als *mozos deudores, arrendantes* oder als Hypothekar- und Pfandschuldner. Zusammen mit der Angst vor gewaltsamer Repression durch die Armee trugen diese alltäglichen Beziehungsgeflechte zur sozialen Stabilisierung in den *municipios* bei. Abgesehen von der Frage der Arbeitskräfterekrutierung schien das Nebeneinanderleben von *ladinos* und Indianern für den außenstehenden Beobachter keine über das normale Maß hinausgehende Konfliktivität aufzuweisen.[48] Das äußere Bild vom ladinischen *patrón* hier und dem unterwürfigen Indianer dort trügte indessen. Angesichts der schlagkräftigen Repressionsmittel des liberalen Staates waren gewaltsame indianische Aufstände im 20. Jahrhundert zwar äußerst selten. Dennoch läßt sich der indianische Widerstand nicht auf apolitische individuelle Verweigerungsstrategien im Sinne James Scotts reduzieren. Unter der Führung der *principales* setzte die indianische Bevölkerung das Mittel der Petition systematisch und organisiert ein, um ihre politische Autonomie zu wahren.[49] Sie legte ihrer Argumentation dabei die ethnische Frage zu Grunde und stellte die lokalen *ladinos* als ruchlose Ausbeuter dar. Damit zielte

---

47   Vgl. zu methodologischen Fragen bezüglich des alltäglichen Widerstandes bäuerlicher Gesellschaften: Turton 1986.

48   Vgl. z.B.: Jones 1940: 352. Sol Tax, der in den 30er und 40er Jahren umfassende Feldstudien in Sololá betrieben hatte, war über den Ausbruch offener Gewalt zwischen den Ethnien nach dem Sturz Ubicos erstaunt. Vgl. Tax/Hinshaw 1970: 175.

49   Vgl. für das 19. Jahrhundert: McCreery [1990: 111 und 1994: 251], der im Zusammenhang mit der Landfrage auch einen systematischen und organisierten Widerstand der Indianer ausmacht. In einer neueren Studie beschreibt Garrard-Burnett [1997: 47-51] den von den cofradías organisierten Widerstand der indianischen Gemeinschaften gegen die Missionsbestrebungen, die protestantische Kirchen mit Unterstützung der liberalen Regierungen in den municipios unternahmen. Vgl. ferner: Schmölz-Häberlein 1996: 243-247.

sie auf einen neuralgischen Punkt im Herrschaftssystem des liberalen Staates ab: den latenten Interessenkonflikt zwischen nationalen und lokalen Eliten.[50] Mitunter kam es zu offenen Protestkundgebungen, wie beim weiter oben geschilderten Fall von Santiago Atitlán. Aus der Sicht der lokalen *ladinos* stellten solche Proteste eine Vorstufe zu indianischen Gewaltausbrüchen dar. So jedenfalls argumentierten sie gegenüber departementalen und nationalen politischen Instanzen. Auch wenn sie dabei das Ausmaß ihrer Befürchtungen übertrieben, läßt sich aus ihren Schreiben doch eine latente Angst vor spontaner indianischer Gewalt erkennen. Nach einer aufrührerischen Kundgebung der Indianer von San Martín Jilotepeque anläßlich der Gemeindewahlen 1934, in deren Verlauf die Indianer gewaltsam ins munizipale Gefängnis eindrangen und Häftlinge befreiten, schrieb eine Gruppe der lokalen ladinischen Elite an den *Jefe Político*:

> "En defensa de nuestros intereses, de la tranquilidad de esta población y hasta de nuestras vidas seriamente amenazadas, pedimos que no se deje por más tiempos estos indígenas seguir el camino peligroso ya emprendido en cuyos avances, llegarán a provocar una catástrofe, pues debemos hablar claro Señor Jefe, es toda una lucha de razas, en la cual por ser más numerosa, alcanzará la victoria la casta indígena."[51]

Natürlich bestand angesichts der ungleichen Machtverhältnisse zu keinem Zeitpunkt die Gefahr eines gewaltsamen indianischen Umsturzes. Trotzdem waren die Ängste der *ladinos* nicht ganz unbegründet. Vor dem Hintergrund der gespannten ethnischen Beziehung - die Bezeichnung "lucha de raza" ist durchaus angebracht - mußte allein schon die numerische Überlegenheit der Indianer bedrohend wirken. Selbst wenn die *ladinos* die Wahrscheinlichkeit eines indianischen Gewaltausbruchs als gering einschätzten, konnten sie das Eintreten dieses Falles nicht ganz ausschließen. Ein Funke konnte genügen, um das Pulverfaß zur Explosion zu bringen.[52]

---

50 In diesem Zusammenhang sei nochmals betont, daß die Bittschriften nicht aus indianischer Feder stammten, sondern von ladinos verfaßt wurden, die die Anliegen der Bittsteller nicht bloß wörtlich übersetzten, sondern ins ladinische Kultursystem übertrugen.

51 Agricultores San Martín Jilotepeque an JP Chimaltenango, 1.12.1934. Im gleichen Jahr kam es auch zu einer Revolte in Yepocapa. Vgl. JP Chimaltenango an Ubico, 12.12.1934; JP Chimaltenango an SGJ, 13.12.1934 (alle SGJ Chimaltenango, Leg. 30799). Im Jahr 1928 verlangten die ladinos von Santa María de Jesús vom Jefe Político besseren militärischen Schutz. Sie machten geltend: "[Que] corren persistentes rumores que los indígenas de este pueblo estan con los ánimos exaltados contra los ladinos y [...] piensan levantarse contra estos." Vgl. Vecinos ladinos Santa María Jesús an JP Sacatepéquez, 8.1.1928 (JP Sacatepéquez 1928).

52 Vgl. zum Klima der Angst, das bei ladinos und Indianern herrschte: Adams 1990: 145, 160.

Unter diesen Bedingungen hing die Sicherheit der *ladinos* in den indianischen Hochlandmunicipios in erster Linie vom militärischen Repressionspotential des Staates ab. Sobald dieser Druck auch nur wenig nachzulassen schien, erhöhte sich die Gefahr indianischer Aufstände. Geht man mit Hobsbawm [1973: 14] davon aus, daß die Indianer zumindest vage die Entwicklungen und Ereignisse auf nationalstaatlicher Ebene hinsichtlich ihrer Bedeutung für den lokalen Widerstand zu deuten wußten, mag es kein Zufall sein, daß Indianeraufstände in Perioden politischer Instabilität gehäuft auftraten. McCreery [1990: 107-112] stellte im 19. Jahrhundert eine Häufung von Revolten in den 30er/40er und 60er/70er Jahren fest - beides Zeitabschnitte, die auf nationaler Ebene von politischer Instabilität gekennzeichnet waren. Auch 1898, im Jahr der Machtübernahme Estrada Cabreras, war eine Zunahme der Gewalt zu verzeichnen. Im 20. Jahrhundert kam es insbesondere vor und nach der Ubico-Diktatur zu größeren Aufständen in Totonicapán (Juni 1930), Patzicía und San Andrés Izapa (Oktober 1944).[53]

Zur Niederschlagung indianischer Aufstände verfügte der liberale Staat schon früh über ein weitverzweigtes Telegraphennetz, das ein rasches militärisches Eingreifen ermöglichte. Die reguläre Armee spielte hierbei jedoch nur eine untergeordnete Rolle; ihr Einsatzbereich bestand in der Bekämpfung äußerer Bedrohungen. Es war in erster Linie die Miliz, die für die innere Sicherheit verantwortlich war. McCreery [1994: 181] sieht den Hauptgrund für die Wirksamkeit der Miliz vor allem darin, daß sich deren Einheiten fast ausschließlich aus *ladinos* rekrutierten. Demgegenüber betont Carmack [1990: 121] in seiner Fallstudie über Momostenango die Rolle der Miliz bei der Kooptation der indianischen Elite in das ladinische Herrschaftssystem. Vermutlich sind die abweichenden Beurteilungen auf die unterschiedlichen Perspektiven der beiden Autoren zurückzuführen. Bezieht sich McCreery auf eine präsidiale Weisung aus dem Jahr 1890, hat Carmack die lokalen Verhältnisse in Momostenango im Auge. Stellt man die regionale Vielfalt Guatemalas in Rechnung, dürften beide Auffassungen verschieden stark ausdifferenzierte Aspekte des gleichen Systems beschreiben. Unbestritten ist, daß die Miliz die wichtigste Ordnungsmacht in den Händen des liberalen Staates und der lokalen *ladinos* darstellte. Für die Jahrhundertwende zählte McCreery [1994: 180] in ganz Guatemala 173 Milizdetachements, die vornehmlich in ladinisch kontrollierten *municipios* stationiert waren. Verglichen mit den gut 300 *municipios* der Republik ergibt sich daraus eine beachtliche Dichte des militärischen Repressionsapparats auf dem Land.

---

53 Vgl. Taracena Arriola 1989: 59; Hernández Sifontes 1965: 262-264; Adams 1992: 3-40; Acuña Ortega 1993: 311. Ausdrücklich sei hier vor einfachen monokausalen Schlüssen gewarnt. Die Gründe für lokale Revolten sind zu vielschichtig und in jedem Fall anders gelagert. Vgl. zur theoretischen Diskussion von bäuerlichen Aufständen: Wolf 1969; Landsberger/Hewitt 1970; Migdal 1974; Paige 1975; Skocpol 1982.

Der Auflösung der Aufstände folgten jeweils brutale Vergeltungsaktionen an der gesamten indianischen Bevölkerung. Dahinter standen nicht bloß ladinische Rachegelüste, sondern auch die Absicht, eine möglichst hohe Abschreckungswirkung zu erzielen.[54] Dies war um so wichtiger, weil im Gegensatz zum Militär die reguläre Polizei in den Hochlandmunicipios nur wenig präsent war. Mit der Miliz verfügte der liberale Staat zwar über ein taugliches Instrument, um Unruhen rasch und wirkungsvoll niederzuschlagen. Auf der anderen Seite war die Miliz nicht geeignet, Unruhepotentiale im voraus zu erkennen und zu unterdrücken. Dazu hätte es einer flächendeckenden polizeilichen Kontrolle der Bevölkerung bedurft. In dieser Beziehung waren die liberalen Regierungen jedoch weniger erfolgreich. Erst Jorge Ubico gelang es, 1931 die Polizei national zu organisieren. Im indianischen Hochland blieb die Zahl der Polizisten jedoch auch in den 30er Jahren bescheiden (vgl. Tabelle 4.1.)[55].

Tabelle 4.1.   Polizeibestände in den Departementen Sololá, Sacatepéquez und Chimaltenango im Jahr 1937

Departement	Policía Nacional	Policía de Hacienda
Sololá	11	12
Sacatepéquez	28	9
Chimaltenango	13	26
Total	52	47

Quelle: MPN 1937: 221-222; Informe anual JP Sacatepéquez an SGJ, Dezember 1932 (SGJ, Leg. 30578); Sacatepéquez: Nómina de los empleados del Ramo de Gobernación y Justicia, 5.9.1933 (SGJ, Leg. 30721); Sololá: Nómina de los empleados del Ramo de Gobernación y Justicia en Sololá, August 1934 (SGJ, Leg. 30873).

Für die Aufrechterhaltung der öffentlichen Ordnung war in erster Linie die *Policía Nacional* zuständig. Fiskaldelikte, Schmuggel und Vergehen im Zusammenhang mit Verkauf und Herstellung von Alkohol (*clandestinismo*) unterstanden der *Policía de Hacienda*. In der Praxis spielte diese Aufgabenteilung jedoch nur eine untergeordnete Rolle. Insbesondere kümmerte sich die *Policía de*

---

54   Vgl. zur Bedeutung präventiver Gewalt in Guatemala auch Brockett 1990: 193.

55   Vgl. hierzu: Jones 1940: 72-73 und Piel 1989: 323. Gleijeses [1991: 16] hebt die Schlagkraft der Militär- und Polizeikräfte des Ubico-Regimes hervor. Die von ihm zitierten Beispiele (die Auflösung eines angeblich geplanten kommunistischen Aufstandes von 1932 und die Niederschlagung der liberalen Verschwörung von 1934) spielten jedoch vor einem urbanen Hintergrund und lassen keine Schlüsse auf die Polizeipräsenz im Hochland zu.

Hacienda auch um die Belange der öffentlichen Ordnung. Unterstützt wurden die territorialen Einheiten von den mobilen Truppen der *Policía Rural* (auch *Policía Montada* genannt), die in West-Guatemala von Mazatenango, Retalhuleu, Ayutla und Malacatán aus operierten.[56] In Anbetracht der großen Distanzen konnte deren Wirkung im Hochland jedoch nur punktuell sein. Während der Regenzeit waren zudem zahlreiche Flüsse und Wege nur schwer oder gar nicht passierbar.

Der Tätigkeitsbereich der Beamten der *Policía Nacional* und der *Policía de Hacienda* konzentrierte sich jeweils auf die Departementshauptstadt und einige wichtigere *municipios*. In Sololá zum Beispiel waren die 11 Polizeibeamte der *Policía Nacional* auf die *municipios* Sololá, San Lucas Tolimán, Santiago Atitlán und Panajachel verteilt.[57] In den übrigen *municipios* wurden die Polizeifunktionen von indigenen *Regidores, Mayores, Ministriles* und in den *aldeas* von *Alcaldes Auxiliares* wahrgenommen. Vor dem Hintergrund der ethnischen Segregation auf sozialer, wirtschaftlicher und politisch-militärischer Ebene kam es im Bereich der gerichtlichen und polizeilichen Gewalt zu einer eigentümlichen funktionalen Verschränkung zwischen dem formellen Justiz- und Polizeiapparat des liberalen Staates und den gewohnheitsrechtlichen Strukturen der munizipalen *cargo*-Systeme. Der alltägliche und flächendeckende Vollzug polizeilicher Maßnahmen lag zum größten Teil in den Händen indianischer Amtsträger, die ihre Handlungen nicht nur gegenüber den ladinischen Behörden, sondern ebensosehr gegenüber der indianischen Gemeinschaft zu verantworten hatten.[58] Daraus ergaben sich minimale Handlungsspielräume, die die Indianer mit den Mitteln der Passivität, der Vertuschung und der Verdunkelung zu nutzen wußten.

Die Auseinandersetzungen um die munizipale Selbständigkeit wurde hier deshalb so breit dargestellt, um erstens die Zynik des ladinischen Machtstrebens in den Hochlandmunicipios deutlich zu machen und zweitens die Formen des indianischen Widerstandes darzustellen. Angesichts der Tatsache, daß der liberale Staat den Indianern alle politischen Artikulationsmöglichkeiten versperrte, blieb ihnen nebst dem passiven Widerstand und der gewaltsamen Revolte in letzter Konsequenz nur die Anrufung des Staatspräsidenten als höchster Autoriät. Im Grunde griffen die Indianer damit auf ein Muster zurück, das in der Geschichte des bäuerlichen Widerstandes als Mythos des fernen Königs (myth of the remote king) bekannt ist, der, wüßte er von Unrecht und Ausbeutung, auf der Seite der Schwachen eingreifen würde [Hobsbawm 1973: 14]. Tatsächlich war dies das

---

56 MPN 1932: 40-41.

57 In Chimaltenango wurden 1930 aus finanziellen Gründen die Polizeikommissariate von Tecpán und San Martín aufgehoben und in der Departementshauptstadt die Anzahl der Polizeibeamten reduziert. In Sacatepéquez verfügte nur Antigua über eine reguläre Polizeieinheit. Vgl. Memoria anual JP Chimaltenango an SGJ, Dezember 1930 (SGJ Chimaltenango, Leg. 30272); Informe anual JP Sacatepéquez an SGJ, 25.1.1932 (SGJ Sacatepéquez, Leg. 30433).

58 Vgl. hierzu auch: Piel 1995: 151-154.

einzige von der Staatselite anerkannte Recht der Indianer, das auch ein rücksichtsloser Diktator vom Schlage eines Jorge Ubico respektierte. In einem Telegramm an die Behörden von Sololá, das Ubico am 29. Oktober 1938 als Antwort auf eine indianische Beschwerde betreffend die Inhaftierung von zwölf *principales*, die offensichtlich eine Bittschrift verfaßt hatten, senden ließ, hieß es: "... averigüe que Autoridad procede en tal forma y para proceder a su inmediata destitución por violar los preceptos constitucionales que garantizan el derecho de petición y queja."[59]

Für Ubico stand der Respekt vor der Verfassung kaum im Vordergrund, um das Bitt- und Klagerecht der Indianer zu garantieren. Wichtiger dürften für ihn die Informationsleistungen gewesen sein, die dadurch erbracht wurden. Anhand der Beschwerde- und Bittschriften konnten sich die Ministerien ein Bild von den Zuständen auf dem Land machen und allfällige Konfliktpotentiale aufspüren. Dabei kam dem Bitt- und Klagerecht eine doppelte Bedeutung zu. Zum einen diente es dazu, eine unmittelbare Verbindung zwischen den untersten Schichten der Gesellschaft und dem Staatspräsidenten herzustellen. Hiervon profitierten die Indianer, indem sie zumindest die krassesten Auswüchse lokaler ladinischer Willkür eindämmen konnten. Der Staatspräsident wiederum konnte die personifizierte Beziehung zu den "Massen" ausnutzen, um seine Machtbasis zu verbreitern. Zum anderen spielte das Bitt- und Klagerecht eine wichtige Rolle bei der zentralstaatlichen Kontrolle über die lokalen Eliten, indem dadurch auch Informationen über deren Loyalität gegenüber der Regierung transportiert wurden. In der Form der Bitt- und Klageschriften war der indianische Widerstand durchaus ein funktionales Element im Machtdreieck von indianischen Gemeinschaften, lokalen (ladinischen) Eliten und Staat.

Das Gegenstück zum indianischen Widerstand war das Fehlen eines hegemonialen Herrschaftskonzepts seitens der lokalen *ladinos* und des liberalen Staates. Zu keiner Zeit hatten sie ernsthaft versucht, die indianische Bevölkerung ideologisch in ihr Gesellschaftsprojekt einzubinden. Das sowohl von den herrschenden *ladinos* wie von den beherrschten Indianern akzeptierte gemeinsame Normenbündel war äußerst schmal und beruhte im Grunde allein auf den Patron-Klientel-Beziehungen, die sich im Zusammenhang mit den Arbeitsbeziehungen ergaben.[60] Die Form dieser Beziehungen war somit nicht nur in wirtschaftlicher Hinsicht von Bedeutung, sondern hatte auch Auswirkungen auf das gesamte Herrschaftsgefüge auf dem Land. Die Aushöhlung oder Abschaffung patronaler Arrangements zuungunsten der Indianer untergrub den einzigen konsensualen Bereich der ladinischen Herrschaft über die indianische Bevölkerung. Der Verlust der letzten Legitimitätsreste drohte, die Beziehungen zwischen den beiden Ethnien

---

59 Telegramm Ubico an JP Sololá, 29.10.1938 (JP Sololá 1939).

60 Vgl. zum Zusammenhang von Herrschaft, Ideologie, Legitimität und Gewalt Kapitel 2.

zu destabilisieren und die Ordnung des täglichen Zusammenlebens allein auf die Grundlage des staatlichen Gewaltpotentials zu stellen. Die Bereitschaft der ladinischen Eliten, die vorherrschenden patronalen Arbeitsbeziehungen durch kapitalistische Lohnarbeit zu ersetzen, hing daher nicht zuletzt von den infrastrukturellen Machtressourcen des Staates ab. Die Abschaffung des *habilitaciones*-Systems unter Ubico ist auch in diesem Zusammenhang zu sehen.

5. Die indianische Wirtschaft

So vielfältig wie die Bezeichnungen, die man für die indianische Wirtschaft des Hochlandes verwendet (Subsistenzwirtschaft, Kleinwarenwirtschaft, bäuerliche Wirtschaft, *milpa*-System, *burn and slash economy*), so vielfältig sind auch die theoretischen Ansätze zu deren Beschreibung. Je nach dem, welche Fragestellungen den verschiedenen Konzepten zugrunde liegen, treten andere Aspekte der indianischen Wirtschaftsweise hervor. An dieser Stelle kann es jedoch nicht darum gehen, sich in definitorischen Feinheiten zu verlieren.[1]

Drei Begriffe stehen bei der Beschreibung der Hochlandwirtschaft heraus: bäuerlich (*peasant*), indianisch und subsistenzorientiert. Bäuerlich war die Hochlandwirtschaft nicht nur in dem Sinn, daß die Landwirtschaft den wichtigsten Produktionszweig darstellte und die Produktion in den Händen von gemeinschaftlich orientierten Klein- und Kleinstbauern lag. Der Begriff macht auch deutlich, daß die Produzenten im Hochland in wirtschaftlicher und politischer Verbindung zu urbanen Zentren standen. Indianisch war die Wirtschaftsweise insofern, als sie Teil einer Kultur war, die die indigenen Völker unter den Bedingungen von Eroberung, kolonialer Unterdrückung und kapitalistischer Ausbeutung ausgebildet hatten. Die Wirtschaft war subsistenzorientiert, weil das ökonomische Zielsystem nicht in erster Linie auf Profitmaximierung und Kapitalakkumulation, sondern auf die sichere Deckung der grundlegenden Lebensbedürfnisse ausgelegt war. Als Wirtschaftssubjekte traten nicht große Korporationen oder Individuen, sondern in erster Linie familiäre Haushaltgemeinschaften auf. Damit ist jedoch nicht gesagt, daß die Wirtschaft des Hochlandes einer einfachen Selbstversorgerwirtschaft entsprach. Sie wies im Gegenteil einen verhältnismäßig hohen Grad an Arbeitsteilung und marktgesteuertem Austausch auf. Während der Markt sich auf der Ebene der einzelnen Wirtschaftssubjekte, der Familien, manifestierte, setzte die Arbeitsteilung erst auf der munizipalen Ebene an.

In entwicklungsgeschichtlicher Perspektive stellte die indianische Wirtschaft eine Übergangsform zwischen einem vorkapitalistischen und einem kapitalistischen Produktionsmodus dar. Sie entsprach weitgehend einer Kleinwarenproduktion (*petty commodity production*). Unter den besonderen Bedingungen der

---

1 Vgl. im Zusammenhang mit der theoretischen Diskussion über die indianische und bäuerliche Wirtschaft: Wolf 1955; 452-471; Smith 1973: 59; Smith 1984c: 138; Smith (Hg.) 1990: 24; Figueroa Ibarra 1979: 76; Mosk 1954: 3-10; Noriega Morales 1942: 103-104; McCreery 1986: 101-102; Dawson 1965: 127-132; Flores Alvarado 1977: 140; Adams 1970a: 382; Wagley 1941: 5; Wagley 1964: 21-25; Tax 1947: 170; Whetten 1961: 107; Thorner/ Kerblay/Smith 1966: 5-28; Hill/Gollas 1970: 67; Shanin 1971: 161, 202-216; Naylor 1967: 623-639; Moore 1966: 467; Castellanos Cambranes 1977: 28-30; Thorner 1969: 96; Ennew/ Hirst/Tribe 1977: 295-312; Singelmann 1981: 12-15; de Janvry 1981: 94-109; Wilken 1987.

kapitalistischen Entwicklung Guatemalas war sie als vorkapitalistische Produktionsform nicht einem raschen Zerstörungsprozeß ausgesetzt, sondern konnte sich langfristig als wichtiger Wirtschaftssektor etablieren.

Tabelle 5.1. Wirtschaftliche Spezialisierung der *municipios* des Departements Sololá

municipio	Agrarprodukte/ Fischerei	Handwerk	Handel
Sololá	Zwiebeln, Gemüse		
Concepción	Avocados		
Panajachel	Zwiebeln, Knoblauch		
San Andrés Semetabaj	Mais, frijoles		
San Juan la Laguna	frijoles, Kichererbsen		
San Pedro la Laguna	frijoles, Kichererbsen		
San Antonio Palopó	Anis		
Santa Cruz la Laguna	Orangen		
San Marcos la Laguna	Orangen		
Santa Catarina Palopó	Fischfang		
San Lucas Tolimán	Tomaten	petates *	
San Pablo la Laguna	Sisal	Tragnetze, Hängematten	
Ixtahuacán	Orangen	metates **	
Atitlán	Mais, Tomaten		Früche, Mais
Nahualá		metates	
Santa Clara la Laguna		petates, Körbe	
San José Chacayá		Brenn- und Bauholz	
Santa Lucía Utatlán			Vieh
Visitación			Mais

Quelle: Zusammengestellt nach: McBryde 1969 2.Bd: 87, 220-231; Seminario de Integración Social Guatemalteca (SISG) 1968: 22-25; Tax 1937: 438-442; 1952b: 47; 1946: 3, 19-46; Bunzel 1981: 109-110; Informe Santa Clara la Laguna an JP Sololá, 5.6.1929 (JP Sololá 1929); Lic. Ernesto Rivas an JP Sololá, 6.9.1939 (JP Sololá 1939); Memoria Anual Santa Maria Visitación, 1940 (JP Sololá 1940).

Anmerkung: * Petates sind Schilfmatten.
** Mahlsteine, auf denen die Indianerfrauen in stundenlanger täglicher Arbeit das Mehl für die tortillas (Maisfladen) mahlen.

Im folgenden soll am Beispiel des Departements Sololá die indianische Wirtschaft des Hochlandes näher untersucht werden. Bezüglich der Spezialisierung unterschied Sol Tax [1937: 438] in den 30er Jahren die drei Bereiche Landwirtschaft, Handwerk und Handel. Tabelle 5.1. zeigt eine grobe Einordnung der *municipios* des Departements Sololá nach diesen Kategorien.

Die Tabelle erhebt nicht den Anspruch auf Vollständigkeit oder Detailtreue. Die Angaben über die Spezialisierung beziehen sich auf wirtschaftliche Tätigkeiten, die die einzelnen *municipios* gegenüber anderen auszeichneten. Es handelte sich um Produkte oder Tätigkeiten, die nicht ausschließlich zur Selbstversorgung dienten, sondern für den Markt bestimmt waren. Insbesondere gibt die Tabelle keinen Aufschluß über den Grad der Spezialisierung. In Panajachel, San Pablo, Atitlán und San Marcos war sie viel stärker ausgeprägt als in den übrigen *municipios*. In San Juan und Santa Catarina Palopó dagegen war sie kaum ausgebildet. San Lucas schien in verschiedener Hinsicht ein Sonderfall zu sein. Dafür verantwortlich war in erster Linie die Tatsache, daß in San Lucas eine bedeutende Kaffeeproduktion bestand. Dementsprechend war der Anteil der *ladinos* wesentlich höher (16%) als in den anderen *municipios* [Sexto Censo de Población 1950: 17]. Die indianische Bevölkerung von San Lucas schien sich nur in geringem Maße wirtschaftlich spezialisiert zu haben. Vermutlich arbeiteten die meisten Indianer als *colonos* auf den *fincas* des *municipio*.[2]

Wie stark die Arbeitsteilung ausgeprägt war, zeigte sich auch beim wichtigsten Grundnahrungsmittel, dem Mais. Nicht einmal hier herrschte Selbstversorgung vor.[3] Entsprechend dem Wachstumszyklus der Maispflanze, die im Hochland nur eine Haupternte erlaubte, vollzog sich die Versorgung der Haushalte wie bei den übrigen Gütern über die lokalen Märkte.[4] Zahlreiche kleine Händler und Produzenten boten dort ihre Waren an. Die Konsumenten konnten die verschiedenen Angebote gegeneinander abwägen und das günstigste auswählen. Unter diesen Bedingungen richteten sich die Preise nach dem Verhältnis von Angebot und Nachfrage. Durch hartes Feilschen versuchten die Marktteilnehmer, den für sie besten Preis herauszuschlagen. Als Zahlungsmittel wurde allgemein Geld verwendet. Tauschhandel war selten. Die Austauschbedingungen auf den indiani-

---

2 1934 wiesen die fincas von San Lucas mindestens 322 colonos aus. Auf der anderen Seite zählte der Catastro de Ornato von 1936 566 Männer, die kein oder nur wenig Land besaßen (jornaleros). Es ist zu vermuten, daß diese Leute als colonos auf den fincas arbeiteten. Vgl. Nómina de mozos colonos der fincas Pasán y anexos, Venecia, Santa Alicia, Pampojila, Santo Tomás y Santa Teresa, El Porvenir, Sajbiná, Cacahuate und Quixayá, Januar 1935 (JP Sololá 1934); San Lucas Tolimán: Catastro de Contribución de Ornato 1936 (JP Sololá 1936).

3 Vgl. Tax 1937: 438; Tax 1952: 51; Barrios 1979: 87; McBryde 1969 1. Bd.: 220; Flores Alvarado 1977: 62; Noval 1963: 16; Mosk 1954: 7.

4 Die Ernte aus der zweiten Saat (siembra de segunda) war in den meisten municipios sehr bescheiden und reichte nicht aus, um den Bedarf bis zur nächsten Haupternte zu decken.

schen Märkten entsprachen weitgehend einer kompetitiven Marktwirtschaft auf monetärer Basis. Sol Tax sah im Marktsystem Sololás eine ideale Verwirklichung der klassischen Modellanforderungen an einen freien Markt: keine monopolistischen oder kartellistischen Preismanipulationen, minime staatliche Regulierung und rationales, d.h. nutzenmaximierendes Verhalten der Marktteilnehmer.[5]

Ausgehend von der liberalen These, daß ein freier Markt das beste Mittel sei, um wirtschaftlichen Fortschritt und Wachstum auszulösen, fragte sich Tax, weshalb in den indianischen Wirtschaften kaum wirtschaftliches Wachstum zu verzeichnen war. Den Grund hierfür glaubte er im mangelnden technischen Wissen zu erkennen. Dem ist entgegenzuhalten, daß ein freier Markt und technischer Fortschritt allein keine hinreichenden Bedingungen für eine kapitalistische Entwicklung sind. Manning Nash [1971: 171-173] sieht im Mangel an wirtschaftlicher Dynamik und technischer Innovation die Folge gesamtgesellschaftlicher Voraussetzungen. Im Gegensatz zu den kapitalistischen Marktgesellschaften traten in der indianischen Wirtschaft keine Firmen mit korporativem Charakter, sondern ausschließlich Haushalte mit beschränktem ökonomischem Aktionsradius am Markt auf. Ausgleichende Reziprozitätsmechanismen in den *municipios* leiteten das vorhandene Vermögen in nicht-wirtschaftliche Kanäle und verlangsamten soziale Differenzierungsprozesse. Jeder Haushalt war zugleich Anbieter und Nachfrager auf den Gütermärkten.

Angesichts der prekären Subsistenzsituation bestand das oberste Ziel wirtschaftlichen Handelns nicht in der Akkumulation von Kapital, sondern in der Sicherung einer ausgeglichenen Versorgung mit lebensnotwendigen Gütern. In dieser Hinsicht kam dem Mais als wichtigstem Grundnahrungsmittel und kulturellem Symbol große Bedeutung zu. In keinem der *municipios* ging die wirtschaftliche Spezialisierung so weit, daß vollständig auf Maisanbau verzichtet wurde. Für meine Untersuchung sind Daten über Maisproduktion und Maispreise die wichtigsten Indikatoren in bezug auf die Beurteilung der Subsistenzsituation im Hochland und des Arbeitskräfteangebots auf den Kaffeefincas der *boca costa*.

Die vorherrschende Produktionseinheit der *milpa*-Landwirtschaft des indianischen Hochlandes bildete das Minifundium. Die Arbeitsmethoden zur Maisproduktion waren einfach. Als Werkzeuge wurden fast ausschließlich *machete* und Hacke verwendet. Der Pflug war unbekannt. Dünger wurde nur in geringem Maß

---

5 Tax 1947: 172f. Ohne eine ausführliche Diskussion dieser These zu liefern, will ich nur auf einen möglichen Einwand hinweisen. In bezug auf die unmittelbaren Austauschbedingungen auf den Märkten gehe ich grundsätzlich mit Tax einig. Offen bleibt hingegen die Frage nach den Bedingungen des Marktzugangs. Gerade die munizipale Spezialisierung könnte ein Faktor sein, der den Marktzugang erschwerte, indem er den Kreis potentieller Produzenten erheblich einschränkte. Freier Marktzugang ist jedoch eine wesentliche Voraussetzung für einen kompetitiven Markt.

eingesetzt.[6] Immerhin gab es *municipios*, wo die Verwendung von organischen Abfällen zur Düngung der Böden Tradition hatte. In Comalapa ließ man die organischen Abfälle in Erdlöchern verfaulen, um daraus Dünger zu gewinnen.[7] Die vorherrschende Methode, dem Boden Nährstoffe zuzuführen, bestand jedoch darin, ihn in gewissen Abständen brachliegen zu lassen. Wagley stellte in seiner Studie über Santiago Chimaltenango (Departement Huehuetenango) fest, daß die *milpas* nur während zwei bis drei Jahren ununterbrochen genutzt wurden. Daher waren die Bauern bestrebt, nur jeweils einen Drittel ihres Landes zu bebauen [Wagley 1949: 31]. Im Departement Sololá, das über ausgesprochen gute vulkanische Böden verfügt, schien das Verhältnis zwischen Nutzung und Brache günstiger gewesen zu sein [Guerra Borges 1969 1. Bd.: 136, 156-160]. Für die *municipios* San Andrés und Panajachel gab McBryde die Dauer, während der eine *milpa* gute Erträge lieferte, mit fünf Jahren an.[8] Danach nahm die Fruchtbarkeit des Bodens merklich ab. Spätestens nach 15 bis 20 Jahren ununterbrochener Nutzung war eine Parzelle völlig ausgelaugt. Wurden die Erträge unbefriedigend, ließ man die Parzelle während fünf und mehr Jahren als Brache liegen. Das ortsübliche Verhältnis zwischen Nutzung und Brache wurde indessen nicht ausschließlich durch die Fruchtbarkeit der Böden vorgegeben. Ebenso wichtig war die Verfügbarkeit von Land. So betrug das Nutzungsintervall in Santiago Atitlán, das über die besten Böden des Departements verfügte, nur drei bis vier Jahre, und die Brache zwischen 15 und 20 Jahren. McBryde vermutete, daß diese ausgesprochen lange Erholungszeit des Bodens mit der Tatsache zusammenhing, daß die *atitecos* über mehr gutes Land pro Kopf verfügten als die anderen *municipios*.[9]

Während der Zeit, in der eine Parzelle brach lag, überwucherten Sträucher und Gebüsch den Boden. Teilweise begann sich auch Wald zu bilden. Um ein derart überwachsenes Stück Land wieder unter landwirtschaftliche Kultur zu nehmen, wurde die Vegetation mit der *machete* gerodet und anschließend niedergebrannt. Diese Praxis der *rozas* hatte zwar den Vorteil, daß mit verhältnismäßig geringem Arbeitseinsatz ein Stück Land urbar gemacht werden konnte und die anfallende Asche zugleich als Dünger diente. Sie führte mit der Zeit jedoch

---

6 Vgl. Guerra Borges 1969 1. Bd.: 89; 2. Bd. 45-57; Whetten 1961: 138-142; Noval 1963: 12.

7 Vecinos indígenas Comalapa an Chacón, 25.7.1927 (SGJ Chimaltenango, Leg. 29996).

8 McBryde 1969 1. Bd.: 73. Sol Tax [1964 1. Bd.: 127] ist diesbezüglich weniger verbindlich. Er spricht von einem Beispiel einer günstig gelegenen Parzelle, die während 12 bis 15 Jahren befriedigende Erträge lieferte. Dagegen mußte eine sehr steile Parzelle schon nach zehn Jahren brach liegen gelassen werden.

9 McBryde 1969 1. Bd.: 73. Auch Wagley [1941: 31] sieht einen Zusammenhang zwischen Landknappheit und dem Verhältnis von Brache und Nutzung.

zu einer Verschlechterung der Bodenqualität und beschleunigte die Erosion [Guerra Borges 1969 1. Bd.: 89f].

In engem Zusammenhang mit dem System der Brandrodung standen die Bodenbesitzverhältnisse. Es lag in der Natur des ständigen Wechsels zwischen Brache, Verwilderung, Rodung und Nutzung, daß nicht der Besitz (Verfügungs- und Nutzungsrechte) bestimmter Parzellen im Vordergrund stand, sondern das Recht, gerodetes Land zu bewirtschaften [Naylor 1967: 634]. Privateigentum an Grund und Boden war der indianischen Wirtschaftsweise fremd. Der Boden wurde von der Gemeinschaft in Gemeineigentum gehalten. Douglass C. North [1981: 80-82] spricht in diesem Zusammenhang von *exclusive communal property rights*, die zwar Fremde von der Nutzung des Gemeindegebiets ausschlossen, dem einzelnen Mitglied der Gemeinschaft aber keine individuellen Besitz-, sondern lediglich Nutzungsrechte zuschrieben. Grundsätzlich beinhalteten solche Nutzungsrechte zeitliche Beschränkungen, die entweder der tatsächlichen Nutzungsdauer oder gewohnheitsrechtlicher Usanz folgten. In der Praxis konnten sich aber auch vererbbare Ansprüche an bestimmten Parzellen herausbilden, die den Charakter von familiären Nutzungsrechten annahmen. Die Verschmelzung vorkolumbischer und spanischer Vorstellungen über Eigentum an Grund und Boden sowie das Eindringen privatrechtlicher Grundsätze im 19. Jahrhundert führten zu einem komplexen Nebeneinander unterschiedlicher Nutzungs- und Eigentumsformen [McCreery 1990: 98; 1994: 50-58; Castellanos Cambranes 1992, 1. Bd.: 309-313]. Amtlich eingetragene Besitztitel und formelle Pacht und Halbpachtverträge standen gewohnheitsrechtlichen Nutzungsrechten gegenüber. Träger der Rechte konnten in allen Fällen sowohl Einzelpersonen wie Korporationen und Gemeinden sein.

Angesichts der zentralen Bedeutung des Bodens und der besitz- und nutzungsrechtlichen Vielfalt ist es nicht erstaunlich, daß es immer wieder zu Landstreitigkeiten zwischen Einzelpersonen oder *municipios* kam. Es ist hier nicht der Ort, um die unterschiedlichen Ausprägungen der Auseinandersetzungen um den Zugang zu Land darzustellen.[10] Im Zusammenhang mit der ethnischen Frage will ich jedoch auf die häufigen Konflikte zwischen ladinischen Viehhaltern und indianischen *milpa*-Bauern hinweisen. Für zahlreiche lokale *ladinos* im Hochland stellte die Viehhaltung eine wichtige Erwerbsquelle dar. Interessenkonflikte mit der indianischen Bevölkerung ergaben sich dann, wenn herumstreunendes Vieh die *milpas* beschädigte oder die *ladinos* Ansprüche auf das Kommunalland zum Weiden ihres Viehs erhoben.[11] Zum Beispiel entbrannte 1930 im *municipio* von San Martín Jilotepeque zwischen indianischen Kleinbauern und Angehörigen der ladinischen Elite ein Streit um die Nutzung des Kommunallandes, als der ladi-

---

10 Vgl. hierzu etwa: McCreery 1994: 138-148, 257-261.

11 Vgl. Francisco Soyoy y compañeros, Santiago Sacatepéquez, an JP Sacatepéquez, 6.11.1928 (JP Sacatepéquez 1928).

nisch dominierte Gemeinderat beschloß, das bis anhin als *milpa* genutzte Kommunalland nur noch zum Weiden von Vieh in Pacht zu geben.[12] 1934 wurde aufgrund des Regierungsdekrets Nr. 2006, das die Parzellierung der *ejidos* vorsah, die Nutzung wieder auf Maisanbau umgestellt. Allerdings verstand es die ladinische Elite, eine Verteilung der Parzellen an wirklich bedürftige indianische Kleinbauern zu verhindern und in erster Linie *ladinos* zu begünstigen.[13]

In der Formalisierung der Rechtsbeziehungen bestanden offensichtlich regionale Unterschiede. Wurden etwa im Departement Sacatepéquez die Nutzungsrechte an Kommunalland häufig auf der Basis von Pachtvereinbarungen formell geregelt, stand im Departement Sololá traditionelles Gewohnheitsrecht im Vordergrund.[14] Aber selbst dort, wo Land von Indianern formell als Privateigentum gehalten wurde, unterlag der Umgang mit dem Boden den kulturellen Normen der indianischen Gesellschaft. Die Indianer definierten ihre Beziehung zum Land nicht über ausschließende Besitzrechte, sondern über Nutzungsrechte, die ihnen erlaubten, den Boden zu bearbeiten [Naylor 1967: 634].

Die Arbeitszeit, die eine Familie für ihre *milpas* einsetzen mußte, war je nach Klima und Bodenbeschaffenheit verschieden. Dennoch ist es möglich, den jährlichen Arbeitsaufwand für eine *milpa* ungefähr abzuschätzen. Neben *roza*, Saat und Ernte erforderte der erfolgreiche Maisanbau eine Reihe weiterer Arbeiten. Von den bestehenden *milpas* mußten die alten Stoppeln entfernt werden. Die Felder wurden mindestens zweimal im Jahr gejätet und der Boden mehrmals be-

---

12 Hauptsächlicher Nutznießer dieser Verfügung war Lisandro Alburéz, der selber verschiedentlich wichtige öffentliche Ämter (1932 stieg er zum Alcalde primero auf) bekleidete. Vgl. Informe anual JP Chimaltenango, Dezember 1930; Vecinos indígenas San Martín Jilotepeque an JP Chimaltenango, 26.4.1930; Informe Municipalidad San Martín Jilotepeque an JP, o.D. (alle JP Chimaltenango 1930); Isidro Xajíl y comañeros an Corporación municipal, 25.4.1931; Nomina de los personas que integran la Municipalidad del año proximo 1932 (beide JP Chimaltenango 1931); Intendente San Martín Jilotepeque an JP Chimaltenango, 11.2.1939 (JP Chimaltenango 1939).

13   Vgl. Memoria anual San Martín Jilotepeque, Dezember 1934 (JP Chimaltenango 1934); Informe anual San Martín Jilotepeque, Dezember 1936 (JP Chimaltenango 1936); Juzgado de Paz an Sr. Concejal, Encargado de Ejidos, 1.3.1938; Intendente San Martín Jilotepeque an JP Chinmaltenango, 30.4.1938; Informe anual San Martín Jilotepeque, 15.12.1938 (alle JP Chimaltenango 1938).

14   Vgl. Castellanos Cambranes 1977: 26-30. Ferner: Vecinos indígenas Jocotenango an Alcalde primero, 20.3.1930; Plan de arbitrios San Bartolomé M.A., Abril 1930 (beide JP Sacatepéquez 1930); Corporación municipal San Lucas Sacatepéquez an JP Sacatepéquez, 28.10.1932 (JP Sacatepéquez 1932); Informe anual Sumpango, Dezember 1934; Nomina de los arrendantes de terrenos comunales San Felipe de Jesús, 5.12.1934; Lista de arrendamientos en terrenos comunales San Lorenzo el Tejar (alle JP Sacatepéquez 1934); JP Sacatepéquez an SGJ, 1.10.1935 (SGJ Sacatepéquez, Leg. 30859); Acta de la sesión extraordinaria Sumpango, 25.3.1935 (SGJ Sacatepéquez, Leg. 31006).

arbeitet.[15] Im Zusammenhang mit dem Vagabundengesetz von 1935 wurden verschiedentlich Daten über die Eigenarbeit der indianischen Kleinbauern erhoben. So erstattete beispielsweise der *Regidor Auxiliar* des Cantón Estancia San Martín an den *Intendente* von San Martín Jilotepeque Bericht über die Eigenarbeit von Higimo Camey:

> "...tengo el honor de informar que Higimo Camey, en terreno de Francisco Vargas, Rogelio Marroquín, Eliseo Roca y en su propiedad, tiene 20 cuerdas de milpa breve y grande mas 3 cuerdas y media de frijol. Los trabajos son como sigue:[16]

Enero 1937	12	días	tapizca, acarreo, desojo y entroje maíz
Febrero	4	"	arranque y aporréo frijol
Marzo	8	"	roza para milpa
Abril	7	"	limpia de rastrojo
Mayo	15	"	siembra y resiembra milpa
Junio	24	"	deshierbo de milpa breve
Julio	20	"	deshierbo de milpa grande
Agosto	16/7	"	deshierbo y surco frijol y siembra
Sept.	24	"	tapizca breve y calza milpa
Oct.	20	"	tapizca de milpa
Nov.	7	"	limpia de frijol
	164	"	

Zum Vergleich mit anderen Angaben lassen sich die 130 Arbeitstage, die für den Maisanbau eingesetzt wurden, auf eine *manzana* umrechnen. In San Martín Jilotepeque verwendete man eine *cuerda* von 40 *varas*.[17] Für eine *manzana* er-

---

15 In einer Bittschrift an Präsident Ubico aus dem Jahr 1937, worin sie die Anrechnung der Arbeiten auf den eigenen Feldern in den libretos verlangten, zählten die Indianer von Panajachel unter anderem alle Arbeiten im Zusammenhang mit der milpa im einzelnen auf. Vgl. Vecinos indígenas Panajachel an Ubico, 17.8.1937 (JP Sololá 1937). Das Dokument wird auch von Tax zitiert. Eine leicht bearbeitete Fassung des Originals findet sich im Anhang. Vgl. Tax 1964 2. Bd.: 537-541 (Anhang Nr. 1).

16 Regidor Auxiliar Cantón Estancia San Martín an Intendente San Martín Jilotepeque, 13.12.1937 (JP Chimaltenango 1938). Zum besseren Verständnis seien einige der gebrauchten Bezeichnungen kurz erläutert: tapizca - Ernte; desojo (deshojo) - Entfernen der Hüllblätter von den Maiskolben; entroje - Einlagern der Maiskolben; aporréo - Enthülsen der Bohnen; limpia de rastrojo - Entfernen der Stoppeln; Milpa breve - schnell reifende Maissorte; calza - Aufwerfen von Erdhäufen um die Maisstengel.

17 Regidor Auxiliar Cantón Estancia San Martín an Intendente San Martín Jilotepeque, 27.6.1936 (JP Chimaltenango 1936).

gibt das aufgrund der obigen Angaben somit einen jährlichen Arbeitsaufwand von 40 Tagen.[18]

Die Angaben über die Arbeitsintensität der Maiskulturen weisen große Schwankungen auf. Dies dürfte nebst den höchst unterschiedlichen Produktionsbedingungen auch den unzuverlässigen und irreführenden Maßangaben sowie der Unklarheit in bezug auf die Berücksichtigung der Arbeit von Frauen und Kindern zuzuschreiben sein.[19] Die oben abgeleiteten 40 Tage scheinen jedoch im Vergleich mit den Angaben aus der Literatur eine ziemlich gute Schätzung zu sein. Verschiedene Autoren gehen von einer Arbeitsintensität der *milpas* zwischen 39 und 56 Mann-Arbeitstagen aus.[20] Diese Angaben liegen jedoch mit Sicherheit an der unteren Grenze. Unter schwierigen topographischen Bedingungen konnten die *milpas* einen bedeutend größeren Aufwand erfordern. Im Fall von Panajachel, dessen *milpas* zum größten Teil in sehr steilen Hängen lagen, rechnete Tax [1964: 246, 274] mit einem jährlichen Arbeitsaufwand von 62 bis 100 Mann-Tagen pro *manzana*.[21]

Berücksichtigt man, daß neben dem Mais meist noch Bohnen (frijoles) und andere Gemüse oder Früchte angebaut wurden, ist die tatsächliche Arbeitsbelastung eines Kleinbauern mit 40 Mann-Tagen pro *manzana* zu tief veranschlagt. Im Vergleich zur *milpa* waren die mit frijoles oder Gemüse bebauten Flächen zwar gering; die Arbeitsintensität war jedoch bedeutend höher. Für die Frijolkul-

---

18 Meist wurden die Angaben in cuerdas gemacht. Deren Größe konnte aber von municipio zu municipio variieren. Man rechnete mit cuerdas von 10, 12.5, 25, 32, 36 oder 40 varas Seitenlänge. Um die Angaben vergleichbar zu machen, ist die Umrechnung in ein standartisiertes Flächenmaß unerläßlich. Ich habe deshalb im folgenden alle Angaben in manzanas umgerechnet. Hierbei ist jedoch große Vorsicht geboten. Je nach Größe der verwendeten cuerda ergeben sich andere Umrechnungsfaktoren. Allgemein geht man von einer cuerda von 25 varas aus. Dementsprechend wäre die manzana zu 16 cuerdas zu rechnen. In unserem Zusammenhang ist diese Annährung jedoch zu ungenau und hätte irrtümliche Schlüsse zur Folge. Deshalb rechne ich immer mit der tatsächlich verwendeten cuerda. Dazu muß man den Umweg über das kleinere Maß der varas cuadradas einschlagen, wobei eine manzana 10'000 varas cuadradas enthält. Eine cuerda von 40 varas enthält 1600 varas cuadradas, und eine manzana entspricht in diesem Fall 6.25 cuerdas (de 40 varas). Für einen detaillierten historischen Überblick über die guatemaltekischen Maße vgl. Municipalidad de la Capital an Sr. Alcalde 2. Municipal, 29.1.1923 (SF, Leg. 22140).

19 Vgl. hierzu auch Annis 1987: 32.

20 Wagley [1941: 28] stellte für Santiago Chimaltenango fest, daß ein Bauer mit 40 cuerdas milpa von den 265 Arbeitstagen im Jahr (365 Tage abzüglich 100 Sonn- und Feiertage) ungefähr die Hälfte für den Maisanbau einsetzen mußte. Rechnet man die manzana zu 16 *cuerdas*, ergeben sich 53 Mann-Arbeitstage pro manzana. Guerra Borges, [1. Bd.: 239] rechnete mit durchschnittlich 39 Mann-Arbeitstagen pro manzana. Fletcher/Graber/ Merrill/ Thorbecke [1971: 50] rechnen mit 100 Mann-Arbeitstagen für ein Minifundium von 1,7 ha. Das entspräche 41 Mann-Arbeitstagen pro manzana.

21 Auch Annis [1987: 32] kommt in seiner Studie über San Antonio Sacatepéquez auf einen Wert von über 90 Arbeitstagen pro manzana.

turen in Panajachel rechnete Tax mit einem Arbeitsaufwand von 342 Mann-Tagen pro *manzana*, und eine *manzana* Zwiebeln erforderte über 3000 Mann-Arbeitstage im Jahr [Tax 1964 1. Bd.: 246]. Angesichts dieser Zahlen erstaunt es nicht, daß viele indianische Kleinbauern wenigstens während einiger Wochen im Jahr außerfamiliäre Arbeitskräfte beschäftigten. Oft wurde diese Arbeitsleistung mit einem Geldlohn abgegolten. Lohnarbeitsbeziehungen zwischen Indianern waren somit nichts Außergewöhnliches.[22]

Figur 5.1.: **Mais: Saat und Ernteperioden in verschiedenen *municipios***

Municipio	m.ü.M	Sep.	Okt.	Nov.	Dez.	Jan.	Feb.	Mär.	Apr.	Mai	Jun.	Jul.	Aug.
Alotenango	1388	***	***	***	***		###	###					***
Dueñas	1500			***								###	###
Panajachel	1576		***	***						###	###		
San Lucas Tolimán	1591		***	***			###						
Atitlán	1592	***	***	***				###	###				
San Antonio Palopó	1600	***	***	***						###			
Sumpango	1900									###	###		
Concepción	2050			***				###			###		
Visitación	2050			***				###	***	###	###		
Santa María de Jesús	2050			***				###	###				
San Lucas Sac.	2063									###	###	###	
San Andrés Semetabaj	2070						***	***			###	###	
Santa Lucía M.A.	2100						***				###		
Sololá	2114			***							###		###
San José Chacayá	2150			***							###	###	
Ixtahuacán	2320					***	###	###					
Nahualá	2467		***	***	***		###	###					
Santa Lucía Utatlán	2491		***	***	***			###	###				

Legende: *** Ernte ||||||| Ernte nach McBryde
            ### Saat   ≡≡≡ Saat nach McBryde

Anmerkung: McBryde [1969: 1. Bd.: 75] teilte die Saat- bzw. Ernteperioden nach drei Höhenstufen ein: 1500-2250, 2250-2500 und 2500-2750 m.ü.M.
Die fettgedruckten Monate bezeichnen die Periode der Kaffee-Ernte an der boca costa.

Quelle: Die Angaben beruhen auf den monatlichen Estadísticas municipales (JP Sololá und JP Sacatepéquez 1924-1940).

Der Lauf des landwirtschaftlichen Jahres wurde von Saat und Ernte auf den *milpas* bestimmt. Die Saat- und Ernteperioden hingen von der Höhe über Meer

---

22 Tax 1964 2. Bd.: 436; Wagley 1941: 32; Gillin 1958: 72. Ferner als Beispiel: Diligencia Gaspar Yaxón vs. José Ixcól an JP Sololá, 15.1.1932 (JP Sololá 1932).

Der Lauf des landwirtschaftlichen Jahres wurde von Saat und Ernte auf den *milpas* bestimmt. Die Saat- und Ernteperioden hingen von der Höhe über Meer und den klimatischen Bedingungen des Standortes ab. Sie konnten von *municipio* zu *municipio* erheblich variieren. Figur 5.1. zeigt anhand einiger *municipios* der Departemente Sololá und Sacatepéquez die Streuung von Ernte und Saatperioden. Figur 5.1. weist bereits auf den Zusammenhang zwischen Kaffeeernte und Maisarbeiten hin. Darauf wird später noch eingehender zurückzukommen sein. Vorerst bildet Figur 5.1. den Ausgangspunkt für die Diskussion der Versorgungssituation im Hochland. Diese unterlag nämlich großen saisonalen Schwankungen.[23] Nach der Ernte in den Monaten Dezember bis Mai war ausreichend Mais vorhanden. In den Monaten Juni bis November nahmen die Bestände ab, und die Knappheit verschärfte sich. In diesem Zusammenhang gilt es, sich zu vergegenwärtigen, daß Mais nicht unbeschränkt haltbar war. Die Lagerungsmethoden erlaubten es den Bauern nicht, ihre Ernte das ganze Jahr hindurch zu lagern.[24] Sie waren gezwungen, nach der Ernte einen Teil ihres Mais zu verkaufen. Wenn ihre Vorräte aufgebraucht waren, mußten sie auf dem Markt wieder Mais einkaufen. Um die Zeiten mit Maisknappheit besser zu überbrücken, bewirtschafteten zahlreiche Indianer des Hochlandes *milpas* an der *costa* oder *boca costa*. Das hatte den Vorteil, daß in jedem Fall zwei Ernten eingebracht werden konnten, die nicht mit den Erntezeiten des Hochlandes zusammenfielen. Nach McBryde fand die erste Ernte an der *costa* zwischen August und Oktober und die zweite im Februar statt [McBryde 1969 1. Bd.: 87].

Grundsätzlich gab es zwei Möglichkeiten, um Land an der *costa* nutzen zu können. Entweder die Indianer pachteten von den dortigen Landeigentümern eine Parzelle zur Bewirtschaftung, oder die *municipios* verfügten über kommunales Land, sogenannte *colonias*, an der *costa*. Noch im 19. Jahrhundert verfügten zahlreiche Hochlandgemeinden über solche *colonias*. Im Zuge der Ausbreitung der Kaffeewirtschaft gerieten die indianischen Besitzansprüche zunehmend unter Druck. Viele *municipios* verloren ihre Ländereien im Tiefland an ladinische *finqueros*, oder die *colonias* lösten sich vom Hochlandmunicipio und wurden zu eigenständigen Gemeinden [McCreery 1994: 245-247]. Für viele Indianer blieb nur die Möglichkeit, Land an der *costa* oder *boca costa* zu pachten. Die Bedeutung der *milpas* de la costa zeigt das Beispiel des *municipios* Sumpango. Im September-Monatsbericht von 1939 hieß es dazu:

---

23 Zur Bedeutung der saisonalen Schwankungen in bäuerlichen Gesellschaften vgl.: Chambers/Longhurst/Pacey 1981: 1-29.

24 Vgl. dazu: Flores Alvarado 1977: 105; Guerra Borges 1969 2. Bd.: 49; Fletcher/ Graber/Merrill/Thorbecke 1971: 143; Tax 1964 1. Bd.: 340, 381; Bingham 1974: 94; LeBeau 1956: 307; Guerra Borges 1969 2. Bd.: 49; Stadelman 1940: 116; McCreery 1994: 308.

"que un buen número de los habitantes de esta jurisdicción, tiene sus siembras de maíz en las fincas de boca costa San Cayetano, La Reunión, Santa Augusta, Lorena y San Diego, que aumenta la producción en no menos de 3000 qq de maíz para el consumo de los vecinos de la localidad."[25]

und im August 1940 meldete der Intendente von Sumpango dem *Jefe Político*:

"Aquí se está cotizando la libra de frijol a 3 centavos y el maíz a 1.50 cents/lb, ya está viniendo el maíz de boca-costa, lo que influye para que este grano no suba del precio ni haya escasez."[26]

Die 3000 *quintales* Mais aus den *milpas* der *boca costa* machten immerhin bis zu einem Drittel der gesamten Maisproduktion in diesem *municipio* aus.[27]

Aus der Pacht von *milpas* an der *costa* schien sich ein eigenes Ausbeutungssystem herausgebildet zu haben, das in Konkurrenz mit der Plantagenarbeit auf den Kaffeefincas stand. Ein *Informe* der *Secretaría de Agricultura* an den *Jefe Político* von Sololá hob die schädlichen Folgen dieses Systems für die Indianer und die *cafetaleros* der *boca costa* hervor:

"Algunos Intendentes Municipales, sí autorizan que los mozos se retiren de las fincas para hacer siembra de segunda, lo que ocasiona pérdida de las cosechas de café, enfermedad del mozo que verifica la siembra de maíz en terrenos bajos o insalubres por ser época pantanosa, y no beneficiandose el mozo, porque ese trabajo lo hacen para los propietarios de haciendas o terrenos a quienes pagan terraje o sea arrendamiento de terrenos en forma inconsiderada. A los terratenientes les es muy provechosa la llegada de estos mozos, pués por cada diez cuerdas de terreno que siembran para sí, le tienen que sembrar al dueño diez por arriendo del terreno y otras diez cuerdas mas, por el maíz que le dá para que coma, mientras tiene su maíz propio, y esta es la razón por la cual tardan en la siembra de segunda más de dos meses."[28]

Im Departement Sololá war die Pacht von *costa*-Land besonders in den kleinen *municipios* im Nordosten des Lago de Atitlán verbreitet.[29] Einige *municipios*

---

25   Informe Sumpango an JP Sacatepéquez, September 1939 (JP Sacatepéquez 1939).

26   Informe Intendente Sumpango an JP Sacatepéquez, 31.8.1940 (JP Sacatepéquez 1940).

27   Estadísticas municipales (JP Sacatepéquez 1924-1940) sowie Censo Agropecuario 1950: 127. Für weitere Fälle von gepachteten milpas an der costa vgl.: Alcalde primero Ciudad Vieja: Certificación por Justiciano Sánchez, 19.6.1929 (JP Sacatepéquez 1929); Marcos Lantos, San Andrés Ceballos, an JP Sacatepéquez, o.D. (JP Sacatepéquez 1929)

28   JP Sololá an SA, 22.8.1939 (JP Sololá 1939). In der Antwort wird der Informe der Secretaría de Agricultura vom 14. August wörtlich wiedergegeben.

29   McBryde [1969 1. Bd.: 87] erwähnt einen Fall aus Santa Cruz. Auch die Indianer von San Marcos, Santa Lucía und San Lucas schienen Land an der costa gepachtete zu haben.

besaßen jedoch noch in den 1930er Jahren kommunales Milpaland an der *costa* und *boca costa*. McBryde [1969 2. Bd.: 284, 362] schilderte den Fall von San Pedro Cutzán in Chicacao, das eine *colonia* von San Pedro la Laguna war. Aus den Quellen der *Jefatura Política* geht hervor, daß sicher auch Santa Catarina Ixtahuacán und Nahualá über *milpas* im Tiefland verfügten.[30]

Aber der Besitz von kommunalem Land an der *costa* enthob die Indianer nicht der Notwendigkeit, in den Monaten der Knappheit im Hochland Mais auf dem Markt zu kaufen. Der marktmäßige Austausch großer Mengen von Mais zwischen Hoch- und Tiefland war ein wichtiges Element in der indianischen Wirtschaft. In den Monaten November und Dezember wurde Mais aus dem Hochland an die *fincas* der *boca costa* verkauft. Zwischen August und Oktober versorgten sich die Märkte des Hochlandes mit Mais von der *costa* und *boca costa*. Im Hinblick auf die Subsistenzsicherung im Hochland war dieser Austausch von entscheidender Bedeutung. Die Indianer selbst spielten bei den Maistransfers eine wichtige Rolle. In Sololá spezialisierten sich vor allem die Einwohner von Santiago Atitlán auf den Maishandel zwischen Hoch- und Tiefland.[31]

Besonders in Jahren mit einer schlechten Ernte im Hochland hing die Maisversorgung der indianischen Bevölkerung von den interregionalen Maistransfers ab. Um eine Existenzkrise im Hochland zu verhindern, griff in solchen Situationen immer wieder der Staat ein. In der Untersuchungsperiode kam es infolge katastrophaler Ernten in den Jahre 1928 und 1937 zu ernsthaften Versorgungskrisen im Hochland. Besonders im Departement Sacatepéquez muß die Lage 1928 verheerend gewesen sein. Die monatlichen Statistiken über die Preise auf den munizipalen Märkten meldeten statt der vorherrschenden Preise bloß "No hay mercado" oder - wie im Fall von Santa María de Jesús: "Nada por no existir mercado ni almacenes de primera ni segunda."[32] Offensichtlich war der gesamte Maismarkt des Departements zusammengebrochen. In Sololá und Chimaltenango wurde zwar noch Mais auf den Märkten gehandelt; die Preise lagen jedoch bis

---

Vgl. Alcalde primero Santa Lucía Utatlán an JP Sololá, 28.8.1928 (JP Sololá 1927); Alcalde San Marcos an JP Sololá, 20.8.1930 (JP Sololá 1930); Informe anual San Lucas Tolimán 1939 (JP Sololá 1939).

30   Informe anual Santa Catarina Ixtahuacán 1934 (JP Sololá 1934); Intendente Santa Catarina Ixtahuacán an JP Sololá, 17.2.1938 (JP Sololá 1938); Vecinos indígenas Nahualá an Ubico, 13.7.1936 (JP Sololá 1936) Intendente Nahualá an JP Sololá, 29.9.1936 (JP Sololá 1936); Alcalde primero Ciudad Viejo an JP Sacatepéquez, 27.3.1939 (JP Sacatepéquez 1939) Vgl. für weitere Beispiele: McCreery 1994: 61-81, 144-152.

31   McBryde 1969 1. Bd.: 87; Informe Intendente Santiago Atitlán an JP Sololá, 13.7.1939 (JP Sololá 1939).

32   Informe estadística Santa María de Jesús an JP Sacatepéquez, August 1928. Vgl. auch die Informes der übrigen municipios aus den Monaten Februar bis August (alle JP Sacatepéquez 1928). Vgl. ferner: Vecinos indígenas San Lorenzo el Tejar an JP Sacatepéquez, 26.7.1928 (JP Sacatepéquez 1928).

zum Dreifachen über dem Vorjahresniveau.[33] Die Regierung Lázaro Chacóns (1926-1930) unternahm große Anstrengungen, um die Lage zu entschärfen. Auf nationaler Ebene wurde ein Komitee geschaffen, wo die *municipios* ihre Bedürfnisse anmelden konnten. Das Komitee veranlaßte die nötigen Maisimporte und koordinierte die Verteilung im Landesinneren.[34]

Anläßlich der Versorgungskrise von 1937 sah sich auch die Ubico-Administration gezwungen, beträchtliche Mengen an Mais aus dem Ausland einzuführen, obschon dies ihrer importsubstituierenden Politik in diesem Bereich zuwiderlief [Grieb 1979: 154]. Im Gegensatz zur Regierung Chacóns griff sie aber nicht zum Mittel der direkten staatlichen Hilfslieferungen, sondern überließ die Verteilung des Mais den bestehenden Marktkanälen. Sie beschränkte sich darauf, den Austausch zwischen Regionen mit relativem Maisüberschuß und Regionen, wo Knappheit herrschte, zu erleichtern und krisenbedingte Marktverzerrungen zu verhindern.[35] Besonders im Blickfeld standen in diesem Zusammenhang die *acaparadores*, die auf den Märkten im Hochland große Mengen von Mais aufkauften, mit dem Ziel, ihn zu horten und später zu überhöhten Preise wieder zu verkaufen. Die infolge der großen Knappheit ohnehin hohen Maispreise wurden damit noch weiter nach oben getrieben. Zur Verhinderung der Spekulation beauftragte die Regierung die *Jefes Políticos*, die Maisbestände in den *municipios* zu erfassen und die Umtriebe der *acaparadores* zu verbieten. Die Bauern wurden verpflichtet, Bestände, die sie nicht zur unmittelbaren Selbstversorgung benötigten, auf den Markt zu bringen.[36]

---

33 Estadísticas municipales 1928 (JP Sololá 1928); Estadísticas municipales San Martín Jilotepeque 1928 (JP Chimaltenango 1928).

34 SA an SF, 16.6.1928 und 15.11.1928 (beide SF, Leg. 15011); JP Sacatepéquez an Alcalde primero San Martín Jilotepeque, 11.8.1928; SA an Alcalde primero San Martín Jilotepeque; Circular JP Chimaltenango an Intendentes, 27.6.1928 (alle JP Chimaltenango 1928).

35 Vgl. Intendente San Pedro an JP Sololá, 21.8.1937 betr. oficio "quedando libre el tránsito de los artículos de primera necesidad; Intendente Sololá an JP Sololá, 7.7.1937 betr. "envío de maíz"; Intendente Sololá an JP Sololá, 207.1937 betr. "dar facilidades a todas las personas que desean sacar su maíz a otros departementos" (alle Jefatura Política 1937); Circular JP Sololá an Intendentes, o.D. (vermutlich April 1938) betr. "no debe obstaculizarse el libre comercio de los artículos de primera necesidad" (JP Sololá 1938); Circular JP Sololá an Intendentes, 30.10.1939 betr. "estudiar probabilidades de exportación de maíz" (JP Sololá 1939); MA 1933: 20 sowie Karlen 1991: 188.

36 Vgl. beispielsweise dazu: Informe Intendente Santa Lucía Utatlán an JP Sololá, 8.7.1937; Intendente Sololá an JP Sololá, 20.7.1937; Informe Comisión para recojer maíz en Concepción an JP Sololá, 28.5.1937 (alle JP Sololá 1937); Circular JP Sololá an Intendentes municipales, 10.2.1938; Oficios Intendentes Visitación, San Pedro, San Antonio, San José, San Marcos, Santa Catarina Palopó, San Andrés, Concepción, Panajachel, Santa Catarina Ixtahuacán und Santa Clara an JP Sololá, 17.-24.2.1938 (alle JP Sololá 1938); Nomina de las personas que tienen maíz acaparado en regulares cantidades en el Departamento de Sololá, 18.5.1937; Nomina de los individuos que tienen existencia de maíz en el municipio de Santa Clara, 18.5.1937; Lista de las personas que tienen maíz, como producto de sus cosechas, y

Hinter den Maßnahmen der Ubico-Administration zur Bekämpfung der Versorgungskrise stand die Einsicht, daß die starken saisonalen und jährlichen Preisfluktuationen des Mais großen Schaden verursachten. Schon früher hatte man in Regierungskreisen diese Zusammenhänge erkannt. Unter dem Eindruck einer außergewöhnlich guten Ernte im Jahr 1930 schrieb das Landwirtschaftsministerium in seinem Jahresbericht:

> "Total cosechado 3'436'621 quintales [maíz], producción que hizo bajar su precio en proporciones que no se costea y cuya consequencia será su escasez para el año de 1932. Ninguno querrá sembrar ante el fracaso de la presente cosecha y para evitar este desaliento hay que valorizar la producción [MA 1930: 30]."

Es wurde vorgeschlagen, staatliche Maisspeicher zu errichten und den Mais während der Ernte zu einem garantierten Preis von 2 *Quetzales* pro *quintal* aufzukaufen, und ihn später in den Monaten mit Maisknappheit zum gleichen Preis auf den Markt zu bringen.

Insbesondere die indianischen Kleinbauern litten unter der Instabilität des Maismarktes. Als Produzenten erzielten sie während der Erntezeit einen niedrigen Preis für ihr Produkt. Als Konsumenten mußten sie den Mais zu höheren Preisen in Zeiten der Knappheit wieder einkaufen. Zumindest ebenso wie an einem allgemein tiefen Preisniveau waren sie daher an möglichst geringen saisonalen und jährlichen Preisschwankungen interessiert.

Die Auswertung der monatlichen Preiserhebungen auf den verschiedenen Märkten der Departemente Sololá, Sacatepéquez und Guatemala-Stadt weist darauf hin, daß die Maispreise in den 30er Jahren deutlich unter dem Niveau der 20er Jahre lagen (Vgl. Diagramm 5.1.).[37] Bereits seit 1922 war eine steigende Tendenz bei den Maispreisen festzustellen. Die durchschnittlichen Werte lagen immer über 2.00 *centavos* pro *libra*. In den 30er Jahren wurde diese Marke nur

---

que no lo saquen al mercado por estar esperando precios mas subidos en el municipio de Santa Lucía, 15.3.1937 (alle JP Sololá 1939).

37 Sol Tax [1964: 2. Bd.: 361-370] weist auf die Schwierigkeiten bei der Bestimmung der Preise hin. Er mißt den offiziellen Angaben daher nicht großes Gewicht bei. Ein Vergleich der Angaben der estadística municipal von Panajachel aus den Jahren 1936 und 37 mit den von Tax zitierten Tagebuchnotizen von Juan de Dios Rosales zeigt jedoch große Übereinstimmung der Zahlen. Offenbar legte man in der Verwaltung Wert auf die korrekte Erhebung der Angaben. Im Mai 1934 zum Beispiel verlangte die Secretaría de Agricultura vom Jefe Político Auskunft darüber, ob die Meldung einer ungewöhnlich großen Preisabweichung in den Monaten Januar und Februar auf dem Markt von Antigua tatsächlich vorgekommen sei oder ob es sich um einen Irrtum handle. Vgl. SA an JP Sacatepéquez, 4.5.1934 (JP Sacatepéquez 1934). Vgl. ferner Secretaría de la Corte Suprema de Justicia an JP Sacatepéquez, 19.12.1934; Alcalde primero Antigua an JP Sacatepéquez, 26.7.1934 (beide JP Sacatepéquez 1934).

im Krisenjahr 1937 überschritten, womit die Maispreise ungefähr wieder auf dem Niveau der Jahre zwischen 1910 und 1920 lagen.[38]

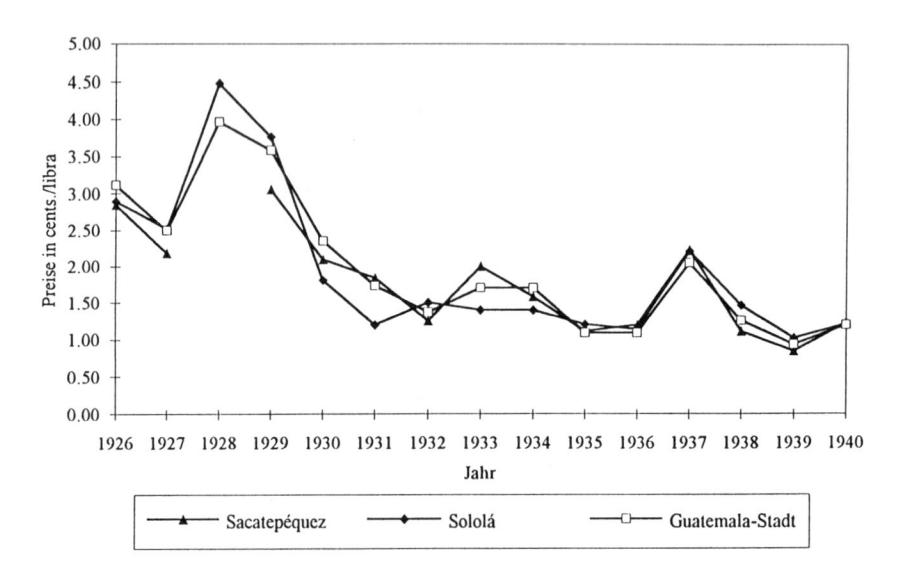

Diagramm 5.1. Maispreise 1926 - 1940

Quelle: Basierend auf den Zahlen der monatlichen Estadísticas municipales aus den Jahren 1926 bis 1940 der Departemente Sololá und Sacatepéquez (JP Sololá und JP Sacatepéquez 1926 bis 1940). Die Angaben für die Hauptstadt stammen aus MF 1930: 243; 1932: 247; 1933: 320; 1934: 363; 1935: 307 und den MHC 1938: 598; 1940: 728. Vergleichend wurden die Preisangaben in der Literatur beigezogen: Vgl. Montenegro Ríos 1976: 90; Valladares de León de Ruiz 1983: 44; Stadelman 1940: 154; Wagley 1941: 22-24, 47; Madigan 1976: 323; Karlen 1991: 153; Boesch 1952: 137.

Das Diagramm zeigt deutlich die Preisspitzen der Jahre 1928 und 1937. Die außergewöhnlich hohen Maispreise von 1928, die auf einigen Märkten bis zu 6.60 *centavos* pro *libra* anstiegen, sind nicht allein auf die schlechte Ernte zu-

---

38 Vgl. Bingham 1974: 94. Alvarado [1936 2. Bd.: 462] gibt die Preise in Quetzales pro quintal an. Man kann davon ausgehen, daß die Preise pro libra tendenziell eher leicht über den Preisen pro quintal lagen. Da die Angaben aber ohnehin nicht ganz genau sind, fällt diese Abweichung kaum ins Gewicht.

rückzuführen, sondern widerspiegeln die unzulängliche Agrarpolitik der Regierung Lázaro Chacóns und die gestiegenen Importpreise [Higbee 1947: 137; McCreery 1986: 113]. Offensichtlich gelang es der Ubico-Administration nicht nur, das Preisniveau zu senken, sondern auch die Preise langfristig zu stabilisieren.

Bei obigen Angaben handelt es sich um Durchschnittswerte, die keine Schlüsse auf die saisonale Versorgungslage der indianischen Kleinbauern zulassen. Die saisonalen Preisfluktuationen waren unmittelbar vom Funktionieren des marktgesteuerten Austausches zwischen Hoch- und Tieflandregionen abhängig. Angesichts der Spekulationsbekämpfung und des forcierten Straßenbaus unter Ubico drängt sich die Vermutung auf, daß die saisonalen Preisschwankungen in den 30er Jahren geringer waren als in den 20er Jahren. Erstaunlicherweise scheint die Politik Ubicos in dieser Hinsicht jedoch nur bedingt erfolgreich gewesen zu sein.

Diagramm 5.2. Saisonale Preisfluktuationen

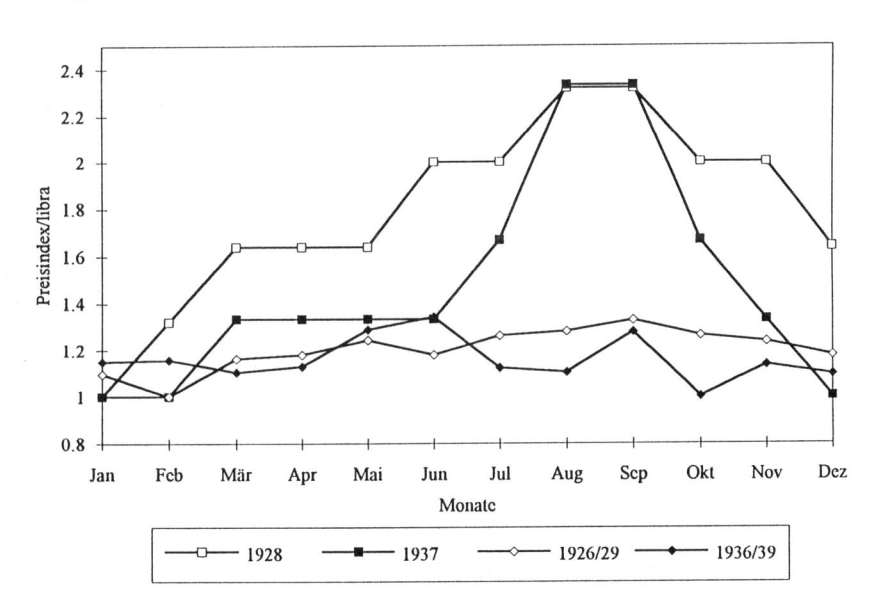

Quellen: Vgl. Diagramm 5.1.
Anmerkung: Die Perioden 1926/29 bzw. 1936/39 sind ohne 1928 bzw. 1937 gerechnet.

Diagramm 5.2. zeigt einen Vergleich der indexierten Monatspreise auf den Märkten der Departemente Sacatepéquez und Sololá beider Zeiträume. Um die Preisabweichungen sichtbar zu machen, wurden die Preisreihen auf den tiefsten Monatswert indexiert. Dazu wurden jeweils die durchschnittlichen Monatspreise der Jahre 1926, 1927 und 1929 bzw. 1936, 1938 und 1939 berechnet. Die Krisenjahre 1928 und 1937 wurden besonders dargestellt.

Aus der Darstellung wird deutlich, daß sowohl in "normalen" wie in Krisenjahren keine nennenswerten Unterschiede in bezug auf die maximalen Preisabweichungen bestanden. Die saisonalen Preisfluktuationen hatten sich somit in den 30er Jahren nicht abgeschwächt. Im Unterschied zu den 20er Jahren dauerten jedoch die Hochpreisperioden weniger lange an. Zumindest für die landlose Bevölkerung dürfte das zusammen mit dem allgemein tieferen Preisniveau eine Erleichterung bedeutet haben, da sich das Risiko von periodischen Subsistenzkrisen verringerte. Für die Kleinbauern, die einen Teil ihrer Ernte vermarkteten, verbesserte sich die Lage hingegen kaum, da sie den gleichen Preisschwankungen ausgesetzt waren wie in den 20er Jahren.[39]

Zunächst geht es nun darum, die Versorgungslage im Hochland genauer zu erfassen. Den soeben diskutierten Preisbewegungen liegen nebst den institutionellen Rahmenbedingungen vor allem Veränderungen im Verhältnis zwischen Bevölkerung und angebauter Fläche zu Grunde. Obschon die verfügbaren Angaben zu beiden Bereichen nur unvollständig vorliegen und mit erheblichen Unsicherheiten verbunden sind, können sie als Grundlage der weiteren Diskussion dienen.[40] Um die Aussagekraft der Angaben abzuschätzen, soll im folgenden das Zahlenmaterial des Departements Sololá ausführlich dargestellt werden. Zum Vergleich werden der Sexto Censo de población und der Censo agropecuario von 1950 beigezogen.

In den *Estadísticas municipales* finden sich Angaben über die Anbauflächen und die zu erwartende Produktion. Die Zahlen werfen jedoch Probleme auf, da sie in verschiedenen Quellen erheblich voneinander differieren. Dazu kommt, daß viele *municipios* ihre Angaben in *cuerdas* machten. Im Departement Sololá wurden *cuerdas* von 25, 28, 32 und 36 *varas* verwendet.[41] Selbst die Kenntnis

---

39 Vgl. auch McCreery [1983: 752], der eine graphische Darstellung der monatlichen Preisfluktuationen während des Jahres 1922 in den Departementen San Marcos, Quetzaltenango, Huehuetenango und Chimaltenango gibt. Indexiert ergeben sich leicht höhere Werte als in meiner Untersuchung.

40 Vgl. zum Wert selbst ungenauen Zahlenmaterials: Coathsworth 1978: 81.

41 Vgl. Melville/Melville 1971: 297; Jones 1940: 157; Wagley 1941: 28; Stadelman 1940: 94f; Flores Alvarado 1977: 58; Guerra Borges 1981 2. Bd.: 196; Mejía 1927: 398f. Die municipios im Departement Sololá verwendeten folgende cuerdas: von 25 varas (Santa Catarina Ixtahuacán, Nahualá), von 28 varas (Atitlán), von 32 varas (Sololá, Concepción, Panajachel, San Lucas, San Pedro, San Juan, San Pablo, San Marcos, San José, Santa Lucía, Santa Clara, Visitación, Santa Cruz), von 36 varas (San Andrés, Santa Catarina Palopó, San Anto-

der verwendeten *cuerda* in den einzelnen *municipios* gibt noch keine Sicherheit darüber, welches Maß der *Alcalde* oder *Intendente* bei seinen *Informes* an den

Tabelle 5.2. Milpafläche und Maisproduktion im Departement Sololá
(Angaben in *manzanas* und *quintales*)

municipios	milpa 1950	milpa 30er Jahre max.	milpa 30er Jahre min.	Produktion 1950	Produktion 30er Jahre max.	Produktion 30er Jahre min.
Sololá	3961	1655	197	24722	18720	1921
Concepción	264	279	61	1459	2530	600
Nahualá	2226	850	318	27047	16800	2900
Panajachel	251	486	92	2456	3692	1000
Santiago Atitlán	3342	2065	543	24315	20000	3300
San Andrés Semetabaj	1110	1010	472	7239	8000	6800
San Antonio Palopó	513	794	382	2223	6300	2500
Santa Catarina Palopó	180	285	109	1153	2198	2054
Santa Catarina Ixtahuacán	1628	1940	459	18884	8546	15450
Santa Clara La Laguna	572	1024	409	4042	8800	3750
Santa Cruz La Laguna	192	208	132	1654	3000	816
San José Chacayá	263	517	102	2153	3800	1000
San Juan La Laguna	779	1331	123	4427	3700	1800
San Lucas Tolimán	1126	624	203	9576	3746	15000
Santa Lucía Utatlán	1389	775	189	9630	10000	3000
Santa María Visitación	216	259	157	1257	2550	1560
San Marcos La Laguna	49	58	15	374	1500	145
San Pablo La Laguna	187	389	69	1347	4500	674
San Pedro La Laguna	716	442	50	4508	3000	300
Departement Sololá	18964	14991	4082	148466	131382	64570

Quelle: Estadísticas municipales 1927-1940 (JP Sololá 1927-1940); Censo Agropecuario 1950: 129.

Anmerkung: Alle Angaben wurden mit der ortsüblichen cuerda in manzanas umgerechnet. Bei den Zahlen des Jahres 1950 wurde nur die wichtigere siembra berücksichtigt. In den meisten Fällen war dies die primera siembra. Nur bei den municipios San Antonio und San Marcos wurde der Wert der segunda siembra berücksichtigt, da er über demjenigen der primera siembra lag. Daher ergeben sich bei den Summen für das gesamte Departement leichte Abweichungen gegenüber dem Censo Agropecuario.

Jefe Político tatsächlich verwendete. Zudem schrieben etliche *Alcaldes* oder *Intendentes* offensichtlich jedes Jahr einfach die Angaben von den älteren Formu-

---

nio). Vgl. SA an JP Sololá, 19.3.1938; betr. "número de varas que tiene la cuerda empleada para siembras ..." (JP Sololá 1938).

laren ab. Diese Unzulänglichkeiten sind bei der Interpretation von Tabelle 5.2. in Rechnung zu stellen. Auch wenn es aufgrund des vorhandenen Materials nicht möglich ist, in zeitlicher Hinsicht Tendenzen festzumachen, gibt der Vergleich mit den Zahlen des *Censo Agropecuario* von 1950 immerhin einen Anhaltspunkt über die mögliche Milpafläche und Maisproduktion der einzelnen *municipios*.

1938 meldete der *Jefe Político* der *Secretaría de Agricultura* eine Gesamtfläche unter Maisanbau von 12'878 *cuerdas*, d.h. 8049 *manzanas*.[42] Das entspricht dem höchsten Wert, der in den 30er Jahren jemals angegeben wurde. Die Addition der maximalen Angaben der einzelnen *municipios* ergibt aber eine viel höhere Zahl, nämlich 14'991. Die Größe des Unterschieds spricht dafür, daß in der departementalen Statistik offensichtlich nicht alle *milpas* berücksichtigt wurden. Der große Unterschied zwischen minimalen und maximalen Werten kann auch daher rühren, daß das Verhältnis zwischen Brach- und Nutzfläche jedes Jahr änderte. Immerhin scheinen die maximalen Werte aus Tabelle 5.2. realistischer zu sein, weil sie erstaunlich nahe bei den Angaben des *Censo Agropecuario* von 1950 liegen. Es darf davon ausgegangen werden, daß die Zahlen der dritten Kolonne in Tabelle 5.2. einen guten Eindruck von der potentiellen Maisanbaufläche geben.

Bevor die Angaben über Milpafläche und Maisproduktion in den Zusammenhang mit der Subsistenzsituation der Bevölkerung in den 30er Jahren gestellt werden können, ist eine Diskussion der Bevölkerungsentwicklung in diesem Zeitraum erforderlich. Abgesehen von der Bevölkerungszählung von 1950 sind die Zahlen jedoch nicht zuverlässig. Vom *Censo General* 1940 weiß man, daß die Ergebnisse aus politischen Gründen aufgebläht wurden. In der *Memoria Anual* des Jahres 1940 wurde etwa für das *municipio* Sololá eine Bevölkerung von 13'455 Personen angegeben.[43] Der *Censo General* wies aber dann 16'233 Einwohner aus, was einer Erhöhung um mehr als 20% entspricht. In seiner fundierten Untersuchung über die Bevölkerungsentwicklung Guatemalas korrigiert Jorge Arias de Blois [1974: 18] das Gesamtergebnis des *Censo* um mehr als 25% nach unten. Geht man bei der Untersuchung des Departements Sololá davon aus, daß die Zahlen für das Jahr 1940 zu hoch sind, kommt der Verdacht auf, daß auch die Ergebnisse des *Censo General* von 1921 erhöht wurden. Arias de Blois [1974: 13] korrigiert in seiner Aufstellung die Zahlen dieses *Censo* zwar nicht, weist aber auf die großen Unsicherheiten hin, die damit verbunden sind. In Tabelle 5.3. sind die Resultate der Volkszählungen von 1893 bis 1950 aufgeführt.

---

42 Informe Anual JP Sololá an SA, 1938 (JP Sololá 1938). Diese Angabe wurde 1940 bestätigt. Die gesamte Milpafläche wurde damals mit 124 caballerías, 32 manzanas und 15 cuerdas angegeben. Umgerechnet sind das 8040 manzanas. Vgl. Siembras del departamento Sololá en el año 1940, 15.7.1940 (JP Sololá 1940).

43 Memoria Anual municipio Sololá 1940 (JP Sololá 1940).

Tabelle 5.3. Bevölkerungsentwicklung im Departement Sololá 1893 - 1950

Censos municipios	1893	1921	1940	1950
Sololá	7627	11319	16233	16739
Concepción	672	1071	964	1008
Nahualá	12060	16325	19666	18541
Panajachel	2387	1450	2332	2356
Atitlán	8624	7675	9674	9513
San Andrès Semetabaj	1660	1600	2397	2293
San Antonio Palopó	1462	1963	2765	2489
Santa Catarina Palopó. Ixtahuacán	686 7639	844 9200	592 10447	668 9354
Santa Clara La Laguna	929	1428	2198	1830
Santa Cruz La Laguna	620	1197	1136	1074
San José Chacayá	792	844	748	627
San Juan La Laguna	818	1228	1960	1668
San Lucas Tolimán	2632	5775	5443	5019
Santa Lucía Utatlán	3306	4368	5530	5019
Vistación	240	399	581	471
San Marcos La Laguna	697	489	510	515
San Pablo La Laguna	649	1000	1018	1137
San Pedro La Laguna	1189	2226	2431	2600
Departement Sololá	54689	70401	86625	82921

Quelle Censo General 1921: 6-11; Censo General 1940: 19; Sexto Censo de población 1950: 16-18 (Die Zahlen von 1893 stammen aus dem Censo General 1921.)

Die Berechnung der Wachstumsrate aufgrund der vorliegenden Bevölkerungszählungen ergibt ein mäßiges Bevölkerungswachstum zwischen 0,5 und 1% pro Jahr.[44] In einigen *municipios* nahm die Einwohnerzahl zwischen 1921 und 1940 sogar ab. Selbst wenn man eine gewisse Abwanderung in tiefergelegene Zonen in Rechnung stellt, scheinen die Werte für das Departement Sololá doch

---

44 Die Berechnung der Wachstumsrate erfolgte aufgrund der Formel für exponentielles Wachstum: $P_n = P_0 (1 + r)^n$

bei: P_n Bevölkerung im Jahr n
    P_0 Bevölkerung zum Ausgangszeitpunkt
    n Zeit in Jahren
    r Wachstumsrate pro Jahr.

Für r ergibt sich: $r = \sqrt[n]{\frac{P_n}{P_0}} - 1$

Vgl. dazu: Villacorta Escobar 1982: 58; Madigan 1976: 173.

zu gering [Solórzano F. 1977: 388; Tax 1964 1. Bd.: 166]. Die Auswertung der *Catastros de Ornato* und *Censos de Vialidad* deutet auf ein weit stärkeres Bevölkerungswachstum in der Region.

Tabelle 5.4.   Bevölkerungsentwicklung im Departement Sololá 1930-1939

municipios	Männliche Bevölkerung zwischen 18 und 60 Jahren				Anzahl Familien	Wachstumsfaktoren in %			
	1930	1934	1937	1939	1950	30-34	34-37	37-39	30-39
Sololá	1302	2072	2463	2563	*2843*	12.3	5.9	1.3	7.8
Concepción	64	175	178	175	*167*	28.6	0.6	-0.6	11.8
Nahualá	2000	1250	2007	2210	*3260*	-11.1	17.1	3.3	1.1
Panajachel	233	277	331	380	*448*	4.4	6.1	4.7	5.6
Atitlán	1182	1270	1602	1635	*2046*	1.8	8.0	0.7	3.7
San Andrés Semetabaj	292	241	382	362	*430*	-4.7	16.6	-1.8	2.4
San Antonio Palopó	264	351	361	411	*472*	7.4	0.9	4.4	5.0
Sta. Catarina Palopó	55	104	109	250	*126*	17.3	1.6	31.9	18.3
Ixtahuacán	1006	1006	1088	1458	*1663*	0.0	2.6	10.2	4.2
Santa Clara La Laguna	111	295	338	345	*403*	27.7	4.6	0.7	13.4
Santa Cruz La Laguna	140	146	178	195	*235*	1.1	6.8	3.1	3.8
San José Chacayá	134	134	112	126	*124*	0.0	-5.8	4.0	-0.7
San Juan La Laguna	78	93	176	196	*333*	4.5	23.7	3.7	10.8
San Lucas Tolimán	434	754	803	766	*1076*	14.8	2.1	-1.6	6.5
Santa Lucía Utatlán	541	694	850	933	*995*	6.4	7.0	3.2	6.2
Vistación	76	65	72	86	*110*	-3.8	3.5	6.1	1.4
San Marcos La Laguna	57	71	56	75	*91*	5.6	-7.6	10.2	3.1
San Pablo La Laguna	95	95	113	115	*239*	0.0	6.0	0.6	2.1
San Pedro La Laguna	215	350	420	464	*469*	13.0	6.3	3.4	8.9
Departement Sololá	8279	9443	11639	12745	*15530*	3.3	7.2	3.1	4.9

Quelle: Zusammengestellt nach Sexto Censo de Población 1950: 16-18; Catastros de Ornato und Censos de Vialidad des Departements Sololá 1927-1939 (JP Sololá 1927-1939); Censos de Vialidad 1934-1939 (SA Censos de Vialidad 1934-1939, Legs. 42454-42462).

Anmerkung: Die Daten des Sexto Censo de población von 1950 wurden zum Vergleich angeführt.

Die *Catastros de Ornato* und *Censos de Vialidad* erfaßten die männliche Bevölkerung im Alter zwischen 18 und 60 Jahren.[45] In der Regel stimmten die Zahlen beider Erhebungen ziemlich genau überein. Da es sich bei den *Catastros de Ornato* um Namenslisten handelte, können unrealistische Veränderungen von Daten weitgehend ausgeschlossen werden. Die Zahlen müßten eher nach oben

---

45   Vgl. Higbee 1947: 199; Tax 1964 2. Bd.: 472; Wisdom 1961: 269.

korrigiert werden, da Männer in öffentlichen Ämtern von der Abgabepflicht befreit waren. Die Abweichung konnte bis zu 15% der Steuerpflichtigen betragen. Meist lag sie aber zwischen 4 und 10%.[46] Ich verzichte auf die Einführung eines Korrekturfaktors, da die Genauigkeit der Zahlen ohnehin Abweichungen in dieser Größenordnung erlaubt.

Tabelle 5.4. zeigt eine jährliche Wachstumsrate der abgabepflichtigen Bevölkerung von 4,9%, wenn man von den Zahlen von 1930 und 1939 als Grenzdaten ausgeht. Zweifellos ist ein großer Teil des Wachstums auf verbesserte Erhebungsmethoden zurückzuführen. Durch die Einführung der *Cédula de Vecindad* (1932), die Neuorganisation des *Servicio de Vialidad* (1934) und der Einsetzung von ladinischen *Intendentes* (1935) gelang es der Ubico-Administration tatsächlich, den staatlichen Zugriff auf die indianische Bevölkerung auszudehnen. In diese Richtung deutet, daß die jährliche Zunahme zwischen 1934 und 37 mit 7.2% besonders hoch lag. Immerhin gibt es auch Anhaltspunkte dafür, diese Zunahme nicht allein auf die verbesserten Erhebungsmethoden zurückzuführen. Zunächst gilt es festzuhalten, daß das natürliche Bevölkerungswachstum deutlich unter den in Tabelle 5.4. ausgewiesenen Zahlen lag. In Atitlán etwa betrug die Geburtenrate zwischen 1931 und 1940 4,88% und die Sterberate 3,54%. Daraus ergibt sich ein natürliches Wachstum von 1,34%.[47] Die Daten der Tabelle ergeben jedoch für das gleiche *municipio* eine stark schwankende Bevölkerungsentwicklung mit einer durchschnittlichen Zunahme zwischen 1930 und 1939 von über 3%.

Das Zahlenmaterial in Tabelle 5.4. legt die Vermutung nahe, daß es in den 30er Jahren zu einer Wanderungsbewegung vom Exportsektor zurück in den Subsistenzsektor gekommen war.[48] Hierzu lassen sich verschiedene Überlegungen anstellen. Die Krise im Exportsektor verminderte allgemein die Nachfrage nach Arbeitskräften. Im Zuge der Durchkapitalisierung der Kaffeefincas wurde tendenziell die Zahl der *colonos* abgebaut. Es liegt auf der Hand, daß die freigesetzten Arbeiter versuchten, in den Subsistenzsektor zurückzudrängen. Schließlich könnte auch die Aufhebung des Systems der *habilitaciones* und die strikte Durchsetzung eines neuen Vagabundengesetzes nach 1934 eine verstärkte Rückwanderung in den Subsistenzsektor bewirkt haben [Tax 1964 1. Bd.: 166]. Dies ist um so wahrscheinlicher, als in den 30er Jahren das Hochland noch genügend Spielraum bot, einer wachsenden Zahl von Menschen ein Existenzminimum zu

---

46 Vgl. Listas de personas de las juntas municipales y auxilio civil, exhonerado de vialidad y ornato verschiedener municipios des Departaments Sololá, 26.6.1940 (JP Sololá 1940).

47 Madigan 1976: 190. Das natürliche Bevölkerungswachstum ergibt sich aus der Differenz von Geburten- und Sterberate.

48 Vgl. hierzu auch: Torres Rivas 1973: 154; Figueroa Ibarra 1980: 85.

ermöglichen. Zahlreiche Autoren weisen auf diesen Sachverhalt hin.[49] Aufgrund des Zahlenmaterials in den Akten der *Jefatura Política* von Sololá läßt sich die Aussage, daß in den 30er Jahren noch eine ausreichende Subsistenzbasis im Hochland bestand, präzisieren. Nimmt man an, daß die in den *Catastros de Ornato* und *Censos de Vialidad* erfaßten Männer zwischen 18 und 60 Jahren annähernd die Zahl der Familienoberhäupter repräsentierten - der Vergleich mit den Angaben des *Sexto Censo* in Tabelle 5.4. rechtfertigt diese Annahme -, ist es möglich, die durchschnittliche mit Mais bepflanzte Fläche pro Familie annähernd zu ermitteln. Tabelle 5.5. faßt die Ergebnisse für alle *municipios* zusammen. Zum Vergleich werden auch die Zahlen der Erhebungen von 1950 angegeben.

Trifft man weiter Annahmen über die Erträge pro *manzana* und den jährlichen Maiskonsum einer Familie, läßt sich die Subsistenzsituation der indianischen Bevölkerung im Hochland abschätzen. Hierzu ist festzuhalten, daß Mais das weitaus wichtigste Grundnahrungsmittel der indianischen Bevölkerung darstellte - 80% der Kalorien und 70% der Proteine wurden in Form von *tortillas* eingenommen [INCAP/Reh 1953: 80].

Die Angaben über die Erträge der *milpas* in der Literatur bewegen sich zwischen 8 und 24 *quintales* pro *manzana*.[50] Das Mittel von 16 *quintales* pro *manzana* entspricht der in den Quellen üblichen Annahme von 1 *quintal* pro *cuerda*.[51] Ich werde daher im weiteren von diesem Mittelwert ausgehen. Zur Bestimmung des durchschnittlichen Maiskonsums stütze ich mich auf die Untersuchungen, die im Auftrag des *Instituto de Nutrición de Centroamérica y Panamá* (INCAP) 1950 in verschiedenen *municipios* des Hochlandes durchgeführt wurden. Die Studien kamen zum Schluß, daß die Ernährung der indianischen Bevölkerung zwar in bezug auf Proteine, Vitamin A, B_1 und C mangelhaft war, von einer allgemeinen Unterernährung konnte hingegen nicht gesprochen werden.[52] Die Aussagen beruhten auf einem Vergleich der tatsächlich aufgenommenen Nährstoffe mit den Ernährungsempfehlungen des INCAP. Der Maiskonsum pro erwachsene Person und Jahr lag bei ungefähr 4 bis 4,2 *quintales*. Für eine fünfköpfige Familie ergab das einen Jahreskonsum von 20 bis 21 *quintales*, wobei kein Abzug für den geringeren Bedarf der Kinder gemacht wurde, weil die

---

49 González Davison 1987a: 57f; Smith 1984c: 143; LeBeau 1956: 304; Noval 1972: 39; Tax 1937: 438f; Bulmer-Thomas 1983: 289; Silvert 1969: 69; Kepner/Soothill 1935: 213; Jones 1940: 186; Wagley 1941: 56; Whetten 1961: 89; Figueroa Ibarra 1980: 233.

50 Vgl. Tax 1964 1. Bd.: 130; Higbee 1947: 180; de Jongh Osborne 1945: 88; Schmid 1973: 27-30. Von 1 quintal pro cuerda gehen aus: Wagley 1941: 51 und Seminario de Integración Social Guatemalteca (SISG) 1968: 245.

51 Estadísticas municipales Sololá 1927-1940 (JP Sololá 1927-1940)

52 INCAP/Reh/Flores 1955: 126, 144, 159, 171. Vgl. ferner: Schmid 1973: 346; Whetten 1961: 207.

meisten Familien noch Mais zur Fütterung von Kleintieren brauchten.[53] Da der Bedarfsdeckungsgrad bei den Nährstoffen, die hauptsächlich über den Mais aufgenommen wurden (Kalorien, pflanzliche Eiweiße, Kalzium, Eisen, Niacin), deutlich über den empfohlenen Werten lag, könnte der notwendige Maiskonsum im Hinblick auf eine ausreichende Ernährung theoretisch noch etwas niedriger als 20 *quintales* angesetzt werden. Der Maisanteil einer idealen Minimalernährung liegt laut verschiedenen Studien bei etwa 1,8 *quintales* pro Person und Jahr (9,1 *quintales* für eine fünfköpfige Familie) [Amico 1978: 134; Schmid 1973: 179]. Unter den sozio-ökonomischen und kulturellen Bedingungen der indianischen Gesellschaft in den 30er Jahren muß man jedoch davon ausgehen, daß der Wert, der nicht nur den ernährungsphysiologisch notwendigen Bedarf deckte, sondern auch die subjektiven Erwartungen befriedigte, weit höher lag. Die Durchsicht der Literatur zu diesem Thema ergab, daß dieser Wert für eine fünfköpfige Familie ungefähr bei 18,25 *quintales* pro Jahr lag.[54] Tabelle 5.5. zeigt für das Departement Sololá eine durchschnittliche Milpafläche pro Familie von 1,2 *manzanas*. Bei einem Ertrag von 16 *quintales* pro *manzana* ergibt sich daraus eine Jahresproduktion von 19,2 *quintales*. Eine Menge, die sowohl in physiologischer wie auch in kultureller Hinsicht einen kleinen Spielraum nach unten bot. Ausdrücklich sei an dieser Stelle darauf hingewiesen, daß die Werte in Tabelle 5.5. nur *milpas* berücksichtigen und keine Aussage über den durchschnittlichen Bodenbesitz pro Familie zulassen. Die minimale Fläche, über die eine Familie mit fünf Personen verfügen mußte, um davon leben zu können, lag weit höher. Die Angaben in der Literatur weichen allerdings stark voneinander ab. Legt die CIDA [1965: 57] das Minimum für *fincas familiares* bei 10 *manzanas* fest, sprechen andere Autoren bereits ab 4 bis 6 *manzanas* von einer minimalen Subsistenzbasis.[55]

---

53 INCAP/Reh/Flores 1955: 109, 155. Ich gehe im folgenden von einer durchschnittlichen Familiengröße von fünf Personen aus. Das entspricht in etwa den Werten, die sich aus dem Sexto Censo de Población [1950: 16-18] ergeben. Für das Departement Sololá resultiert ein durchschnittlicher Wert von 5,33 Personen pro Familie. Wahrscheinlich lag die Zahl in den 30er Jahren eher tiefer. Madigan [1976: 171] spricht für diese Periode von einem Durchschnitt von vier Personen pro Haushalt. In die gleiche Richtung weisen auch verschiedene Angaben aus den Quellen. Das Informe der Junta de Agricultura y Caminos an den Jefe Político von Sacatepéquez stellte einer Gesamtbevölkerung von 46'445 Personen die Zahl von 12'158 Männern zwischen 18 und 60 Jahren des Censo de Vialidad gegenüber. Daraus ergibt sich eine durchschnittliche Familiengröße unter vier Personen. Vgl. Junta de Agricultura y Caminos an JP Sacatepéquez, 4.12.1939 (JP Sacatepéquez 1940).

54 Guerra Borges 1969 2. Bd.: 57; Boesch 1952: 75; Quintana 1969: 162; Seminario de Integración Social Guatemalteca (SISG) 1968: 246; CEPAL 1980: 73; Flores Alvarado 1977: 63; Tax 1964 2. Bd.: 432-435; Stadelman 1940: 93.

55 Vgl. hierzu: Stadelman 1940: 105; Higbee 1947: 180; San Antonio Aguas Calientes 1984: 12; Fletcher/Graber,/Merrill/Thorbecke 1971: 60; Torres Rivas 1972: 95; Nyrop (Hg.)

Bei der Abschätzung der Subsistenzsituation der indianischen Bevölkerung gilt es zu berücksichtigen, daß in den 30er Jahren die ökologische Situation im Hochland noch Möglichkeiten zur Ausweitung der Subsistenzproduktion bot. Die Bodenerosion war noch nicht so weit fortgeschritten wie heute und kürzere Brachen daher möglich. In den *municipios* um den Lago de Atitlán konnte die Nahrung zudem mit Fischen und Krebsen ergänzt werden. Nicht zu vergessen ist ferner die Spezialisierung in Produktion und Handel, die für zahlreiche indianische Familien wirtschaftliche Nischen schuf und einen entscheidenden Beitrag zur Subsistenzerhaltung leistete [Tax 1937: 438].

Tabelle 5.5.   **Milpaland pro Familie (in *manzanas*)**

	30er Jahre		1950		milpa/Familie	
municipios	milpa	Familien	milpa	Familie	0er Jahr	1950
	(1)	(2)	(3)	(4)	(1/2)	(3/4)
Sololá	1655	2563	3961	2843	0.65	1.39
Concepción	279	178	264	167	1.57	1.58
Nahualá	850	2210	2226	3260	0.38	0.68
Panajachel	486	380	251	448	1.28	0.56
San Andrés Semetabaj	1010	382	1110	430	2.64	2.58
San Antonio Palopó	794	411	513	472	1.93	1.09
San José Chacayá	517	134	263	124	3.86	2.12
San Juan La Laguna	1331	196	779	333	6.79	2.34
San Lucas Tolimán	624	803	1126	1076	0.78	1.05
San Marcos La Laguna	58	75	49	91	0.77	0.54
San Pablo La Laguna	389	115	187	239	3.38	0.78
San Pedro La Laguna	442	464	716	469	0.95	1.53
Santa Catarina Ixtahuacá	1940	1458	1628	1663	1.33	0.98
Santa Catarina Palopó	285	250	180	126	1.14	1.43
Santa Clara La Laguna	1024	345	572	403	2.97	1.42
Santa Cruz La Laguna	208	195	192	235	1.07	0.82
Santa Lucía Utatlán	775	933	1389	995	0.83	1.40
Santa María Visitación	259	86	216	110	3.01	1.96
Santiago Atitlán	2065	1635	3342	2046	1.26	1.63
Departement Sololá	14991	12813	18964	15530	1.17	1.22

Quelle: Censo Agropecuario 1950: 129; Sexto Censo de población 1950: 16-18; Estadísticas municipales Sololá; Catastros de Ornato, Censos de Vialidad Sololá (beide JP Sololá 1927-1940); Censos de Vialidad 1934-1939 (MA Censo de Vialidad 1934-1939, Leg. 42454-42462).

1984: 99; Melville/Melville 1971: 297; Figueroa Ibarra 1980: 100; Watanabe 1981: 22; PREALC 1986: 183.

Zahlreiche offizielle Schreiben in den Akten der *Jefatura Política* deuten darauf hin, daß der Wald durch immer weiter vordringende Brandrodungen zurückgedrängt wurde. Die Regierung versuchte unter anderem mit einem jährlichen Gedenktag (*día del árbol*), das Bewußtsein der indianischen Bevölkerung für die Notwendigkeit der Erhaltung des Waldes zu stärken. Darüber hinaus schränkten gesetzliche Regelungen die Nutzung der natürlichen Ressourcen ein. Willkürliche Rodungen und das Anlegen von milpas in Steilhängen waren ebenso verboten wie das Fischen im Lago de Atitlán während der Laichzeiten.[56]

Die Durchschnittswertbetrachtungen aufgrund von Tabelle 5.5. zeigen, daß in den 30er Jahren die Ressourcenbasis im Hochland noch ausreichte, um die Reproduktion der indianischen Bevölkerung zu garantieren. Sie zeigen jedoch nicht, daß die Subsistenzgrundlage der einzelnen *municipios* und Familien einem beschleunigten Aushöhlungsprozeß unterlag. Infolge der Übernutzung des Bodens und der Zurückdrängung des Waldes nahm die Erosion zu, und die Erträge sanken. Das stetige Bevölkerungswachstum erhöhte den Druck auf den Boden zusätzlich und führte im Zusammenhang mit der traditionellen Erbteilung zu einer Atomisierung der Minifundien.[57] Infolge der Wirtschaftskrise drohte vielen Indianern, die bei *ladinos* Hypothekarkredite aufgenommen hatten, die Enteignung. Einerseits waren sie wegen verminderten Einkünften noch weniger als früher in der Lage, die wucherischen Zinsen von fünf und mehr Prozent im Monat zu bezahlen. Andererseits versuchten die Gläubiger, die Folgen der Krise auf die Schuldner abzuwälzen, indem sie stärker als bisher auf pünktliche Rückzahlung der Schulden drängten und Enteignungen säumiger Schuldner umgehend durchsetzten.[58]

Aber auch innerhalb der indianischen Gesellschaft zeigten sich Zerfallserscheinungen von Strukturen, die die Subsistenz eines jeden Mitgliedes der Gemeinschaft sicherten. Die munizipalen Ehrenämter, die früher Zeichen von politischem Einfluß und sozialem Prestige waren, verloren an Attraktivität. Die hohen wirtschaftlichen Opfer während der Amtszeit, deren Funktion nicht zuletzt in

---

56 Vgl. beispielhaft: Circular JP Sololá an Alcaldes, 10.3.1929 (JP Sololá 1929); Circular JP Sololá an Alcaldes, 28.2.1931 betr. rozas (JP Sololá 1931); Circular JP Sololá an Alcaldes, 20.2.1935 (JP Sololá 1935); JP Sololá an Intendente Santa Lucía vom 22.1.1939 (JP Sololá 1939); Vecinos indígenas Santa Catarina Palopó an JP Sololá, 7.3.1935 (JP Sololá 1935); Eugenia Pop, San Pedro, an JP Sololá, 6.3.1936 (JP Sololá 1936). Ferner: Noval 1963: 21; Stadelman 1940: 109.

57 Vgl. zur Aufsplitterung der Minifundien durch Erbteilung: Tax 1964 2. Bd.: 526; Bunzel 1981: 130; Wagley 1941: 76; Seminario de Integración Social Guatemalteca (SISG) 1968: 43. Zwei Beispiele von Erbgängen indianischer Familien finden sich in Rosales 1949: 103-131, 554f.

58 Tax 1964 1. Bd.: 165. Von den zahlreichen Fällen von Enteignung vgl. beispielsweise: Ciriaco Cumes, Sololá, an Ubico, 4.5.1934 (JP Sololá 1934); Luciano und Landelino Toz, Concepción, an Ubico, 11.6.1935 (JP Sololá 1935).

einer Umverteilung des Reichtums bestand, wurden nun als unzumutbare finanzielle Last aufgefaßt, der man möglichst entgehen wollte. Die unzähligen Rücktrittsgesuche von gewählten Amtsträgern in den *Jefatura Política*-Akten sind ein Zeichen für die Auflösungstendenzen von ausgleichenden Reziprozitätsmechanismen.[59]

Der Austausch mit dem Exportsektor bot neue wirtschaftliche Möglichkeiten, die ihrerseits zu zunehmender sozialer Differenzierung führten. Wagley gibt hierfür das Beispiel eines wohlhabenden Indianers, der mit seinen Maultieren den Kaffeetransport für eine *finca* übernahm und dadurch zusätzlichen Reichtum akkumulieren konnte. Die Ausrichtung auf den Exportsektor ging so weit, daß der Mann, entgegen der üblichen Praxis, den Gewinn nicht mehr zur Vergrößerung seiner *milpas* verwendete, sondern in zusätzliche Maultiere investierte.[60] Soziale Differenzierung in der indianischen Gesellschaft hieß in erster Linie, daß eine größer werdende Zahl von Familien einer kontinuierlichen Landenteignung ausgesetzt war.[61]

Die verschiedenen Entwicklungen innerhalb der indianischen Gesellschaft - Bevölkerungswachstum, soziale Differenzierung und Schwächung von Reziprozitätsmechanismen, aber auch die fortschreitende Bodenerosion und der Landverlust an ladinische Gläubiger - waren verschiedene Ausprägungen eines stetigen Proletarisierungsprozesses, der eine zunehmende Zahl von Indianern vom wichtigsten Produktionsmittel, dem Boden, trennte. Der Grad der Proletarisierung äußerte sich unter anderem in der Abnahme des durchschnittlichen Bodenbesitzes pro Familie.

Benutzt man in Tabelle 5.5. die durchschnittliche Milpafläche pro Familie als Maß für den Proletarisierungsgrad, zeigen sich große Unterschiede zwischen den *municipios*. Angesichts der wirtschaftlichen und kulturellen Verschiedenartigkeit der *municipios* kann dies kaum verwundern. Mitunter wurde geltend gemacht, daß *municipios* mit einem hohen Anteil an Kommunalland dem Landverlust durch Enteignung oder Verkauf und sozialer Differenzierung weniger stark ausgesetzt waren als solche, deren Boden ausschließlich in Privatbesitz war.[62] Der Zusammenhang zwischen der vorherrschenden Form des Bodeneigentums in einem *municipio* und der Geschwindigkeit der Proletarisierung wurde indessen von anderen Faktoren wirtschaftlicher und kultureller Natur überlagert. Auf jeden Fall

---

59 Vgl. beispielsweise: Renuncia Cofrade Nauahlá, 3.5.1934 (JP Sololá 1934); Renuncia Síndico San Andrés, 23.4.1934 (JP Sololá 1934); Renuncia Regidor 3 Visitación, 4.6.1938 (JP Sololá 1938).

60 Wagley 1941: 46f; Zur sozialen Differenzierung in der indianischen Gesellschaft vgl. ferner: Smith 1973: 60; Smith 1984a: 213; Tax 1964 2. Bd.: 499-510; Figueroa Ibarra 1979: 76; Gillin 1958: 142; Bunzel 1981: 130; Riekenberg 1990: 112.

61 Vgl. dazu auch Wagley 1941: 74.

62 Seminario de Integración Social Guatemalteca (SISG) 1968: 43.

läßt sich für die *municipios* des Departements Sololá kein unmittelbarer Zusammenhang zwischen dem Kommunallandanteil und dem Verhältnis von Milpafläche pro Familie nachweisen. Folgende *municipios* verfügten in den 30er Jahren über bedeutende kommunale Flächen: San Antonio, Santa Catarina Palopó, Ixtahuacán, Santa Cruz, San Juan, Nahualá und San Marcos. Das Verhältnis Milpafläche pro Familie ist im Vergleich zu den anderen *municipios* nicht grundsätzlich höher (Vergleiche Tabelle 5.5.)

Die auffallend ungünstigen Werte in den *municipios* Sololá, San Lucas, Nahualá und San Marcos erklären sich nicht durch einen geringen Anteil an Kommunalland, sondern durch politische, sozio-ökonomische und kulturelle Besonderheiten. Sowohl Nahualá als auch San Marcos verfügten über einen besonders hohen Anteil an Kommunalland. Nahualá hatte sich auf die Herstellung von *metates* spezialisiert. Das ermöglichte die Reproduktion einer größeren Bevölkerungszahl pro Fläche als bei reiner Maiskultur. Zudem verfügte das *municipio* über kommunales Land an der *costa*, das in der Tabelle nicht erfaßt ist. Für die Indianer von San Marcos schienen die Fruchtbaumkulturen wichtiger gewesen zu sein als die *milpas*. Tax [1946: 37] stellte fest, daß sie nur einen kleinen Teil ihres Milpalandes tatsächlich bebauten und den größten Teil ihrer Arbeitszeit für die Baumkulturen einsetzten. Sololá wies mit dem Departementshauptort einen höheren Urbanisierungsgrad auf als die übrigen *municipios*. Der Anteil der nicht bäuerlichen Bevölkerung war höher. Dies äußerte sich in einer geringen durchschnittlichen Maisfläche pro Familie. Auf die Sonderstellung von San Lucas als wichtige Kaffeezone wurde weiter oben bereits hingewiesen.

Die großen Unterschiede zwischen den *municipios* in bezug auf den Proletarisierungsgrad sind ein Hinweis darauf, daß der Proletarisierungsprozeß ungleichmäßig und unvollständig verlief. Die Kräfte, die die Enteignung der Indianer von ihrem wichtigsten Produktionsmittel vorantrieben, schlugen nicht ungebremst durch. Der kulturelle Widerstand kleinräumig organisierter Gesellschaften, die Möglichkeiten wirtschaftlicher Spezialisierung im Rahmen einer Kleinwarenproduktion, aber auch eine offene ökologische Front boten den Menschen immer wieder Ausweichmöglichkeiten, um einer völligen Proletarisierung zu entgehen. Dazu kam, daß die dominierende Schicht der Kaffeeproduzenten selbst wenig an einem durchgreifenden Proletarisierungsprozeß interessiert war. Der hohe Bedarf an saisonalen Arbeitskräften bei der Kaffeeproduktion rief vielmehr nach Arbeitern, die weitgehend aus eigenen Mitteln für ihre Subsistenz sorgen konnten und nicht ausschließlich auf ein Lohneinkommen angewiesen waren. Unter diesen Bedingungen konnten die Löhne für die Arbeit auf den Kaffeefincas unter das notwendige Minimum für die Reproduktion der Arbeitskraft gedrückt werden.

Alle diese Faktoren führten dazu, daß sich der Proletarisierungsprozeß in Guatemala nur langsam vollzog und bis heute unvollständig geblieben ist. In der liberalen Landnahme des 19. Jahrhunderts sah Figueroa Ibarra [1980: 33, 335] nicht einen absoluten Enteignungsvorgang, sondern vielmehr einen Umschichtungsprozeß, der die indianische Bevölkerung auf die weniger fruchtbaren Böden zurückdrängte.[63] Obschon sich die Subsistenzsituation für die Hochlandbauern infolge des demographischen Wachstums und der abnehmenden ökologischen Ressourcen ständig verschlechterte, ergaben sich für die *cafetaleros* Probleme bei der Rekrutierung von Arbeitskräften, denn ein Zustand, bei dem die indianische Bevölkerung einerseits weitgehend selbst für ihre Reproduktion sorgen konnte, andererseits aber genügend Menschen aus wirtschaftlicher Not zur Plantagenarbeit gezwungen wurden, stellte sich nicht von selbst ein. Es bedurfte verschiedener extra-ökonomischer Zwangsmethoden, um eine ausreichende Zahl an Arbeitskräften sicherzustellen.

---

63 Vgl. im Zusammenhang mit der Proletarisierung auch: Jones 1940: 309; Wagley 1941: 59; LeBot 1976: 84; Smith 1979: 58; Smith 1984c: 143; Universidad de San Carlos de Guatemala, Facultad de Ciencias Económicas 1981: 17; PREALC 1986: 184.

6. Formen der Zwangsarbeit

Seit der Eroberung durch Pedro de Alvarado bildete die Zwangsarbeit der *indígenas* zugunsten spanischer und später ladinischer Herren die Grundlage der sozialen Beziehungen in Guatemala. Nachdem die von den Eroberern erhofften großen Goldfunde ausgeblieben waren, blieb den neuen Herren als Beute nur der fruchtbare Boden und die indianische Arbeitskraft. Mit der militärischen Unterwerfung der vorkolonialen Reiche stand den spanischen Kolonisten ausreichend Land zur Verfügung, um ihre Bereicherungsziele zu verwirklichen. Die Schwierigkeit bestand in der Mobilisierung der einheimischen Arbeitskraft. Hierzu setzten die Spanier entsprechend den sozio-ökonomischen Erfordernissen verschiedene Zwangssysteme ein.

Unter dem *encomienda*-System wurde den Kolonisten das Tributrecht über eine bestimmte Anzahl von Indianern erteilt.[1] Unabhängig von der Form, in der die Tribute zu entrichten waren (Geld, Naturalien oder Arbeit), bedeutete das System für die Indianer eine über ihre Subsistenzbedürfnisse hinausgehende erzwungene Mehrarbeit. Während des 16. Jahrhunderts zeigten sich erste Schwächen des *encomienda*-Systems. Insbesondere hatte es zu einer Konzentration des Faktors Arbeit in den Händen weniger geführt. Neuankommende Kolonisten hatten Schwierigkeiten, genügend Arbeitskräfte zu rekrutieren. Die weitere Entwicklung der Kolonie verlangte nach einem flexibleren Verfahren der Arbeitskräftezuteilung. Unter dem *repartimiento*-System wurden die Indianer nun mit unmittelbarer obrigkeitlicher Gewalt zur Arbeit für die Kolonisten gezwungen. Im Unterschied zur *encomienda* lag die Verfügungsgewalt über die Arbeitskräfte nun bei der Zentralgewalt und nicht mehr beim einzelnen Kolonisten.[2]

Encomienda und *repartimiento* nahmen im Laufe der Zeit den sich ändernden Rahmenbedingungen entsprechend verschiedene Ausprägungen an und verloren

---

1 Vgl. zu den Formen der Zwangsarbeit während der Kolonialzeit: Kloosterboer 1960: 80-105; MacLeod 1973: 290-296; Zavala 1978: 69-134; Sherman 1987: 271-372; Kramer/Lovell/Lutz 1993: 40-63; Jones 1994: 93-106. Aufgrund der verschiedenen Formen, die encomienda und repartimiento im Laufe der Zeit angenommen haben, ist eine umfassende Beschreibung der Systeme äußerst komplex und würde den Rahmen dieser Arbeit sprengen. Im Interesse einer möglichst klaren Begriffsbildung verzichte ich daher auf die ausführliche Diskussion der zum Teil widersprüchlichen Interpretationen und Definitionen. Als Beispiel sei hier nur Humberto Flores Alvarado [1977: 50] angeführt, der die encomienda mit der mita oder dem cuatequil gleichsetzt. Differenzierte Beschreibungen der beiden Begriffe finden sich in: Dawson 1965: 124 Anm. 3; Woodward 1976: 43-45; Figueroa Ibarra 1980: 40-44. Solórzano F. 1977: 128-133; Madigan 1976: 224-243. Die ausführlichste Darstellung von encomienda und repartimiento bleibt aber Martínez Peláez 1971: 87-128, 460-518. Allgemein zur spanischen Kolonialverwaltung vgl.: MacLachlan/Rodríguez O. 1980; Webre 1993: 151-218.

2 In Mexiko und Peru war das System der repartimientos unter der Bezeichnung "cuatequil" bzw. "mita" bekannt. Vgl. Kloosterboer 1960: 89.

schließlich ihre zentrale Bedeutung zur Arbeitskraftrekrutierung. Das *repartimiento*-System, das die *encomiendas* um ein Jahrhundert überlebte, fand allerdings erst im 19. Jahrhundert ein Ende. Der Rückgang der *repartimientos* hing mit dem Wachstum der indianischen Bevölkerung zusammen. Infolge der Verschlechterung des Mensch/Land-Verhältnisses begann deren Subsistenzgrundlage an den Rändern abzubröckeln. Zur Überbrückung von Notsituationen sahen sich die Indianer vermehrt gezwungen, Arbeit auf den spanischen *haciendas* zu suchen. Für die Kolonisten blieb der Faktor Arbeit dadurch zwar immer noch knapp, die veränderte Anreizstruktur verlangte jedoch nach anderen Rekrutierungsmethoden. Die *hacendados* versuchten die scharfe Konkurrenz um die indianischen Arbeitskräfte einzudämmen, indem sie die *mozos* auf der Basis von Patron-Klientel-Beziehungen an sich banden [Kloosterboer 1960: 208]. Daraus formte sich im 19. Jahrhundert ein Zwangssystem heraus, das auf der schuldknechtschaftlichen Abhängigkeit der Arbeitskräfte vom Patron beruhte.

Neben der Arbeit für die spanischen und ladinischen Grundbesitzer wurden die Indianer stets auch von staatlichen Instanzen zur Zwangsarbeit aufgeboten. Die Zentralregierung verpflichtete sie zur Arbeit beim Aufbau der öffentlichen Infrastruktur; auf munizipaler Ebene hatten sie beim Unterhalt der Gemeindeanlagen mitzuhelfen; innerhalb der Armee mußten sie als *zapadores* (Pioniersoldaten) dienen.[3] Die Hauptpfeiler der Zwangsarbeit im öffentlichen Bereich bildeten seit Ende des 19. Jahrhunderts nebst der regional unterschiedlich verwurzelten Tradition der *faenas dominicales* (unbezahlte Sonntagsarbeit) die Institutionen des *Servicio de Vialidad* und des *Servicio de Ornato*.[4] Die *Ley para las municipalidades* von 1879 schrieb für den *Servicio de Ornato* eine Arbeitspflicht von drei Tagen im Jahr vor. Es bestand zwar die Möglichkeit, der Arbeitspflicht durch die Bezahlung eines "gleichwertigen" Geldbetrages zu entgehen, von den Behörden wurde aber die Arbeitsleistung bevorzugt.[5] Von Gemeinde zu Gemeinde bestanden erhebliche Unterschiede in der Reglementierung des *Servicio de Ornato*. So gab es etwa *municipios*, die in Abweichung von der üblichen Altersgrenze von 60 Jahren nur Männer bis 50 zur Arbeit verpflichteten. Manchen-

---

3   Vgl. zu den zapadores: Adams 1970a: 176-177; Montenegro Ríos 1976: 220; Bauer Paiz 1965: 119; Vecinos indígenas San Antonio Aguas Calientes an JP Sacatepéquez, 20.1.1925 (JP Sacatepéquez 1925); Comandancia San Lucas Tolimán an JP Sololá, 17.6.1935 (JP Sololá 1935).

4   Präsident Ubico sprach sich gegen die munizipale Praxis der faenas aus und betonte, daß nur der Servicio de Vialidad zu leisten sei. Vgl. JP Chimaltenango an Alcalde primero San Martín Jilotepeque, 9.5.1934 (JP Chimaltenango 1934).

5   Höhere Amtsinhaber der municipalidad waren von der Arbeitspflicht befreit. Vgl. El Guatemalteco, Mittwoch, 2.10.1879 "Ley para las municipalidades de la República, Decreto Gubernativo 241 del 30 de septiembre 1879"; Vecinos indígenas Santa Catarina Barahona an SGJ, 9.7.1925 (JP Sacatepéquez 1925); JP Sacatepéquez an Intendente San Antonio Aguas Calientes, 2.10.1935 (JP Sacatepéquez 1935).

orts wurden mehr als die drei im Gesetz festgelegten Arbeitstage verlangt. In einigen Fällen versuchten die Behörden die Arbeitspflicht auf zwei Wochen auszudehnen. Das überstieg jedoch klar das von der Bevölkerung tolerierte Maß und löste jedesmal Proteste aus. Eine Arbeitspflicht von einer Woche schien hingegen noch innerhalb der gewohnheitsrechtlich anerkannten Norm gelegen zu haben.[6]

Im Gegensatz zum *Servicio de Ornato*, dessen Praxis innerhalb der munizipalen Tradition verhältnismäßig stabil blieb, wurde der *Servicio de Vialidad* im 19. und 20. Jahrhundert mehrmals den Anforderungen der aufstrebenden Exportwirtschaft angepaßt.[7] 1830 schrieb die Regierung der Zentralamerikanischen Föderation die schon während der Kolonialzeit bestehende Pflicht, beim Straßenbau zu arbeiten, gesetzlich fest. Nachdem die Föderation 1838 auseinandergefallen und in Guatemala die Macht an die Konservativen übergegangen war, nahm die Bedeutung der Zwangsarbeit vorübergehend ab. Mit der Machtergreifung der Liberalen zu Beginn der 1870er Jahre geriet die indianische Arbeitskraft jedoch erneut ins Zentrum wirtschaftlicher Interessen. Unter Präsident Barrios wurde der Arbeitsdienst 1874 auf drei Tage im Jahr festgesetzt. Aber schon 1877 verfügte ein präsidiales Dekret die Verdoppelung der geforderten Arbeitstage und die Erhöhung der Ablösesumme auf zwei *pesos*. Begründet wurde die Maßnahme mit dem Hinweis,

---

6 Vgl. Intendente General an Finca San Fransisco Miramar, Colomba, 30.4.1919 (SF, Leg. 15351); Basilio Chicojay y compañeros Santa Catarina Barahona an JP Sacatepéquez, 8.2.1924 (JP Sacatepéquez 1924); Cornelio Santos y compañeros San Antonio Aguas Calientes an JP Sacatepéquez 1924 (JP Sacatepéquez 1924); Planilla Semana de Ornato Santo Domingo, Juli 1934 (JP Suchitepéquez 1910-1937); Santo Domingo Planilla No. 11, Semana del 28 de agosto al 3 del septiembre, 7.9.1936 (JP Suchitepéquez 1927-1940); Intendente Magdalena Milpas Altas an JP Sacatepéquez, 4.1.1937 (JP Sacatepéquez 1937); Sumpango Planilla Servicio de Ornato No. 12, 1.-4.3.1939 (JP Sacatepéquez 1939).

7 Vgl. zum Folgenden: Catastros de contribución de caminos, 1887 (SF, Leg. 3972); JP Sacatepéquez an SF, 16.12.1921; JP Sacatepéquez an SF, 26.1.1922; JP Sacatepéquez an SF, 30.8.1923 (alle SF Sacatepéquez, Leg. 14922); Informe anual 1923 JP Sacatepéquez an SA, Januar 1924 (JP Sacatepéquez 1924); Alcalde primero San Martín Jilotepeque an JP Chimaltenango, 11.7.1929 (JP Chimaltenango 1929); Tarjeta personal de trabajos de los peones de caminos, cuadrilla San Martín Jilotepeque, semana del 23 al 29 de junio 1929 (JP Chimaltenango 1930); Nomina de los obligados al pago de la contribución de caminos y ornato, Municipalidad de Santa Catarina Barahona, año 1927 (JP Sacatepéquez 1927); Catastro de contribuyentes de caminos para el primer semestre del año 1929 de la jurisdicción de Santa Catarina Barahona, November 1928 (JP Sacatepéquez 1929); Catastro de los obligados al pago de la contribución de caminos en el departamento de Sacatepéquez de orden del Señor Presidente de la República, o.D. (JP Sacatepéquez 1929). Vgl. ferner: Jones 1940: 247; Wagley 1949: 102-104; Wisdom 1961: 274; Tax 1964 1. Bd.: 258; Dawson 1965: 132-137; Solórzano F. 1977: 327; Bauer Paiz 1965: 3-5, 82-85, 100-101; Schmid 1973: 71; Madigan 1976: 251; García Mainieri de Villeda 1978: 54; Bunzel 1981: 220; Valladares de León de Ruiz 1983: 59, 91; Karlen 1991: 274f.

"que el trabajo personal de tres dias que designa la citada ley, no es bastante para llenar las necesidades del servicio, atendido el número de carreteras y demas caminos públicos; resultando que ese trabajo personal no basta ni aun para la formal reparación de los caminos vecinales [Bauer Paiz 1965: 83]."

Die Erhöhung des *Servicio de Vialidad* mußte offensichtlich bei der betroffenen Bevölkerung auf erheblichen Widerstand gestoßen sein, denn schon ein Jahr später wurde die Arbeitspflicht wieder auf drei Tage und die Ablösesumme auf 12 *reales* reduziert.

Mit dem weiteren Ausbau der Verkehrswege nahm der Bedarf an Arbeitskräften beständig zu, und die Arbeitspflicht wurde wieder bis auf fünf Tage erhöht. Nach dem Sturz Estrada Cabreras wurde 1921 die Zwangsarbeit beim Straßenbau für kurze Zeit aufgehoben, schon ein Jahr später aber wieder eingeführt. Die gesetzlich verankerten vier Arbeitstage reichten jedoch für den Unterhalt bestehender und den Bau neuer Straßen nicht aus. Die Behörden boten daher in den indianischen *municipios* zwangsweise zusätzliche Arbeiter auf. Seit dem Aufstreben der Kaffeewirtschaft in der zweiten Hälfte des 19. Jahrhunderts waren solche *mandamientos* ein wichtiges Mittel zur Arbeitskräfterekrutierung. Im Grunde handelte es sich dabei um ein den kolonialen *repartimientos* ähnliches Kontingentsystem, das die *municipios* verpflichtete, Arbeitskräfte für öffentliche und private Unternehmungen der herrschenden Klassen zu stellen.[8] Die Kontingente richteten sich nach der Einwohnerzahl der *municipios* und dem Arbeitskräftebedarf. Daß die Arbeit bezahlt wurde, änderte nichts am Zwangscharakter der Rekrutierung.

Als Mittel zur Beschaffung von Arbeitskräften für die Kaffeefincas traten die *mandamientos* seit Ende des 19. Jahrhunderts zugunsten des *habilitaciones*-Systems, das auf der Verschuldung der Indianer gegenüber den Plantagenbesitzern beruhte, in den Hintergrund. 1894 wurden die *mandamientos de jornaleros* von Präsident Reyna Barrios (1892-1898) formal abgeschafft [Bauer Paiz 1965: 118]. Nach wie vor bot der Staat jedoch Zwangskontingente für den Straßenbau und andere öffentliche Arbeiten auf. Da *mozos*, die sich bei einer *finca* verschuldet hatten, von solchen Aufgeboten ausgenommen wurden, stellten die *mandamientos* für die Indianer einen zusätzlichen Grund dar, die von den *habilitadores* angebotenen Vorschüsse anzunehmen.

In den 1920er Jahren galt als Richtmaß für die *mandamientos* ein Arbeitsdienst von zwei Wochen (*quincena*). Die betroffenen *municipios* waren ver-

---

8 Zu den mandamientos vgl.: Guerra Borges 1969 1. Bd.: 268; Centroamérica 1987: 136; Dawson 1965: 125; McCreery 1983: 741; McCreery 1986: 99; McCreery 1994: 220-223; Jones 1940: 147-151; Jones 1942: 314; Kepner/Soothill 1935: 131; García Mainieri de Villeda 1978: 43-46; Cambranes 1985: 99-103; Cambranes 1986: 135-134; Bingham 1974: 111f; Woodward 1976: 174; Winson 1978: 32; Samper 1993: 86.

pflichtet, alle vierzehn Tage neue Arbeitskräfte zu stellen.[9] Oft bekundeten die munizipalen Behörden Mühe, die erforderlichen Kontingente aufzubringen, weil sich zahlreiche *mozos* auf *milpas* außerhalb des Gemeindegebiets oder bei der Arbeit auf den *fincas* der *boca costa* befanden. In solchen Fällen wurden auch Leute aufgeboten, die rechtmäßig vom Arbeitsdienst befreit waren.[10] Nicht nur die Bevölkerung, sondern auch die lokalen Behörden beklagten sich über die Last der *mandamientos*, die die sorgfältige Bestellung der *milpas* verhindere.[11] 1921 setzte sich sogar der *Jefe Político* von Sacatepéquez gegen die Entsendung beträchtlicher Arbeitskontingente ins Departement Escuintla zur Wehr.[12]

Gegen Ende der 20er Jahre wurde immer klarer, daß die *mandamientos* als Ergänzung des ungenügenden *Servicio de Vialidad* ungeeignet waren. Sie waren wenig flexibel, aufwendig in der Durchführung und anfällig für Korruption. Dies führte zu großen Unterschieden in der Verteilung der Arbeitslast. Während einige *municipios* kaum von *mandamientos* betroffen waren, bedrohten die staatlichen Aufgebote in anderen ernsthaft die Grundnahrungsmittelproduktion. Innerhalb der Verwaltung wurde daher die Notwendigkeit einer Reform des *Servicio*

---

9 Dionisio Rodríguez, San Lorenzo el Cubo, an JP Sacatepéquez, 21.12.1926; Xenacoj: Lista de los mozos que durante una quincena trabajarán en la carretera de Escuintla, 13.8.1928; Alcalde primero Sumpango an JP Sacatepéquez, 30.5.1928; Alcalde primero San Lorenzo el Tejar an JP Sacatepéquez, 24.9.1928; Alcalde primero Xenacoj an JP Sacatepéquez, 5.10.1928; Alcalde primero Sumpango an JP Sacatepéquez, 29.9.1928 Alcalde primero Santiago Sacatepéquez an JP Sacatepéquez, 22.9.1928; Alcalde primero Xenacoj, 1.10.1928; (alle JP Sacatepéquez 1928); Expediente con respecto a la queja contra el Secretario municipal de Sumpango don Mariano Rosales, 5.3.1929; Félix Hernández, Santa Catarina Barahona, an JP Sacatepéquez, 21.5.1929; Secretaría del Juzgado de primara instancia de Sacatepéquez certifica, 4.3.1929 (alle JP Sacatepéquez 1929).

10 Zum Beispiel meldete der Alcalde primero von San Lucas Sacatepéquez Mitte November 1927: "que para dar cumplimiento en los mozos que se me ordenó he tomado dos mozos eceptuados pues con verdad le manifiesto que ya no encuentro gente para dar cumplimiento con las ordenes de mis superiores, pues la mayor parte salió para las costas a cumplir sus compromisos." Vgl. Alcalde primero San Lucas Sacatepéquez an JP Sacatepéquez, 16.11.1927 (JP Sacatepéquez 1927). Für ähnlichlautende Schreiben vgl.: Alcalde primero Dueñas an JP Sacatepéquez, 28.1.1924 (JP Sacatepéquez 1924); Alcalde primero Xenacoj an JP Sacatepéquez, 5.10.1928; Alcalde primero Sumpango an JP Sacatepéquez, 4.7.1928; Alcalde primero Sumpango an JP Sacatepéquez, 29.9.1928 (alle JP Sacatepéquez 1928).

11 Vecinos indígenas San Andrés Ceballos an JP Sacatepéquez, 26.7.1926 (JP Sacatepéquez 1927); Salvador Yol y comañeros, San Lorenzo el Tejar, an JP Sacatepéquez, 26.6.1928); Mozos deudores de la finca Diamantes, Escuintla, an JP Sacatepéquez, 28.6.1928; Alcalde primero Sumpango an JP Sacatepéquez, 4.6.1928 (JP Sacatepéquez 1928); Vecinos San Antonio Palopó an JP Sololá, 1.7.1929 (JP Sololá 1929).

12 JP Sacatepéquez an SF, 11.2.1921; JP Sacatepéquez an SF, 23.3.1921 (beide SF Sacatepéquez, Leg. 14922); JP Escuintla an SF, 21.3.1922 (SF Escuintla, Leg. 14888).

público diskutiert.[13] 1929 kündete Präsident Lázaro Chacón (1926-1930) ein Projekt zur Überarbeitung der *Ley de Vialidad* an, das in den politischen Wirren von 1929/30 jedoch nicht weiterverfolgt wurde.[14]

Die Dringlichkeit von Reformen äußerte sich in der Tatsache, daß Jorge Ubico schon kurz nach seiner Machtübernahme eine neue *Ley de Vialidad* erließ, die das Straßenbauwesen auf die Grundlagen moderner rationaler Verwaltung stellte [Karlen 1991: 275]. 1933 setzte Ubico mit dem Dekret Nr. 1474 den *Servicio de Vialidad* auf eine Woche unentgeltliche Arbeit pro Semester oder die Bezahlung einer Ablösesumme von einem *Quetzal* fest. Formal bedeutete das eine Verdreifachung der Arbeitspflicht gegenüber den 20er Jahren. Angesichts der bisher üblichen zweiwöchigen *mandamientos* äußerte sich die Erhöhung der Arbeitslast in der Praxis jedoch weniger deutlich. Dennoch ist nicht von der Hand zu weisen, daß das Dekret der indianischen Bevölkerung mehr Arbeitstage für den Straßenbau abverlangte.

Die Rekrutierung setzte nun nicht mehr bei den *municipios* an, sondern legte die Arbeitspflicht für jeden Bürger genau fest. Der Staat trat näher an den Einzelnen heran und nahm ihn unmittelbar in Pflicht. Unter dem *mandamiento*-System hatte er allein die Gemeindebehörden zur Rechenschaft ziehen können, wenn die Kontingente nicht erfüllt wurden.

Die von Ubico bereits 1931 ins Leben gerufenen *Juntas departamentales* und *Comites locales de Agricultura y Caminos* wurden mit der Durchsetzung der Maßnahmen im Zusammenhang des *Servicio de Vialidad* betraut.[15] Sie erhoben die *Censos de Vialidad*, die alle 18 bis 60-jährigen Männer registrierten. Sie entschieden über die Zuteilung der Arbeitskräfte und brachten Fehlbare zur Anzeige. Weil die *Juntas* und *Comites* auch bei der Durchsetzung der Arbeitspolitik Ubicos (Abschaffung des *habilitaciones*-Systems, Vollzug des Vagabundengesetzes) eine wichtige Rolle spielten, stellten sie besonders auf munizipaler Ebene

---

13 Memorandum SA an SF, 18.12.1928 (SF, Leg. 15011). Unter anderem wurde vorgeschlagen: "Organizar equitativamente los servicios públicos, procurando que los labradores no dejen de cultivar sus campos por ser ocupados en estos sevicios para los cuales deben ser ocupados los que no se dediquen a ningún cultivo. Vgl. auch: Circular SA an Alcalde primero San Martín Jilotepeque, 13.10.1928 (JP Chimaltenango 1928); El Imparcial, Dienstag, 11.1.1928 "El problema de los braceros".

14 Bauer Paiz 1965: 5. Der Präsident empfahl den municipios die Durchführung einer Semana de Vialidad. Vgl. Dirección Departamental de Caminos an Alcalde primero Sololá, 5.12.1929 (JP Sololá 1929).

15 Vgl. hierzu: MA 1931: 258, 277; Circular JP Chimaltenango an Alcaldes primeros, 21.1.1931 (JP Chimaltenango 1931); SA an JP Sacatepéquez, 7.5.1934 (JP Sacatepéquez 1934); JP Suchitepéquez an Intendente Santo Domingo, 21.8.1935 (JP Suchitepéquez 1910-1937); Junta de Agricultura y Caminos San Martín Jilotepeque an JP Chimaltenango, 7.5.1934 (JP Chimaltenango 1934); Juzgado de Paz San Martín Jilotepeque, 6.10.1935 (JP Chimaltenango 1935).

Schlüsselstellen der Macht dar, indem sie die indianische Arbeitskraft kontrollierten.[16] Der Anspruch des Staates auf die indianische Arbeitskraft stand in Konkurrenz mit den Bedürfnissen der Kaffeefincas an der boca costa und der *milpa*-Bauern im Hochland. Diagramm 6.1. zeigt für das Departement Sacatepéquez die Verteilung der Arbeitskräfte auf die *Semanas de Vialidad*. Deutlich sind die Spitzen der beiden Semester zwischen Februar und April bzw. August und Oktober ersichtlich. In diesen Monaten war die Arbeitsintensität sowohl auf den Kaffeeplantagen wie auf den *milpas* am geringsten. Während den Hauptmonaten der Kaffee-Ernte (November und Dezember) wurden nur wenig Leute zum Straßenbau aufgeboten, wobei der tiefste Wert im Dezember auch mit der weihnachtlichen Festzeit zusammenhing.[17] Weniger deutlich, aber doch erkennbar, ist der Einschnitt zwischen April und Juni, den Monaten der Maisernte im Hochland.

Diagramm 6.1. *Semanas de Vialidad*

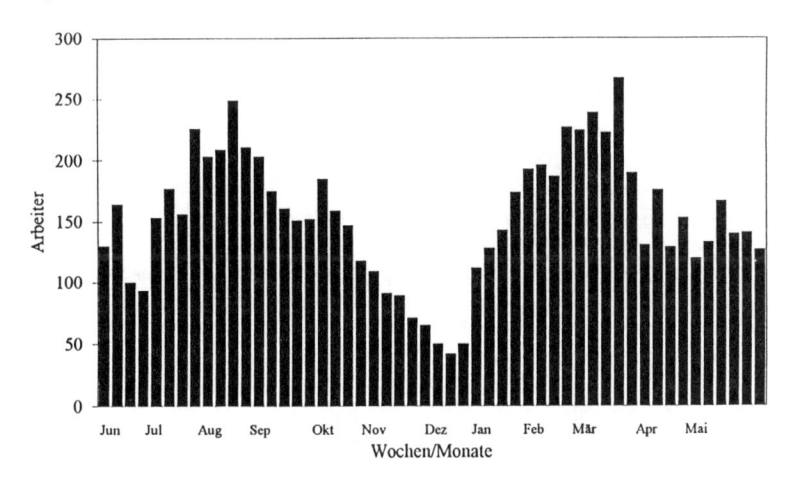

Quelle: Planillas de Vialidad de los años 1937 y 1938 (JP Sacatepéquez 1938)

---

16 Vgl. Circular JP Sacatepéquez an Intendentes municipales, 1.1.1934 (SGJ Sacatepéquez, Leg. 30860); JP Chimaltenango an Intendente San Martín Jilotepeque, 25.3.1936 (JP Chimaltenango 1936); Intendente Santa María de Jesús an JP Sacatepéquez, 7.12.1937 (SGJ Sacatepéquez, Leg. 31327).

17 Verschiedentlich wurde für die Feierlichkeiten im Zusammenhang mit der lokalen Heiligenverehrung die Sistierung des Servicio de Vialidad für ganze municipios gefordert. Vgl. Juan Aguilar y compañeros, Santa María Cauqué, an JP Sacatepéquez, 14.8.1933 (JP Sacatepéquez 1931); Alcalde primero Xenacoj an JP Sacatepéquez, 24.7.1933 (JP Sacatepéquez 1933).

Obschon die Neuorganisation des *Servicio de Vialidad* unter Ubico die Arbeitspflicht für die indianische Bevölkerung verschärfte, war offener Protest selten. Tauchten in den 20er und anfangs der 30er Jahre regelmäßig offizielle Schreiben und Petitionen auf, die sich auf den Konflikt zwischen Arbeitsdienst und Subsistenzproduktion bezogen oder Mißbräuche von Vorgesetzten auf den Baustellen anprangerten, sind nach 1933 kaum noch Dokumente in diesen Angelegenheiten zu finden.[18] Die straffe Organisation und unnachgiebige Durchsetzung des *Servicio de Vialidad* vermögen den geringen Widerstand der indianischen Bevölkerung in diesem Bereich indessen nur zum Teil zu erklären. Offensichtlich gelang es der Ubico-Administration, die Last des Arbeitsdienstes sowohl in bezug auf die betroffenen Bevölkerungsgruppen als auch in bezug auf die zeitlichen Kollisionen mit den *milpa*-Arbeiten besser zu verteilen. Dadurch geriet der *Servicio de Vialidad* weniger häufig in unmittelbaren Konflikt mit den Subsistenzbedürfnissen der indianischen Bevölkerung. Diese Feststellung deckt sich mit der These James Scotts, die den bäuerlichen Widerstand nicht in erster Linie mit dem Ausbeutungsmaß (verstanden als irgendwie quantifizierbare Wertabschöpfung) sondern mit der Ausbeutungsform in Beziehung setzt.[19] Darüber hinaus konnten sich die betroffenen Männer nun unter Berufung auf den festgesetzten Arbeitsdienst im Rahmen des *Servicio de Vialidad* gegen weitere Arbeitsleistungen zur Wehr setzen. Weil es gleichzeitig ein schönes Beispiel für die ubiquistische Politik gegenüber der indianischen Bevölkerung ist, sei hier ein Schreiben Ubicos zitiert, das er am 28. Februar 1935, drei Tage nach einer Inspektionsreise, an den *Jefe Político* von Sololá richtete:

"La Municipalidad de San Jorge La Laguna, me informó verbalmente que se les obliga a excesivos trabajos, no obstante cumplir con los requisitos de Vialidad. En tal concepto, reglamente usted los mencionados trabajos con arreglo a las obligaciones legales de aquellos vecinos, para evitar futuras quejas.[20]

All dies änderte nichts daran, daß die Indianer den Arbeitsdienst im Straßenbau verabscheuten. Gründe hierzu gab es genug. Die Arbeit war hart, die Le-

---

18 Vgl. hierzu etwa: Vecinos de Alotenango de la cuadrilla de caminos al tramo Palín-Escuintla an SA, 7.8.1930 (JP Sacatepéquez 1930); Juzgado de primera instancia Sumpango an JP Sacatepéquez, 17.7.1931 (JP Sacatepéquez 1931); Alcalde primero San Lorenzo el Tejar an JP Sacatepéquez, 21.11.1931 (JP Sacatepéquez 1931); Alcalde primero Xenacoj an JP Sacatepéquez, 25.9.1933 (JP Sacatepéquez 1933); Alcalde primero Pastores an JP Sacatepéquez, 6.7.1934 (JP Sacatepéquez 1934); JP Sacatepéquez an SA, 21.10.1935 (JP Sacatepéquez 1935); Intendente Ciudad Vieja an JP Sacatepéquez, 20.3.1939 (JP Sacatepéquez 1939).

19 Vgl. hierzu: Scott 1976: 29-32.

20 Presidente de la República de Guatemala an JP Sololá, 28.2.1935 (JP Sololá 1935). Das Schreiben enthält im Kopf die Referenz "Jira Sr. 25 Feb. 35", die auf die entsprechende Jira presidencial verweist. Vgl. zu den Inspektionsreisen Ubicos: Hernández de Leon 1940.

bensbedingungen schlecht und Beschimpfungen oder Mißhandlungen seitens der ladinischen Vorgesetzten an der Tagesordnung. Für ihre Verpflegung mußten die Männer auch dann selber aufkommen, wenn es ihnen infolge der großen Distanzen unmöglich war, am Abend nach Hause zurückzukehren. Wer es sich leisten konnte, versuchte deshalb dem Arbeitsdienst mit der Bezahlung der Ablösesumme (*conmuta*) von einem *Quetzal* pro Semester zu entgehen.

Seit Mitte der 30er Jahre häuften sich die Stimmen, die sich über den Mangel an Arbeitskräften beim Straßenbau beklagten, weil immer mehr Betroffene es vorzogen, die Straßensteuer zu bezahlen.[21] In Sumpango, einem *municipio* mit mehrheitlich indianischer Bevölkerung, stieg der Anteil derjenigen, die die *conmuta* bezahlten, von 6% im Jahr 1935 auf 48% im Jahr 1942.[22] Noch deutlicher sind die Zahlen im Departement Sololá. 1940 bezahlten in 10 von 19 *municipios* mehr als die Hälfte der Pflichtigen die Ablösesumme. In San Pedro und San Pablo, beides indianisch dominierte *municipios*, entrichteten gar alle die Steuer.[23] Vermehrt wurden daher wieder bezahlte Arbeitskräfte beim Straßenbau eingesetzt.[24] Diese Entwicklung ist nicht zuletzt auch Ausdruck der zunehmenden Monetarisierung der indianischen Wirtschaft. Die Ubico-Regierung trug dem Rechnung, indem sie 1944 die Ablösesumme auf 1,5 *Quetzales* pro Arbeitswoche erhöhte [Karlen 1991: 274].

Spätestens mit der aufstrebenden Kaffeewirtschaft fiel die private Nachfrage nach indianischen Arbeitskräften mehr ins Gewicht als die Ansprüche des Staates. Die schnell steigende Nachfrage der Kaffeefincas nach billigen Arbeitskräften führte vor allem während der Erntezeit immer wieder zu Angebotsengpässen.

---

21   Vgl. Alcalde primero Santiago Zamorra an JP Sacatepéquez, 23.7.1934; Alcalde primero Ciudad Vieja an JP Sacatepéquez, 2.7.1934; Alcalde primero San Bartolomé Milpas Altas an JP Sacatepéquez, 1.11.1934 (alle JP Sacatepéquez 1934); Intendente Sumpango an JP Sacatepéquez, 3.5.1937; Maestro de caminos an JP Sacatepéquez, 4.5.1937; Intendente Ciudad Vieja an JP Sacatepéquez, 13.12.1937; (alle JP Sacatepéquez 1937); Intendente Santa Clara la Laguna an JP Sololá, 7.9.1937 (JP Sololá 1938); Intendente San Andrés Semetabaj an JP Sololá, 20.9.1937 (JP Sololá 1937); JP Sololá an SA, 5.10.1939; Informe anual Intendente Sololá an JP Sololá, Dezember 1939 (beide JP Sololá 1939).

22   Intendente Sumpango an JP Sacatepéquez, 13.11.1935 (JP Sacatepéquez 1935); Numero de boletos de vialidad extendidos en el departamento de Sacatepéquez del segundo semestre del año, 23.11.1937 (JP Sacatepéquez 1937); Plan de trabajos de caminos en el departamento de Sacatepéquez, para el año fiscal del 1. de julio de 1943 al 30 de junio de 1944; Movimiento del contingente humano, durante el 1. y 2. semestre de 1942, o.D. (JP Sacatepéquez 1938).

23   Censo de Vialidad, 18.5.1940 (JP Sololá 1940). Vgl. auch JP Sololá an SA, 5.10.1939 (JP Sololá 1939).

24   Informe semanal de los trabajos de caminos, 18.-24.6.1939; Dirección General de Caminos: Memoria de las labores camineras correspondiente al año 1943: ruta Nacional, o.D.; Dirección General de Caminos: Informe anual, 1.1.1944 (beide JP Sacatepéquez 1938); Informe anual JP Sacatepéquez an SA, 1.1.1941 (JP Sacatepéquez 1940).

Mit verschiedenen Methoden der Zwangsrekrutierung versuchten die liberalen Regierungen seit 1871 Arbeitskräfte für den Exportsektor zu mobilisieren. Auf die unter Präsident Barrios eingeführten *mandamientos* wurde weiter oben bereits hingewiesen. Seit den 1890er Jahren setzte sich jedoch das *habilitaciones*-System als wichtigstes Instrument der Arbeitskräfterekrutierung durch. Es zielte in erster Linie auf die zahlenmäßig größte Gruppe der indianischen Bevölkerung ab: die Minifundisten mit Zugang zu wenig eigenem oder kommunalem Land.

Im Zentrum des *habilitaciones*-Systems stand die Figur des *habilitador*, eines auch als *contratista* oder *enganchador* bezeichneten Agenten einer oder mehrerer Kaffeefincas. Seine wichtigste Leistung bestand in der Anwerbung saisonaler Arbeitsgruppen (*cuadrillas*) für die Kaffee-Ernte. Zu diesem Zweck gewährte er den Leuten Darlehen (*habilitaciones*) gegen zukünftig zu erbringende Arbeitsleistung auf den *fincas*. Damit wurde ein schuldknechtschaftähnliches Arbeitsverhältnis konstituiert.

Oft gehörten die *habilitadores* der lokalen Elite an. Sie besaßen in den Hochlandmunicipios Land oder betrieben einen Kleinwarenladen (*tienda*). Es gab aber auch nicht-ortsansässige *habilitadores*, die von *municipio* zu *municipio* zogen, um Arbeitskräfte anzuwerben. McCreery [1994: 225-226] legt in diesem Zusammenhang Wert auf die Unterscheidung zwischen *contratistas* (ortsansässige Anwerber mit eigener Kapitalbasis) und *habilitadores* (nicht-ortsansässige Agenten ohne eigene Kapitalbasis). Ich verzichte auf diese Schärfe in der Wortwahl, weil sie auch in den Quellen nicht gegeben ist. Durchwegs werden darin Anwerber - unabhängig der näheren Umstände - meist als *habilitadores*, selten als *contratistas* und *enganchadores*, bezeichnet. Dies entsprach dem Umstand, daß in der Praxis die Grenzen in bezug auf die Kapitalbasis der "habilitadores" bzw. "*contratistas*" fließend waren. Für die *mozos habilitados* fiel es auch nicht ins Gewicht, ob der Kredit, den sie vom Anwerber erhalten hatten, aus dessen eigenen Mitteln oder aus dem Kapital der *finca* stammte.

Eine besondere Bedeutung hatte bei der Anwerbung von *mozos* der Alkoholausschank. Während religiöser Feierlichkeiten pflegten die Indianer große Mengen von Alkohol zu trinken. Die *habilitadores* traten bei solchen Anlässen als großzügige Spender auf und schenkten entweder den Alkohol auf Kredit aus oder liehen den Indianern das nötige Geld. Mit der Entgegennahme des Darlehens verpflichtete sich der Schuldner zur Arbeit auf der vom *habilitador* vertretenen *finca*.

Auf der Basis der *habilitaciones* ergaben sich zwischen dem *habilitador* und den *mozos* verhältnismäßig stabile Beziehungen. Meist verfügte der *habilitador* in einem *municipio* über eine feste Zahl von verschuldeten Indianern. Diese *cuadrillas* standen oft unter der Führung eines indianischen *caporal*, der dafür verantwortlich war, daß die Gruppe zum richtigen Zeitpunkt und vollzählig auf der *finca* eintraf.

Gesetzliche Grundlage des *habilitaciones*-Systems war die *Ley de Trabajadores* vom 27. April 1894 (*Decreto Legislativo No. 243*).[25] Das Gesetz postulierte zwar grundsätzlich die Freiheit der *jornaleros*, einen Arbeitskontrakt abzuschließen oder den Arbeitsort zu wechseln, in der Praxis konnte jedoch von freier Kontraktierung keine Rede sein. Darüber hinaus sorgte die *Ley de Trabajadores* dafür, daß die Indianer "freiwillig" *habilitaciones* entgegen nahmen. Das Gesetz legte fest, daß *jornaleros*, die mit mehr als 30 *pesos* verschuldet waren, vom Militärdienst befreit waren. Viele Indianer zogen die schuldknechtschaftliche Abhängigkeit den Widrigkeiten des Militärdienstes vor.

Unter den herrschenden Bedingungen trieben auch andere gesetzliche Regelungen die Indianer in die Verschuldung. Verschiedene Steuern und Abgaben erhöhten den Geldbedarf der indianischen Bevölkerung. In den 20er und 30er Jahren stellten die Gebühren für die Marktplatzbenutzung und Fiskalabgaben auf Dokumente - alle rechtlich verbindlichen Schriftstücke wie Klagen, Verträge oder Bewilligungen mußten auf besteuertem Papier, sogenanntem *papel sellado*, geschrieben sein - die bedeutendsten Steuerlasten für die indianischen Haushalte dar.[26] Deren Geldbedarf erwuchs jedoch nicht bloß aus rechtlichen Dispositionen, sondern auch aus kulturellen und wirtschaftlichen Gründen. Durch die Präsenz der *ladinos* wuchs das Konsumgüterangebot in den Hochlandmunicipios. Der aufkommende motorisierte Personentransport erschloß neue wirtschaftliche Möglichkeiten, wodurch sich der Geldbedarf der indianischen Bevölkerung erhöhte.[27] Besonders zu erwähnen sind in diesem Zusammenhang die *fiestas titulares*, an denen bedeutende Geldbeträge für Feuerwerke, Glücksspiele und Alkohol umgesetzt wurden.[28]

---

25 Das Dekret Nr. 243 war die überarbeitete Fassung des Exekutiv-Dekrets Nr. 486 vom 14. Februar 1894. Vgl. Recopilación de las leyes 1893/94: 402-406; Méndez 1937: 203-208.

26 Tax 1964 2. Bd.: 472; Jones 1940: 72; Wisdom 1961: 269; Bunzel 1981: 113; Gillin 1958: 128; Madigan 1976: 251. In den Jefatura Política-Akten finden sich für einzelne municipios detaillierte Steueraufistungen (planes de arbitrios). Die Abgaben reichten von Hundesteuern bis zu Beerdigungsgebühren. Vgl. etwa: SGJ an JP Sacatepéquez, 29.7.1925 (JP Sacatepéquez 1925) Alcalde primero Magdalena, 11.5.1928 (JP Sacatepéquez 1928); Plan de arbitrios San Lucas 1930 (JP Sololá 1935). Plan de arbitrios Santiago Zamorra, 10.8.1935 (JP Sacatepéquez 1935); Vecinos, principales y representantes del pueblo San Antonio Nejapa an Ubico, 16.11.1937 (SGJ Chimaltenango, Leg. 30799).

27 Vgl. hierzu zum Beispiel den Streit um das Transportmonopol im municipio von Santa María de Jesús: Arturo Paiz an SGJ, 22.6.1932 (SGJ Sacatepéquez, Leg. 30579)

28 Vgl. hierzu zum Beispiel: JP Sacatepéquez an SGJ, 11.12.1935 (SGJ Sacatepéquez, Leg. 31005); Intendente San Bernardino an JP Suchitepéquez, 25.8.1937 (JP Suchitepéquez 1936-1944); El Secretario municipal La Democracia certifica, 27.6.1936 (SGJ, Leg 31099); Memoria anual JP Sololá an SGJ, 13.1.1938 (SGJ Sololá, Leg. 31339); JP Sacatepéquez an SGJ, 9.3.1936 (SGJ Sacatepéquez, Leg. 31163).

Ähnlich den *mandamientos* stellten auch der *Servicio de Ornato* und der *Servicio de Vialidad* als Nebenwirkung einen Anreiz zur Annahme von *habilitaciones* dar. Bisweilen bezahlten *finqueros*, die großen Bedarf an Arbeitskräften hatten, die erforderliche Ablösesumme für ihre *mozos*. Dazu kam, daß ein verschuldeter Indianer in gerichtlichen Angelegenheiten mit dem Beistand des *patrón* rechnen konnte. Verschiedentlich setzten sich *finqueros* für die Freilassung ihrer *mozos habilitados* ein, wenn diese wegen geringer Vergehen eingesperrt worden waren.[29]

Die soeben aufgezählten rechtlichen Rahmenbedingungen können als flankierende Maßnahmen des Staates zur Stützung des *habilitaciones*-Systems angesehen werden.[30] Die gleiche Funktion erfüllte auch das *Decreto Gubernativo No. 222, Ley de Vagancia*, vom 14. September 1878.[31] Seine Bedeutung bestand nicht in erster Linie in der unmittelbaren Schaffung eines allgemeinen Arbeitszwanges. Dazu war seine Durchsetzung zu wenig konsequent und flächendeckend. Aber schon die Gefahr, als vermeintlicher Vagabund eingesperrt zu werden, konnte manchen Indianer veranlaßt haben, *habilitaciones* entgegen zu nehmen.

Es liegt auf der Hand, daß dieses System großen Spielraum für Mißbräuche bot. Den Indianern, die selten lesen oder schreiben konnten, wurden oft höhere Beträge angerechnet, als sie tatsächlich erhalten hatten. Im Zustand der Trunkenheit glaubten sie den falschen Versprechungen der *habilitadores* über Löhne und Arbeitsbedingungen. Es kam auch vor, daß bestochene munizipale Amtsträger einen Betrunkenen wegen eines angeblichen Vergehens einsperrten, worauf der *habilitador* die Ablösesumme bezahlte und dadurch den Betroffenen von sich abhängig machte. Dazu kamen zahlreiche Mißbräuche auf den *fincas*.[32] Schulden

---

29 Finca Alejandria, Chicacao, an JP Sololá, 15.7.1928 (JP Sololá 1928); Ernesto Letona an JP Sololá, 28.12.1929 (JP Sololá 1929).

30 Vgl. in diesem Zusammenhang: McCreery 1986: 109.

31 Recopilación de las leyes 1881 2. Bd.: 201-204. Vgl. ferner zur Vagabundengesetzgebung im 19. und 20. Jahrhundert: Solórzano F. 1977: 259; Barrilas Barrientos 1981: 146; Figueroa Ibarra 1980: 77; Cambranes 1985: 183; McCreery 1983: 741; Dawson 1965: 125-136; Adams 1970a: 176f; Whetten 1961: 66.

32 Vgl. zu den unmenschlichen Arbeitsbedingungen auf den fincas: Karlen 1991: 300; Schmid 1973: 203; González Davison 1987a: 50; Bunzel 1981: 130; McCreery 1983: 753; Monteforte Toledo 1972 2. Bd.: 296; Wisdom 1961: 272; Madigan 1976: 247; Dawson 1965: 133. Redfiled 1945: 233; Informe JP Alta Verapaz, 1898 betr. "abusos de finqueros con los trabajadores" (SF Jornaleros, Leg. 22228); Mozo deudor de la finca La India, Chicacao, an Ubico, 23.7.1931 (JP Sololá 1931); Andrés Tohom de Leon y compañeros, San Andrés Semetabaj, an JP Sololá, 28.10.1936 (JP Sololá 1936); Antonio Letona an Alcalde San José, 7.10.1929 (JP Sololá 1929); Mozo deudor de la finca La Concha, San Juan Bautista, an JP Sololá, 1.5.1928 (JP Sololá 1928); Mozo deudor de la finca Concepción, Antigua, an JP Sacatepéquez, 20.12.1928 (JP Sacatepéquez 1928); Mozo deudor de la finca Choacorral, San Martín Jilotepeque, an JP Chimaltenango, 12.2.1929 (JP Chimaltenango 1929); María Mer-

und Arbeitsleistungen wurden zwar in einem *libreto* schriftlich festgehalten, da die Indianer jedoch nicht in der Lage waren, die Richtigkeit der Einträge zu überprüfen, konnten die Verantwortlichen der *finca* die Angaben zum eigenen Vorteil manipulieren. Einmal verschuldete Indianer waren von Gesetzes wegen an die *finca* gebunden. Selbst bei krassen Mißbräuchen seitens der *finca*-Verwalter war es ihnen nicht erlaubt, die *finca* zu verlassen. Taten sie es dennoch, wurden sie als *mozos fugos* oder *fraudulentos* verfolgt.

Die *mozos* konnten zwar vom *patrón* ein *papel de cuentas* mit der Abrechnung ihrer Restschuld verlangen. Der *finquero* war aber in keiner Weise verpflichtet, das Papier auszustellen. Er konnte immer auf der Abarbeitung der Schuld bestehen. War ein *mozo* auf keinen Fall bereit, weiter auf der *finca* zu bleiben, zog er den Fall an den *Jefe Político* weiter. Der konnte die Ausstellung des *papel de cuentas* verfügen. Allerdings tat er dies nur in den seltensten Fällen. *Habilitaciones* waren eben nicht irgendwelche Kredite, sondern ausdrücklich Darlehen auf eine zukünftig zu erbringende Arbeitsleistung. Hatte ein *finquero* ausnahmsweise der Ausstellung des *papel de cuentas* zugestimmt, wurde etwa folgendes festgelegt:

> "Por el presente hago [der *finquero*] constar: que arregladas las cuentas del mozo Pasqual Mui, resulta adeudando a la finca Los Ujuxtes, propiedad de don Antonio Fortuny, ubicada en jurisdicción de Santa Bárbara, la suma de 2727.75 pesos [...]. La persona que deseé contratarlo, deberá de pagar la expresada cantidad al suscrito previamente; y sera válida la solvencia de dicho mozo, sólo mediante la cancelación del firmante."[33]

Trotz der geringen Chancen, tatsächlich das Arbeitsverhältnis beenden zu können, war die Flucht ein wichtiges Mittel des indianischen Widerstandes. Die *mozos* konnten die *finqueros* zu Verhandlungen zwingen, indem sie die Behörden in die Auseinandersetzung einschalteten. Obschon die Behörden grundsätzlich die gleichen Interessen wie die *finqueros* verfolgten, konnten sie doch bei krassen Mißbräuchen Entscheide fällen, die für die Indianer günstig waren.

Besonders während der Erntezeit, wo die indianischen Arbeitskräfte dringend gebraucht wurden, stellte die Flucht ein Mittel dar, dem *finquero* Konzessionen abzuringen. Noch in den 30er Jahren verfügten viele Indianer über die wirtschaftlichen Möglichkeiten, eine *finca* zu verlassen und sich in ihr *municipio* im Hochland zurückzuziehen. Die Abgeschiedenheit vieler *municipios* des Hochlandes machte die Verfolgung eines flüchtigen *mozos* oft zu einer langdauernden und kostspieligen Angelegenheit.[34] Obschon die Kosten für die Ergreifung dem

---

cedes Chacach, Comalapa, an SGJ, 31.1.1934 (SGJ Chimaltenango, Leg. 30799); Mozos deudores de la finca Medio Monte, Palín, an SF, 13.12.1915 (SF habilitadores, Leg. 22215).

33 Papel de cuentas finca Los Ujuxtes, Santa Bárbara, 3. 11.1928 (JP Sololá 1928).

34 Vgl. zur Problematik der Verfolgung von mozos fugos: Diligencia Manuel Pérez vs. finca Santo Domingo, Pochuta, 26.5.-16.6.1926 (JP Sacatepéquez 1927); Informe JP Sololá

Schuldenkonto des *mozo* angerechnet wurden, konnte es für die *finqueros* nicht interessant sein, während der Ernte *mozos* auf diese Weise zu verlieren. Das *habilitaciones*-System war darauf angelegt, dauerhafte Arbeitsverhältnisse zu konstituieren. Arbeitsverträge wurden dementsprechend immer auf unbestimmte Frist abgeschlossen. Sie enthielten nur genaue Vereinbarungen über Löhne, *raciones* und die jährlich zu erbringende Arbeitsleistung. Ein Vertrag zwischen einem *cuadrillero* aus Santa Lucía und der *finca* El Arco in Chicacao legte 1926 etwa folgendes fest:

> "[El mozo Carlos Zavala] manifiesta, que es deudor de don Daniel Letona de 5000 pesos [...] para desquitarle en la finca El Arco de Ricardo Vázquez. [El mozo se compromete] hacer cada año 50 jornales de limpia de cafetales y 75 de corte de café, ganando en el primer caso 12 pesos y en el segundo 14 pesos y la ración."[35]

Nimmt man an, daß der ganze Lohn zur Amortisation der Schuld eingesetzt wurde, so wäre die Schuld in diesem Fall innerhalb von drei Jahren abbezahlt. Es wurde jedoch nicht immer der ganze Lohn zur Schuldentilgung eingesetzt. Der Amortisationsanteil war dann nicht vertraglich festgeschrieben, sondern richtete sich nach den Bedürfnissen und Möglichkeiten der Beteiligten. In den meisten Fällen betrug er jedoch mehr als die Hälfte des Lohnes.[36]

---

an SA, o.D. (JP Sololá 1927); Juzgado Municipal Concepción an JP Sololá, 30.5.1931 (JP Sololá 1931); Alcalde primero San Pablo an JP Sololá, 28.8.1929 (JP Sololá 1929); Juan Estacuy San Andrés an JP Sololá, 31.10.1928 (JP Sololá 1928); Mercedes de Urízar an JP Sololá, 26.12.1930 (JP Sololá 1930); Sumpango: El infrascrito Secretario de la Intendencia Municipal certifica..., 23.9.1935 (JP Sacatepéquez 1935)

35   Contrato de trabajo Carlos Zavala con la finca El Arco, Chicacao, 25.12.1926 (JP Sololá 1934). In den Quellen finden sich zahlreiche Beispiele vertraglicher Regelungen zwischen patronos/habilitadores und mozos. Vgl. etwa: Mozo deudor de la finca La India, Chicacao, an MGJ, 2.6.1931 (JP Sololá 1931); Contrato de trabajo Roman Muñoz con la finca La Concha, San Juan Bautista, 4.2.1930 (JP Sololá 1931); Contrato Hilario Par y Dolores Yac con la finca Madrid, Chicacao, 29.5.1924 (JP Sololá 1929); Contrato de trabajo Manuel Pérez con Nicamor Alva, Chimaltenango, 12.12.1924 J. Gonzalo Alburéz, San Martín Jilotepeque an JP Chimaltenango, 30.6.1931 (JP Chimaltenango 1931); Contrato de trabajo Lucian Tuy con José Angel Gálvez, 15.10.1926 (JP Chimaltenango 1927).

36   Vgl. Mozos colonos de la finca San Isidro Chacayá, Sololá, an JP Sololá, 15.10.1930 (JP Sololá 1930); Felipe de J. Quintana, Sololá, an JP Sololá, 7.11.1933 (JP Sololá 1933); Intendente Sumpango an JP Sacatepéquez, 29.11.1935 (JP Sacatepéquez 1935); Mozo deudor de la finca San Luis Chipó, San Bartolome, an JP Sololá, 9.3.1935; Mozo cuadrillero de la finca La Arabia, Chicacao, an JP Sololá, 15.11.1935 (beide JP Sololá 1935); José Puac, Santa Lucía Utatlán, an JP Sololá, 29.8.1936 (JP Sololá 1936). Ein besonders schönes Beispiel findet sich in: Despacho Juzgado Municipal San Martín Jilotepeque, 7.7.1931 (JP Chimaltenango 1931). Im Dokument wird die Abzahlungspraxis eines mozos der finca La Florida, Pochuta, detailliert nachgezeichnet. Von seinen 15 pesos Taglohn wurden ihm im Juni 1929 10 pesos,

Normalerweise blieb es nicht bei einer einmaligen *habilitación*. In regelmäßigen Abständen erhielten die *mozos* neue Darlehen. Es kam allerdings nur in Ausnahmefällen zu einer Akkumulation der Schuld. Dann konnten immerhin Beträge über 10'000 *pesos* (166 *Quetzales*) erreicht werden. Die Schuldbeträge der meisten *mozos* blieben immer ungefähr gleich hoch und überstiegen selten 50 *Quetzales*.[37] Viel mehr als die Höhe der Schuld war es die fortwährende Bevorschussung der Arbeitskraft, die die langfristige Bindung des *mozo* an den *patrón* ausmachte. Daraus ergaben sich verhältnismäßig langdauernde Arbeitsverhältnisse, die nicht selten über Jahrzehnte bestanden.[38]

Die Auflösung des Arbeitsverhältnisses zwischen *finca* und *mozo* war mit erheblichen Transaktionskosten verbunden. Seit 1906 war der Verkauf von *mozos* gesetzlich verboten [Bauer Paiz 1965: 5]. Die Praxis trug dem jedoch nicht Rechnung. Nach wie vor wurden *mozos* zwischen *fincas* ausgetauscht, indem der zukünftige Arbeitgeber die Schuld des *mozos* beglich. Im Grunde kam dies einem Verkauf des *mozos* zum Preis seiner Schuld gleich. Dennoch blieb die Mobilität der Arbeitskräfte eingeschränkt, wobei im Einzelfall die Höhe der Schuld den Immobilitätsgrad wesentlich bestimmte [McCreery 1983: 747]. Der *patrón* konnte den *mozo* nicht entlassen, ohne Gefahr zu laufen, das vorgestreckte Geld zu verlieren. Das gleiche konnte ihm geschehen, wenn es zu einer Auseinandersetzung um einen *mozo* kam, der sich bei verschiedenen *fincas* verschuldet hatte.

Bei aller Brutalität und Mißbräuchlichkeit brachte dieses starre Verfahren der Arbeitskräfteallokation nicht nur den *finqueros* Vorteile. Indem die *mozos* einen gewohnheitsrechtlichen Anspruch auf *habilitaciones* erhoben, versuchten sie ihre Forderung nach patronaler Subsistenzsicherung durchzusetzen.[39] In diesem Sinne setzte das *habilitaciones*-System einen von beiden Parteien akzeptierten Rahmen, innerhalb dessen soziale Interessenkonflikte auf niedrigem Intensitätsniveau gehalten werden konnten. Dadurch leistete es einen bedeutenden Beitrag zur Sta-

---

im Juli dann 14 pesos, zur Schuldtilgung abgezogen. Vom Lohn für die Arbeit im April des darauffolgenden Jahres setzte der mozo 12 pesos zur Amortisation ein.

37 Aussage aufgrund von Arbeitsverträgen, libretos und Schuldnerlisten verschiedener fincas (JP Sololá 1927-1934 und JP Sacatepéquez 1924-1934).

38 Vgl. z.B.: Cornelio Hernández, San Antonio an JP Sacatepéquez, 11.9.1925 (JP Sacatepéquez 1925); Manuel Hernández y José Hernández, San Felipe, an JP Sacatepéquez, 27.5.1927 (JP Sacatepéquez 1927); Basilio López Hernández an JP Sacatepéquez, 25.12.1929 (JP Sacatepéquez 1930); Vicente López, Panajachel, an JP Sololá, 23.4.1930 (JP Sololá 1930); Gonzalo Alburéz, San Martín Jilotepeque an JP Chimaltenango, 30.6.1931 (JP Chimaltenango 1931); Vecinos indígenas Santa María de Jesús an Ubico, 12.9.1935 (JP Sacatepéquez 1935)

39 F. Javier Roca M. an Alcalde primero San Martín Jilotepeque, 2.5.1929 (JP Chimaltenango 1929); Manuel Hernández an Corporación municipal San Martín Jilotepeque, 30.1.1930 (JP Chimaltenango 1930).

bilisierung der Herrschaftsbeziehungen zwischen *ladinos* und Indianern. Damit ist jedoch nicht gesagt, daß die indianische Bevölkerung den ladinischen Ausbeutungspraktiken tatenlos zugesehen hätte. Nebst der Flucht während der Erntezeit setzten die *mozos* verschiedene Formen des alltäglichen Widerstandes ein. Schlendrian, Unachtsamkeit, gespieltes Nichtwissen, Sabotage und Diebstahl hießen ihre Waffen.[40]

Bis Mitte der 1930er Jahre beruhte der Arbeitszwang auf dem System der *habilitaciones*. Erst mit dem *Decreto Gubernativo No. 1995* vom 7. Mai 1934 wurden die *habilitaciones* gesetzlich verboten [Méndez 1937: 214f]. Von der Ubico-Administration wurde das Verbot der *habilitaciones* propagandistisch groß aufgemacht und als Befreiung der Indianer aus feudaler Abhängigkeit hingestellt. Daß es Ubico jedoch nicht in erster Linie um die Befreiung der indianischen Bevölkerung aus Unterdrückung und Ausbeutung ging, zeigt sich schon darin, daß drei Tage nach dem Dekret Nr. 1995 ein strenges Vagabundengesetz erlassen wurde.

Das Dekret Nr. 1995 löste innerhalb von zwei Jahren jahrhundertealte Strukturen der Arbeitsbeziehungen auf. Neue soziale Umgangsregeln auf der Basis der "freien" Lohnarbeit konnten sich jedoch nur allmählich etablieren. Dadurch entstanden zahlreiche Bereiche, in denen die Rechtsanwendung unklar und die Interpretation von Regeln unsicher war. Die indianische Bevölkerung versuchte die dadurch entstandenen Spielräume zu ihren Gunsten zu nutzen. Kühn behaupteten immer wieder verschuldete *mozos*, daß mit dem Dekret Nr. 1995 ihre Schulden gelöscht seien und sie keinen Arbeitsverpflichtungen mehr unterstünden.[41] Gegen

---

40 In Anlehnung an das Buch "Weapons of the Weak" von Scott [1985]. Zu den Formen des Widerstandes in Guatemala vgl. auch: Jones 1940: 352; McCreery 1983: 736-744; Bauer Paiz 1965: 37; Pitti 1975: 377; González Davison 1987a: 57; Karlen 1991: 287; Flores Alvarado 1977: 52; Smith 1984a: 194; Smith 1984b: 30f; Smith 1984c: 141-150; Bunzel 1981: 46; LeBot 1977: 252f; Flores Alvarado 1975: 104; Barrilas Barrientos 1981: 107; Dawson 1965: 137; McCreery 1990: 169-174; McCreery 1994: 55; Samper 1993: 89. Dazu ein paar Beispiele aus den Quellen: Juez de Paz Sololá, sentencias económicas 1927 (JP Sololá 1927); Juan Antonio Quezada an JP Sololá, 28.7.1930 (JP Sololá 1930); Administrador finca Pampojila, San Lucas, an Alcalde primero, 4.12.1929 (JP Sololá 1930); Diligencia Carlos Zavala vs. Daniel Letona, habilitador de la finca El Arco, Chicacao, 20.5.1930-27.11.1931 (JP Sololá 1934); Herrera Hnos. finca Los Magueyes, San Martín Jilotepeque, an Alcalde primero San Martín Jilotepeque, 27.11.1932 (JP Chimaltenango 1932); Juzgado de paz San Francisco Zapotitlán: Libro borrador de sentencias económicas año 1924 y Libro de sentencias económicas año 1933 (JP Suchitepéquez 1892-1935); JP Escuintla an JP Sacatepéquez, 21.8.1931 (JP Sacatepéquez 1931); JP Suchitepéquez an SF, 9.4.1913 (SF Suchitepéquez, Leg. 14933); Ecolastico Maldonando an SF, 28.11.1920 (SF, Leg. 15349).

41 Vgl. zB.: JP Chimaltenango an Alcade primero San Martín Jilotepeque, 9.6.1934 (JP Chimaltenango 1934); Doroteo Pos y Leandro Chile Hernández, Xenacoj, an Ubico, 11.4.1934; JP Sacatepéquez an Alcalde primero Santiago Sacatepéquez, 31.5.1934 (beide JP Sacatepéquez 1934); Despacho Intendencia municipal San Martín Jilotepeque "En la Villa de San Martín Jilotepeque...", 12.3.1936 (JP Chimaltenango 1936).

Ende der festgesetzten Übergangsfrist kam es auf verschiedenen *fincas* zu größeren Unruhen, die von den ladinischen Eliten nicht bloß als begrenzte Arbeitskonflikte, sondern als Bedrohung des gesamten Herrschaftsgefüges wahrgenommen wurde. In einem Rundschreiben an die *Intendentes* schilderte der *Jefe Político* von Suchitepéquez die angespannte Lage:

> "Este Despacho tiene conocimiento de que algunas personas mal intencionadas han influido en el ánimo de la gente trabajadoras del campo (mozos de fincas), indicándoles que desde hoy en adelante quedan solventes con las deudas que tienen a sus respectivos patronos, con lo cual han venido a producir lamentables desórdenes en las fincas, que viene a redundar en perjuicio de la colectividad y del Gobierno constituído."[42]

Selbstverständlich waren solche Interpretationen nicht im Sinne der Regierung. Grundsätzlich ging das Dekret Nr. 1995 davon aus, daß alle Schulden während einer Übergangsfrist von zwei Jahren abzuarbeiten waren. Danach noch bestehende Restschulden wurden gestrichen, allerdings nur, wenn erwiesen war, daß der *mozo* alles daran gesetzt hatte, seine Schulden in der festgesetzten Zeit zu tilgen.[43] Den *mozos* wurde durch das Gesetz nichts geschenkt. Die Benachteiligung äußerte sich in zweifacher Hinsicht. Einerseits standen die *mozos* bis zur vollständigen Abarbeitung ihrer Schuld weiterhin in einem schuldknechtschaftlichen Abhängigkeitsverhältnis. Erst nach der vollständigen Tilgung ihrer Schuld konnten sie von den zweifelhaften Vorteilen höherer Mobilität profitieren. Andererseits hatten sie kein Recht mehr, weitere *habilitaciones* zu fordern.

An dieser Stelle rückt ein meist vernachlässigter Aspekt der *habilitaciones* ins Blickfeld. Dazu muß man sich vergegenwärtigen, daß in der indianischen Wirtschaft die Aufnahme von kurz- und mittelfristigen Krediten eine große Rolle spielte. Meist handelte es sich dabei um Geld, das zur Befriedigung von dringenden Konsumbedürfnissen oder zur Überbrückung von Notsituationen gebraucht wurde.[44] Die Indianer hatten jedoch keinen Zugang zu Bankkrediten. Sie waren gezwungen, Darlehen bei Privaten (meist lokalen *ladinos*) aufzunehmen. Im Departement Sacatepéquez etablierten sich in den 30er Jahren sogar verschiedene *Casas de préstamos*, die Kleinkredite vermittelten. Die Indianer verfügten nur über beschränkte Ressourcen, die sie als Gegenwert anbieten konnten. Wer nicht einen Bürgen (*fiador*) stellen konnte, mußte einen Teil seines Besitzes verpfänden oder ein Stück Land mit einer Hypothek belegen. Konnte der Schuldner das

---

42 Circular JP Suchitepéquez an Intendentes municipales, 17.3.1936 (JP Suchitepéquez 1927-1940).

43 Circular SA an Jefes Políticos, 28.8.1934 (JP Sololá 1936).

44 Das Vorherrschen patrimonialer Verhältnisse in bäuerlichen Gesellschaften hängt nicht zuletzt auch mit der stark ausgeprägten Saisonalität der Nahrungsmittelversorgung zusammen. Vgl. Chambers/Longhurst/ Pacey 1981: 193-206.

Darlehen nicht in der vereinbarten Frist zurückzahlen, lief er Gefahr, sein Pfand oder das belehnte Land zu verlieren. Dieser Fall konnte leicht eintreten, da die Kredite meist innerhalb eines halben Jahres abbezahlt werden mußten und der Zinssatz zwischen 5 und 8% monatlich betrug. Angesichts der auflaufenden Zinsschulden (bei einem Zinssatz von 6% monatlich verdoppelte sich der Schuldbetrag innerhalb eines Jahres) konnte selbst eine mehrmalige Fristerstreckung die Enteignung meist nicht verhindern.[45] Offensichtlich betrachtete auch die Regierung solche Zinssätze als Wucher. Aufgrund einer Klage von Indianern aus San Antonio Palopó schrieb Ubico am 2. Dezember 1931 an den *Jefe Político* von Sololá:

> "Lo comunico Ud. para que intervenga ante el citado acreedor a efecto de que dé facilidades de pago estos inditos que tanto ha explotado, procurando que les conceda prorroga prudencial, previendole que en lo succesivo debe cobrar un ineres del diez por ciento anual unicamente. En casos similares proceda Ud. en igual forma, a fin de evitar estas explotaciones indecorosas."[46]

Aber auch die Verfügung von Maximalzinssätzen (je nach Kreditart 6 bis 8% jährlich) konnte die Praxis der Wucherzinsen im Hochland nicht durchbrechen. Entgegen anderslautenden Äußerungen der Regierung waren auch in der zweiten Hälfte der 30er Jahre Zinssätze von sechs und mehr Prozent monatlich nicht unüblich.[47] Angesichts solcher Kreditbedingungen mußten die *habilitaciones* als Darlehen gegen Arbeitsleistung geradezu vorteilhaft erscheinen. Üblicherweise wurden sie zinslos und ohne materielle Garantien gewährt. Im Gegensatz zu "normalen" Krediten wurde eine Vererbung der Schuld von den Behörden nicht gedeckt. Natürlich kam es immer wieder vor, daß die *finqueros* und *habilitadores* versuchten, Garantien und Zinsen zu verlangen oder die Vererbung der

---

45 Vgl. hierzu: Martín Carin, Xenacoj, an JP Sacatepéquez, 12.3.1929 (JP Sacatepéquez 1929); Benito Chuvay y Sotero Sanjay, Xenacoj, an Presidente de la República, 25.11.1930 (JP Sacatepéquez 1930); Pablo Armira, San Martín Jilotepeque, an JP Chimaltenango, 8.7.1931 (JP Chimaltenango 1931); Contrato de préstamo Antonio González Chavajay con José María Vega, Chicacao, 24.11.1932 (JP Sololá 1932); Gabriel Godinez, San Antonio Aguas Calientes, an Ubico, 20.7.1933; Felix Golón, Jocotenango, an Ubico, 8.8.1933 (beide JP Sacatepéquez 1933); Contrato de préstamo Samuel Balan con Margario Estrada, San Martín Jilotepeque, 14.9.1933 (JP Chimaltenango 1933).

46 Ubico an JP Sololá, 2.12.1931 (JP Sololá 1931).

47 Vgl. z.B.: Miguel Díaz Valdez an JP Sacatepéquez, 19.5.1934 betr. licencia de Casa de préstamos ; SGJ an JP Sacatepéquez, 28.4.1934; Vecinos Santiago Sacatepéquez an JP Sacatepéquez, 20.8.1934 (alle JP Sacatepéquez 1934); Félix R. Coló, San Lucas Tolimán, an JP Sololá, 14.11.1934; Juan Nicomedes Puac, San Cristóbal Totonicapán, an JP Sololá, 10.3.1934; Domingo Ixcol, Santa Lucía Utatlán, an Ubico, 18.2.1934 (alle JP Sololá 1934); Domingo Guarcax, Sololá, an Ubico, 9.7.1935 (JP Sololá 1935); Felipe Chávez Santos, San Antonio Aguas Calientes, an Ubico, 28.5.1936 (JP Sacatepéquez 1936).

Schuld auf die Nachkommen durchzusetzen.[48] Klagen seitens der *mozos* oder ihrer Angehörigen gegen solche Praktiken hatten jedoch gute Aussichten auf Erfolg.[49]

Aus diesem Blickwinkel bedeutete die formelle Abschaffung der *habilitaciones* für die Indianer nicht bloß das Ende eines verhaßten Zwangssystems, sondern auch der Verlust einer verhältnismäßig vorteilhaften Geldquelle. Gerieten sie nun in eine Notsituation, in der sie dringend monetäre Mittel brauchten, blieb ihnen nichts weiter übrig, als Hypotheken auf ihre Minifundien aufzunehmen. Tax [1964: 200] vermutete, daß aufgrund des Verbotes der *habilitaciones* viele Indianer gezwungen wurden, ihr Land zu belehnen und in der Folge von Enteignung bedroht waren.

In diesem Zusammenhang muß betont werden, daß die Handhabung des Dekrets Nr. 1995 eine Grauzone schuf, die es weiterhin ermöglichte, *mozos* durch die Gewährung von Darlehen zu binden. Es war nämlich weiterhin möglich, den *cuadrilleros* geringe Darlehen und das Reisegeld (*viatico*) vorzustrecken. Die *Ley de Trabajadores*, die im Grundsatz auch nach 1934 in Kraft blieb, sah vor, daß für jede *legua* (4 km) Weg ein Taglohn einzusetzen sei. Ein *circular* der *Secretaría de Agricultura* aus dem Jahre 1934 beschränkte die Höhe der Vorschüsse, indem es festlegte, daß sie auf jeden Fall innerhalb der ersten Arbeitswoche abzuarbeiten seien.[50] Bei der Kontraktierung wurde den *cuadrilleros* vom *agente* der *finca* das *viatico* zusammen mit weiteren kleineren Summen vorgestreckt. Mit der Entgegennahme der Darlehen verpflichteten sich die Indianer zu den ausgehandelten Bedingungen zur Plantagenarbeit. Die *Jefes Políticos* sorgten dafür, daß die *mozos* die erhaltenen Beträge abarbeiteten.[51] Daß die Grenze zwischen *habilitaciones* und Darlehen für das *viatico* fließend war, zeigt der Fall eines *administrador*, der aufgrund des Dekrets Nr. 1995 angeklagt wurde, dem

---

48 Jeronima Tuch, Santiago Sacatepéquez, an JP Sacatepéquez, 20.10.1927 (JP Sacatepéquez 1927); Catarina Yucuté, Santiago Sacatepéquez, an JP Sacatepéquez, 3.10.1928 (JP Sacatepéquez 1928); José Miguel Pirir, San Martín Jilotepeque, an JP Chimaltenango, 13.3.1931 (JP Chimaltenango 1931); Cruz Valle Yaché, Alotenango, an JP Sacatepéquez, 26.8.1935 (JP Sacatepéquez 1935); Cuenta de Jose Angel López Santos en El Molino, Pastores, 20.10.1926 (JP Sacatepéquez 1927); J. Estacuy, San Andrés Semetabaj, an JP Sololá, 19.8.1927 (JP Sololá 1927); Mozo deudor de la finca La India, Chicacao, an SGJ, 2.6.1931 (JP Sololá 1931); Luciano y Landelino Toz, Concepción, an JP Sololá, 22.3.1935 (JP Sololá 1935).

49 Circular JP Chimaltenango an Alcaldes primeros, 6.8.1929 (JP Chimaltenango 1929); finca Pamajal an JP Sololá, 13.11.1931 (JP Sololá 1931); Gonzalo Alburéz, San Martín Jilotepeque an JP Chimaltenango, 30.6.1931 (JP Chimaltenango 1931); JP Sololá an Ubico, 29.9.1931 (JP Sololá 1931).

50 Circular SA an Jefes Políticos, 28.8.1934 (JP Sololá 1936).

51 Informe JP Sololá an don E.R. Wagner, Guatemala, 24.10.1939 (JP Sololá 1939); JP Sololá an Intendente Concepción, 13.10.1939 (JP Sololá 1939).

agente der *finca* Geld zur *habilitación* von *cuadrilleros* überwiesen zu haben. Nachdem er anfänglich zugegeben hatte, das Geld zu diesem Zweck geschickt zu haben, stellte er sich in der Schlußverhandlung auf den Standpunkt, es habe sich dabei nur um die *viaticos* für die *cuadrilleros* gehandelt. Das Verfahren wurde daraufhin eingestellt.[52] Für die Indianer änderte sich somit wenig in bezug auf den unmittelbaren Rekrutierungsmechanismus. Gleich wie vorher waren sie vom Zeitpunkt der Entgegennahme eines Darlehens nicht mehr frei, ihren Arbeitsort zu wählen.

Dennoch änderten sich durch die neuen Regelungen die Bedingungen der Rekrutierung wesentlich. Die Darlehen waren nun gegen oben begrenzt. Die Vorschüsse dürften einen Betrag von 3 *Quetzales* kaum mehr überschritten haben.[53] Damit wurde das Arbeitsverhältnis gegenüber früher instabiler. Das Schuldverhältnis konnte sich nicht mehr über Jahre hinziehen. In jedem Fall war das Darlehen am Ende der vereinbarten Arbeitszeit beglichen. Arbeitsverträge enthielten nun eine Klausel, die die Dauer des Arbeitsverhältnisses festlegte. Meist galt der Vertrag für ein Jahr mit der Möglichkeit der Verlängerung, wenn beide Vertragspartner das wünschten.[54]

Die Abschaffung des Systems der *habilitaciones* hatte zweifellos eine Flexibilisierung der Arbeitsbeziehungen zur Folge. Im Gegensatz zu früher war es nun möglich, die Vertragsbedingungen über Löhne, *raciones* und *tareas* jedes Jahr neu festzulegen. Früher hatten die *mozos* bei Lohnsenkungen geltend machen können, daß damit eine Vertragsverletzung seitens des *patróns* vorliege und sie dadurch von der Abarbeitung der *habilitaciones* entbunden seien.[55] Nun konnten sie in einem solchen Fall nur mehr versuchen, einen anderen *patrón* zu suchen, der einen besseren Lohn anbot.

---

52 Diligencias contra el administrador o agente de la finca Valle de Oro, Chicacao, 7.6.-29.6.1938 (JP Sololá 1938).

53 Ein Arbeitsvertrag zwischen einer finca in Patulul und einem cuadrillero aus Concepción sah zum Beispiel ein viatico von 1,25 Quetzales vor. Die Distanz zwischen den beiden municipios beträgt ungefähr 60 km. Vgl. Contrato de Trabajo entre la finca Las Amalias, Patulul, y Martín Tzunún, Concepción, 26.11.1937 (JP Sololá 1939).

54 Vgl. zu den Arbeitsbedingungen unter den zwei Systemen: JP Sacatepéquez an Intendente General de las fincas intervenidas, 5.11.1919 (SF, Leg. 15359); (JP Sacatepéquez 1927); Magdaleno Castillo, Dueñas an JP Sacatepéquez, 15.10.1928; Ana Yucuté, finca San Andrés Osuna, Escuintla, an JP Sacatepéquez, 22.6.1929 (JP Sacatepéquez 1929); Salvador Herrera & Cia., finca Molino Pastores, Pastores, Contrato de Trabajo, o.D. (JP Sacatepéquez 1934); Libro de Actas de Contratos y Compromisos de los años 1936 y 1937 (JP Suchitepéquez 1937); Circular JP Chimaltenango an Intendentes municipales, 9.6.1936 (JP Chimaltenango 1936); JP Sacatepéquez 1934); Contrato de Trabajo para las fincas Madrid, Pacayval y Anexos, Chicacao, con Juan Mendoza, San Juan la Laguna, 19.6.1937 (JP Sololá 1938).

55 Vgl. zum Beispiel: Jornaleros temporadistas an JP Sololá, 8.9.1930 (JP Sololá 1930).

Das gleichzeitig mit der Abschaffung der *habilitaciones* erlassene *Decreto Gubernativo No. 1996, Ley contra la Vagancia*, vom 10. Mai 1934 enthielt genaue Definitionen, wer als Vagabund gelten sollte [Méndez 1937: 244-247]. Obschon eine ganze Palette von Tatbeständen und Sachverhalten als Vagabundismus bezeichnet wurde, zielte das Gesetz eindeutig auf die indianischen Minifundisten des Hochlandes. Sie waren vor allem von der Bestimmung in Artikel eins, Absatz neun, betroffen, die alle *jornaleros* als Vagabunden bezeichnete, die nicht mindestens vier *manzanas* Mais bewirtschafteten oder keinen Arbeitsvertrag mit einer *finca* hatten. Wegen Vagabundismus angeklagte Bürger hatten beim ersten Mal mit einer Strafe von mindestens 30 Tagen Gefängnis zu rechnen. Jede weitere Verurteilung als Vagabund bedeutete einen zusätzlichen Monat Gefängnis. Für die Indianer kamen diese Strafbestimmungen einer drastischen Verschärfung der Arbeitsgesetzgebung gleich. Für eine Verfehlung in bezug auf die Abarbeitung der *habilitaciones* hatten sie üblicherweise Strafen von zwei Wochen zu gewärtigen gehabt.[56]

In verschiedenen Reglementen und Zirkularen wurden die Bestimmungen während der nächsten zwei Jahre verfeinert. Das *Reglamento relativo a Jornaleros para Trabajos Agrícolas* vom 24. September 1935 legte für die Minifundisten bestimmte Arbeitspflichten im Verhältnis zum selbst bewirtschafteten Land fest [Méndez 1937: 215]. Zur Kontrolle der geleisteten Arbeitstage mußten die *jornaleros* ein *libreto* vorweisen, in dem die geleisteten Arbeitstage verzeichnet waren. Die Handhabung dieser *libretos* wurde 1936 in einem speziellen Reglement (*Reglamento para el Manejo y Control de los Libretos de Mozos*) geregelt [Méndez 1937: 216f]. Danach war jeder *jornalero* im Alter zwischen 18 und 60 Jahren verpflichtet, ein *libreto* zu tragen.

Trotz dieser ausführlichen Bestimmungen kam es in der Anwendung zu mancherlei Mißverständnissen und Fehlinterpretationen. Immer wieder sah sich die *Secretaría de Agricultura* gezwungen, weitere Erklärungen abzugeben.[57] Ein Rundschreiben an die *Jefes Políticos* vom 14. Juni 1937 faßte die Bestimmungen in drei Situationen zusammen, denen die Indianer des Hochlandes entsprechen konnten. Die erste Situation bezog sich auf *jornaleros*, die mindestens vier *manzanas* bewirtschafteten. Sie galten nicht als Vagabunden und unterlagen keiner Arbeitspflicht. Im offiziellen Sprachgebrauch galt diese Gruppe nicht mehr als *jornaleros*, sondern wurde als *agricultores* bezeichnet. Damit die betroffenen Kleinbauern sich gegenüber den Behörden als *agricultores* ausweisen konnten, hatten sie jedes Jahr eine *certificación* oder *constancia* zu lösen, die bestätigte, daß sie nicht der Arbeitspflicht des Vagabundengesetzes unterstanden, wobei es

---

56 Protocolo Juzgado de Paz Santa Lucía, 20.1.1932 (JP Sololá 1932).

57 Im Departement Suchitepéquez gingen in dieser Angelegenheit allein zwischen Januar und Oktober 1936 18 offizielle Schreiben an die Gemeindebehörden. Vgl. San Pablo Jocopilas: libro de la Secretaría para copiar las circulares (JP Suchitepéquez 1936-1938).

keine Rolle spielte, ob sie eigenes oder gepachtetes Land bewirtschafteten.[58] Die zweite Situation beschrieb die *jornaleros* mit Flächen zwischen 4 und 1,3 *manzanas*. Sie mußten 100 Tage auf *fincas* oder Grundstücken von anderen Personen arbeiten. Unter keinen Umständen durften sie Arbeiten im *libreto* aufführen, die sie auf ihrem eigenen Land verrichteten. Die dritte Situation galt für *jornaleros* mit weniger als 1,3 *manzanas*. Sie mußten 150 Tage für andere arbeiten. Natürlich war auch ihnen verboten, Arbeiten auf eigenem Boden im *libreto* anzugeben.[59]

Aber auch mit den zahlreichen Erklärungen der *Secretaría de Agricultura* und des Präsidenten persönlich war die Durchsetzung des Vagabundengesetzes schwieriger, als es aufgrund der drei Situationen scheinen mochte.[60] Allein die Bestimmung der Fläche, die jeder einzelne *agricultor* oder *jornalero* bebaute, war sehr aufwendig. In vielen *municipios* übernahmen die *Comites de Agricultura y Caminos* diese Aufgabe. Es kam aber auch vor, daß besondere *Comisiones Municipales de los Lotes Cultivados* gebildet wurden. Sie sollten die Angaben der Minifundisten überprüfen, die geltend machten, Flächen von 1,3 oder 4 *manzanas* zu bebauen. Der *Intendente* konnte dann gestützt auf die Kommission die entsprechenden *certificaciones* ausstellen oder die Eintragungen im *libreto* vornehmen.[61] 1936 beklagte sich der *Intendente* von Santa Lucía, daß unter diesem System die Meßarbeiten nie zu einem Ende kämen, weshalb dazu übergegangen worden sei, die Kulturen von den interessierten Minifundisten selbst messen zu lassen. Zur Beglaubigung mußten sie lediglich zwei Zeugen beibringen, die mit ihrem Namen unterschreiben konnten.[62]

---

58 Circular JP Sololá an Intendentes municipales, 22.11.1935; Intendente San Lucas Tolimán an Jefe Político, 4.12.1935 (beide JP Sololá 1935); Sebastian Cuyuch an Intendente Mazatenango, 21.5.1936 (JP Suchitepéquez 1927-1940); Nomina de individuos no afectos a portar libretos de jornaleros y a quienes la Intendencia municipal de San Batolomé Milpas Altas ha extendido certificaciones en conformidad con la ley de la materia, 5.12.1936 (JP Sacatepéquez 1936); Vecinos indígenas San José Chacayá an JP Sololá, 9.8.1937 (JP Sololá 1937); Intendente Sumpango an JP Sacatepéquez, 20.4.1940 (JP Sacatepéquez 1940).

59 Revista Agrícola, Vol. XIV, Nr. 9, S.455f; Circular JP Chimaltenango an Intendentes municipales, 17.6.1937 (JP Chimaltenango 1937); Intendente Sololá an JP Sololá, 6.9.1937 (JP Sololá 1938).

60 Immer wieder wurden Unregelmäßigkeiten in der Handhabung der libretos und certificaciones gerügt. Vgl. zum Beispiel: Intendente San Bernardino an JP Suchitepéquez, 31.7.1937 (JP Suchitepéquez 1937); Intendente Ciudad Vieja an JP Sacatepéquez, 12.4.1939 (JP Sacatepéquez 1939); Intendente Xenacoj an JP Sacatepéquez, 25.6.1940 (JP Sacatepéquez 1940).

61 Vgl. JP Chimaltenango an Intendente San Martín Jilotepeque, 25.3.1936 (JP Chimaltenango 1936); Intendente Santa María de Jesús an JP Sacatepéquez, 7.12.1937 (JP Sacatepéquez 1937); Intendente Sololá an JP Sololá, 23.2.1939 (JP Sololá 1939); Informe mensual Santa Catarina Palopó, Mai 1939 (JP Sololá 1939).

62 Informe Intendente Santa Lucía an JP Sololá, 20.10.1936 (JP Sololá 1936).

Auch die Führung und Kontrolle der *libretos* gab immer wieder zu Unsicherheiten Anlaß. Obschon vom oben erwähnten Rundschreiben klar verboten, kam es immer wieder vor, daß Arbeiten auf den eigenen *milpas* ins *libreto* eingetragen wurden. Die Behörden selbst setzten in dieser Beziehung widersprüchliche Signale. Anfang Juni 1940 rügte der *Jefe Político* von Sacatepéquez den *Intendente* von Santa Catarina Barahona wegen der Eintragung von Eigenarbeiten in die *libretos* und betonte, daß die vom Gesetz verlangten Flächen in besonderen *certificaciones* auszuweisen seien, auf keinen Fall aber im *libreto*.[63] In den Departementen Chimaltenango und Sololá dagegen forderten die *Jefes Políticos* 1938 die *Intendentes* in einem Rundschreiben ausdrücklich auf, die Eigenarbeit in den *libretos* aufzuführen. Um seine Anweisung zu unterstreichen, zitierte der *Jefe Político* von Chimaltenango aus einem diesbezüglichen Rundschreiben des Präsidenten: "[El jornalero] puede hacer los ciento cincuenta jornales en trabajos propios, o hacerlos en trabajos agenos."[64] Dementsprechend war zum Beispiel in San Martín Jilotepeque die Eintragung von Eigenarbeiten in den *libretos* geltende Rechtspraxis und bildete die Entscheidungsgrundlage bei Prozessen im Zusammenhang mit dem Vagabundengesetz. Für die Umrechnung der Flächen auf die erforderlichen Arbeitstage galten 10 *cuerdas de 40 varas* als 60 Arbeitstage. Erbrachte zum Beispiel ein *jornalero* den Nachweis, daß er 9 *cuerdas milpa* bewirtschaftete, konnte er dafür 54 Arbeitstage im *libreto* gutschreiben. Für zwei *cuerdas frijoles* konnte er dazu noch 6 bis 10 weitere Tage verbuchen.[65]

In diesem Zusammenhang will ich auf die weiter oben bereits angeschnittene Frage zurückkommen, wie die massiven Flächen- und Produktionssteigerungen beim Mais in den Jahren 1936/37 zu erklären sind. Das Vagabundengesetz konnte zwei Wirkungen auf die Statistik der Maisproduktion haben. Zunächst stieg wahrscheinlich die erfaßte Fläche, weil nun zahlreiche Minifundisten ihre Kulturen "freiwillig" deklarierten. Dazu kam ein zweiter Effekt, der vermutlich für den gesamten Subsistenzsektor erhebliche Folgen hatte. Die von den Reglementen zum Vagabundengesetz geforderten Mindestflächen bezogen sich nicht auf die Fläche, die ein Minifundist besaß, sondern nur auf die Fläche, die er bewirtschaftete. Ich nehme an, daß viele Minifundisten ihr Kulturland auf Kosten der Brache und des Waldes ausdehnten, um der Arbeitspflicht auf den *fincas* zu entgehen. Dadurch wurde die *milpa*-Fläche ausgedehnt und die Produktion gesteigert. Auch wenn diese Auswirkung des Vagabundengesetzes nicht ausdrück-

---

63 JP Sacatepéquez an Intendente Santa Catarina Barahona, 8.6.1940 (JP Sacatepéquez 1940).

64 Circular JP Chimaltenango an Intendentes municipales, 21.10.1938 (JP Chimaltenango 1937). Vgl. ferner: JP Sololá an Ubico, 23.9.1938 (JP Sololá 1938).

65 Vgl. hierzu Juzgado de Paz San Martín Jilotepeque: Juicios de Vagos, August bis Dezember 1940 (JP Chimaltenango 1937). Auf manzanas umgerechnet ergibt das 37 jornales pro manzana. Damit lag der behördliche Umrechnungsfaktor an der untersten Grenze der für die milpa-Bewirtschaftung notwendigen jährlichen Arbeitszeit (Vgl. hierzu auch Kapitel 5).

lich angestrebt wurde, entsprach sie doch voll und ganz der Zielsetzung der ubiquistischen Landwirtschaftspolitik, vorhandene Ressourcen intensiver zu nutzen. Das Vagabundengesetz preßte den indianischen Minifundisten nicht nur einen Teil ihrer Arbeitskraft zugunsten der Kaffeefincas ab, sondern zwang sie zudem zu einer Steigerung der Grundnahrungsmittelproduktion über die unmittelbaren Subsistenzbedürfnisse hinaus.[66]

Ein Vergleich der im Gesetz vorgeschriebenen Mindestflächen mit der zur Reproduktion einer indianischen Familie unerläßlichen *milpa* zeigt die Stoßrichtung der Maßnahmen. Die Ausführungen in bezug auf die Subsistenzsituation der Minifundisten haben gezeigt, daß für eine fünfköpfige Familie eine *milpa* von 1,3 *manzanas* ausreichte, um den Maisbedarf zu decken. Selbst wenn man annimmt, daß weitere tägliche Bedürfnisse und periodische Notsituationen ein gewisses Zusatzeinkommen erforderten, scheint es doch unwahrscheinlich, daß ein Minifundist, der jedes Jahr eine *milpa* von 1,3 *manzanas* bewirtschaften konnte - bei einer Brachfläche von 30% müßte er dazu rund 2 *manzanas* besessen haben -, auf die gesetzlich vorgeschriebenen 100 Arbeitstage angewiesen war. Noch krasser ist der Unterschied zwischen den gesetzlichen Mindestflächen und den Subsistenzbedürfnissen im Falle einer Familie mit einer *milpa* von 2 oder 3 *manzanas*. Aufgrund früherer Überlegungen müßte eine Familie mit 3 *manzanas* *milpa* rund 120 Mann-Arbeitstage im Jahr allein für die Maisproduktion einsetzen. Neben der *milpa* hatte aber eine indianische Familie meist noch andere Kulturen, die wesentlich arbeitsintensiver waren. Betrieb die Familie dazu noch ein Gewerbe oder Handel, kann man sich leicht vorstellen, daß sie durchaus ausreichend beschäftigt war.[67]

Immer wieder machten Indianer daher in Bittschriften geltend, daß es ihnen nicht möglich sei, 100 oder 150 Tage auf den Kaffeeplantagen zu arbeiten, ohne ihre *milpa* zu vernachlässigen.[68] Besonders in *municipios* mit ausgeprägter wirtschaftlicher Spezialisierung stellten die Anforderungen des Vagabundengesetzes große Probleme in bezug auf die verfügbare Arbeitszeit dar. In einer Bittschrift an Präsident Ubico aus dem Jahr 1937 zählten die Indianer von Panajachel alle Arbeiten im einzelnen auf, die sie während des Jahres auf ihren Kulturen zu ver-

---

66 Vgl. dazu auch: Bulmer-Thomas 1987: 81. Er vermutet, daß die durch das Vagabundengesetz bewirkte Steigerung der Arbeitszeit der Indianer vor allem in den Subsistenzsektor investiert wurde.

67 Vgl. hierzu auch: Swetnam 1989: 98-105.

68 Vgl. zum Beispiel: Vecinos indígenas San José Poaquil an SGJ, 30.9.1936 (SGJ Chimaltenango, Leg. 31089); Agricultores San Andrés an Ubico, 18.6.1936; Vecinos indígenas Sololá an Ubico, 10.6.1936; Vecinos indígenas Nahualá an Ubico, 13.6.1936 (alle JP Sololá 1936); Vecinos Sololá an Ubico, 19.11.1938 (JP Sololá 1938).

richten hatten.[69] Der hohe Arbeitsaufwand für die Gemüsekulturen stand den Anforderungen des Vagabundengesetzes entgegen. Die Bittschrift der *panajachelenses* an Ubico war teilweise erfolgreich. Der Präsident ordnete an, daß in Panajachel kleinere Mindestflächen verlangt wurden [Tax 1964 1. Bd.: 268].

Ähnliche Probleme stellten sich auch in San Pablo, dessen Einwohner sich auf die Herstellung von Netzen und *lazos* spezialisiert hatten. Die große Bedeutung dieses Produktionszweiges veranlaßte den *Intendente*, beim *Jefe Político* anzufragen, "si esta Intendencia a mi cargo puede anotar en los respectivos libretos de jornaleros las docenas de lazos o tareas de trabajos agrícolas que cada quien trabaja por su propia cuenta."[70] Solche Eingaben hatten durchaus eine Chance, vom Präsidenten bewilligt zu werden, wie das Beispiel der Indianer von Santa Clara zeigte. Ihnen erlaubte Ubico die Anrechnung der Arbeit für die Korbherstellung.[71]

Die genannten Beispiele zeigen, daß die Regierung bereit war, das Vagabundengesetz flexibel anzuwenden, wenn die Indianer glaubhaft machen konnten, daß die geforderte Arbeitspflicht mit einem volkswirtschaftlich bedeutenden Erwerbszweig in Widerspruch stand. Wer nicht genügend oder kein Land bebaute, aber eine andere Tätigkeit berufsmäßig ausübte, erhielt eine *certificación*, die bestätigte, daß der betreffende nicht dem Vagabundengesetz unterstand. In den Hochlandmunicipios wurden die meisten *certificaciones* für *comerciantes* und *buhoneros* (Kleinwarenhändler) ausgestellt.[72]

Die Mehrheit der indianischen Bevölkerung konnte indessen nicht von solchen Ausnahmen profitieren. Sie unterstand den strengen Vorschriften des Vagabundengesetzes. Die Ubico-Administration legte großen Wert auf die lückenlose Erfassung aller *jornaleros* und die korrekte Führung der *libretos*. Die Betroffenen hatten jedes Jahr beim *Intendente* ein neues *libreto* zu beziehen. Dazu mußten sie das alte *libreto* zur Kontrolle vorweisen. Waren darin zuwenig Arbeitstage ausgewiesen, wurden sie dem *Juez de paz* (meist der Intendente selbst) überwiesen, der in einem standardisierten Gerichtsverfahren das Urteil fällte. Auch wer das *libreto* nicht vorweisen konnte, wurde als Vagabund verurteilt, ohne die Möglichkeit, Entlastungsargumente vorzubringen.

---

69 Vecinos Panajachel an Ubico, 17.8.1937 (JP Sololá 1937). Das Dokument wird auch von Tax zitiert. Eine leicht bearbeitete Fassung des Originals findet sich im Anhang. Vgl. Tax 1964 2. Bd.: 537-541 Anhang Nr. 1.

70 Intendente San Pablo an JP Sololá, 14.8.1936 (JP Sololá 1936).

71 Lic. Ernesto Rivas, Privatsekretär Ubicos, an JP Sololá, 6.9.1939 (JP Sololá 1939).

72 Nomina de las personas que han obtenido certificaciones de industriales y oficios extendidas por la Intendencia municipal de San Lucas Sacatepéquez..., 23.12.1936 (JP Sacatepéquez); Dueñas: Nomina de las personas a quienes se les ha extendido certificación de no afectos a portar libreto de jornalero, 21.1.1937 (JP Sacatepéquez 1937); Certificaciones Patulul, 1937 (JP Suchitepéquez 1937); Miguel Armira Certificación de Candelero, 10.6.1936 (JP Chimaltenango 1936).

Nicht selten wurden mehrere Angeklagte gleichzeitig abgeurteilt. Das Strafmaß betrug bis 1939 30 Tage Haft (meist in Form von Arbeitsdienst beim Straßenbau zu verbüßen) mit der Möglichkeit, sich mit einer *conmuta* von 10 *centavos* pro Tag freizukaufen. Der Verurteilte konnte zwar das Verfahren an die nächste Instanz (*Juzgado de primera instancia*) weiterziehen; er lief jedoch Gefahr, daß dabei das erstinstanzliche Urteil bestätigt und die *conmuta* erhöht wurde. Wer es sich leisten konnte, bezahlte deshalb die drei *Quetzales conmuta* bereits nach dem ersten Urteil. Gegen Ende der 30er Jahre zogen immer mehr Verurteilte die Bezahlung der Strafe vor. Aus diesem Grund wurde im Mai 1940 die *conmuta* auf 20 *centavos* pro Tag erhöht.

Offensichtlich galt nicht überall die gleiche Rechtspraxis.[73] Im Departement Chimaltenango zum Beispiel wurde kurz nach der Erhöhung der *conmuta* die Strafe neu auf fünf Tage unbedingte Haft in Form von Straßenarbeit festgesetzt.[74] Dies entsprach zwar einer deutlichen Strafmilderung, die Möglichkeit des Freikaufs fiel nun jedoch weg.

Den neuen Regelungen des Vagabundengesetzes von 1934 setzten die Indianer zahlreiche Vermeidungsstrategien entgegen.[75] Mit Eingaben und Bittschriften versuchten sie, eine Lockerung der Bestimmungen zu erreichen. Viele weigerten sich, die *libretos* bei der *Intendencia* zu erwerben. Um eine Flut von Bestrafungen zu vermeiden und die säumigen *jornaleros* nicht zusätzlich abzuschrecken, sah sich die Ubico-Administration im Frühjahr 1938 gezwungen, bei der Ausgabe der neuen *libretos* nicht wie vorgesehen die Vorweisung des korrekt ausgefüllten *libretos* des Vorjahres zu verlangen.[76]

Vor allem die Nichtanerkennung von Arbeiten auf den eigenen Feldern oder für das eigene Gewerbe gab immer wieder zu reden. Bei der Kontrolle der *libretos* stellte sich immer wieder heraus, daß Arbeiten aufgeführt waren, die die *jornaleros* auf eigene Rechnung geleistet hatten. Mitunter suchten die *jornaleros* jemanden, der ihnen gegen Bezahlung von einigen *centavos* pro Arbeitstag das *libreto* ausfüllte. Es kam auch vor, daß Minifundisten mit *milpas* von weniger als

---

73 Die Aussagen basieren auf der Durchsicht zahlreicher Gerichtsurteile in den Jefatura Política-Akten der Departamente Sololá, Sacatepéquez und Chimaltenango.

74 JP Chimaltenango Mensaje telegrafico Circular No. 155, 21.5.1940; Juzgado de Paz San Martín Jilotepeque Juicios de vagancia, año 1940 (beide JP Chimaltenango 1937).

75 Vgl. Vecinos indígenas Nahualá an Ubico, 13.7.1936 (JP Sololá 1936); Intendente San Bernardino an JP Suchitepéquez, 21.7.1937 (JP Suchitepéquez 1936-1944); Circular SA, 10.6.1937 (JP Sololá 1937); Informe Intendente Santa Lucía an JP Sololá, 28.4.1939 (JP Sololá 1939); Informes Intendente San Lucas an JP Sololá, 30.4. und 11.5.1940 (JP Sololá 1940); Informe Intendente Xenacoj an JP Sacatepéquez, 2.7.1940; Intendente Sumpango an JP Sacatepéquez, 20.5.1940 (beide JP Sacatepéquez 1940); Intendente Ciudad Vieja an JP Sacatepéquez, 12.4.1939 (JP Sacatepéquez 1939).

76 JP Sololá an Intendente Sololá, 24.2.1938 (JP Sololá 1938).

4 *manzanas* anderen *jornaleros* Arbeitstage bestätigten, obschon sie nach dem Gesetz selber zur Arbeit für andere verpflichtet waren. Der zähe Widerstand gegen die verschiedenen Zwangsmaßnahmen der *finqueros* und des Staates sind ein Ausdruck der tiefen Abneigung, die die Indianer gegenüber der Arbeit auf den *fincas* empfanden.[77] Diese gründete sich nicht nur auf die schlechten Arbeitsbedingungen und die menschenunwürdige Behandlung auf den *fincas*, sondern ebensosehr auf kulturelle und soziale Zusammenhänge in der indianischen Gesellschaft, die der Bewirtschaftung der eigenen *milpa* den höchsten Stellenwert einräumten. Lohnarbeit außerhalb des *municipio* und für *ladinos* war wenig geachtet. Die Plantagenarbeit für die ladinischen *finqueros* an der *boca costa* stand an unterster Stelle in der indianischen Präferenzskala und wurde erst ins Auge gefaßt, wenn alle anderen Möglichkeiten der Subsistenzerhaltung versagt hatten.[78]

---

77 Charles Wagley [1941: 45-77] nennt einige Beispiele, in denen die Plantagenarbeit eine von den Indianern geschätzte Alternative zum Leben im municipio darstellte. Solche Fälle müssen jedoch klar als Ausnahmen betrachtet werden.

78 Vgl. dazu: Cambranes 1985: 150f; Jones 1940: 377; Schmid 1973: 64.

Teil III

7. Die Kaffeefincas der *boca costa*

Kaffee ist eine Baumfrucht, die ein ausgeglichenes subtropisches Klima bevorzugt. Von den zahlreichen Sorten werden in Guatemala hauptsächlich *café arábigo* und *café borbón* angebaut. Beide gehören zur Art der *arábicos*. In den tieferen Lagen herrschen *borbón*-Sorten vor. Sie erreichen die Reife etwas früher als die *arábigo*-Sorten. In Guatemala werden die Anbaugebiete weniger durch die Bodenqualität als durch die Höhenlage eingegrenzt. In Lagen unter 500 m.ü.M. nimmt die Qualität des Kaffees erheblich ab. In Lagen über 1500 m.ü.M. sinkt die Produktivität. Der beste Kaffee wächst zwischen 1000 und 1500 m.ü.M.[1]

Der erfolgreiche Kaffeeanbau erfordert ein hohes Maß an Fachwissen. Um profitable Erträge und ein qualitativ hochstehendes Produkt zu erreichen, bedürfen die Kaffeepflanzen sorgfältiger Pflege. Die Setzlinge werden während drei Jahren zuerst im *semillero* und darauf im *almácigo* herangezogen, bis sie eine Höhe von 20 bis 30 cm erreicht haben. Dann werden sie an ihren endgültigen Standort verpflanzt. Die ersten Früchte trägt der Baum nach etwa vier Jahren. Eine wirtschaftliche Ernte ist jedoch frühestens nach 6 bis 7 Jahren möglich. Bei guter Pflege kann ein Kaffeebaum (*cafeto*) bis zu 40 Jahre lang befriedigende Erträge bringen.[2] Meist wird darauf geachtet, daß die *cafetos* nicht ständig der prallen Sonne ausgesetzt sind. Dazu werden zwischen die *cafetos* schattenspendende Bäume oder Bananenstauden gepflanzt. Damit sinken zwar die Flächenerträge, aber der Nährstoffbedarf ist geringer und die Lebensdauer der *cafetos* länger.

Neben dem natürlichen Lebenszyklus unterliegt der Kaffeebaum zwei weiteren Zyklen, die Produktion und Absatz beeinflussen. Der Kaffeebaum hat die Eigenart, jährlich wechselnde Erträge zu liefern. Auf eine gute Ernte folgt oft eine schlechte. Die Ernten einer *finca* können daher von einem Jahr zum anderen erheblich schwanken. Der Jahreszyklus schließlich wird von der Reife der Kaffeebeere bestimmt. Sie gibt den Zeitpunkt und die Dauer der Ernte vor. Die Erntezeit dauert in Guatemala von August bis März. Allerdings variieren die Erntezei-

---

1 Vgl. hierzu: Alvarado 1936 1. Bd.: 41f, 137;. Costé 1965 2. Bd.: 631-638; McBryde 1969 1. Bd.: 115; Choussy 1967: 22f; The World's Coffee 1947: 137; Arango Cano 1957: 42-54.

2 Alvarado 1936 2. Bd.: 137; Ukers 1922: 197-244; Wickizer 1943: 91; Arango Cano 1957: 77-119.

ten je nach Höhenlage. In Lagen unter 750 m.ü.M. beginnt die Ernte im August und endet im Dezember. In mittleren Lagen, zwischen 750 und 900 m.ü.M., dauert die Ernte von September bis Dezember, darüber von Dezember bis März. In einigen Regionen kann die Ernte sogar bis in den Mai andauern [The World's Coffee 1947: 137]. Der Höhepunkt der Ernte an der *boca costa* dauert ungefähr von November bis Februar. Natürlich sind diese Zeitangaben als grobe Näherungswerte zu verstehen, da die Erntezeit auch von lokalen Gegebenheiten und jährlichen Klimaschwankungen beeinflußt wird.

Der Erntevorgang selbst ist sehr arbeitsintensiv. Das hängt damit zusammen, daß sich die guatemaltekischen Kaffeeproduzenten auf den Export von hochwertigem mildem Kaffee (*café suave*) spezialisiert haben. Die Qualität hängt wesentlich von der sorgfältigen und fachgerechten Ernte der Früchte ab. Arbeitsgruppen, sogenannte *cuadrillas*, bestehend aus Männern, Frauen und Kindern, pflücken unter der Leitung eines Vorarbeiters (*caporal*) die einzelnen Beeren von Hand. Da nicht alle Beeren gleichzeitig die volle Reife erreichen, sind oft zwei bis drei Durchgänge im Abstand von etwa zwei Wochen erforderlich, um den Kaffee zu ernten. Weil die Beeren andererseits rasch den für die Ernte optimalen Zustand überschreiten und auszutrocknen beginnen, findet die Ernte stets unter Zeitdruck statt [Schmid 1973: 102]. Nur mit einer ausreichenden Zahl an Arbeitskräften kann sie zeitgerecht eingebracht werden. Abgesehen vom Transport der großen Körbe (*cajas*), in denen die Kaffeebeeren vom Kaffeehain (*cafetal*) zur Wägestation gebracht werden, gilt die Erntearbeit allgemein als verhältnismäßig leicht. Insbesondere liegen die Kaffeefincas in einer klimatisch angenehmen Zone, wo die zahlreichen tropischen Krankheiten, die in den Tieflandregionen grassieren, allen voran die Malaria, keine Rolle spielen.[3]

Neben der Ernte erfordert der Kaffeeanbau noch eine Reihe weiterer Arbeiten, die jedoch zeitlich mehr gestreckt werden können. Für eine *finca* der *boca costa* kann beispielhaft folgender vereinfachte Jahresablauf erstellt werden.

Tabelle 7.1.   **Jährlicher Arbeitszyklus einer Kaffeefinca**

Januar bis Februar	Schneiden (poda) der schattenspendenden Bäume
Februar bis März	Schneiden (poda) der Kaffesträucher (cafetos)
April bis September	Säubern der Plantage von Unkraut (limpia)
November bis Februar	Ernte (cosecha, corte) und Verarbeitung (beneficio) des Kaffees

---

[3] Dies gilt besonders im Vergleich zur Arbeit auf den Bananen- und Baumwollplantagen. Vgl. Jones 1940: 263.

Gleichzeitig mit der Ernte erfolgt die Verarbeitung des Kaffees. Die gepflückten Beeren werden als *café en cereza* bezeichnet. Die Kaffeepflücker liefern ihre *cajas*, die zwischen 85 und 150 Pfund *café en cereza* enthalten können, bei der Wägestation ab. Nachdem die Ladung gewogen und dem Pflücker gutgeschrieben worden ist, beginnt die Weiterverarbeitung der Kaffeebohnen mit der sogenannten nassen Methode, dem *beneficio húmedo*. In einem ersten Arbeitsgang werden das Fruchtfleisch und eine honigartige Schicht (*miel*) entfernt, die die Kaffeebohnen (zwei pro Beere) umgeben. Dieser Vorgang erfordert große Mengen an Wasser.[4] Übrig bleiben die von einer Haut umhüllten Kaffeebohnen. Diese werden entweder an der Sonne oder maschinell getrocknet, um *café pergamino* zu erhalten.

In den 30er Jahren verfügten nur die großen *fincas* über Trockenmaschinen. In den meisten Fällen erfolgte die Trocknung auf ebenen gepflasterten Flächen, auf denen die Bohnen während zwei bis drei Tagen der Sonne ausgesetzt wurden. Wenn Regenfälle zu befürchten waren, mußten die Bohnen zusammengeschoben und nachher wieder verteilt werden, was stets einen beträchtlichen Arbeitsaufwand erforderte.

Mittels des *beneficio seco* (trockene Verarbeitung) wird der *café pergamino* zu *café oro* weiterverarbeitet. Dabei wird die Hüllhaut maschinell entfernt und die Oberfläche der Bohnen poliert. Daraufhin werden die Bohnen von Hand erlesen und solche von schlechter Qualität ausgesondert.[5]

Nebst soliden Kenntnissen über Anbau und Verarbeitung des Kaffees benötigte ein *finquero* zum Betrieb seiner Plantagen beträchtliche Finanzmittel, eine große Zahl von Arbeitskräften und klimatisch günstig gelegenes fruchtbares Land. Im Hinblick auf den unternehmerischen Handlungsspielraum des *finqueros* spielten die unterschiedlichen Knappheiten auf den entsprechenden Faktormärkten eine entscheidende Rolle.

Die Verfügbarkeit großer Landreserven in den Kaffeeanbaugebieten erlaubte den *finqueros* die extensive Bewirtschaftung ihrer Güter. Im Departement Suchitepéquez lag zum Beispiel in den Jahren 1942/43 fast ein Viertel der landwirtschaftlich nutzbaren Fläche brach [The World's Coffee 1947: 136]. Entsprechend

---

4 Es ist auch möglich, café pergamino ohne Einsatz von Wasser herzustellen. Dies geschieht vor allem in den wasserarmen Regionen von El Salvador und Honduras. In Guatemala ist jedoch das beneficio húmedo die meistverbreitete Methode. Vgl. Alvarado 1936 2. Bd.: 441.

5 Während des Veredelungsprozesses verliert der Kaffee beträchtlich an Gewicht. Laut dem Departamento de Fincas Cooperativas des INTA betragen die Umrechnungsfaktoren je nach Höhenlage zwischen 4 bis 5 zu 1 für die Verarbeitung von café en cereza zu café pergamino und zwischen 1,20 bis 1,30 zu 1 für das beneficio seco zur Gewinnung von café oro. Im weiteren werde ich von mittleren Faktoren von 4,50 bzw. 1,25 ausgehen. Vgl. Internes Papier des Departamento de Fincas Cooperativas del Instituto Nacional de Transformación Agraria (INTA), 17.11.1972. Vgl. ferner: Guerra Borges 1969 2. Bd.: 209; Rubio Sánchez 1968 2. Bd.: 324.

niedrig fielen auch die Flächenerträge der Region aus. Sie lagen deutlich unter den Werten anderer zentralamerikanischer Länder.[6] Im nationalen Vergleich entsprachen sie jedoch durchaus dem Mittelwert (Vgl. Tabelle 7.2).[7]

Tabelle 7.2. Kaffeefincas: Produktion und Flächenerträge

Departement	Durchschnittliche Produktion pro finca (in qq oro)	Durchschnittlicher Flächenertrag (in qq oro/manzana)
Sacatepéquez	248	7.75
Chimaltenango	927	6.41
Suchitepéquez/Sololá	560	5.16
Escuintla	1267	2.62
Republik	535	6.95

Quelle: Alvarado 1936, 2. Bd.: 570.

Im Vergleich zu den Produktionskosten waren die Bodenpreise bescheiden. Nach Juan Antonio Alvarado [1936, 2. Bd.: 485] lagen sie in den 20er und 30er Jahren unter 160 *Quetzales* pro *manzana*.[8] Die Produktionskosten pro *manzana*

---

6 Zum Vergleich der Produktivität mit den übrigen zentralamerikanischen Republiken vgl.: Banco de Guatemala 1980: 59-62.

7 Die Angaben hierüber gehen weit auseinander. Die niedrigsten Werte liegen unter 5 quintales/manzana, die höchsten über 30 qq/mz. Higbee [1947: 194] sprach in bezug auf die boca costa von einer Produktivität von 8,4 bis 10,5 qq/mz, bei einem Maximum von 17,5 qq/mz. Die meisten Angaben in den Quellen und der Literatur liegen jedoch wesentlich tiefer in einem Bereich zwischen 6 und 8 qq/mz. Vgl. Memorias de la Secretaría de Agricultura 1929-1940; Montenegro Ríos 1976: 23-56; Schmid 1973: 96; The World's Coffee 1947: 112; Figueroa Ibarra 1979: 75; International Bank for Reconstruction and Development (IBRD) 1954: 42.

8 Ich werde mich im folgenden mehrmals auf das Werk Alvarados stützen. Es ist wohl das ausführlichste Dokument aus den 20er und 30er Jahren, das die Sicht der cafetaleros widerspiegelt. Alvarado war lange Jahre (mindestens seit 1918 bis 1931) Besitzer und Leiter der finca La Violeta im municipio Colombia, Departement Quetzaltenango. Nach dem Directorio General de la República de Guatemala [1929: 208] hatte die finca eine Fläche von 160 caballerías. Neben Kaffee wurde caña de azúcar angebaut und Viehhaltung betrieben. Die Kaffeeproduktion schien nur einen kleinen Teil der Fläche beansprucht zu haben. Laut Alvarados [1936 2. Bd.: 459] Angaben belief sich die durchschnittliche Jahresproduktion der finca auf 1234 quintales café oro. Bei einer Produktivität von 8 quintales pro manzana ergäbe sich eine Fläche von knapp 2,5 caballerías. In dieser Beziehung gehörte die finca zu den Plantagen mittlerer Größe. Das Werk Alvarados spiegelt denn auch vor allem die Interessenlage dieser

mußten sich aufgrund seiner Angaben auf über 60 *Quetzales* belaufen haben.[9] Verteilt auf 10 Jahre hätten die Kosten für Land somit zwischen 0,6 und 26,6% der Produktionskosten betragen. Der Erwerb von großen Ländereien bedeutete für die *finqueros* nicht in erster Linie eine Investition zur Produktionssteigerung. Verschiedene Untersuchungen zeigten, daß große *fincas* dazu neigten, den Boden weniger intensiv zu nutzen.[10] Interessant ist in diesem Zusammenhang, daß die Produktivität in den Departementen Suchitepéquez/Sololá und Escuintla, wo sich verschiedene *fincas* ausländischer Gesellschaften befanden, besonders niedrig war (vgl. Tabelle 7.2.).

Die Ubico-Administration versuchte mit verschiedenen Maßnahmen gegen den unproduktiven Großgrundbesitz vorzugehen. 1936 unterwarf sie mit der *Ley de Impuestos sobre Eriales y Latifundios* das Brachland von Latifundien über 100 *caballerías* einer besonderen Steuer. Die Ansätze waren jedoch zu gering, um eine spürbare Wirkung zu erzielen.[11] Auf der anderen Seite gab es für die *finqueros* genug Gründe, große Flächen brach liegen zu lassen. Landbesitz war eine entscheidende Zugangsvoraussetzung zum Kapitalmarkt, da die meisten Kredite nur als Hypothekardarlehen gewährt wurden. Auf der anderen Seite bot der Landerwerb die einzige Möglichkeit, einen Teil der erzielten Gewinne im Inland mit geringem Risiko zu reinvestieren.

Natürlich stellte der Besitz von Land auch soziales Prestige dar, aber die Latifundienbildung beruhte doch hauptsächlich auf wirtschaftlichen Motiven. Dies galt insbesondere auch im Zusammenhang mit der Arbeitsproblematik. Die Landkonzentration in den Händen weniger Eigentümer bewirkte zunächst den Ausschluß von weiteren Mitkonkurrenten um Arbeitskräfte auf dem Arbeitsmarkt [Jones 1940: 172, 179; Barrilas Barrientos 1981: 12]. Die extensive Landnutzung führte zu einer Angleichung der relativen Knappheiten von Land und Arbeit.

Gruppe von cafetaleros wieder. Alvarado war ein einflußreicher finquero, der als Secretario de la Asociación de Finqueros del Chuvá über weitreichende Kontakte zu anderen finqueros verfügte [1936 2. Bd.: 469]. Nicht zuletzt kam die Publikation der "Caficultura práctica" mit der persönlichen Unterstüzung von Ubico zustande [Alvarado 1936: 1. Bd.: 235]. Vgl. zur Bedeutung Alvarados auch: Dominquez 1977: 110.

9   Alvarado 1936 2. Bd.: 480. Bei minimalen jährlichen Kosten von 9,92 Quetzales pro quintal café pergamino ergibt sich unter der Annahme einer Produktion von nur 7 qq/mz (dies entspricht ungefähr 5,8 qq café oro) ein Kostenbetrag von 69,44 Quetzales pro manzana.

10   Vgl. Adams 1970a: 398; CIDA 1965: 20. Gemäß der CIDA-Studie nutzten die fincas multifamiliares grandes nur 28,5% ihres Bodens. Die fincas multifamiliares medianas dagegen bereits 49,2%. Bei den fincas familiares, subfamiliares und den microfincas betrug der Anteil der genutzten Fläche 50%, 79,4% bzw. 94,9%.

11   Vgl. Méndez 1937: 111-114 (Decreto Gubernativo No. 1885, Ley de Impuestos sobre Eriales y Latifundios und Decreto Legislativo No. 2242, Reforma el artículo 3. del anterior) sowie Mendizábal Prem 1975: 55-57.

Aber auch im Hinblick auf die Rekrutierung von Arbeitskräften war der Besitz großer Ländereien für die *finqueros* wichtig, weil es ihnen dadurch möglich war, im Rahmen des *colonato* Arbeitskräfte an die *finca* zu binden. Auf den meisten *fincas* der *boca costa* lebten 50 und mehr *colonos permanentes*. Meist ging das Pachtverhältnis mit der Verschuldung des *colono* einher. Dadurch entwickelten sich verhältnismäßig stabile Patron-Klientel Beziehungen zwischen den Repräsentanten der *finca* und den *colonos*. Der *colono* erwartete vom *patrón* ein ausreichendes Stück Land zur Subsistenzsicherung und Beistand in Krisen und außergewöhnlichen Lebenslagen.[12] Die Höhe der Verschuldung richtete sich nicht ausschließlich nach der Leistungsfähigkeit eines *mozos*, sondern nach dessen Bedürfnissen und der Loyalität gegenüber dem *patrón*.

Die *colonos permanentes* lebten im unmittelbaren Herrschaftsbereich der *finca*. Oft übten die *patronos* ihnen gegenüber richterliche Gewalt aus.[13] In doppelter Hinsicht waren die *colonos* abhängig. Einerseits bot ihnen die gepachtete Parzelle Wohnung und Nahrung; andererseits band sie die Schuld rechtlich an die *finca*. Sie verfügten nicht über die wirtschaftlichen und sozialen Ressourcen der *cuadrilleros* aus dem Hochland, um aus dem Herrschaftsbereich der *finca* auszubrechen. Bei Konflikten war es für sie ungleich schwieriger, einen anderen *patrón* zu suchen oder mittels Klageschriften die Behörden einzuschalten. Das *colonato* kam von allen Arbeitsverhältnissen im Zusammenhang mit dem *habilitaciones*-System dem einheitlichen Herrschaftsbereich Richard Adams am nächsten.[14] Um so bemerkenswerter ist, wie die *colonos* immer wieder ihre bescheidenen Widerstandsmöglichkeiten einsetzten, um Ausbeutung und Unterdrückung in den gewohnheitsrechtlichen Grenzen zu halten.

Eine besondere Bedeutung gewann das *colonato* in der Form der *finca de mozos*. Die *colonos* solcher *fincas* lebten nicht im unmittelbaren Herrschaftsbereich der Stammfinca. Ihre Beziehungen zum *patrón* waren daher lockerer als bei den *colonos permanentes*.[15] Dennoch verfügten sie nur über unwesentlich größere Handlungsspielräume. Sie standen unter der unmittelbaren Aufsicht eines

---

12 JP Suchitepéquez an SF, 25.10.1900 (SF Suchitepéquez, Leg. 14932); JP Escuintla an SF, 21.3.1922 (SF Escuintla, Leg. 14888); Despacho JP Sacatepéquez, 9.3.1928 (JP Sacatepéquez 1928); Alfredo del Valle, finca Colombia, Antigua, an JP Sacatepéquez, 9.1.1929 (JP Sacatepéquez 1928); Lic. Domingo R. Fuentes, finca Madrid, Chicacao, an JP Sololá, 31.10.1931 (JP Sololá 1931); Ubaldino Urrutia, agente de The Central American Plantations Corporation an JP Sacatepéquez, 4.6.1934 (JP Sacatepéquez 1934); Finca San José an Alcalde primero Santo Domingo, 12.9.1934 (JP Suchitepéquez 1927-1940); Intendente San Martín Jilotepeque an JP Chimaltenango, 24.6.1938 (JP Chimaltenango 1938). Vgl. auch Castellanos Cambranes 1977: 116; Kepner/Soothill 1935: 145; McCreery 1994: 223.

13 Vgl. etwa: Martin Coy, San Martín Jilotepeque an JP Chimaltenango, 8.1.1930 (JP Chimaltenango 1930); Solórzano F. 1977: 352f.

14 Vgl. Kap. 2.

15 Vgl. hierzu: LeBot 1977: 64-66; Whetten 1961: 98.

administrador, der auch für die Organisation der Arbeitsteams für die Stammfinca verantwortlich war. Widersetzten sie sich dessen Anweisungen, liefen sie Gefahr, umgehend von ihrer Parzelle gejagt zu werden.[16] Üblicherweise schuldeten die *colonos* für jede gepachtete *cuerda milpa*-Land eine Arbeitsleistung im Umfang von ein bis zwei *cuerdas* auf der Stammfinca.[17] *Mozos*, die bei der Kaffee-Ernte eingesetzt wurden, mußten pro *cuerda milpa*-Land eine bestimmte Anzahl *cajas* Kaffee pflücken. Beispielhaft hierfür ist das Übereinkommen zwischen den *colonos* der *finca de mozos* Santa Victoria in Panajachel und der Kaffeefinca Las Camelias in Chicacao:

"Les dan a los mozos veinte o veinticinco cuerdas de terreno para sus siembras, siendo la cuerda de cuarenta varas cada una, quedando obligados sus arreglos voluntarios a hacer sesenta y cinco cajas de café en la época de la cosecha, pagándoles el patrón en la finca Las Camelias jurisdicción de Chicacao por cada jornal doce centavos, dos libras de maíz, sal y cal y si no quieren la ración, les pagan cada jornal en quince centavos de Quetzal, líquidos."[18]

Neben dem *colonato* verpachteten die *fincas* unter verschiedensten Bedingungen Land an Kleinbauern.[19] Bei der Halbpacht (*aparcería*) mußte der Pächter dem *finquero* für die Nutzungsrechte einen Teil der Ernte abliefern. Der Mehrwert erschien hier nicht wie beim *colonato* als Arbeit, sondern als Produktrente. Eine besondere Form der Halbpacht stellte die Praxis dar, wonach der Pächter seine Arbeit und einen Teil des Kapitals beitrug, und der *finquero* den Boden und den Rest des Kapitals zur Verfügung stellte. Die Ernte wurde dann zu gleichen Teilen aufgeteilt.

Monetäre Pachtverhältnisse zwischen Kaffeefincas und Kleinbauern waren in den 20er und 30er Jahren im Gegensatz zum Hochland, wo Gemeinden, lokale *ladinos* und wohlhabende Indianer Land verpachteten, unüblich. Die *finqueros* waren angesichts der tiefen Landpreise auch nach der Inkraftsetzung der *Ley de Impuestos sobre Eriales y Latifundios* kaum daran interessiert, ihr Brachland zu verpachten.

Ganz andere Verhältnisse als auf dem Bodenmarkt herrschten auf den Finanzmärkten. Immer wieder beklagten sich die *finqueros* über die unzureichen-

---

16 Intendente San Martín Jilotepeque an Eladio Alburéz, 24.1.1935 (JP Chimaltenango 1935); Informe anual JP Chimaltenango, 15.12.1938 (JP Chimaltenango 1938).

17 Intendente San José Chacayá an JP Sololá, 10.6.1938 (JP Sololá 1938); Intendente San Martín Jilotepeque an JP Chimaltenango, 6.6.1938 (JP Chimaltenango 1938); Nomina de mozos arrendantes del terreno el Llano, Dueñas, o.D. (JP Sacatepéquez 1940).

18 Intendente Panajachel an JP Sololá, 10.6.1938 (JP Sololá 1938).

19 Vgl. zum Folgenden: LeBot 1976: 75-79; LeBot 1977: 63-71; Monteforte Toledo 1972 1. Bd.: 186; Winson 1978: 37; Torres Rivas 1973: 208-209.

den Kreditmöglichkeiten und die hohen Zinsen.[20] Tatsächlich erforderte die Kaffeeproduktion in großem Maßstab beachtliche finanzielle Aufwendungen, die das Eigenkapital der meisten *finqueros* überstiegen.[21] Um eine Kaffeeplantage in Gang zu bringen, mußten sie Kredite mit Laufzeiten von neun bis zehn Jahren aufnehmen [Alvarado 1936 2. Bd.: 487]. Dabei gingen sie erhebliche unternehmerische Risiken ein, da es im Zeitpunkt der Investition kaum möglich war, die Absatzbedingungen für Kaffee auf zehn Jahre hinaus abzuschätzen.

Juan Antonio Alvarado stellte eine idealtypische Auflistung der Kosten und Erträge in den ersten zehn Jahren nach der Gründung einer neuen *finca* zusammen. Er ging von einer Größe von 62,5 *manzanas* (1000 *cuerdas*), einem durchschnittlichen Zinsniveau von 10% jährlich, einem durchschnittlichen Kaffeepreis von 10 *Quetzales* pro *quintal* und einem Lohnniveau von 0,20 *Quetzales* pro Tag aus. Aus den Angaben von Alvarado läßt sich die Modellbilanz einer *finca* erstellen, die in Tabelle 7.3. wiedergegeben wird.

Tabelle 7.3. **Modellbilanz der ersten zehn Jahre einer mittelgroßen Kaffeefinca (alle Angaben in *Quetzales*)**

Jahr	Ausgaben (inkl. Zinsen)	Erträge (Kaffeeverkäufe, Zinsen)	Verlust	Gewinn	Kredite	Amortisation
1. und 2. Jahr	6475.15	0.00	6475.15	0.00	5886.50	0.00
3. Jahr	21461.60	100.00	21361.60	0.00	19510.55	0.00
4. Jahr	27200.56	2000.00	25200.56	0.00	22909.60	0.00
5. Jahr	31880.21	5000.00	26880.21	0.00	24436.56	0.00
6. Jahr	34084.13	15000.00	19084.13	0.00	17349.21	7087.35
7. Jahr	25508.44	15000.00	10508.44	0.00	9553.13	7796.08
8. Jahr	16075.18	15000.00	1075.18	0.00	977.44	8575.69
9. Jahr	6544.18	15845.52	9301.34	0.00	0.00	977.44
10. Jahr	5469.00	16976.24	0.00	11507.24	0.00	0.00

Quelle: Alvarado 1936 2. Bd.: 481-485.

Die gesamten Kosten betrugen in den 10 Jahren 64'112 *Quetzales*. Allein 10'062 *Quetzales* machten davon die Zinszahlungen aus. Das sind über 15%.

---

20 Vgl. etwa: Guatemala Agrícola, Vol. II, Nr. 20 (31 de enero), 1929. S. 39-41. Guatemala Agrícola war eine landwirtschaftliche Fachzeitschrift, die vor allem die Anliegen der mittleren finqueros zur Sprache brachte.

21 Vgl. hierzu: Brockett 1990: 25; Castellanos Cambranes 1977: 149; Biechler 1970: 164.

Unter den getroffenen Annahmen konnten die Schulden erst ab dem 6. Betriebsjahr reduziert werden, und es dauerte zehn Jahre, bis das Unternehmen Gewinn abwarf.

Nebst den langfristigen Finanzierungsbedürfnissen benötigten die *finqueros* auch kurzfristige Kredite, um die jährlichen Ernten zu bevorschussen.[22] Die Finanzmärkte waren in Guatemala aber nur unzureichend auf ihre Bedürfnisse abgestimmt. Mitunter kam es vor, daß infolge des Kreditmangels große Teile der Kaffee-Ernte nicht eingebracht werden konnten [Pitti 1975: 129].

Erst Mitte der 20er Jahre wurden vom Staat ernsthafte Bestrebungen unternommen, das nationale Bankensystem zu reorganisieren. Vorher gab es nur fünf bedeutende Bankinstitute, die Hypothekarkredite gewährten. Durchschnittlich betrugen die Kredite einen Fünftel des Gesamtwertes des belehnten Besitzes. Gewöhnlich wurden die Darlehen auf sechs Monate hinaus gewährt. Wohl bestand die Möglichkeit, die Frist mehrmals zu verlängern, Bedingung dafür war allerdings die pünktliche Zahlung der Zinsen. Säumigen *finqueros* drohte die umgehende Enteignung durch die Kreditgeber [Rubio Sánchez 1968 2. Bd.: 319-321]. Das wichtigste Resultat der Reform war die Schaffung einer neuen, mit dem Dollar paritätischen Währung, dem *Quetzal*, und die Gründung einer Zentralbank. Bisher waren mehrere Banken berechtigt gewesen, Notengeld herauszugeben. Nun konnte der mit dem Emissionsmonopol ausgestattete *Banco Central* der unkontrollierten Geldmengenausweitung einen Riegel schieben. Die Reform des Geldwesens änderte jedoch nichts am schwach entwickelten System der Geschäftsbanken. Besonders auf dem Land blieb es schwierig, zu Krediten zu kommen, da die Banken sich auf die Hauptstadt konzentrierten und ein funktionierendes Postgirowesen nicht existierte.[23]

Die Knappheit des Kapitals spiegelte sich auch in den hohen Zinsen wieder, die zwischen 12 und 24% im Jahr lagen [Pitti 1975: 129]. Als im Herbst 1930 der von den *finqueros* schon lange geforderte *Crédito Hipotecario Nacional* den Betrieb aufnehmen konnte, stand den angemeldeten Kreditforderungen von 7'068'000 *Quetzales* eine tatsächlich realisierte Summe von 431'523,27 *Quetzales* gegenüber. Es wurden nur Erste Hypotheken gewährt, wobei die Tilgungsfrist auf 25 Jahre beschränkt war. Der Kredit durfte 50% des Garantiewertes nicht überschreiten [Rodríguez Cerna 1931: 91f; McCreery 1994: 315]. Die Bestimmungen für die Gewährung von kurzfristigen Krediten legten eine maximale Frist von 12 Monaten fest. Fristverlängerungen waren nur bei pünktlicher Bezahlung der Zinsen möglich.

In diesem Zusammenhang ist eine Bemerkung zum oft zitierten Absentismus der guatemaltekischen *finqueros* angebracht. Die Feststellung, daß die meisten

---

22 Vgl. zu den verschiedenen Kreditformen zum Beispiel: Informe Cafetalero 1949: 204.

23 Guatemala Agrícola, Vol. II, Nr. 20 (31 de enero), 1929. S. 41; Gillin 1958: 143.

finqueros nicht auf dem Land lebten und die Geschicke ihrer *fincas* in die Hände von Verwaltern legten, wurde immer wieder als Indiz für die Behauptung ins Feld geführt, die *finqueros* stünden dem Typ des kolonialen Großgrundbesitzers näher als demjenigen des kapitalistischen Unternehmers. Berücksichtigt man die Konzentration der Finanzmärkte auf die Hauptstadt, bekommt der Absentismus ein anderes Gewicht. Für die *finqueros* war es im unternehmerischen Sinn durchaus rational, die Leitung des Produktionsprozesses auf den *fincas* fachkundigen Verwaltern zu überlassen und sich in der Hauptstadt selbst um die Sicherstellung der finanziellen Mittel zu kümmern. Dabei ist nicht zu vergessen, daß bei der Vergabe von Krediten oft persönliche Beziehungen zu Bankleuten oder Exporteuren eine wichtige Rolle spielten.[24]

Unter Ubico wurden Anstrengungen unternommen, die Kreditsituation für die *finqueros* zu verbessern. Insbesondere die Möglichkeiten, kurzfristige Kredite zur Erntebevorschussung aufzunehmen, sollten ausgebaut werden. Die Zinsen auf diese Kredite wurden zuerst auf maximal 8% (1932) und später auf 4% (1935) herabgesetzt. Für andere Kreditarten wurde ein Maximalzinssatz von 6% bestimmt.[25] Auf der anderen Seite verminderten restriktive Rahmenbedingungen die Risiken für die Anleger und erleichterten die Kreditvergabe. Die *Ley de Crédito Agrícola* aus dem Jahre 1934 legte die Frist für Agrarkredite grundsätzlich auf 12 Monate fest. Bei Investitionen auf lange Sicht konnten zwar Kredite mit längeren Laufzeiten gewährt werden, Verlängerungen der einmal vereinbarten Fristen waren jedoch in jedem Fall ausgeschlossen. Die Kredite durften nicht höher sein als der Betrag, den der Schuldner aus seinen Ernteerlösen innerhalb des vereinbarten Zeitraums bezahlen konnte. Als Garantie wurde in erster Linie Agrarbesitz angenommen [MHC: 1934: 265-267].

Diagramm 7.1. zeigt die Entwicklung des gesamten Kreditvolumens in den Jahren 1925 bis 1936. Gemäß einer Studie des Banco de Guatemala [1946: 19] nahm das Kreditvolumen zwischen 1929 und 1945 von 28 Mio. auf 14 Mio. *Quetzales* ab. Diese Kontraktion widerspiegelte die Auswirkungen der Weltwirtschaftskrise auf die guatemaltekischen Finanzmärkte und die kompromißlose Deflationspolitik Ubicos, die die Geldmenge in den ersten zwei Regierungsjahren um mehr als einen Drittel reduzierte.[26] Diagramm 7.1. bestätigt den rückläu-

---

24 Ernest Feder [1971: 86-89] weist im lateinamerikanischen Kontext auf eine weitere Funktion des Absentismus hin. Dank der Einsetzung eines Verwalters kann sich der *patrón* bis zu einem gewissen Grade von Arbeitskonflikten fernhalten. Unmittelbare Zielscheibe von Protesten der peones ist der Verwalter. Da er aber im Grunde nicht der richtige Ansprechpartner für die peones ist, weil er nur über beschränkte Entscheidungsbefugnisse hinsichtlich der Arbeits- und Lohnbedingungen verfügt, versanden die Proteste und bleiben wirkungslos.

25 Karlen 1991: 193; Grieb 1979: 58-60; Revista Agrícola, Vol. XIII, Nr. 7 (30 de septiembre), 1935. S. 406.

26 Vgl. Montenegro Ríos 1976: 239; International Bank for Reconstruction and Development (IBRD) 1954: 16.

figen Trend der Finanzmärkte. Bemerkenswert ist aber, daß es trotz der ungünstigen Umstände nicht zu einem eigentlichen Einbruch auf den Finanzmärkten kam. Weder bei den langfristigen Hypothekarkrediten noch bei den kurz- und mittelfristigen Darlehen waren außergewöhnliche Schwankungen zu verzeichnen.

Diagramm 7.1. Kreditvolumen 1925-1936

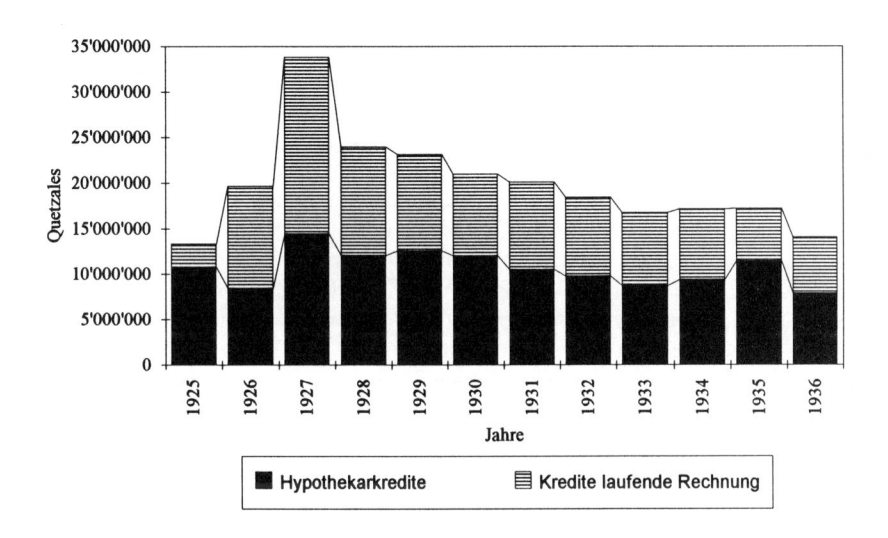

■ Hypothekarkredite   ☰ Kredite laufende Rechnung

Quelle: Diaro de Centroamérica 1925-1936. Estado financiero de los bancos del mes de diciembre.

Anmerkung: Das Diagramm erhebt nicht den Anspruch auf Vollständigkeit. Die Berechnungen stützen sich auf die Estados financieros der verschiedenen Geldinstitute vom Dezember, wie sie jeweils im Diario de Centroamérica publiziert wurden. Damit konnten immerhin die wichtigsten Geldinstitute erfaßt werden. Es handelte sich hierbei um The Anglo South American Bank, Banco Agricola Hipotecario, Banco Americano, Banco Central, Banco de Guatemala, Banco Colombiano, Banco Internacional, Bank of London & South America Ltd., Banco de Occidente, Credito Hipotecario Nacional, Pacific Bank and Trust Comp, Nottebohm Banking, Rosenthal e hnos, Schlubach, Sapper & Co.

Für die *finqueros* blieben die Verhältnisse in bezug auf die Geldversorgung auch in den schärfsten Krisenjahren verhältnismäßig stabil, auch wenn sich die

Knappheit auf den Finanzmärkten zunehmend verschärfte. Das änderte aber nichts an der Tatsache, daß die Situation der kleineren und mittleren *finqueros* schwierig blieb. Die Gewinne der guten Jahre reichten nicht aus, um längerdauernde Krisen zu überbrücken.[27] Die restriktiven Kreditbedingungen, das unzureichende Bankennetz auf dem Land und die hohen Zinssätze machten die Geldbeschaffung für sie zu einer teuren und aufwendigen Angelegenheit. Die finanziellen Verpflichtungen stellten angesichts der wechselhaften Verhältnisse bei Produktion und Absatz des Kaffees ein erhebliches Risiko dar.

Anhand der weiter oben ausgeführten Modellbilanz einer mittleren *finca* (Tabelle 7.3.) können die Probleme, mit denen sich die Kaffeeproduzenten konfrontiert sahen, im Einzelnen aufgezeigt werden. Die Angaben der Bilanz beruhen auf der Annahme von stabilen Klima-, Preis- und Lohnverhältnissen. In Wirklichkeit waren diese Größen jedoch äußerst variabel. Eine massive Senkung der Kaffeepreise oder mehrere schlechte Ernten konnten die Zinszahlungen und die Amortisation der Kredite gefährden. Im 6., 7., 8. und 9. Jahr machte die Zinsbelastung zusammen mit den Abzahlungen 58.81%, 58.34%, 57.82%, bzw. 6.61% der Erträge aus. Dazu kamen die regulären Zinszahlungen von Q. 1734.92, Q. 955.31 bzw. Q. 97.74. Bei einer Preisreduktion von 10 auf 6 *Quetzales* im 7. Jahr hätten sich die Einnahmen auf nur noch 9000 *Quetzales* belaufen. Zins und Amortisation zusammen beliefen sich im gleichen Jahr auf 8751,39 *Quetzales*. Eine Abzahlung der Schuld im vorgesehen Rahmen wäre unter diesen Bedingungen unmöglich gewesen. Gekoppelt mit einer schlechten Ernte hätte die Preisreduktion sogar zu weiteren Verlusten geführt und den *finquero* gezwungen, neue Kredite aufzunehmen. Diese Verzögerung im Schuldendienst hätte sich in Form von höheren Zinslasten auf die nächsten Jahre übertragen und unter Umständen die fristgerechte Rückzahlung der Gesamtschuld verhindert. Besonders in Situationen, wo verschiedene Widrigkeiten gleichzeitig auftraten oder wo niedrige Preise und geringe Ernten sich über ein paar aufeinanderfolgende Jahre hinzogen, ergaben sich für die *finqueros* akute Zahlungsschwierigkeiten. Verfügten sie in einer solchen Lage nicht über genug kurzfristiges Kapital, um ihre Ernten einzubringen, gerieten sie in eine kaum aufzuhaltende Schuldenspirale, die mit der Enteignung endete.

Genau diese Situation herrschte in den Jahren 1927 bis 1933 vor. Sinkende Preise waren gekoppelt mit verminderter Produktion. Inwiefern sich diese Situation tatsächlich in einem Anstieg der Konkurse niederschlug, ist zahlenmäßig nur mit großem Aufwand nachzuweisen, und die Interpretation der Ergebnisse bleibt zwiespältig. Die Auszählungen der Handänderungen von bäuerlichen Betrieben (*fincas rústicas*) des Departements Suchitepéquez im Zeitraum zwischen 1920 und 1935 zeigt, daß zumindest hier die Zunahme der Konkurse nicht so markant war, daß die in diesem Zusammenhang stehenden Besitzerwechsel zu einer er-

---

27 Vgl. zur Situation auf den Kreditmärkten während der 30er Jahre: North 1981: 185; Timoshenko 1933: 51-55; Kindleberger 1973: 54-76, 131; van der Wee 1872: 156-161.

höhten Zahl von Handänderungen geführt hätte.[28] Diagramm 7.2. legt die Vermutung nahe, daß während der Hochpreisphase zwischen 1924 und 1928 mehr Käufer auftraten, die entweder bestehende *fincas* vergrößern oder neu ins Kaffeegeschäft einsteigen wollten. Inwieweit zwischen der Wellenbewegung von

Diagramm 7.2.:   Handänderung von *fincas rústicas* im Departement Suchitepéquez 1920-1935

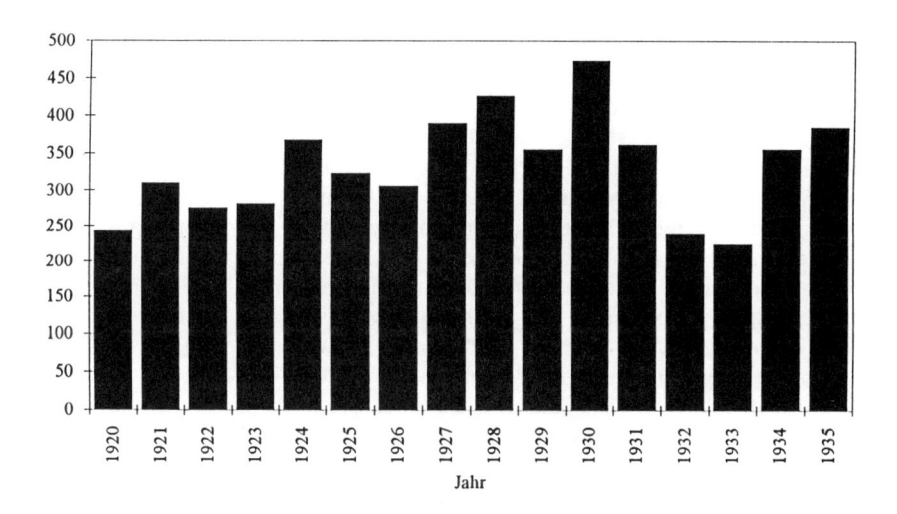

Quelle:	Registro General de Propiedad Inmueble, Quetzaltenango (Indice del departamento de Suchitepéquez).
Anmerkung:	Eine Auszählung des Departements Sololá wurde auch vorgenommen. Leider fehlen aber für die Jahre 1928 bis 1933 jegliche Angaben. Es ist jedoch unwahrscheinlich, daß in diesem Zeitraum keine Handänderungen mehr stattgefunden haben sollen. Vgl. die Angaben zu den Einnahmen der Handänderungsgebühren (Venta y permuta de inmuebles) in: MHC 1928-1933.

---

28   Diese Feststellung deckt sich mit McCreerys [1994: 213] Resultaten, wonach sowohl während der 1898er- als auch während der 1929er-Krise die Konkurse nur leicht zunahmen. Im Gegensatz dazu steht die verbreitete, aber empirisch wenig gestützte Ansicht, daß die Krise in den 30er Jahren zu einer markanten Zunahme der Konkurse und damit der Konzentration im Kaffeesektor geführt habe. Vgl. etwa Rubio Sánchez 1968 2. Bd.: 397; González Davison 1987b: 17; Valladares de León de Ruiz 1983: 21; Montenegro Ríos 1976: 313; Riekenberg 1990: 106; Karlen 1991: 151.

1929/30 und dem Zusammenbruch der New Yorker Börse im Oktober 1929 ein Zusammenhang bestand, kann mit dem vorliegenden Material nicht schlüssig beantwortet werden. Immerhin erlaubt der deutliche Rückgang der Handänderungen in den Jahren 1931 bis 1933 den Schluß, daß angesichts der weltweit unsicheren Lage auf den Finanzmärkten und der sinkenden Kaffeepreise das Interesse, Kaffeefincas zu vergrößern oder zu erwerben, gering war.[29] Die dadurch verursachte Verminderung des Marktwertes erschwerte die zusätzliche Belehnung der *fincas* und erhöhte die Abhängigkeit der *finqueros* von Banken, *beneficios* und Exporteuren. Auch wenn die Weltwirtschaftskrise nur am Rand zur weiteren Monopolisierung des Bodens beitrug, verstärkte sie doch die Konzentrationstendenzen im Rahmen der vertikalen Integration des Kaffeesektors.

Für den einzelnen *finquero* stellten Zinszahlungen und Amortisation fixe Kosten dar, die er bei Preiseinbrüchen oder Ernteeinbußen nicht kurzfristig vermindern konnte. Eine Aussetzung der vereinbarten jährlichen Zahlungen hätte für ihn, wenn auch nicht eine sofortige Enteignung, so doch große Schwierigkeiten bei zukünftigen Kreditverhandlungen zur Folge gehabt. Der Ansatzpunkt für den *finquero* mußte bei den variablen Kosten liegen. Diese wurden zum größten Teil von den Lohnkosten bestimmt. Ein genauerer Blick auf ein Jahr der oben zitierten Auflistung von Alvarado gibt Aufschluß über die Kostenzusammensetzung einer *finca*. Im 6. Jahr hatte die Modellfinca ihre volle Produktion von 1500 *quintales* erreicht. Die laufenden Produktionskosten zeigt Tabelle 7.4.

Die Unterteilung in Unterhaltsarbeiten, Ernte und Verarbeitung und fixe Kosten habe ich vorgenommen, um variable und fixe Kosten besser auseinander halten zu können.[30] Fielen fixe Kosten unabhängig davon an, wieviel produziert wurde, veränderten sich die variablen Kosten in Funktion von der Produktion. In Betracht kamen hier besonders die Kosten für Arbeitsaufwendungen. Der Spielraum der *finqueros*, auf Preiseinbrüche mit einer Kostensenkung durch Produktionsverminderung zu reagieren, hing vor allem von der Flexibilität der variablen Kosten und dem Verhältnis von fixen und variablen Kosten ab. Der *finquero* konnte zunächst versuchen, mit der Einschränkung der Unterhaltsarbeiten die Kosten zu senken. Er war darin aber nur beschränkt flexibel. Zwar konnte die Säuberung der Plantage, die Düngung oder das Schneiden der Bäume weniger sorgfältig vorgenommen werden, eine völlige Vernachlässigung dieser Arbeiten hätte aber zukünftige Mehrarbeiten und Ernteeinbußen zur Folge gehabt. Dazu kam, daß mit Ausnahme der Säuberung der Plantage die Unterhaltsarbeiten fast ausschließlich von ständig auf der *finca* ansässigen *colonos* ausgeführt wurden.

---

29 Bei der Zunahme der Jahre 1934 und 35 ist zu berücksichtigen, daß 1934 die Kaffeezone des Departements Sololá zu Suchitepéquez geschlagen wurde. Immerhin ist die Zunahme der Handänderungen doch so deutlich, daß sie nicht allein auf diesen Umstand zurückgeführt werden kann.

30 Vgl. McSweeny 1988b: 92-107; Grajeda G. 1967: 22; Geer 1971: 35; Kauck 1989: 203; Pelupessy 1991: 151.

Eine massive Verminderung ihrer Zahl war jedoch kurzfristig nicht möglich, weil die Nutzungsrechte mindestens bis zur nächsten Maisernte galten und die *colonos* nicht in der Lage waren, die erhaltenen *habilitaciones* zurückzubezahlen.

Tabelle 7.4.: Laufende Kosten einer Modellfinca im 6. Betriebsjahr (in *Quetzales*)

	Arbeitstage (jornales)	Kosten	Prozent
Unterhaltsarbeiten			
Jäten und Reinigung der Plantage	3000	600.00	4.19
Schädlingsbekämpfung	500	100.00	0.70
Schneiden der Kaffeebäume	500	100.00	0.70
Düngung	3500	700.00	4.90
Ersetzen schlechter Pflanzen	50	10.00	0.07
Andere unvorhergesehene Arbeiten	2000	400.00	2.80
Subtotal		1910.00	13.36
Ernte und Verarbeitung			
Kaffee-Ernte	6000	1200.00	8.40
Erlesen der Kaffeebeeren	200	40.00	0.27
Verarbeitung und Lagerung	4500	900.00	6.30
Vorarbeiter	730	219.00	0.01
Subtotal		2359.00	16.50
Fixe Kosten			
Verwalter	365	300.00	2.10
Kosten für Wohnung und Bedienstete		700.00	4.90
Kleinere Auslagen		200.00	1.40
Zinsen (10% auf Q. 17'349.21)		1734.92	12.14
Amortisation		7087.35	49.60
Subtotal		10022.27	70.13
Total		14291.27	100.00

Quelle: Alvarado 1936 2. Bd.: 481-485

Einsparungen bei den Unterhaltsarbeiten ließen sich vor allem im Bereich der "anderen Arbeiten" erzielen. So konnten etwa Reparaturen an Gebäuden und Anlagen zurückgestellt werden. Die Grenzen waren aber auch hier eng gesteckt.

Am ehesten boten die Arbeiten im Zusammenhang mit der Kaffee-Ernte die
Möglichkeit, kurzfristig die Produktionskapazität den gesunkenen Preisen anzu-

Diagramm 7.3.: **Taglohn der Kaffeearbeiter 1920-1940 (nominal und in *libras* Mais zu laufenden Preisen)**

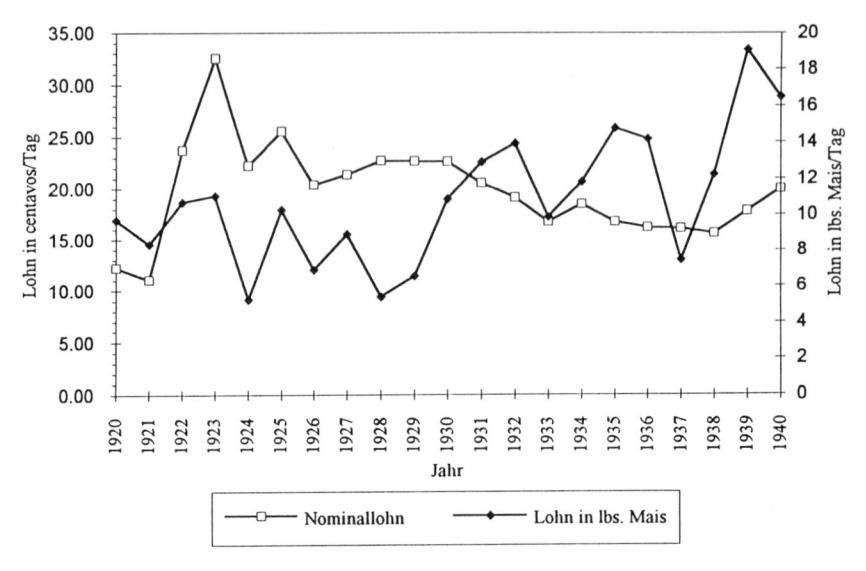

Quellen:	Estadísticas municipales Sololá, Sacatepéquez, Chimaltenango (JP Sololá, Sacatepéquez, Chimaltenango); MA 1929-1940. Zudem wurden Angaben über das Lohnniveau aus der Literatur beigezogen. Vgl. Alvarado 1936: 462; Boesch, Hans 1952: 136; Rubio Sánchez 1968. 3. Bd. S. 543; McBryde 1969 1. Bd.: 116; Seminario de Integración Social Guatemalteca (SISG) 1968: 72; Siegel 1941: 418; Gillin 1958: 72; Bunzel 1981: 44; Tax 1964 1. Bd.: 82, 252-259; Gleijeses 1989: 32; Barrilas Barrientos 1981: 91; Valladares de León de Ruiz 1983: 67; Montenegro Ríos 1976: 79-82; Figueroa Ibarra 1980: 97; Kepner/Soothill 1935: 129-132; Stadelman 1940: 106f; Wisdom 1961: 239; Dawson 1965: 137; Adams 1970a: 385f; Jones 1940: 166, 154f; Wagley 1941: 75; Grieb 1979: 142; Karlen 1991: 305 Anm. 36. Schließlich dienten auch verschiedene gesetzliche Bestimmungen in bezug auf den Lohn als Referenzpunkte. Vgl. Recopilación de las leyes 1923/24: 298; 1924/25: 250; 1926/27: 351f; 1935/36: 1206.
Anmerkung	Die Angaben beruhen auf der Berechnung des arithmetischen Mittels aller Lohnangaben, die in Arbeitsverträgen, Klageschriften, Memorias und libretos in den Jefatura Política-Akten. Es wurde nicht zwischen Löhnen der cuadrilleros und colonos und Löhnen für Ernte- und andere Arbeiten unterschieden.

passen. Der *finquero* konnte seine Ausgaben vermindern, indem er weniger saisonale Arbeitskräfte rekrutierte. Angesichts des hohen Fixkostenanteils - er machte über 70% des gesamten Betriebsaufwandes aus - war der unternehmerische Spielraum des *finquero* jedoch beschränkt.[31] Er konnte eine Produktionsverminderung und damit eine Ertragseinbuße nicht hinnehmen, da er die Einnahmen aus der Kaffee-Ernte dringend benötigte, um die Schuldendienste zu leisten. Im Beispiel der Modellfinca waren die Schulden nach neun Jahren abbezahlt und die fixen Kosten daher gering. Dies entsprach jedoch nicht der Lage vieler kleinerer und mittlerer *finqueros* in den 20er und 30er Jahren. Die meisten waren hoch verschuldet und konnten daher nur ungenügend auf einen längerdauernden Preisrückgang reagieren.

Angesichts der Nachteile, die der Abbau von Arbeitskräften mit sich brachte, versuchten die *finqueros* vor allem über Lohnsenkungen Kosten einzusparen. Diagramm 7.3. zeigt für die Zeit nach dem Sturz Estrada Cabreras einen deutlichen Anstieg der Nominallöhne, die sich gegen Ende der 20er Jahre auf einem Niveau von ungefähr 23 *centavos* pro Tag einpendelten. Dies entspricht den zahlreichen Klagen der *finqueros* über die Lohnsteigerungen während des Kaffeebooms in den 20er Jahren.[32] Nach dem Zusammenbruch der Preise auf dem Kaffeemarkt begannen die *finqueros*, die Löhne zu drücken. Diagramm 7.3. zeigt für die 30er Jahre eine durchschnittliche Senkung des Lohnniveaus gegenüber vorher um 5 bis 8 *centavos*.

Bei den Angaben in Diagramm 7.3. handelt es sich um Durchschnittswerte. Im Einzelfall wichen die Löhne beträchtlich davon ab.[33] Dies hing damit zusammen, daß auf den *fincas* ein breiter Fächer unterschiedlicher Arbeitsverhältnisse anzutreffen war. In einem Schreiben an den *Jefe Político* betreffend eine Klage verschiedener *mozos* lieferte die *finca* Filadelfia, Chicacao, genaue Angaben über die Löhne der einzelnen Arbeiterkategorien:

> "Ganadores (sin un centavo adeuda) [que ganan] 12 pesos diarios o por tarea, 4 libras de maíz por tarea hecha. [...] Cuadrilleros de Totonicapán [que ganan] 16 pesos, con ración de maíz (1 arroba por semana), chile, frijol, sal, café. Reciben las raciones si trabajan o estan enfermos desde el momento de llegar a la *finca*.

---

31 Auch Wickizer [1943: 205] spricht von mehr als 70% fixen Kosten.

32 Alvarado 1936 2. Bd.: 457f; Informe Lic. Domingo R. Fuentes an JP Sololá, 31.10.1931 (JP Sololá 1931).

33 Ich spreche hier von "Lohn", obschon es sich bei den zur Diskussion stehenden Arbeitsverhältnissen nicht um kapitalistische Lohnarbeit handelte. Unter Lohnkosten verstehe ich im folgenden alle monetären und nicht-monetären Aufwendungen im Zusammenhang mit der Rekrutierung einer Arbeitskraft. Auch habilitaciones und raciones sind somit Lohnbestandteile.

Cuadrilleros de Chichicastenango [que ganan] 15 pesos por tarea, raciones de frijol, chile, sal, café todo esto por tarea hecha con 4 libras de maíz."[34]

Daß die *ganadores* wie im zitierten Beispiel eine bescheidene Zuwendung in Form von Nahrungsmitteln erhielten, entsprach nicht dem Normalfall. Meist arbeiteten sie ausschließlich für einen leistungsabhängigen Geldlohn, und nur *colonos* und *cuadrilleros* erhielten darüber hinaus nicht-monetäre und nicht-arbeitsorientierte Vergütungen.[35]

Lohnunterschiede ergaben sich auch im Vergleich zwischen Kaffee-Ernte und übrigen Arbeiten. Für die Erntearbeit bezogen sich die Löhne auf sogenannte *cajas* (Körbe), die das Maß für die geerntete Menge Kaffeefrüchte bestimmte. Dabei ging man davon aus, daß eine *caja* ein Tagwerk repräsentierte. Die übrigen Arbeiten wurden aufgrund von *tareas* entlohnt, die meist eine bestimmte Fläche zur täglichen Bearbeitung festsetzten. Die Erntelöhne waren bis zu acht *centavos* höher als die Löhne für die übrigen Arbeiten. Aber auch zwischen den Erntelöhnen herrschten große Unterschiede. Der niedrigste Wert, den die Quellen in den 20er und 30er Jahren auswiesen, lag bei 13,33 *centavos* (8 *pesos*) pro *caja*, der höchste bei 33,33 *centavos* (20 *pesos*) pro *caja*. Zudem war der Geldlohn von *colonos* meist deutlich geringer als derjenige der *cuadrilleros*.[36]

Soweit bezog sich die Diskussion auf den nominalen Geldlohn. Den *finqueros* standen jedoch noch weitere Möglichkeiten zur Verfügung, um die Lohnkosten zu senken. Sie konnten etwa bei der Ernte größere *cajas* verwenden oder still-

---

34 Finca Filadelfia, Chicacao, an JP Sololá, 15.12.1931 (JP Sololá 1931).

35 Vgl. zu den ganadores: Seminario de Integración Social Guatemalteca (SISG) 1968: 110; Schmid 1973: 43, 110; Figueroa Ibarra 1980: 350-355; Centroamérica 1987: 145. Flores Alvarado [1977: 140] unterscheidet die ganadores von den obreros agrícolas, die den reinen Typ des "freien Lohnarbeiters" verkörperten. Im Gegensatz zu ihnen waren die ganadores noch nicht völlig aus ihrem angestammten sozialen Milieu der indianischen municipios losgelöst. Zum Teil besaßen sie sogar noch etwas Land, das sie aber kaum mehr zur Subsistenzproduktion nutzten. Ihre Reproduktion hing weitgehend vom Lohn ab, den sie auf den fincas verdienten. Im Zuge der fortschreitenden Proletarisierung nahm die Zahl der ganadores ständig zu. Die erwähnte finca Filadelfia in Chicacao beschäftigte 1931 neben colonos (mindestens 51) und cuadrilleros insgesamt 115 ganadores. (Vgl. Nomina de milicianos recidentes en la finca Filadelfia que solicitan excepción militar, Juli 1930 (JP Sololá 1930). Dieser hoher Anteil von ganadores widerspiegelte indessen nicht die üblichen Verhältnisse. In den Dokumenten finden sich jedenfalls keine Hinweise darauf, daß ganadores in den 20er und 30er Jahren eine große Rolle gespielt hätten. Vgl. z.B. Correspondencia de Ecolastico Maldonado und Correspondecia de Nottebohm Hermanos, 1920 (SF, Leg. 15349).

36 Als Beispiel vgl.: Correspondencia de Ecolastico Maldonado und Correspondecia de Nottebohm Hermanos, 1920 (SF, Leg. 15349); Habilitador de la finca La Concha, Chicacao, an JP Sololá, 10.3.1934 (JP Sololá 1934); Finca Santa Adelaide, Santa Bárbara, an JP Sololá, 21.12.1928 (JP Sololá 1928). Für die colonos hatte der Geldlohn geringere Bedeutung als für die cuadrilleros. Im Zentrum ihres Interesses standen die Landnutzungsrechte. Vgl. Bingham 1974: 112; LeBot 1977: 66.

schweigend die *tareas* anheben. Besonders großen Spielraum hatten sie ferner bei der Festsetzung der Naturallohnanteile (Unterkunft und *raciones*). Zwischen 1930 und 34 beklagten sich die *mozos* gehäuft über Kürzungen bei den *raciones*.[37] In den gleichen Jahren weist Diagramm 7.3. eine deutliche Senkung des Geldlohnes aus. Offensichtlich war in diesem Zeitraum der Druck auf die Löhne besonders stark.

Von Kürzungen bei den Naturalleistungen waren insbesondere die *colonos permanentes* betroffen, deren Anspruch auf *raciones* im Unterschied zu den *cuadrilleros* nicht gewohnheitsrechtlich verbürgt war. Hatten sie unter den günstigen Bedingungen während der 20er Jahre manchenorts Nahrungsmittel erhalten, machten die *finqueros* nun geltend, daß es nicht üblich sei, den *colonos raciones* abzugeben, da sie ja im Gegensatz zu den *cuadrilleros* ihre eigenen Nahrungsmittel auf der *finca* produzieren könnten.[38] Mitunter versuchten die *finqueros* auch saisonale Arbeitskräfte in den Status von *colonos* zu versetzen. 1931 beschwerte sich ein *mozo* darüber, daß der *patrón* ihn als *colono* behandle, obschon er sich als *cuadrillero* verpflichtet habe. Als *cuadrillero* habe er eine ausreichende *ración* erhalten, nun aber sei sie ungenügend und der Mais darüber hinaus verdorben.[39]

Die Einsparungen, die mit der Kürzung der *raciones* erzielt werden konnten, waren beachtlich, machten sie doch zwischen 10 und 30% des Geldlohns aus.[40]

---

37   Vgl. zum Beispiel: JP Escuintla an SGJ, 13.2.1930 (SGJ Escuintla, Leg. 30275); Pedro Elías, San Martín Jilotepeque an JP Chimaltenango. o.D. (JP Chimaltenango 1931); Mozos colonos de la finca Sajbiná, San Lucas, an JP Sololá, 14.10.1931 betr. "aumento de la tarea"; Informe JP Sololá an Ubico, 10.12.1931 betr. "controversia entre mozos cuadrilleros y propietario de La India, Chicacao, wegen Kürzung der ración"; Mozos cuadrilleros de la finca Las Ilusiones, Chicacao, an JP Sololá, 17.9.1931 (alle JP Sololá 1931); Secundino Ajbal, San Martín Jilotepeque, an SA, 2.2.1934 (JP Chimaltenango 1935).

38   Administrador finca San Alberto, Patulul, an JP Sololá, 31.10.1931 (JP Sololá 1931); Finca Colimá, Chicacao, an JP Sololá, 14.11.1940. (JP Sololá 1940).

39   Mozo deudor finca Madrid, Chicacao, an JP Sololá, 20.10.1931 (JP Sololá 1931).

40   Nach Richard Adams [1970a: 385] bewegte sich die Spanne des Anteils nichtmonetärer Leistungen am Lohn zwischen 8,1 bis 38%. Emilio Conforti [1970: 71] spricht für die 1960er Jahre von einem Durchschnittslohn von Q. 1,20 pro Tag zusätzlich einer *ración* im Wert von Q. 0,20. Das entspricht 16,66% des Geldlohns. Der Código de Trabajo des Jahres 1954 beschränkte den Anteil der raciones am Lohn auf maximal 30%. Vgl. Flores Alvarado 1977: 126; Mendizábal Prem 1975: 43. Vgl. ferner weiter oben das Zitat zu den Arbeitsbedingungen auf der finca Las Camelias, Chicacao. Beim Verzicht auf die ración erhielten die mozos 15 statt 12 centavos Tageslohn. Setzt man die Differenz von 3 centavos als Wert der ración ein, so macht sie 25% des Geldlohns aus. Gleiche Zahlen liefert der Informe des Intendente von San Andrés Semetabaj an JP Sololá, 7.6.1938 (JP Sololá 1938). Eine Abrechnung der Kosten für den Unterhalt eines Verbindungswegs zwischen verschiedenen fincas der Jahre 1929 bis 1932 ergibt Anteile der ración am Geldlohn zwischen 6,5 und 12,6%. Vgl. Resumen de gastos y costos de limpia, reconstrucción y mantenimiento del tramo de camino ... , Frühjahr 1933 (JP Sololá 1934).

Üblicherweise bestanden sie aus Mais, *frijoles*, Salz und Kalk. Für die *finqueros* fielen hauptsächlich die Kosten für den Mais ins Gewicht. Dessen Preis war für sie ein wichtiger Faktor bei der Berechnung der Lohnkosten. Die *finqueros* waren daher ebenso wie die Indianer im Hochland an niedrigen Maispreisen interessiert.[41]

Den wichtigsten Kostenfaktor bei den Löhnen stellten jedoch die *habilitaciones* dar. Sie wurden sowohl den *colonos* wie den *cuadrilleros* gewährt. Aus den Quellen geht nicht eindeutig hervor, für welche Gruppe sie eine größere Bedeutung hatten. Die Vermutung liegt jedoch auf der Hand, daß die *cuadrilleros* im Durchschnitt geringere *habilitaciones* erhielten, weil sie sich leichter als die *colonos* der Arbeitspflicht entziehen konnten und der *finquero* bei der Flucht eines *cuadrilleros* riskierte, das vorgeschossene Geld zu verlieren.[42] Auf der anderen Seite bildeten die *habilitaciones* für die *finqueros* das wichtigste Instrument, *cuadrilleros* im Hochland zu rekrutieren. Die Knappheitsverhältnisse auf dem Arbeitsmarkt und die ausgesprochene saisonale Nachfragespitze nach Erntearbeitern dürften die Risikoüberlegungen der *finqueros* zumindest aufgewogen haben.

Aus der Sicht der *finqueros* waren die *habilitaciones* ein wichtiges Mittel zur Einschränkung der Nachfragerkonkurrenz auf dem Arbeitsmarkt. Das Gesetz verbot die Anwerbung bereits verschuldeter *mozos*. Kam es zur Auseinandersetzung zwischen zwei *finqueros* um einen *mozo*, entschieden die Gerichte aufgrund des *derecho de anterioridad*.[43] Derjenige, dessen Anspruch weniger weit zurücklag, verlor das Recht auf die Arbeitsleistung des *mozo* und oft auch das vorgestreckte Geld, da die *mozos* selten in der Lage waren, die Darlehen zurückzubezahlen.

Die unvollkommenen Konkurrenzverhältnisse auf dem Arbeitsmarkt erlaubten es den *finqueros*, die Löhne unter das optimale Niveau zu drücken. Auf der anderen Seite stellten die *habilitaciones* einen gewichtigen Kostenfaktor in den Bilanzen der *fincas* dar. Die *habilitadores* verlangten für die Rekrutierung der *mozos* Kommissionen zwischen 6,66 *centavos* und 16,66 *centavos* pro vermitteltem Arbeitstag (*jornal*).[44] Um sich genügend Arbeitskräfte zu sichern, mußten

---

41 Vgl. LeBeau 1956: 272, 278; Grieb 1979: 315; Young 1980 2. Bd.: 169; Jones 1940: 189; Rubio Sánchez 1968: 545; Alvarado 1936 2. Bd.: 460-468.

42 Vgl. Bingham 1974: 100. Er geht davon aus, daß die Schulden der cuadrilleros so bemessen waren, daß sie innerhalb eines Jahres abgearbeitet werden konnten.

43 Juez de paz Sololá Sentencias ecónomics 1927 (JP Sololá 1927).

44 Finca Colimá, Chicacao, an JP Sololá, 4.11.1931 (JP Sololá 1931). Die Kommission des habilitadors soll 6,66 centavos pro jornal betragen haben. Habilitador finca Las Armonias, Chicacao, an JP Sololá, 13.2.1933 betr. des Nichterhalts der Kommission im Wert von 8,33 centavos pro Arbeitstag (JP Sololá 1933). José García Letona, habilitador de la finca La Arabia, Chicacao, an JP Sololá, 11.10.1935 betr. eines Vertrages aus dem Jahr 1928, in dem eine Kommission von 16,66 centavos pro Arbeitstag vereinbart worden war (JP Sololá 1935).

die *finqueros* beträchtliche Geldbeträge vorstrecken. Der Erwerb einer Arbeitsleistung von 1000 *jornales* erforderte *habilitaciones* zwischen 450 und 500 *Quetzales*.[45] Da die *habilitaciones* als zinslose Darlehen gewährt wurden, stellten sie für die *finqueros* unproduktives Kapital dar, für das sie zwar gegenüber der Bank Zinsen zahlen mußten, das aber nicht für sie arbeitete. Die Schuld der einzelnen *mozos* war zwar meist nicht überaus hoch, ihre Summe konnte aber durchaus ins Gewicht fallen.[46] In Anbetracht der hohen Zinssätze waren die *habilitaciones* mit großen Alternativkosten für die *finqueros* verbunden. Alvarado schätzte allein den Zinsverlust für eine kleine *finca* mit einer Produktion von 300 bis 400 *quintales* Kaffee pro Jahr, die jedes Jahr *habilitaciones* im Wert von 100000 *pesos* (1666 *Quetzales*) ausstehend hatte, in 20 Jahren auf 240000 *pesos* (4000 *Quetzales*).[47]

Zudem bestand ständig die Gefahr, daß verschuldete *mozos* von der *finca* flüchteten und der *finquero* zumindest einen Teil des Darlehens verlor. In den *Jefatura Política*-Akten finden sich zahlreiche Klagen über flüchtige *mozos* (*mozos fugos* oder *fraudulentos*), die ihre *habilitaciones* nicht abarbeiteten. 1930 beklagte sich der Besitzer der *finca* La Abundancia in Chicacao wegen der Flucht einer ganzen *cuadrilla* von 50 *mozos*, zu deren Rekrutierung er 8000 *Quetzales* an *habilitaciones* aufgewendet hatte.[48] Oft dauerte es mehrere Jahre, bis ein flüchtiger *mozo* gefunden wurde. Für den *finquero* war das vorgestreckte Geld in dieser Zeit nutzlos, da er es weder zinsbringend anlegen noch den Mehrwert der Arbeitsleistung abschöpfen konnte. Zog der *finquero* die Alternativkosten der *habilitaciones* in der Höhe des üblichen Zinssatzes mit ein, konnte bei längerer Abwesenheit des *mozo* ein beachtlicher Verlust entstehen.

Stellt man die Auslagen für *raciones* und *habilitaciones* sowie die zinsbedingten Alternativkosten in Rechnung, ergaben sich für die *finqueros* bedeutend höhere Lohnkosten als die geringen Beträge, die die *mozos* als Geldlohn erhielten. Tabelle 7.5. stellt die Kosten für einen Mann-Arbeitstag eines *cuadrillero* zusammen.

---

45 Finca Santa Adelaida, Patulul, an JP Sololá, 15.11.1930 (JP Sololá 1930); Protocolo JP Sololá, 2.1.1929 (JP Sololá 1929).

46 Vgl. Comprobantes de las fincas Las Viñas, Concepción, Chocolá y El Porvenir, 1921 (SF, Leg. 15360); Comprobantes de las fincas El Zapote y Los Diamantes, 1921 (SF, Leg. 15361).

47 Alvarado 1936 2. Bd.: 470.

48 Protocolo JP Sololá, 15.3.1930 (JP Sololá 1930).

Tabelle 7.5.: Kosten für einen Mann-Arbeitstag eines *cuadrilleros* (in *Quetzales*)

	Minimalwert (Lohn Q. 0.10)	Maximalwert (Lohn Q. 0.30)
ración (10 bzw. 30% des Geldlohns	0.01	0.09
habilitación	0.45	0.50
Kommission des habilitador	0.06	0.16
Ein Jahreszins auf der habilitación zu 12%	0.05	0.06
Total	0.57	0.81

Anmerkung: In bezug auf den Zins wird angenommen, daß die habilitación in einem Jahr zurückbezahlt wurde. Natürlich könnten auch die übrigen Kostenpunkte mit einem Zins belegt werden. Um den besonderen Charakter der habilitación herauszustreichen, verzichte ich jedoch darauf. Das Total würde ohnehin nicht erheblich beeinflußt.

Die gesamten Auslagen für einen Mann-Arbeitstag stimmen erstaunlich genau mit den Angaben von Alvarado überein. Mit seinen Berechnungen kam er auf Kosten von 0,59 *Quetzales* pro *jornal*.[49] Noch nicht berücksichtigt sind damit die Auslagen, die den finqueros erwuchsen, wenn sie ihren *mozos* die *boletos de excepción del servicio militar*, die *contribución de ornato* oder die *boletos de vialidad* bezahlten.[50] Dadurch dürften sich jedoch die durchschnittlichen Gesamtkosten eines Mann-Arbeitstages nur geringfügig erhöht haben.

Aus den hohen Lohnnebenkosten ergaben sich zwischen *finqueros* und *mozos* Unterschiede in der Wahrnehmung des Lohnniveaus. Richtete sich das Verhalten der *finqueros* auf dem Arbeitsmarkt nach den Kosten, die ihnen jeder eingesetzte Arbeitstag verursachte, verglichen die *mozos* den Lohn mit den Erträgen ihrer *milpas* und den Maispreisen. Obschon das Diagramm 7.3. die nicht-monetären Lohnanteile ausklammert, zeigen die Kurven wichtige Zusammenhänge zwischen Nominallohn und Kaufkraft der indianischen Bevölkerung auf. Zunächst fällt auf, daß die Kaufkraft der Löhne in bezug auf Mais in den 30er Jahren deutlich stieg. Selbst unter der Berücksichtigung nicht-monetärer Lohnsenkungen mußte daher das tiefere Lohnniveau in den 30er Jahren nicht unbedingt eine Verschlechterung

---

49 Alvarado 1936 2. Bd.: 480. Diese Zahl ergibt sich für die "jornales hechos de campo".

50 Bingham 1974: 103; Gonzalo Bron finca Bohemia, Santo Tomás Milpas Altas, an Comandate de Armas Sacatepéquez, 17.5.1929 (JP Sacatepéquez 1929). Circular SA, 3.6.1937 (JP Sololá 1937).

der Einkommenslage gegenüber früher bedeutet haben. Bei den Grundnahrungsmitteln Mais und *frijoles* dürfte sie sich sogar leicht verbessert haben.[51]
Das änderte jedoch nichts an der Tatsache, daß der Geldlohn für die Plantagenarbeit im Vergleich zum Einkommen aus der Maisproduktion gering war. Setzt man für die Bewirtschaftung einer *milpa* von einer *manzana* 60 Arbeitstage pro Jahr ein und rechnet man mit einem Ertrag von 16 *quintales*, so läßt sich der theoretische Taglohn für die Milpaarbeit ermitteln. Bei einem Maispreis von einem *centavo* pro *libra* ergibt sich ein tägliches Einkommen von gut 26 *centavos*.[52] Bei einem durchschnittlichen Taglohn zwischen 25 und 15 *centavos* läßt sich unschwer schließen, daß der Geldlohn, den die *finqueros* in den 20er und 30er Jahren anboten, für die indianischen Minifundisten nicht sehr attraktiv war. Vermutlich hatten die *raciones* für sie eine größere Bedeutung, ermöglichten sie doch die Überbrückung von Zeiten, in denen ihre Maisspeicher leer waren und die Preise in die Höhe kletterten. Bisweilen kam es vor, daß *mozos* eine Bezahlung in Mais einer Erhöhung des Geldlohnes vorzogen.[53] Wenn die Indianer des Hochlandes aus wirtschaftlichen Gründen zur Plantagenarbeit an der *boca costa* bereit waren, so hing das nicht damit zusammen, daß das Lohnniveau dort wesentlich höher war als in den *municipios* des Hochlandes, sondern viel mehr damit, daß das Jahreseinkommen aus der Bewirtschaftung ihrer Felder nicht ausreichte und zusätzliche Einkommensquellen nötig waren, um die Subsistenz zu erhalten.
Verschiedentlich wurde geltend gemacht, daß das Lohnniveau für Plantagenarbeit infolge der Abschaffung der *habilitaciones* deutlich gestiegen sei.[54] Diagramm 7.3. macht hingegen deutlich, daß keine lohnsteigernden Effekte von der

---

51 Meine Ergebnisse weichen deutlich von denjenigen McCreerys ab. Er kommt zu folgenden Zahlen für das Lohnniveau in libras Mais zu laufenden Preisen: 1870er-80er Jahre: 7,5 lbs., 1890er Jahre: 10 lbs., 1900-1917: 2,5-4,5 lbs., 1917-21: 5,5 lbs. und 1920er-30er Jahre: 4-4,5 lbs. Vgl. McCreery 1983: 749. Es war mir nicht möglich, die erheblichen Niveauunterschiede argumentativ auszuräumen. Ich sehe jedoch keine Veranlassung, meine Ergebnisse in Zweifel zu ziehen.

52 Hierbei handelt es sich um eine vorsichtige Schätzung, wobei für die Arbeitstage und die Flächenerträge mittlerer und für die Preise untere Werte angenommen wurden. Legt man etwa weniger Arbeitstage, höhere Maispreise und höhere Erträge zugrunde, fällt die Rechnung für die eigene Milpabewirtschaftung erheblich günstiger aus. Vgl. in diesem Zusammenhang auch: Swetnam 1989: 99-105.

53 Libro de sentencias económicas de la Jefatura Política 1936: Urteil gegen einen mozo wegen insubordinación vom 7. Juli 1936 (JP Sololá 1936); Intendente Panajachel an JP Sololá, 8.6.1937 (JP Sololá 1937). McCreery [1995: 216] stellt fest, daß während des Kaffeebooms in den 20er Jahren viele fincas versuchten statt mit Lohnerhöhungen mit großzügigen Maisrationen zusätzliche Arbeitskräfte anzuwerben.

54 Jones 1940: 165; Bulmer-Thomas 1984: 312; Bulmer-Thomas 1987: 348. Karlen [1991: 305], der die These der Lohnerhöhung nicht unterstützt, erwähnt, daß finqueros behauptet hatten, in den Jahren 1936/37 bis zu 40% höhere Löhne bezahlt zu haben.

Maßnahme ausgingen. Der sinkende Trend der Nominallöhne wurde nicht durchbrochen. Die konsequente Durchsetzung des Vagabundengesetzes garantierte zusammen mit der fortschreitenden Proletarisierung der Indianer ein Arbeitskräfteangebot, das ausreichte, um deutliche Lohnsteigerungen zu verhindern. Die oft gehörten Klagen über den chronischen Arbeitskräftemangel bezogen sich somit nicht auf einen absoluten Mangel an Arbeitern, sondern viel mehr auf die Abneigung der Indianer gegen die Plantagenarbeit und die Schwierigkeiten, die mit der zwangsweisen Rekrutierung der Arbeitskräfte verbunden waren.[55]

Um die Hintergründe für die Umgestaltung der Arbeitsbeziehungen in den 30er Jahren zu verstehen, müssen wir unser Augenmerk nun zunächst auf die Absatzbedingungen der *finqueros* und die Entwicklung auf dem Kaffeeweltmarkt richten. Die Kommerzialisierung des Kaffees stand in enger Verbindung mit dem Veredelungsprozeß. Kleinere Produzenten konnten sich die hierzu notwendigen Anlagen nicht leisten. Sie verkauften den unverarbeiteten Kaffee *en cereza* an größere *fincas* oder unmittelbar an einen Exporteur weiter. Verfügten die meisten mittleren *fincas* noch über ein *beneficio húmedo*, waren die Geräte, die für das *beneficio seco* benötigt wurden, nur für große *fincas* oder Exporteure rentabel.[56] Laut dem Informe Cafetalero de Guatemala [1949: 136-146] besaßen in den Jahren 1942/43 rund 62% der *fincas* keine Möglichkeit, ihren Kaffee weiterzuverarbeiten und verkauften in cereza; 36% verfügten über ein *beneficio húmedo* und nur 2% konnten die Bohnen zu *café oro* veredeln. Interessant ist, daß vor allem bezüglich des ersten Veredelungsschrittes große regionale Unterschiede bestanden. In den Departementen Sololá, Sacatepéquez, San Marcos, Quetzaltenango, Retalhuleu und Suchitepéquez lag der Anteil der *fincas* mit *beneficio húmedo* zwischen 65 und 96%; in den Departementen Escuintla, Alta Verapaz, Guatemala, Santa Rosa und Chimaltenango dagegen nur zwischen 5 und 21%.

In den 30er Jahren kontrollierten ungefähr 130 Exportunternehmen die Kaffeeausfuhr [Montenegro Ríos 1976: 100]. Meist besorgten sie auch die Verarbeitung des Kaffees in *café oro*. Der größte Teil des guatemaltekischen Kaffees wurde in dieser Form exportiert. Weniger als 5% verließ das Land als *café pergamino*.[57] Bis zum Ausbruch des Zweiten Weltkrieges hatten die deutschen Exporteure mit Abstand die größte Bedeutung. 1939 wickelten sie fast 50% der ge-

---

55 Vgl hierzu: Adams 1970a: 259, 425; Riekenberg 1990: 118; Cambranes 1985: 153; Cambranes 1986: 183; Figueroa Ibarra 1980: 73; Barrilas Barrientos 1981: 1-17; Rubio Sánchez 1968 2. Bd.: 361, 383; International Bank for Reconstruction and Development (IBRD) 1954: 9; Rösch 1934: 40; Smith 1984c: 149; Silvert 1969: 22; Solórzano F. 1977: 334f, 351; Schmid 1973: 63-68; Flores Alvarado 1977: 138.

56 Die Ausführungen über Ernte und Weiterverarbeitung des Kaffees stützen sich im wesentlichen auf ein Interview mit J. Francisco Rubio, Agronom und ehemaliger administrador von verschiedenen fincas, vom 12. Dezember 1990. Vgl. ferner: Hearst 1932: 60; Dozier 1958: 54.

57 Vgl. für das Jahr 1932: Revista Agrícola, Vol. XI, Nr. 3 (15 de marzo), 1933. S. 152.

samten Exporte ab [Montenegro Ríos 1976: 107]. Die zwei wichtigsten Abnehmerländer von guatemaltekischem Kaffee waren das Deutsche Reich selbst und die USA, die seit Mitte der 30er Jahre Deutschland als wichtigsten Absatzmarkt ablösten [González Davison 1987b: 18-31]. Insgesamt exportierte Guatemala in über 25 Staaten. Da der Anteil der guatemaltekischen Kaffeeproduktion aber nur zwischen 2,0 und 2,4% des gesamten Welthandels ausmachte, konnte Guatemala in keiner Weise Einfluß auf die Weltmarktpreise nehmen.

Die Konzentration der Verarbeitungs- und Absatzkanäle in den Händen weniger großer Unternehmen führte zu ausgeprägten Abhängigkeitsbeziehungen innerhalb des Kaffeesektors. Kleine und mittlere *finqueros* verfügten beim Verkauf ihres Produkts nur über sehr beschränkte Wahlmöglichkeiten. Verstärkt wurde ihre Abhängigkeit vom Abnehmer oft noch dadurch, daß dieser gleichzeitig als Kreditgeber auftrat. Besonders die großen *beneficios*, die zum Teil den Kaffee ganzer Regionen aufkauften und weiterverarbeiteten, spielten in diesem Zusammenhang eine wichtige Rolle. Hinter den *beneficios* standen entweder Banken, große Handelshäuser oder Exportunternehmen, die nicht selten in ausländischen Händen lagen.[58] Sie schossen den *finqueros* die für die Erntearbeiten notwendigen flüssigen Geldmittel vor und sicherten sich so deren Ernte. Die *finqueros* waren dann gezwungen, den vom Abnehmer gebotenen Preis zu akzeptieren. Verkauften sie dennoch an einen anderen Händler, mußten sie eine Strafkommission zwischen 1 und 2 Prozent des Erlöses bezahlen [McCreery 1994: 213].

Die oligopolistische Kontrolle, die die Veredelungsbetriebe (dazu gehörten auch größere *fincas*) und die Exporteure über die Absatz- und Kreditkanäle der kleineren und mittleren *finqueros* ausübten, verschärfte den ohnehin vorhandenen Interessenkonflikt zwischen Produzenten und Verarbeitungs- bzw. Handelsbetrieben. Eine politische Dimension erhielt dieser Konflikt, weil sich in der vertikalen Integration des Kaffeesektors die Statusunterschiede der verschiedenen Nationalitäten abbildeten. Die ausländischen (allen voran die deutschen) *finqueros* und Gesellschaften verfügten meist über die günstigeren Kredit- und Absatzbedingungen [Biechler 1970: 35; Wagner 1991: 160-166; McCreery 1994: 234]. Die guatemaltekischen Kaffeeproduzenten fühlten sich benachteiligt und von der ausländischen Wirtschaftsmacht bedroht.[59]

Torres Rivas [1976: 89] sieht in der Tatsache, daß die wirtschaftlich dynamischste Fraktion der *finquero*-Klasse nicht unmittelbar an der nationalen Politik partizipieren konnte, einen Hauptgrund für den autoritären Herrschaftsstil des guatemaltekischen Staates. Angesichts der Spaltung der nationalen Eliten in Liberale und Konservative und deren Unfähigkeit, Gesellschaft und Staat in ihrem Sinne umzugestalten, schien allein die Diktatur wirtschaftliche Stabilität, soziale

---

58 Vgl. Solórzano F. 1977: 353; Biechler 1970: 176; Wagner 1991: 148-167.

59 Vgl. z.B.: Luisa G. de Barrera an Ubico, 1.6.1934 (SGJ Chimaltenango, Leg. 30799); El Imparcial, Samstag, 5.5. 1923, segunda sección "Los palpitantes problemas de nuestra Agricultura".

Ordnung und den notwendigen Ausbau der öffentlichen Infrastruktur zu garantieren.

Vor diesem Hintergrund ist die folgende Diskussion der Entwicklungen auf dem Kaffeeweltmarkt und deren Auswirkungen auf die guatemaltekischen Pflanzer zu sehen. Der rasante Aufschwung der Kaffeewirtschaft in Guatemala seit Anfang der 1870er Jahre fiel mit der Entstehung der modernen Weltmärkte zusammen. Bis dahin erlaubten die technischen Möglichkeiten nur einen beschränkten weltweiten Handelsverkehr. Mit dem Ausbau der Eisenbahn- und Telegraphennetze und der Einrichtung von interkontinentalen Dampferlinien nahm das Handelsvolumen bisher ungeahnte Ausmaße an [Roth: 1929: 13]. Während des ersten Jahrzehnts konnten die guatemaltekischen Pflanzer von der günstigen Entwicklung des Kaffeemarktes, die sich in einem weltweiten Nachfrageüberhang und hohen Preisen niederschlug, profitieren. Aber bereits 1879 kehrten sich die Verhältnisse ins Gegenteil um. Die nur langsam zunehmende Nachfrage hielt mit der sprunghaft angestiegenen Produktion aus den Mitte des Jahrzehnts angelegten Plantagen Brasiliens und Zentralamerikas nicht Schritt. Zusammen mit den Lagerbeständen nahm der Preisdruck zu. Die Lage entspannte sich zwar gegen Ende der 1880er Jahre wieder, aber die Anfälligkeit des Kaffeemarktes auf plötzlich auftretende Ernteschwankungen blieb bestehen.

Verschiedene Faktoren trugen zu einer Zunahme der konjunkturellen Unsicherheit bei. In der zweiten Hälfte des 19. Jahrhunderts löste Brasilien Westindien als wichtigsten Produktionsstandort ab. Da die Kaffeezonen Brasiliens alle denselben klimatischen Verhältnissen ausgesetzt waren, schlugen regionale Wettereinflüsse unmittelbar auf den Weltmarkt durch [Roth 1929: 6]. Bereits zu Beginn des 20. Jahrhunderts machte die brasilianische Ernte fast drei Viertel der Weltkaffee-Erzeugung aus. Der Anteil Kolumbiens als zweitwichtigster Produzent lag mit ungefähr 10% weit darunter. Der Kaffeeweltmarkt glich einem oligopolistischen Markt, in dem einzelne Staaten versuchten, Einfluß auf die Preisbildung zu nehmen. So konnte etwa Brasilien mit der Steuerung seiner Kaffee-Exporte den Weltmarktpreis entscheidend beeinflussen.[60]

Mit der Verlegung von interkontinentalen Telegraphenkabeln seit 1874 rückten die europäischen und nordamerikanischen Absatzmärkte mit den lateinamerikanischen Produzenten näher zusammen, und die Sensibilität des Kaffeemarktes auf Angebots- oder Nachfragestörungen wuchs. Destabilisierend dürften anfangs auch die in den 1880er Jahren entstehenden Kaffeeterminbörsen gewirkt haben, da sie institutionell noch nicht ausgereift waren und die Spekulation anheizten.[61]

---

60 Vgl. Geer 1971: 71; Coolhaas/de Fluiter/Koenig 1960: 231-238; Ukers 1922: 189-195.

61 Die Wirkung von Termingeschäften auf die Preisentwicklung wurde in der Fachwelt unterschiedlich beurteilt. Brougier [1889: 45] etwa sah darin ein Unruhe stiftendens Element, das die Risiken im Kaffeehandel erhöhe. Tapolski [1896: 35-49] dagegen machte geltend, daß Termingeschäfte ausgleichend auf von außen induzierte Preisfluktuationen einwirkten. Er

Im 20. Jahrhundert nahm die Instabilität des Kaffeemarktes weiter zu. Nach der Überproduktionskrise von 1898 wuchsen die Kaffeevorräte jedes Jahr weiter an, weil die Kaffeepflanzer versuchten, ihre infolge des Preiszerfall sinkenden Einnahmen durch Produktionssteigerungen aufzufangen, und die Nachfrage trotz der tiefen Preise stagnierte.[62] Dazu kam, daß Brasilien in kurz aufeinanderfolgenden Jahren (1898, 1902 und 1907) Rekordernten zu verzeichnen hatte. 1906 machten die Weltvorräte fast eine ganze Jahresproduktion aus [Roth 1929: 68-69; Coolhaas/de Fluiter/ Koenig 1960: 238; Holloway 1975: 44-75]. Um seinen Kaffeeproduzenten einen Preiseinbruch zu ersparen, leitete der brasilianische Teilstaat São Paulo im selben Jahr eine Preisschutzpolitik ein. Mit großen finanziellen Aufwendungen wurde der überschüssige Kaffee dem Markt entzogen und eingelagert. Damit gelang es, den Preiszerfall auf dem Weltmarkt vorübergehend aufzuhalten. Nach dem Unterbruch des Welthandels durch den 1. Weltkrieg herrschte zwischen 1919 und 1927 auf dem Kaffeemarkt sogar ein Unterangebot, das die Preise in die Höhe trieb. Die periodischen Valorisationskäufe Brasiliens hatten entscheidenden Anteil an dieser Entwicklung.[63]

Da es aber nicht gelang, die Preisschutzpolitik auf internationaler Ebene zu verankern, kam es in den übrigen Kaffeestaaten zu ungebremsten Produktionssteigerungen [The World's Coffee 1947: 25-27]. Auch in den 20er Jahren investierten zahlreiche Kaffeepflanzer angesichts hoher Preise und günstiger Bedingungen auf den Finanzmärkten in den Ausbau ihrer Plantagen.[64] Als Folge der künstlichen Preisstützung und der Produktionsausweitung stiegen seit 1924 die Weltkaffeevorräte stark an.[65] Die Ungewißheit, wann diese großen Lagermengen auf den Markt gebracht würden, erhöhte die Risiken der Händler an den Kaffeebörsen. Bereits 1925 zeichnete sich die Übererzeugungskrise ab, die kurz vor Ausbruch der Weltwirtschaftskrise die Kaffeepreise ins Bodenlose fallen ließ.

---

räumte jedoch ein, daß die Einführung der Terminbörsen mit erheblichen Anfangsschwierigkeiten verbunden war, die eine Destabilisierung des Marktes mit sich brachten. Vgl. zu den Kaffeeterminbörsen auch Coolhaas/de Fluiter/Koenig 1960: 293; Kauck 1989: 235; Marshall 1986; 142-156.

62 Vgl. allgemein zum Verhalten der Kaffeeproduzenten: Geer [1970: 35], der Situationen mit einer negativen Neigung der Angebotskurve durchaus für möglich hält. In einer neueren Untersuchung des Kaffeehandels seit 1965 stellt auch Massarrat [1993: 24-25] fest, daß sinkende Preise mit Produktionssteigerungen korrelieren können. In diesem Fall versagen die neoklassischen Anpassungsmechanismen, die den Markt in ein Gleichgewicht bringen.

63 Vgl. zur brasilianischen Kaffeeproduktion und Valorisationspolitik: Roth 1929: 74-90 El Café en América Latina 1960: 6-11; Aldcroft 1969: 140; Kindleberger 1973: 95; Coolhaas/de Fluiter/Koenig 1960: 260; de Castro 1959: 25-30; van der Wee 1972: 172; Taylor 1943: 68; The Inter-American Coffee Board 1948: 11-18; Holloway 1975: 76-84.

64 Vgl. hierzu: Kindleberger 1937: 76.

65 Vgl. Kindleberger 1937: 89; Timoshenko 1933: 19-25; de Castro 1959: 41; Coolhaas/de Fluiter/Koenig 1960: 238.

Der Zusammenbruch der Finanzmärkte brachte die brasilianischen Preisstützungsversuche zum Scheitern, und die hohe Arbeitslosigkeit in den Abnehmerländern reduzierte die Weltnachfrage. Im Gegensatz zu früheren Krisen wurde dadurch ein baldiger Preisanstieg verhindert.[66]

Die seit den 1880er Jahren zunehmende Instabilität auf dem Kaffeemarkt kann nicht einfach auf äußere Einflüsse, seien sie klimatischer, wirtschaftlicher oder politischer Natur, zurückgeführt werden; vielmehr beruhte sie auf den strukturellen Eigenschaften der Kaffeeproduktion und -vermarktung. Zunächst gilt es in diesem Zusammenhang festzuhalten, daß Kaffee kein homogenes Gut ist. Verschiedenste Sorten und Qualitäten werden gehandelt. Hauptsächlich lassen sich die brasilianischen *robusta*-Kaffees von den milden Sorten (*milds/ suaves*) unterscheiden, deren wichtigste Produzenten in Lateinamerika Kolumbien, Costa Rica, Guatemala, El Salvador und Nicaragua sind. In beschränktem Rahmen können die verschiedenen Sorten und Qualitäten unterschiedlichen Preisentwicklungen unterliegen. Weil die von den Kaffeeröstern auf die Verbrauchermärkte gebrachten Kaffees stets Mischungen verschiedener Sorten und Qualitätsgrade darstellen, bestehen zwischen den Teilmärkten enge Wechselbeziehungen, die jedoch aufgrund der komplexen Struktur des Kaffeemarktes nicht leicht vorausgesagt werden können. [Wickizer 1943: 25; Geer 1971: 131-132; Pelupessy 1991: 42].

Im Laufe der Zeit nahm die Komplexität des Marktes tendenziell zu, weil immer mehr Länder daran teilnahmen. Aufstrebende Produzenten versuchten sich zu etablieren, und neue Absatzmärkte wurden erschlossen. Im 20. Jahrhundert erhöhten zudem die Züchtung neuer Kaffeesorten, die Erfindung des löslichen Kaffees und die Verfeinerung der Röstverfahren die Anforderungen an Händler und Produzenten.[67]

Ein Hauptgrund für die großen Preisschwankungen auf dem Kaffeemarkt lag darin, daß sowohl Nachfrage wie Angebot verhältnismäßig preisinelastisch waren und verspätet auf Preisänderungen reagierten.[68] War nachfrageseitig über Auf- bzw. Abbau von Lagern wenigstens kurzfristig eine beschränkte Anpassungsmöglichkeit an Preisschwankungen gegeben, konnte die Angebotsseite

---

66 Vgl. van der Wee 1972: 162-164; Kindleberger 1973: 124, 188-190.

67 Vgl hierzu: Duque 1970: 11-12; Cardoso 1975: 46; Wickizer 1943: 32, 49; The World's Coffee 1947: 25, 433, 447, 467; Haarer 1962: 454-456; Mosk 1980 1. Bd.: 360; Woodward 1976: 158; Thorp (Hg.) 1984: 4f; Bulmer-Thomas 1984: 293. Vgl. zum systemtheoretischen Ansatz, der die Ausdehnung und innere Differenzierung eines Systems als Komplexitätssteigerung deutet: Leipold 1988: 11f.

68 Vgl. Payer 1975: 158; Palazuelos/Granda Alva 1985: 81; Universidad de San Carlos de Guatemala, Facultad de Ciencias Económicas 1981: 108; Roth 1929: 97-103; Pelupessy 1991: 56; Brockett 1990: 59; Gilboy 1934: 673; Coolhas/de Fluiter/Koenig 1960: 231-238; de Castro 1959: 37; The Inter-American Coffee Board 1948: 13-21.

nicht rasch auf Preisschwankungen reagieren.[69] Die planerischen Entscheide der Kaffeeproduzenten gingen dem Marktgeschehen um Jahre voraus. Eine Ausweitung der Anbaufläche während einer Hochpreisperiode wirkte sich erst in 7 bis 10 Jahren auf dem Markt aus. Bei sinkenden Preisen konnten die Produzenten die Menge nur beschränkt reduzieren. Insbesondere konnten sie nicht kurzfristig und ohne große Verluste auf andere Produkte umstellen.

Der Kaffeeanbau hatte darüber hinaus die unangenehme Eigenschaft, daß er infolge des jährlichen Ertragszyklus der *cafetos* und klimatischer Faktoren starken (marktunabhängigen) Schwankungen ausgesetzt war, die ihrerseits zusätzliche Preiseffekte auslösen konnten. Da der Ausgleich zwischen Angebot und Nachfrage nur zögernd über Mengeneffekte zustande kam, waren große Preisschwankungen unvermeidlich. Die Produzentenländer versuchten diesem Sachverhalt durch internationale Abkommen entgegenzuwirken. Bereits 1902 wurden die Probleme des Kaffeemarktes an einer internationalen Konferenz über Produktion und Konsum von Kaffee in New York besprochen. Es gelang jedoch nie, eine wirksame internationale Kontrolle aufzubauen.[70]

Für die guatemaltekischen Kaffeeproduzenten trat die strukturelle Instabilität des Kaffemarktes bis gegen Ende des 19. Jahrhunderts nur mittelbar zum Vorschein. Sie verfügten bis 1897 über durchaus günstige Absatzbedingungen, obschon sich bereits Mitte der 1880er Jahre erste Krisenerscheinungen geäußert hatten. Die Preise ihrer *mild*-Kaffees wiesen weniger starke jährliche Ausschläge als die *robusta*-Kaffees auf und blieben auf hohem Niveau stabil. Im 20. Jahrhundert schlug das Ungleichgewicht zwischen ständig steigender Produktion und stagnierender Nachfrage auf dem Weltmarkt immer stärker auch auf die guatemaltekischen Produzenten durch. Dies äußerte sich vor allem in der durchschnittlichen Senkung des Preisniveaus, verbunden mit häufiger auftretenden markanten Preisschwankungen. Der durchschnittliche Kaffeepreis in der Periode von 1870 bis 1897 betrug 15 US-Dollar pro *quintal*. Zwischen 1898 bis 1924 lag er noch bei 10 US-Dollar. Die Preisentwicklung des guatemaltekischen Kaffees von 1870 und 1940 wird im Diagramm 7.4. wiedergegeben. Deutlich ist die Zunahme der jährlichen Preisschwankungen im 20. Jahrhundert zu erkennen.

---

69 Wickizer [1943: 46f] unterscheidet "consumer demand" von "trade demand". Der erste beruht auf den Gewohnheiten der Konsumenten und ist kurzfristig preisinelastisch, da sich Gewohnheiten nur langfristig ändern. Der zweite verkörpert die Nachfrage der Kaffeehändler und -unternehmen, die mit ihrer Lagerhaltung auch kurzfristig auf Preisschwankungen reagieren können. Lagerkosten und erhebliche unternehmerische Risiken setzen allerdings auch diesem Anpassungsmechanismus Grenzen.

70 The World's Coffee 1947: 485; Palazuelos/Granda Alva 1985: 106; Rubio Sánchez 1968 2. Bd.: 300, 335; de Castro 1959: 37-42.

Diagramm 7.4.: Kaffeepreise 1870-1940 (in US-Dollar und *Quetzales*)

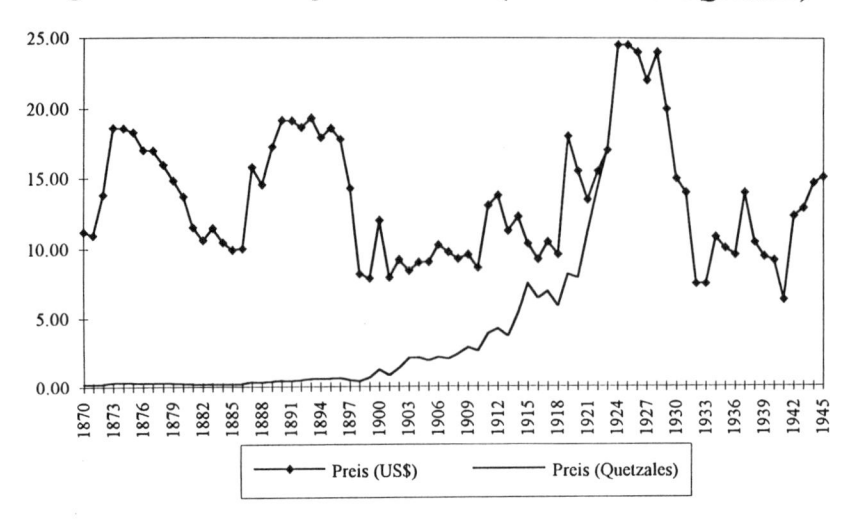

Quelle: Berechnet aufgrund von ANACAFE 1987: 30-32.

Der guatemaltekische Staat reagierte auf die angespannte Lage auf dem Weltmarkt mit der fortschreitenden Abwertung des *peso* und dämpfte damit die Auswirkungen der Preisschwankungen für die *finqueros* ab. War der Wert des *peso* im Jahre 1874 noch gleich dem US-Dollar, kostete 1897 ein Dollar bereits über 2 *pesos*. Unter der Diktatur Estrada Cabreras (1898-1921) wurde die inflationäre Geldpolitik noch stärker vorangetrieben. Allein während der ersten zwei Jahre seiner Amtszeit verdoppelte sich die Papiergeldmenge [Jones 1940: 237].

Nach dem Sturz Estrada Cabreras hielt die unkontrollierte Emission von Papiergeld durch verschiedene Banken ungebremst an. Bis 1924 fiel der Kurs des peso auf 60 *pesos* für einen Dollar. Da die Einkünfte der *finqueros* in US-Dollar berechnet wurden, die Kosten dagegen in *pesos* anfielen, bedeutete die Abwertung eine künstliche Verbesserung der Gewinnmarge.[71] Insbesondere die relativen Lohnkosten konnten auf diese Weise tief gehalten werden. Die *finqueros* und mit ihnen die Exporteure hatten kein Interesse an einer Stabilisierung der Landeswährung. In den 1920er Jahren begannen jedoch auch für sie die negativen Auswirkungen des ungebremsten Geldmengenwachstums spürbar zu werden. Die Entwertung des *peso* brachte manchen guatemaltekischen *finquero*, der

---

71 Vgl. Bingham 1974: 53-59, 83f; Jones 1940: 238; Rubio Sánchez 1968 2. Bd.: 312; González Davison 1987a: 55.

Geld im Ausland aufgenommen hatte, in Schwierigkeiten; Zinsen konnten nicht rechtzeitig bezahlt, Rückzahlungsfristen nicht eingehalten werden. Die Kreditwürdigkeit der guatemaltekischen Schuldner auf den internationalen Finanzmärkten war in Frage gestellt, und es wurde zunehmend schwieriger, ausländische Darlehen aufzunehmen [Pitti 1975: 129].

Die Geldentwertung belastete auch das soziale und politische Klima. Aus diesem Grund drängten die USA bereits seit Anfang des 20. Jahrhunderts auf die Reform der Fiskal- und Geldpolitik. Als sich die politische Lage in Guatemala nach dem Sturz Estrada Cabreras ernsthaft zuzuspitzen begann, erhöhte das *State Department* den diplomatischen Druck auf die Regierung Guatemalas. Präsident Orellana (1921-1926), dessen innen- und außenpolitische Machtstellung nach dem Staatsstreich gegen den gewählten Präsidenten Carlos Herrera (1920-1921) wenig gefestigt war, lag viel an guten Beziehungen zur Hegemonialmacht im Norden. Auf Druck und mit Hilfe der USA nahm er eine grundlegende Reform der Geldpolitik an die Hand. 1924 wurde der *peso* abgeschafft und der *Quetzal* als neue mit dem Dollar paritätische Währungseinheit eingeführt. Das Umtauschverhältnis zum *peso* lag bei 60 zu 1 [Jones 1940: 234-238].

Mit der Bindung des *Quetzal* an den Dollar verloren die guatemaltekischen *finqueros* den währungstechnischen Puffer, der sie vor den starken Preisschwankungen auf dem Weltmarkt abgeschirmt hatte. Diagramm 7.4. zeigt diesen Sachverhalt, indem die Kaffeepreise bis 1870 zum laufenden Dollarkurs in *Quetzales* umgerechnet wurden. Daraus wird unmittelbar ersichtlich, daß die Kaffeeproduzenten bis 1924 in einheimischer Währung einen fast ungebrochenen Preisanstieg verzeichnen konnten. Danach waren sie den Preisentwicklungen auf dem Weltmarkt unmittelbar ausgesetzt. Der drastische und langanhaltende Preiseinbruch von 1927 bis 1933 traf sie daher in voller Härte.

Die seit Ende des 19. Jahrhunderts zusehends komplexer und flexibler werdenden Absatzbedingungen verlangten immer stärker nach einer Anpassung der herrschenden Produktionsorganisation. Die Weltwirtschaftskrise zeigte deren Schwächen deutlich auf und erhöhte den Handlungsbedarf für die *finqueros*. In diesem Sinne war sie ein Auslöser für die Umgestaltung der Arbeitsbeziehungen in den 30er Jahren; deren tiefere Ursachen wurzelten indessen in den langfristigen Entwicklungen auf den Absatzmärkten einerseits und den Faktormärkten andererseits.

8. Die *cafetaleros*

In den 20er Jahren sah sich die Kaffeeoligarchie unvermittelt mit den Folgen der estradacabreristischen Mißwirtschaft konfrontiert. Die zweiundzwanzigjährige Diktatur hatte zwar die Auswirkungen der zunehmenden Instabilität auf dem Kaffeeweltmarkt weitgehend von den *finqueros* ferngehalten, auf der anderen Seite waren aber notwendige Reformen blockiert worden. Das repressive und korrupte Regime hatte die Spaltung der Gesellschaft weiter vorangetrieben, die Eliten korrumpiert und den Staat als politische und soziale Institution geschwächt. Die Modernisierung der Exportwirtschaft (Bananenproduktion im großen Stil, Ausbau der Eisenbahnlinien) kam nur zum Preis verstärkter Abhängigkeit von den USA zustande, ohne gleichzeitig die einseitige Abhängigkeit vom wichtigsten Exportprodukt, dem Kaffee, durchbrechen zu können.

Nach dem Sturz Estrada Cabreras mußten die *finqueros* zur Kenntnis nehmen, daß sich ihre Rahmenbedingungen angesichts der Veränderungen auf den Faktor- und Absatzmärkten verschlechtert hatten. In keinem der zentralen Bereiche, in denen die *finqueros* seit jeher Verbesserungen gefordert hatten, waren Fortschritte erzielt worden. Nebst der Reduzierung oder Abschaffung von Steuern und Exportzöllen standen der Ausbau des Bankensystems und die Modernisierung der Arbeitskräfterekrutierung zuoberst auf dem Forderungskatalog der *finqueros*. Während die beiden ersten Forderungen von allen *finqueros* vorbehaltlos unterstützt wurden, waren die Meinungen in bezug auf die Umgestaltung der Arbeitsbeziehungen geteilt.

Schon früh prangerten einzelne *finqueros* die Nachteile an, die das *habilitaciones*-System im Hinblick auf die kapitalistische Modernisierung der Kaffeeproduktion darstellte.[1] 1871 beschrieb Gustav Bernoulli, ein *finquero* mit Schweizer Abstammung, in einem Brief an den *Jefe Político* von Suchitepéquez die Mängel des Systems. Es sei unmöglich, Arbeitskräfte zu rekrutieren, ohne ständig neue *habilitaciones* zu gewähren. Diese stellten lebenslanges Kapital dar, das keine Zinsen bringe. Der Zinsverlust sei zwar für den *finquero* noch tragbar, aber die Gefahr, das Kapital selbst zu verlieren, sei eine schwere Belastung. Dabei stehe nicht einmal der Tod des *mozos* im Vordergrund - in diesem Fall verliere der *finquero* das investierte Geld ohnehin -, sondern die häufig vorkommende Flucht von verschuldeten *mozos* oder deren Gewohnheit, von mehreren *patronos habilitaciones* entgegenzunehmen. Das System zersetze die Moral der indianischen Bevölkerung und gebe den *mozos* keine Anreize zur effizienten Arbeit. Das beste wäre, das System abzuschaffen und durch Lohnarbeit zu ersetzen. Die

---

1   Vgl. hierzu: Bunzel 1981: 44; Gleijeses 1989: 34; Barrilas Barrientos 1981: 114, 125, 146, 165; Solórzano F. 1977: 297, 351f; Cambranes 1985: 122-123, 145-147, 154-158, 169-173; McCreery 1983: 756.

Voraussetzungen dafür seien jedoch noch nicht gegeben. Somit gelte es, wenigstens die schlimmsten Übel der *habilitaciones* zu vermeiden.[2]

Gegen Ende des 19. Jahrhunderts begannen sich die kritischen Stimmen zu häufen.[3] Die Abschaffung der *habilitaciones* wurde indessen von niemandem ernsthaft erwogen. Zu groß war die Furcht der *finqueros*, die indianischen Arbeitskräfte würden dann nicht mehr in ausreichender Zahl auf die Plantagen strömen. In ihren Augen stellte das *habilitaciones*-System das einzige wirksame Zwangsmittel zur Rekrutierung der Indianer dar. Flankierende staatliche Dispositionen wie *mandamientos* und Vagabundengesetze erachteten sie als zu kostspielig und zu wenig tiefgreifend, um die Hauptlast der Zwangsrekrutierung übernehmen zu können. Gleichzeitig waren sich die politischen Eliten bewußt, daß die Repressionsmittel des Staates nicht ausreichten, um eine flächendeckende staatliche Zwangsrekrutierung zu garantieren. Wie nirgends sonst waren *finqueros* und Staat in diesem Bereich auf die Vermittlerdienste lokaler Eliten angewiesen, um die notwendige Dichte von Kontrolle und Repression gegenüber der indianischen Bevölkerung zu erreichen.

Unter diesen Voraussetzungen bot das *habilitaciones*-System die Möglichkeit, die unterschiedlichen Machtressourcen von *finqueros*, lokalen Eliten und Staat zu bündeln und nutzbar zu machen. Den *finqueros* erlaubte die Darlehensgewährung auf der Basis reziproker Patron-Klientel-Beziehungen, ihren Anspruch auf die indianische Arbeitskraft zumindest teilweise zu legitimieren. Wie bereits erwähnt, bildeten die Elemente der patronalen Fürsorge des Systems den einzigen Ansatzpunkt zur Herrschaftslegitimation gegenüber der indianischen Bevölkerung. Die *finqueros* entlasteten ferner die staatliche Verwaltung, indem sie den größten Teil der zur Zwangsrekrutierung notwendigen Maßnahmen organisierten und finanzierten. Sie führten die unmittelbare Kontrolle über ihre *habilitierten mozos* und waren für die Arbeitsaufgebote besorgt. Der Staat unterstützte sie bei der Durchsetzung der Aufgebote. Zentrale Bedeutung kam hierbei den *Jefes Políticos* zu, die für die Festnahme und Überstellung flüchtiger *mozos* auf die *fincas* sorgten. In Ketten, von einer Militärpatrouille geführt, wurden so alljährlich Tausende von Indianern zur Arbeit auf die Kaffeeplantagen geschleppt.[4] Gleichzeitig erleichterten staatliche Regelungen, die nicht verschuldete *mozos* benachteiligten, die Anwerbung von Arbeitskräften. Die lokalen Eliten

---

2 Zitiert nach der englischen Übersetzung des Briefes von Bernoulli in: Cambranes 1985: 121-127.

3 Vgl. Cambranes 1985: 140-173; Solórzano F. 1977: 297, 351; Figueroa Ibarra 1980: 74; Karlen 1991: 299; Pitti 1975: 231f, 286; Bunzel 1981: 44; Gleijeses 1989: 34; Barrilas Barrientos 1981: 125, 146.

4 Vgl. z.B.: Alcalde primero San Antonio Aguas Calientes an JP Sacatepéquez, 21.1.1926 (JP Sacatepéuez 1927); Circulares Juzgado municipal Chimaltenango an Alcaldes primeros, 13. und 15.12.1932 (JP Chimaltenango 1932); Circular JP Sacatepéquez an Intendentes, 19.9.1934 (JP Sacatepéquez 1934).

ihrerseits verfügten über Kenntnisse der örtlichen Gegebenheiten, die für den Vollzug der Zwangsmaßnahmen unerläßlich waren. Die *Alcaldes* halfen den *habilitadores* beim Auffinden von *mozos*, die sich zu verstecken suchten, und sperrten Arbeitsunwillige ins Gemeindegefängnis, bis sie auf die *fincas* überführt werden konnten.

Erst das Zusammenwirken lokaler und nationaler, wirtschaftlicher und politischer Machtträger ermöglichte die für die Kaffeeproduktion notwendige massenweise Zwangsrekrutierung der indianischen Bevölkerung. Diese Tatsache darf jedoch nicht darüber hinwegtäuschen, daß zwischen *finqueros*, lokalen Eliten und Staat unterschwellige Interessenkonflikte bestanden. *Finqueros* und lokale Eliten standen sich bei der Verteilung des aus der indianischen Arbeit resultierenden Mehrwerts gegenüber. Die *finqueros* versuchten die Handlungsspielräume der *habilitadores* und lokalen Eliten zu kontrollieren. Diese trachteten auf der anderen Seite danach, aus dem Herrschaftsbereich der *finqueros* auszubrechen, um ihre Bereicherungschancen zu steigern.[5] Zwischen dem Staat und den lokalen Eliten bestanden unterschiedliche Interessenlagen in bezug auf die soziale Kontrolle der indianischen Bevölkerung.[6] *Finqueros* und Staat schließlich konkurrenzierten sich in ihren Ansprüchen auf die indianische Arbeitskraft.[7] Immer wieder beklagten sich die *finqueros* wegen der Beanspruchung ihrer *mozos* für den Straßenbau oder wegen Unregelmäßigkeiten im Zusammenhang mit der Rekrutierung von *mozos* für den Militärdienst.[8]

Besonders die willkürliche Rekrutierungspraxis der Militärbehörden gab immer wieder zu Beschwerden Anlaß.[9] Mit Vorliebe wurden Indianer während der *fiestas titulares* zwangsrekrutiert - ohne Rücksicht darauf, ob sie Verpflichtungen bei einer *finca* hatten. Es kam sogar vor, daß Militärpatrouillen in Kaffeeplantagen eindrangen und *mozos* festnahmen. Auf Druck der *finqueros* sah sich

---

5   Vgl. hierzu auch: Piel 1995: 160.

6   Vgl. Kap. 4.

7   Vgl. Comandante local San Lucas Sacatepéquez an JP Sacatepéquez, 8.8.1929 (JP Sacatepéquez 1929).

8   Vgl. Policía Nacional an JP Sacatepéquez, 4.7.1929 (JP Sacatepéquez 1929); MG 1929/30: 10-11; finca El Horizonte an Alcalde primero Santo Domingo, 17.9.1934 (JP Suchitepéquez 1927-1940); JP Suchitepéquez an Intendente Patulul, 18.1.1937 (JP Suchitepéquez 1937); Intendente Dueñas an JP Sacatepéquez, 26.7.1940 (JP Sacatepéquez 1940).

9   Vgl. z.B.: El Imparcial, Dienstag, 1.5.1923 "Buenos deseos animan al Sr. Herrera, Ministro de Agricultura"; Informe anual JP Sacatepéquez an MG 1924 (JP Sacatepéquez 1924); Alcalde primero Atitlán an Comandante de Armas, 15.9.1927 (JP Sololá 1927); finca El Vesubio, Patulul, an JP Sololá, 30.10.1928 (JP Sololá 1928); Circular SA an JP Sololá, 2.7.1929 (JP Sololá 1929). Vgl. auch: Pitti 1975: 134.

das Kriegsministerium 1929 gezwungen, die Rekrutierungspraxis zu ändern und den Bedürfnissen der Exportwirtschaft vermehrt Rechnung zu tragen.[10]

Im *habilitaciones*-System verkörperte sich der Ausgleich dieser gleichzeitig divergierenden und konvergierenden Interessenlagen. Angesichts des beschleunigten politischen und ökonomischen Wandels seit dem Sturz Estrada Cabreras verschoben sich jedoch die Gewichte innerhalb des Machtdreiecks von *finqueros*, lokalen Eliten und Staat. Die Schwächung der Exekutivgewalt und die Aufwertung des Parlaments verminderten das Engagement des Staates in der Frage der Arbeitskräfterekrutierung. Davon profitierten in erster Linie die *habilitadores* und lokalen Eliten. Sie konnten ihre Verhandlungsposition gegenüber den *finqueros* verbessern. Die zahlreichen Klagen in den 20er Jahren über betrügerische Praktiken der *habilitadores* kamen nicht von ungefähr. Immer wieder erschienen in der Presse Äußerungen von Kommentatoren oder von *finqueros* selbst, die in diesem Zusammenhang die Abschaffung der *habilitaciones* forderten.[11]

Die Nachteile des *habilitaciones*-Systems wurden von kaum jemandem in Abrede gestellt. Die tiefen Kaffeepreise zu Beginn der 20er Jahre schärften bei manchen *finqueros* das Bewußtsein für die Ineffizienz des Systems. Die hohen Provisionen der *habilitadores* erschienen ihnen nun als unnötige Verteuerung der Lohnkosten.[12] Die *finqueros* hielten die *habilitaciones* für eine faktische Vorauszahlung der Arbeitsleistung ihrer *mozos*. Dadurch werde nicht nur der allgemeinen moralischen Zersetzung in den Hochlandmunicipios Vorschub geleistet, sondern auch unmittelbar die Arbeitsproduktivität auf den *fincas* beeinträchtigt, indem die bereits "entlohnten" *mozos*, wenn sie überhaupt zur Arbeit erschienen, wenig Arbeitseifer zeigten.[13]

Ungeachtet der öffentlichen Diskussion kam es nicht zu einer geeinten Front der *finqueros*, um die grundlegende Veränderung der Arbeitsbeziehungen voranzutreiben. Die meisten von ihnen hielten den Übergang zu einem System "freier Lohnarbeit" für verfrüht. Die dauernden Schwierigkeiten bei der Arbeitskräfterekrutierung schrieben sie nicht in erster Linie dem *habilitaciones*-System, sondern dem Mangel an verfügbaren Arbeitskräften zu. Sie waren sich wohl bewußt, daß die indianische Bevölkerung noch über eigene Produktionsmittel zur Subsistenzerhaltung verfügte und die Arbeit auf den Plantagen nicht für alle eine Überlebensnotwendigkeit darstellte. In den Augen vieler *finqueros* waren die Indianer

---

10   Vgl. JP Sololá an SGJ, 22.8.1929 (SGJ Sololá, Leg. 30212).

11   Vgl. z.B.: El Imparcial, Donnerstag, 23.11.1922 "La agricultura y sus parásitos. Habilitadores y contratistas".

12   Vgl. z.B.: El Imparcial, Donnerstag, 9.11.1922 "Esta es nuestra segunda voz de alerta".

13   Vgl. z.B.: El Imparcial, Dienstag, 3.1. und Mittwoch, 4.1.1928 "El problema de braceros".

zudem faule, der Trunksucht ergebene Primitive, die kaum bekleidet in dunkeln, schmutzigen Hütten hausten. Das Fehlen jeglicher zivilisierter Ansprüche enthebe die Indianer der Notwendigkeit, ihre Arbeitskraft gegen Geld zu veräußern.[14] Aus diesen Gründen, argumentierten viele *finqueros*, sei die Abschaffung des *habilitaciones*-Systems trotz seiner offensichtlichen Mängel nicht zu verantworten.

Die Befürchtungen, nicht genügend Arbeitskräfte rekrutieren zu können, beruhte nicht zuletzt auch auf der Ungewißheit in bezug auf die demographische Entwicklung der indianischen Bevölkerung. Die letzte Bevölkerungszählung im Jahr 1893 wies für die vorwiegend indianischen Departemente (Sacatepéquez, Chimaltenango, Sololá, Totonicapán, Quetzaltenango, San Marcos, Huehuetenango, Quiché und Alta Verapaz) eine Gesamtbevölkerung von knapp 800'000 Personen aus [Censo General de la República 1921: 16]. Ob und wie stark die indianische Bevölkerung seither zugenommen hatte war unklar. Einige vertraten sogar die Meinung, deren Zahl habe infolge von Alkoholismus, Krankheit und Auswanderung abgenommen. Erst der Zensus von 1921, der allerdings erst drei Jahre später publiziert wurde, vermochte die Unterschätzung der verfügbaren Zahl indianischer Arbeitskräfte zu korrigieren [McCreery 1995: 210].

Als 1924 die Kaffeepreise und die Produktion wieder deutlich anstiegen, versiegten in der Presse die Stimmen, die einen raschen Übergang zur "freien Lohnarbeit" forderten. Zwar fanden zwischen dem Verband der Landwirte und der Regierung Gespräche zu diesem Thema statt, es fehlte jedoch der entschiedene Druck seitens der *finqueros*.[15] Immerhin legte die Regierung im April 1924 dem Parlament ein Projekt zur Revision der *Ley de Jornaleros* vor, das als zentralen Punkt die Abschaffung der *habilitaciones* vorsah.

Daß das Thema auf die politische Agenda rückte, war nicht zuletzt dem Umstand zuzuschreiben, daß das Unbehagen in bezug auf das System der Arbeitskräfterekrutierung besonders bei den Intellektuellen der *Generación del 20* auf offene Ohren stieß. Unter Berufung auf die von Guatemala mitunterzeichneten Washingtoner Verträge von 1923, die die Zwangsarbeit verboten, prangerte etwa José Matos, Dekan der juristischen Fakultät der Universität San Carlos, die menschenunwürdigen Praktiken der *habilitadores* an.[16] Die meisten Exponenten der *Generación del 20* führten aber nicht in erster Linie humanitäre Gründe an, sondern betonten die ökonomische Ineffizienz des Systems [Pitti 1975: 230-231].

---

14 Vgl. hierzu z.B. El Imparcial, Mittwoch, 21.11.1923 "Agricultura Martir"; El Imparcial, Montag, 20.11.1922 "Los mozos los líderes y las Autoridades Rurales"; El Imparcial, Mittwoch, 29.1.1930 "Preocupaciones actuales". Vgl. auch: McCreery 1995: 212.

15 Vgl. hierzu auch: McCreery 1995: 210.

16 Vgl. zur Frage der Arbeitsgesetze in den Washingtoner Verträgen von 1923: Jones 1940: 160; MA 1931: 261.

Das von der Regierung vorgeschlagene Reformprojekt wurde von der parlamentarischen Landwirtschaftskommission überarbeitet und dem Parlament zur Diskussion unterbreitet. Artikel 1 benannte den Grundsatz, dem die neue *Ley de Trabajadores Rurales* folgen sollte: "El trabajo es obligatorio y libre su elección. La vagancia se perseguirá conforme a la ley de la materia."[17] Das Gesetz sah eine Beschränkung der Arbeitsverträge auf ein Jahr vor. Die Übergangsfrist bis zur Streichung aller alten Schulden sollte zwei Jahre betragen - der Regierungsvorschlag hatte noch vier Jahre vorgesehen.

Die Beratungen verliefen äußerst zäh. Dem von der parlamentarischen Landwirtschaftskommission ausgearbeiteten Vorschlag wurden nicht weniger als elf Abänderungsanträge gegenübergestellt. Der Verlauf der Debatte läßt den Schluß zu, daß vor allem den Progresistas daran gelegen war, die Verabschiedung des Gesetzes zu blockieren. Man stritt über Fragen des Geltungsbereichs und über die formalen Anforderungen, die ein Arbeitsvertrag erfüllen mußte. Zu reden gab auch die Übergangsfrist. Konnten die konservativeren *finqueros* der Reduzierung auf zwei Jahre nur widerwillig zustimmen, forderten einzelne Parlamentarier die sofortige Streichung der Schulden. Meinungsverschiedenheiten bestanden ferner bezüglich der Form der Schuldbegleichung. Inwiefern sollte den *mozos* das Recht eingeräumt werden, ihre Schulden zu bezahlen, statt sie abzuarbeiten? Nach der dritten Lesung - die Versammlung war nicht mehr abstimmungsfähig, weil viele Abgeordnete sich bereits entfernt hatten - wurde die Diskussion abgebrochen und das Reformprojekt zu den Akten gelegt.

Der Gesetzesvorschlag scheiterte nicht nur an der geschickten Blockadetaktik der Progresistas, sondern auch an der Unentschlossenheit des liberalen Lagers.[18] Liberale Parlamentarier und mit ihnen zahlreiche *finqueros* fürchteten, daß ein radikaler Wandel in den Arbeitsbeziehungen das Herrschaftsgefüge auf dem Land ernsthaft gefährdete. Der progresistische Abgeordnete José A. Quiñonez faßte die Problematik des Übergangs zur freien Lohnarbeit treffend zusammen:

"La Ley de Trabajadores viene discutiendo por la prensa y en el seno de las agrupaciones agrícolas desde hace muchos años, sin haber podido llegar a una finalidad, antes de ahora, sin duda porque allí concurren los más fuertes intereses creados y proque el miedo ha privado en todas las decisiones de los legisladores y propietarios de *fincas*, temiendo que con la sustitución de la antigua ley [...] se vaya a provocar serios conflictos a la Agricultura, revolucionando de golpe las

---

17 Diario de las sesiones de la Asamblea Legislativa de la República de Guatemala del 25 de abril de 1924: 291. Die weiteren Ausführungen stützen sich auf die Protokolle der Parlamentsdebatten vom 21.4., 23.4., 3.5. und 5.5.1924. Vgl. Diario de las sesiones de la Asamblea Legislativa de la República de Guatemala del 25 de abril de 1924: 291-292; del 8 de mayo 1924: 293-300, 337-339; del 28 de mayo de 1924: 429-433; del 29 de mayo de 1924: 437-438, 518-523. Den Hinweis auf diese Debatte verdanke ich Wade Kit.

18 Vgl. zur Oppositionsrolle der Progresistas José María Cumes, Enrique Larraondo und anderer: Pitti 1975: 319.

costumbres y sistemas de trabajo y colonización aceptadas fatalmente como buenos entre nosotros."[19]

Aus ökonomischen Gründen wuchs im Verlaufe der 20er Jahre bei den *finqueros* die Einsicht, daß die Arbeitsbeziehungen umgestaltet werden mußten. Besonders die kleineren und mittleren Kaffeeproduzenten wurden von den großen Geldsummen stark belastet, die sie für *habilitaciones* aufzubringen hatten.[20] Für *finqueros* und große Plantagengesellschaften mit Verbindungen zu ausländischen Geldgebern fielen die Vorschüsse an die *mozos* nicht so stark ins Gewicht. Sie versprachen sich jedoch von der Einführung des *trabajo libre* eine erhebliche Steigerung der Arbeitsproduktivität und damit eine Senkung der Lohnkosten.[21]

Auf der anderen Seite stand für die *finqueros* das Schreckgespenst, die reifen Kaffeebeeren von den Bäumen fallen und am Boden verderben zu sehen, weil die notwendigen Arbeitskräfte fehlten. Den Hintergrund für diese Befürchtungen bildeten die besonderen strukturellen Bedingungen des Arbeitsmarktes für saisonale Erntearbeiter. Die Nachfrage nach *colonos* der *finca de mozos* und *cuadrilleros* beschränkte sich auf eine kurze Zeit im Jahr. Dabei gilt es zu berücksichtigen, daß die Zeit der Kaffee-Ernte in Guatemala zwar von August bis März oder Mai dauerte, die Nachfragespitze für eine *finca* sich aber auf zwei bis drei Monate beschränkte. Die Arbeitsintensität und der Zeitdruck, die die Kaffeeernte kennzeichneten, ließen dem *finquero* wenig Spielraum in bezug auf die Zahl der benötigten Arbeitskräfte. Vor und während der Ernte befand sich der *finquero* in einer schlechten Verhandlungsposition. Er brauchte zu einem bestimmten Zeitpunkt eine bestimmte Menge an Arbeitskräften, unabhängig davon, wie hoch deren Lohnforderungen sein mochten. Zusammen mit dem von rassistischen Vorurteilen geprägten Bild der Indianer diente die vermeintlich bessere Ausgangslage der *mozos* auch immer wieder als Argument gegen die Abschaffung der *habilitaciones*. Weil es in seiner Zynik kaum zu überbieten ist, sei hierzu ein Zitat angeführt, das zwar nicht von einem *finquero* selbst stammt, das aber die Denkweise eines Teils der Kaffeeoligarchie und der lokalen Eliten wiedergibt.

"... sin olvidar por ningún momento las necesidades de los agricultores en plena cosecha, y tener un conocimiento pleno y fundado de lo que verdaderamente es el indio de nuestro país, pues si bien es cierto que la *habilitación* la quiere el indio en su mayoría para emborracharse, hay que tener en cuenta también la clara verdad que sin este fatal vicio muchos indios no bajarían a las costas, pues en los pueblos de Huehuetenango y el Quiché, en su casi mayoría, el indio que no bebe

---

19 Diario de las sesiones de la Asamblea Legislativa de la República de Guatemala del 8 de mayo de 1924: 296.

20 El Imparcial, Mittwoch, 8.1.1930 "Como fomentar la producción y mejorar la situación económica".

21 Vgl. etwa Diario de las sesiones de la Asamblea Legislativa de la República de Guatemala del 8 de mayo 1924: 296.

licor no debe a las fincas y por lo mismo, no se ve en la necesidad de ir a trabajar a ellas, no obstante no es un vago, pues trabaja en sus pequeñas propiedades o se dedica al pequeño comercio."[22]

Auf der Angebotsseite konnten die jahreszeitlichen Abläufe im Export- und im Subsistenzsektor zu Engpässen bei der Rekrutierung von Erntearbeitern führen. Die vielfach behauptete saisonale Komplementarität zwischen Mais- und Kaffeeanbau entsprach mehr einer idealtypischen Abstraktion als den tatsächlichen Gegebenheiten. Auf jeden Fall traf sie nicht für das gesamte Hochland zu.[23] Aufgrund meiner Untersuchungen ergibt sich sogar eher der Eindruck, daß sich die Arbeitsspitzen von Mais- und Kaffeeproduktion zeitlich überschnitten. Die Erntemonate des Kaffees an der *boca costa* fielen auf die Monate November bis Januar, die gleichen Monate, in denen zum Beispiel in den *municipios* des Departements Sololá der Mais geerntet wurde. Für eine *finca*, die ihre saisonale Arbeitsspitze etwa im Dezember hatte, konnte es daher schwierig sein, aus diesem Departement Arbeitskräfte für die Kaffee-Ernte zu rekrutieren. Das bedeutete für den einzelnen *finquero* eine einschneidende Verengung des Arbeitsmarktes. Er konnte seine Arbeitskräfte nicht aus beliebigen *municipios* rekrutieren, sondern es kamen für ihn nur diejenigen in Frage, deren Ernteperioden nicht mit seiner Kaffee-Ernte zusammen fielen. Dieser Sachverhalt führte zu einer Zersplitterung des Arbeitsmarktes in einzelne Teilmärkte, deren Beschränktheit das Anpassungsvermögen des Marktes in bezug auf wechselnde Rahmenbedingungen stark verminderte. Die *finqueros* mußten auf kleinen, inflexiblen Märkten agieren, die einen Ausgleich zwischen Angebot und Nachfrage nur unvollkommen herbeiführen konnten. Zudem lagen die einzelnen Teilmärkte räumlich weit auseinander. Die beträchtlichen Distanzen, die Nachfrage und Angebot voneinander trennten, erschwerten das reibungslose Funktionieren des Arbeitsmarktes.

Verschärft wurde dieses Problem durch die schwierigen topographischen Verhältnisse im Hochland. Wegen der kleinräumigen Aufteilung der Region durch enge Täler und steile Abhänge waren die Verkehrsverhältnisse ausgesprochen ungünstig. Dadurch wurde der Informationsaustausch zwischen Angebot und Nachfrage behindert. Wo hatte es wann wie viele verfügbare Arbeitskräfte? Wie konnten sie von einer bestimmten *finca* zur richtigen Zeit rekrutiert werden? Zur Überwindung dieser Schwierigkeiten waren die *finqueros* auf die Vermittlerdienste von Leuten angewiesen, die die örtlichen Verhältnisse kannten. In diesem Sinn waren die *agentes, habilitadores, tratistas* oder *enganchadores* Ausdruck eines Arbeitsmarktes, dessen zahlreiche strukturellen Mängel außerordentlich hohe Informationskosten verursachten.[24]

---

22   El Imparcial, Samstag, 8.3.1930 "Temas Agrícolas: Algo sobre Jornaleros".

23   Vgl. zu dieser Problematik: Conforti 1970: 52; Schmid 1973: 39; McCreery 1983: 738; McCreery 1986: 112; Cambranes 1985: 192; Piel 1995: 159.

24   Vgl. dazu: Bauer 1979: 39; Bataillon/LeBot 1976: 57.

Aus der Sicht der *finqueros* war die indianische Arbeitskraft der Engpaßfaktor, der die Kaffeeproduktion ultimativ beschränkte. Der Mangel an Arbeitskräften hatte eine starke Konkurrenz zur Folge. 1930 schilderte der *administrador* der *finca* Madrid, Chicacao, dem *Jefe Político* folgenden Fall eines flüchtigen *mozos*, der auf der *finca* Alejandria Zuflucht gefunden hatte:

"Al 30 de septiembre de 1930 mandé una comisión con órden de la Jefatura a buscar los fugos y lo capturaron en el camino real que conduce por la *finca* Alejandria, el mozo Felix Cantara (Chávez). Al ser capturado llamó a los patrones y estos mandaron capturar la comisión llevandolos al despacho de la finca, en donde les golpiaron muy fuerte, rompiendoles la ropa, y quitandoles el mozo capturado. El resultado fue, que se enfermaron ellos por el mal tratamiento, ..."[25]

Auch wenn nicht alle Fälle so gewaltsam ausgingen, kam es doch immer wieder zu Auseinandersetzungen zwischen verschiedenen *fincas* um die Abwerbung oder doppelte Habilitierung von *mozos*.[26] Flüchtige *mozos* machten sich diese Situation zunutze, indem sie bei einer *finca* Zuflucht suchten, die sie vor dem Zugriff der Behörden schützte.[27]

Angesichts der strukturellen Mängel des Arbeitsmarktes und unter dem Eindruck, daß die indianische Bevölkerung nicht freiwillig zur Plantagenarbeit zu bewegen war, erachteten die *finqueros* extra-ökonomische Zwangsmittel als unabdingbare Voraussetzung für die Kaffeewirtschaft. "Freie" Lohnarbeit ohne allgemeinen Arbeitszwang war für sie undenkbar. Die Abschaffung der *habilitaciones* wurde daher stets im Zusammenhang mit der Einführung eines wirksamen Vagabundengesetzes diskutiert. Zur Rechtfertigung besonderer Gesetze zugunsten der Kaffeeproduzenten betonten die *finqueros* die volkswirtschaftliche Bedeutung der Exportwirtschaft. Viele mochten die Ansicht desjenigen Kolumnisten des Imparcial geteilt haben, der die "produktive Arbeit" auf den *fincas*, deren Erträge nicht bloß den *finqueros*, sondern der ganzen Gesellschaft und dem Staat zugute kämen, von der für die Allgemeinheit nutzlosen "unproduktiven Ar-

---

25 Finca Madrid, Chicacao, an JP Sololá, 6.8.1930 (JP Sololá 1930).

26 Vgl. beispielsweise: Finca Pampojila, San Lucas, vs. finca Chipó Canarios, Santa Barbara, an JP Sololá, 4.12.1929 (JP Sololá 1929); Jornalero, San Andrés, vs. administrador finca Chocolá, San Pablo Jocopilas, an JP Sololá, 25.1.1930 (JP Sololá 1930); Informe Juzgado de Paz Sololá an JP Sololá, 27.8.1931 betr. finca Quixayá, San Lucas, vs. finca La Arabia, Chicacao, wegen zweifach verschuldeter mozos (JP Sololá 1931); finca Santa Adelaide, Santa Barbara, vs. E. Jiménez an JP Sololá, 21.12.1928 (JP Sololá 1928). Vgl. ferner Cambranes 1985: 170f; Bingham 1974: 99; Alvarado 1936 2. Bd.: 456; Hoyt 1955: 44.

27 Vgl. z.B.: Ignacio G. Saravia Ingenio San Diego, Escuintla an JP Sacatepéquez, 11.11.1924 (JP Sacatepéquez 1924).

beit" unterschied. Hierunter verstand er insbesondere auch die indianische Kleinwarenwirtschaft und Subsistenzproduktion.[28]

Die *finqueros* waren sich bewußt, daß mit der Ablösung des *habitaciones*-Systems durch ein Vagabundengesetz der Staat bei der Arbeitskräfterekrutierung eine größere Verantwortung übernehmen mußte. Angesichts der politischen Verhältnisse in den 20er Jahren fehlte ihnen jedoch das Vertrauen in dessen Durchsetzungskraft. Tatsächlich hätte die infrastrukturelle Macht des Staates kaum ausgereicht, einen flächendeckenden Kontrollapparat aufzubauen, um die massenweise Zwangsrekrutierung der indianischen Bevölkerung durchzusetzen. In diesem Zusammenhang forderten die *finqueros* immer wieder die Einführung des Personalausweises (*Cédula de Vecindad*).[29] "La Cédula de Vecindad es la unica que puede revalidar la Ley de Vagancia, que en la actualidad ningún holgazan toma en cuenta por la facilidad de burlarla," schrieb 1928 der Imparcial und warf der Regierung vor, sie verschleppe die Einführung der *Cédula*.[30]

Vergleicht man die immer wieder vorgebrachten Klagen und Forderungen der *finqueros* mit den tatsächlich erreichten Gesetzesänderungen, fällt auf, daß während der 20er Jahre keines der zentralen Anliegen der *finqueros* politisch umgesetzt wurde. Selbst unbestrittene Forderungen wie die Einführung der *Cédula de Vecindad* wurden nicht realisiert. Die Neuordnung des Banken- und Kreditwesens kam allein mit Hilfe us-amerikanischen Drucks zustande und entsprach nur beschränkt den Vorstellungen der Kaffeeproduzenten. Offensichtlich verfügten die *finqueros* als gesellschaftliche Kraft nicht über den politischen Einfluß, den man angesichts ihrer wirtschaftlichen Vormachtstellung erwarten konnte. Tatsächlich verfügten sie über keine schlagkräftige Organisation, die gegenüber der Regierung und dem Parlament als ernstzunehmende *pressure group* auftreten konnte. Wohl formierten sich 1920 Viehzüchter, Zuckerrohr- und Kaffeeproduzenten in der *Asociación General de los Agricultores* (A.G.A.). Zwischen den in der A.G.A. organisierten Landwirten und der Regierung bestanden zahlreiche persönliche Verflechtungen. Insofern hatten die *finqueros* unmittelbaren Zugang zu den nationalen Machtträgern und konnten ihre Interessen jederzeit vorbringen. Sie taten dies in Form von Memoranden oder persönlichen Gesprächen mit den zuständigen Ministern. Der Imparcial berichtete jeweils ausführlich über diese Vorstöße und verlieh ihnen dadurch mehr Gewicht. Interessant ist in diesem Zusammenhang die Feststellung, daß die *finqueros* sich meist unmittelbar an die

---

28 Vgl. El Imparcial, Freitag, 14.2.1930 "El problema de los braceros" und El Imparcial, Samstag, 15.2.1930 "El trabajo productivo".

29 Ein Gesetz betreffend die Pflicht, einen Personalausweis auf sich zu tragen, war bereits 1894 kurze Zeit in Kraft gewesen. Siehe dazu: Bauer Paiz 1965: 79, 122.

30 El Imparcial, Freitag, 21.9.1928 "Cédula de Vecindad". Vgl. hierzu auch: El Imparcial, Montag, 7.3.1927 "Proponen la Cédula de Vecindad"; El Imparcial, Dienstag, 1.10.1929 "La Cédula de Vecindad".

Regierung wandten und erst in zweiter Linie versuchten, ihre Anliegen im Parlament einzubringen.

Die Bemühungen der A.G.A. brachten jedoch kaum konkrete Ergebnisse. Dies lag nicht nur an der Schwäche der Regierung, sondern auch am geringen Organisationsgrad und der stagnierenden Mitgliederzahl des Verbandes. Besonders die Kaffeeproduzenten zeigten kein Interesse, sich in der *Asociación* zu engagieren. 1922 lobte die *Junta directiva* in ihrem Jahresbericht die Initiative der Viehzüchter und Zuckerrohrproduzenten, die sich zu eigenständigen Sektionen zusammengeschlossen hätten; gleichzeitig beklagte sie sich darüber, daß die wichtigste Gruppe der Landwirte, die *cafetaleros*, sich noch nicht organisiert hätten.[31] Die Ermahnung verhallte jedoch wirkungslos. Die Kaffeeproduzenten zogen es vor, sich in regionalen *Asociaciones* zusammenzuschließen.

Die unterschiedlichen regionalen Bedingungen, denen die *finqueros* unterworfen waren, erschwerten einen nationalen Zusammenschluß. In dieser Beziehung spielten die Arbeitsverhältnisse eine bedeutende Rolle. War zum Beispiel in der Alta Verapaz das *colonato* die vorherrschende Form der Arbeitsbeziehungen, rekrutierten die *finqueros* West-Guatemalas mehr *cuadrilleros*. Auch hinsichtlich der Entlohnung unterschieden sich die beiden Regionen beträchtlich. In West-Guatemala lag der Geldlohn der *mozos* bis zu fünf Mal höher als in der Alta Verapaz.[32] Angesichts solcher Unterschiede vermag es nicht zu erstaunen, daß sich divergierende regionale Interessen herausbildeten.[33]

Offensichtlich waren auch die politischen Eliten nicht an einer starken Vereinigung der Landwirte interessiert. Als sich diese 1925 zu einem nationalen Dachverband zusammenschlossen, verschleppte die Regierung die Approbation der Statuten und blockierte die Arbeit der Verbandsleitung.[34] Erst 1927 erhielt die *Confederación* den offiziellen Rechtsstatus als nationaler Dachverband.[35] Aber auch so kam der weitere Zusammenschluß nur zögernd voran. Noch 1931 war in der Presse davon die Rede, daß die Confederación daran sei, sich zu formieren.[36] Zwei Jahre später wurde der Dachverband mit allen anderen gesellschaftlichen Organisationen von Präsident Ubico aufgelöst.[37]

---

31   Asociación General de Agricultores 1922: 5.

32   Vgl. zu den regionalen Unterschieden: Barrilas Barrientos 1981: 155-157; Adams 1970a: 387; Karlen 1991: 307; Alvarado 1936 2. Bd.: 466; Montenegro Ríos 1976: 299; Hoyt 1955: 44; Kepner/Soothill 1935: 133; Jones 1940: 154-155.

33   Vgl. hierzu z.B.: El Imparcial, Dienstag, 17.12.1929 "Lo primero: ponerse de acuerdo: La Junta Magna de los Agricultores".

34   El Imparcial, Mittwoch, 7.9.1927 "Labor de la Confederación de Asociaciones...".

35   La Asociación General de Agricultores 1953: 89; Diario de Centro América, Dienstag, 8.2.1927 "Estatutos de la Confederación de las Asociaciones Agrícolas de la República".

36   Diario de Centro América, Samstag, 28.3.1931 "Los problemas de nuestro café".

37   La Asociación General de Agricultores 1953: 90.

Als sich gegen Ende der 20er Jahre die Überproduktionskrise auf dem Kaffeeweltmarkt auszuwirken begann, intensivierte sich die öffentliche Diskussion um die Abschaffung der *habilitaciones* erneut. In den Jahren 1929/30 verging kaum eine Woche, ohne daß der Imparcial nicht einen oder mehrere Artikel zum Thema veröffentlichte. Aber selbst unter dem Eindruck der Weltwirtschaftskrise vermochten sich die *finqueros* in der Frage der Arbeitsgesetzgebung nicht zu einigen. Die Zahl der Befürworter einer Abschaffung der *habilitaciones* nahm zwar zu, aber die Gegner blieben unbelehrbar wie zuvor.[38] Die Eigentümerin der *finca* Sajbiná in San Lucas sah noch 1934 in jeder Veränderung der *Ley de Trabajadores* eine Schädigung der *finqueros* und ein Zurückweichen vor der bolschewistischen Gefahr.[39]

Vor allem die *finqueros* West- und Zentral-West Guatemalas drängten auf die Abschaffung des *habilitaciones*-Systems. Sie waren am stärksten von dessen Unzulänglichkeiten betroffen, da sie den größten Teil der Erntearbeiter aus den Reihen der indianischen Minifundisten des Hochlandes rekrutierten. Die großen Distanzen und schwierigen Verkehrsverhältnisse zwischen den Kaffeefincas und den Hochlandmunicipios stärkten die Position der *habilitadores* und lokaler Eliten und gaben Raum für Mißbräuche. Zu Beginn des Jahres 1930 verabschiedeten die *finqueros* aus den wichtigen Kaffeeregionen Costa Cuca, Chuvá, Xolhuitz und Coatepeque eine Resolution, die unter anderem verlangte, daß ab sofort keine neuen *habilitaciones* gewährt werden sollten. Zur Umsetzung der beschlossenen Maßnahmen forderten sie Regierung und Parlament auf, ohne Verzögerung die notwendigen legislativen Schritte zu unternehmen.[40] Wohl gab es einzelne *fincas*, die von sich aus keine *habilitaciones* mehr gewährten, damit liefen sie jedoch Gefahr, auf dem Arbeitsmarkt nicht mehr konkurrenzfähig zu sein.[41] Gegen die *habilitaciones* der anderen *fincas* mußten sie mit höheren Löhnen und besseren Arbeitsbedingungen antreten. Da die Rechtspraxis auf das *habilitaciones*-System ausgerichtet war, wurden sie darüber hinaus bei Arbeitskonflikten benachteiligt. Natürlich schreckte die Mehrheit der *cafetaleros* davor zurück, die Nachteile eines Verzichts auf die Gewährung von *habilitaciones* allein zu tragen. Eine Umstellung des Systems war nur über ein allgemein verbindliches Verbot möglich.

---

38 Die Aussagen beruhen auf der eingehenden Durchsicht des Imparcial dieser Jahre.

39 Amalia de Monroy an JP Sololá, 19.2.1934 (JP Sololá 1936).

40 El Imparcial, Mittwoch, 1.1.1930 "Asamblea de agricultores".

41 Vgl. El Imparcial, Mittwoch, 12.2.1930 "Abolición de las deudas de los trabajadores de las fincas de Guatemala"; Alcalde primero San Marcos an JP Sololá, 20.8.1930 (JP Sololá 1930); A. Cabrera an Intendente Sololá, 18.10.1935 (JP Sololá 1935). Cabrera gab im Zusammenhang mit der Abschaffung der habilitaciones an, daß er auf seiner finca keine cuadrilleros, sondern nur noch "gente voluntaria" angestellt habe.

Obschon die Kaffeeoligarchie auf der politischen Ebene in bezug auf die Abschaffung der *habilitaciones* gespalten war und alle Vorstöße in dieser Richtung versandeten, orientierten sich auf betriebswirtschaftlicher Ebene immer mehr *finqueros* am Modell der "freien Lohnarbeit". Im Sinne einer stärkeren Durchkapitalisierung der Arbeitsverhältnisse strebten sie die Destabilisierung der Arbeitsbeziehungen an. Dies äußerte sich am deutlichsten darin, daß die Bedeutung der *cuadrilleros* und der *ganadores* gegenüber den *colonos* zunahm.[42] Im Vergleich zum *colonato* waren die sozialen Beziehungen zwischen *patrón* und *cuadrillero* unpersönlicher, weil die Arbeitskräfte nicht mehr ständig im unmittelbaren Herrschaftsbereich des *finqueros* lebten. Die Nutzungsrechte entfielen und die Bedeutung des arbeitsbezogenen Geldlohnes nahm zu. *Habilitaciones* und *raciones* öffneten aber immer noch Raum für reziproken Austausch.[43] In diesem Sinn verkörperten die *cuadrilleros* ein Zwischenstadium im Übergang zur "freien Lohnarbeit".

Durchkapitalisierungstendenzen zeigten sich zu Beginn der 30er Jahre auch innerhalb bestehender Arbeitsverhältnisse, indem die *finqueros* danach trachteten, Elemente der patronalen Fürsorge zurückzudrängen. Als Folge der Krise auf den Kaffeemärkten versuchten zahlreiche *finqueros*, die Lohnkosten zunächst durch die Kürzung der *raciones* und *habilitaciones* zu senken.[44] 1931 beklagten sich elf *mozos* der *finca* San Alberto, Patulul, beim Präsidenten, daß ihnen der neue Besitzer weder neue *habilitaciones* noch *raciones* gewähre. Bisher seien ihnen diese Leistungen immer gewährt worden - "para poder sostener a nuestras familias".[45]

Auch die Gesichtspunkte, die die Abgabe der *raciones* bestimmten, wurden in vielen Fällen verändert. In den Augen der *mozos* verkörperten die *raciones* die patronale Pflicht, seinen Untertanen auf jeden Fall die Subsistenz zu sichern. Die

---

42 Guerra Borges 1969 1. Bd.: 328; LeBot 1976: 74; Figueroa Ibarra 1979: 72-74; Figueroa Ibarra 1980: 263f.

43 Flores Alvarado [1977: 136-138] vertritt eine gegenteilige Auffassung. Für ihn ist der colono näher beim kapitalistischen Arbeitsverhältnis als der cuadrillero. Unter dem Aspekt der Proletarisierung mag dies noch sinnvoll sein. Betrachtet man jedoch die Form des Arbeitsverhältnisses selbst, scheint mir die umgekehrte Positionierung plausibler zu sein. Vgl. dazu die Kritik an Flores Alavarado von Torres Rivas 1972: 83-99 sowie Figueroa Ibarra 1980: 250 und Caldera 1979: 88f.

44 Vgl. M. Quino y compañeros finca San Alberto, Patulul, an Ubico, 6.10.1931 (JP Sololá 1931); Mozo deudor de la finca Santa Cecilia, Patulul, an MA, 10.6.1931 (JP Sololá 1931); Mozos cuadrilleros de la finca Santa Cecilia an JP Sololá. 27.4.1931 (JP Sololá 1931); Mozos colonos de la finca Madrid, Chicacao, an JP Sololá, 13.10.1931 (JP Sololá 1931); Mozos cuadrilleros de la finca Filadelfia, Chicacao, an Ubico, 30.5.1931 (JP Sololá 1931); Mozos cuadrilleros de la finca La Dicha, San José Idolo, an JP Sololá, 21.2.1935 (JP Sololá 1935).

45 Mozos colonos de la finca San Alberto, Patulul, an Ubico, 6.10.1931 (JP Sololá 1931). Vgl. auch: Alcalde primero San Marcos an JP Sololá, 20.8.1930 (JP Sololá 1930).

Berechnung der *raciones* hatte in dieser Perspektive nicht in erster Linie aufgrund der erbrachten Arbeitstage zu erfolgen, sondern hatte sich nach den Bedürfnissen des *mozo* zu richten. *Raciones* wurden häufig nicht einfach als fester Bestandteil des Lohnes abgegeben, sondern die Größe der Familie und andere besondere Lebensumstände wurden mit berücksichtigt. In einem Vertrag wurde etwa festgehalten, "... que la ración [...] será en proporción a la familia y según el trabajo de cada *mozo*".[46] Deutlich zeigte sich das Bestreben, in diesem Bereich Kosten einzusparen, bei Alvarado. Minutiös rechnete er vor, wie schädlich es für den *finquero* sei, den *mozos* nicht arbeitsbezogene *raciones* abzugeben: "... darles una ración quincenal, sin que esté de acuerdo con lo que producen, es desastroso, antieconómico y perjudicial" [Alvarado 1936 2. Bd.: 465]. Modellberechnungen verschiedener Methoden, die *raciones* abzugeben, führten ihn zu folgendem Schluß:

"... para hacer los mismos 150,5 jornales, usando el sistema de regalar el maíz por familias, se gastaron 700 libras. Regalándolo por jornal hecho, y aun dándole al jornalero una ración calculada para dos individuos, se gastaron solamente 451,5 libras" [Alvarado 1936 2. Bd.: 468].

Die Schwächung von Subsistenzsicherung und Reziprozität auf der einen und die Stärkung von Arbeits- und Leistungslohn sowie die Zunahme unpersönlicher Geldbeziehungen auf der anderen Seite waren Ausdruck der zunehmenden Durchkapitalisierung der Arbeitsverhältnisse. Dieser Prozeß, der bereits im 19. Jahrhundert eingesetzt hatte, beschleunigte sich im Verlaufe der 30er Jahre. Der Grund hierfür lag nicht allein in der schweren Krise auf dem Kaffeemarkt, die die *finqueros* zu Kosteneinsparungen und Effizienzsteigerungen in den Methoden der Mehrwertaneignung zwang, sondern ebensosehr in den langfristigen Veränderungen, die sich auf den Absatz- und Faktormärkten vollzogen. Auf dem Kaffeeweltmarkt wuchsen Komplexität und Instabilität; der Arbeitsmarkt war von der fortschreitenden Proletarisierung der indianischen Bevölkerung gekennzeichnet.

Um den soeben dargestellten Blickwinkel der Kaffeeoligarchie in bezug auf die Arbeitsproblematik zu beurteilen, ist es nötig, sich eine Vorstellung von den tatsächlichen Knappheiten auf dem Arbeitsmarkt zu verschaffen. Ich beschränke mich dabei auf die Bestimmung von Angebot und Nachfrage im Zusammenhang mit den saisonalen Erntearbeitern aus dem indianischen Hochland, weil die Knappheitsverhältnisse in diesem Marktsegment von zentraler Bedeutung für die Diskussion über die Abschaffung des *habilitaciones*-Systems sind. Hierbei gilt es zu beachten, daß das zur Verfügung stehende Zahlenmaterial unvollständig und

---

46 El Infrascrito Secretario de la Jefatura Política Departamental certifica ..., 28.2.1935 (JP Sololá 1935). Es handelt sich um die Beglaubigung eines Arbeitsvertrages zwischen der finca Argueta und 32 mozos vom 21.2.1935.

ungenau ist. Zudem müssen verschiedene numerische Annahmen getroffen werden, die die Resultate erheblich beeinflussen. Diagramm 8.1. stellt somit nur eine grobe Schätzung dar, die es erlaubt, bestimmte Zusammenhänge zu verdeutlichen.

Diagramm 8.1. Saisonale Arbeitskräfte: Angebot und Nachfrage

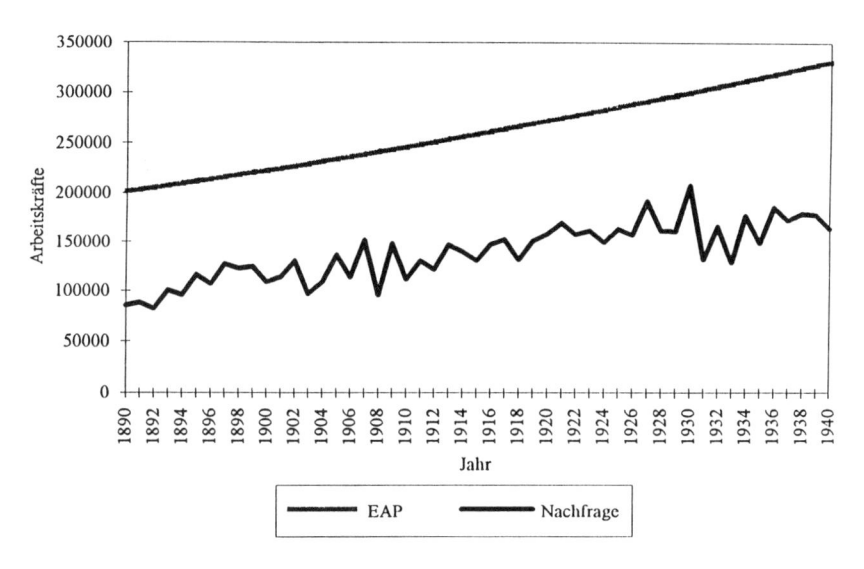

Quelle: Quelle: ANACAFE 1987: 30-32; MA 1927-1940; Rubio Sánchez 1968; Sexto Censo de población 1950: LVII, LXII.

Anmerkung: Die EAP-Kurve (Economically Active Population) berücksichtigt die Departemente Sacatepéquez, Chimaltenango, Sololá, Totonicapán, Quezaltenango, San Marcos, Huehuetenango, El Quiché und Alta Verapaz. Ihre Berechnung erfolgte unter Zugrundelegung eines jährlichen Bevölkerungswachstums von 1% bis 1940 und von 1.5% in den 40er Jahren. Vgl. hierzu: Arias de Blois 1974: 18 und Kapitel 5. Nach Bulmer-Thomas [1983: 274], der für Zentralamerika in den 30er Jahren von einer Wachstumsrate von 2% und in den 40er Jahren von über 2%, ausgeht, ergäben sich bedeutend niedrigere Zahlen.

Nach 1934 dürfte die Nachfrage infolge des Vagabundengesetzes, das die Arbeitspflicht eines großen Teils der *mozos* auf 100 bzw. 150 Tage festlegte, entgegen der berechneten Kurve konstant geblieben oder sogar gefallen sein.

Die Nachfrage nach saisonalen Arbeitskräften ist abhängig von der produzierten Menge Kaffee. McCreery [1983: 758] schätzt, daß zur Produktion eines *quintal café oro* 15 Mann-Arbeitstage nötig sind. Allein für die Kaffee-Ernte liegt dieser Wert jedoch zu hoch, denn er basiert auf dem gesamten jährlichen Arbeitsaufwand für einen *quintal* Kaffee.[47] In bezug auf den Arbeitskräftebedarf für die Erntezeit muß ein anderes Vorgehen gewählt werden. Ausgehen kann man dabei von den üblichen Tagwerken. Bei der Ernte werden diese in *cajas* festgelegt, wobei eine *caja* einem Tagwerk entspricht. Die Größe der *cajas* variiert ungefähr zwischen 0,85 und 1,5 *quintales café en cereza* [Alvarado 1936 2. Bd.: 396; Cambranes 1985: 143]. Umgerechnet auf *café oro* ergibt das zwischen 3,7 und 6,6 Mann-Arbeitstage pro *quintal*. Zur eigentlichen Erntearbeit kommen noch die Arbeiten im Zusammenhang mit der Weiterverarbeitung hinzu. Je nach dem Technifizierungsgrad der *finca* verändert sich der Zuschlag, den man dafür machen muß. Die Angaben bewegen sich in einem Bereich von 75 bis 150% [Conforti 1970: 43; Tax 1964 2. Bd.: 291]. Der Höchstwert bezieht sich allerdings auf die Kaffeeproduktion in indianischen Minifundien mit sehr tiefem Technifizierungsgrad. Für den Exportsektor in den 30er Jahren scheint mir ein Zuschlag von 100% daher ausreichend. Eine gut nach oben gerundete Schätzung ergibt somit einen Arbeitsaufwand von etwa 12 Mann-Arbeitstagen pro *quintal* während der Erntezeit.[48]

Um weiter die benötigte Zahl an saisonalen Arbeitskräften zu bestimmen, muß berücksichtigt werden, daß auch die *colonos permanentes* zur Ernte eingesetzt werden. Aufgrund der Angaben von Schmid [1973: 22f] ernten diese etwa 26% des Kaffees. Von einem ähnlichen Wert (25%) geht eine Studie des Banco de Guatemala [1980: 56] aus. Beide Werte beziehen sich auf die 1960er Jahre. Berücksichtigt man die tendenzielle Abnahme der Zahl der *colonos*, darf für die 30er Jahre angenommen werden, daß etwa 30% der Ernte von *colonos* eingebracht wurden.

Zum Schluß bleibt noch die Frage zu klären, wie viele Tage ein *mozo* durchschnittlich während der Ernte arbeitete. Schmid [1973: 23] und McCreery [1983: 758] gehen von 60 Tagen pro *mozo* und Jahr aus. Die meisten Angaben in den Quellen sprechen von 30 *tareas* oder *cajas* während der Ernte. Nur wenige Beispiele weichen davon ab, wobei die Bandbreite zwischen 15 und 110 *tareas*

---

47 Vgl. hierzu: Alvarado 1936 2. Bd.: 396, 478; Schmid 1968: 36f; Higbee 1947: 190, 195; Guerra Borges 1969 2. Bd.: 213; Schmid 1973: 318.

48 Dieser Wert liegt höher als die Annahmen von Lester Schmid. Er argumentiert folgendermaßen: Bei einer Produktion von ungefähr 3 Mio. quintales café pergamino müssen 13,5 Mio quintales café en cereza geerntet werden. Dies erfordert zwischen 13,5 bis 17 Mio. Mann-Arbeitstagen. Vgl. Schmid 1973: 22. Umgerechnet auf einen quintal café oro ergibt dies zwischen 5,6 und 7 Mann-Arbeitstagen pro quintal. Aus den Ausführungen von Schmid geht allerdings nicht hervor, ob er nur die unmittelbaren Erntearbeiten oder auch den Arbeitsaufwand für die Weiterverarbeitung berücksichtigt.

bzw. *cajas* liegt.[49] Die Streuung der Werte weist immerhin darauf hin, daß die Zahl von 30 *tareas* nach oben korrigiert werden muß. Ich gehe daher von 50 Arbeitstagen pro *mozo* und Jahr aus. Die vorhergehenden Überlegungen lassen sich in einer Formel zusammenfassen, die die benötigten saisonalen Arbeitskräfte mit der Kaffee-Ernte in Beziehung setzt.

$$A_s = \frac{P * M_q * K_c}{J_m}$$

Wobei:
A_s: Benötigte saisonale Arbeitskraft pro Ernte
P: Produktion von *café oro* in *quintales*
M_q: Mann-Arbeitstage pro *quintal café oro* (angenommener Wert: 12)
K_c: Korrekturfaktor für *colono*-Arbeit (angenommener Wert: 0,7)
J_m: Ernte-Arbeitstage (*jornales*) pro *mozo* und Jahr (angenommener Wert: 50)

Gemäß der Formel erfordert die Ernte von 1000 *quintales café oro* ungefähr 170 Arbeiter. Dies ist deutlich weniger als die 250 saisonalen Arbeiter, die sich aus den Annahmen von McCreery ergeben. Auch ein Vergleich mit der Angabe von Schmid [1973: 22], der davon ausgeht, daß für die Kaffee-Ernte pro Hektar ungefähr ein saisonaler Arbeiter (0,7 Arbeiter pro *manzana*) eingestellt wurde, läßt die Annahme von McCreery als zu hoch erscheinen. Bei einer Produktivität von 6-8 *quintales* pro *manzana* ergibt sich aus den Angaben von Schmid ein Wert zwischen 87,5 und 116,6 Arbeitern pro 1000 *quintales*.

Die jährliche Kaffeeproduktion Guatemalas bewegte sich in den 20er/30er Jahren in der Größenordnung von einer Million *quintales*. Das entsprach einer Nachfrage nach ungefähr 170'000 saisonalen Arbeitskräften. Dem stand eine ökonomisch aktive Bevölkerung (mit der englischen Abkürzung EAP für Economically Active Population) von zwischen 270'000 bis 330'000 Personen gegenüber (Vgl. Diagramm 8.1.).[50] Auf den ersten Blick, so scheint es, waren die Be-

---

49 Die Angaben beruhen auf Arbeitsverträgen und libretos der mozos in den Akten der Jefaturas Políticas. Ich verzichte auf eine detaillierte Wiedergabe der Quellen.

50 Die EAP stellt einen bestimmten Prozentsatz der Gesamtbevölkerung dar, der von der Altersstruktur der Gesellschaft ebenso abhängt wie von sozialen und wirtschaftlichen Faktoren [Elizaga/Mellon 1971: 19-43; Jüttner 1972: 22-38]. Der Sexto Censo de Población [1950. S. LVII] wies für die Departemente, die den Hauptteil der indianischen Arbeitskräfte stellten (Sacatepéquez, Chimaltenango, Sololá, Totonicapán, Quezaltenango, San Marcos, Huehuetenango, El Quiché und Alta Verapaz) eine EAP von 384'617 Personen aus. Erfaßt wurde die Bevölkerung im Alter über 7 Jahren. In der Literatur bestehen bei diesbezüglichen Angaben große Unterschiede. Arias de Blois [1974: 46] schätzt für das Jahr 1950 die EAP im Alter über 10 Jahren auf 953'372. Für das Jahr 1952 spricht Silvert [1969: 12] sogar von

fürchtungen der *finqueros* in bezug auf den Arbeitskräftemangel unbegründet. Dagegen ist einzuwenden, daß es sich bei diesem Arbeitskräftepotential nicht um eine vollständig proletarisierte Arbeiterschaft handelte. Die Zahl derer, die aus ökonomischen Gründen zur Lohnarbeit auf den Plantagen gezwungen waren, lag beträchtlich tiefer. In diesem Zusammenhang unterschied Bergad [1984: 153] zwischen potentiellen und effektiven, tatsächlich am Arbeitsmarkt partizipierenden Arbeitskräften.

Aufschluß über das Ausmaß des effektiven Arbeitskräfteangebots geben die Verkaufszahlen der *libretos*, die im Zusammenhang mit dem Vagabundengesetz von 1934 an die *mozos* abgegeben wurden. Laut den *Memorias* der *Secretaría de Agricultura* wurden in den oben erwähnten Departementen nie mehr als 150'000 *libretos* abgegeben.[51] Auch wenn diese Zahl nicht das gesamte effektive Arbeitskräfteangebot widerspiegelte, deutet sie doch darauf hin, daß der Spielraum zwischen Angebot und Nachfrage nicht so groß war, wie es die Kurven in Diagramm 8.1. zunächst nahelegen. Die Kurven erheben denn auch nicht den Anspruch, die tatsächlichen Knappheitsverhältnisse auf dem Arbeitsmarkt wiederzugeben. Ihr Wert besteht darin, daß sie die langfristigen Entwicklungen von Angebot und Nachfrage veranschaulichen. Bis Ende der 20er Jahre verliefen die beiden Kurven weitgehend parallel. Nachher begann sich die Schere zwischen einer tendenziell stagnierenden Nachfrage und einem stets wachsenden Angebot an Arbeitskräften zu öffnen. In den 30er Jahren schien der Punkt erreicht zu sein, wo die Knappheitsverhältnisse auf dem Arbeitsmarkt von einer Situation des Mangels zu einer Situation des Überflusses an Arbeitskräften zu kippen begannen.[52] Hinweise darauf finden sich auch in den Quellen. 1931 beklagte sich ein *mozo* beim Landwirtschaftsminister, daß er niemanden finde, der seine Schuld beim gegenwärtigen *patrón* begleiche, "debido antes que todo a la falta de trabajo que hay en las fincas y como consequencia a la abundancia de braceros que sin pedir anticipos llegan a ofrecer su trabajo a todas las fincas de la República".[53] Der sich abzeichnende Vorzeichenwechsel im Arbeitsmarkt wurde

---

1'200'000 ökonomisch aktiven Personen. Vgl. hierzu auch: Aleman 1970: 31 und Torres Rivas 1979: 48.

51 Der höchste Wert wurde 1938 mit 144'207 libretos erreicht. Vgl. MA 1938: 89.

52 Vgl. hierzu auch: McCreery 1994: 313.

53 Mozo deudor de la finca Santa Cecilia, Patulul, an MA, 10.6.1931 (JP Sololá 1931). Vgl ferner Mozo deudor de la finca La India, Chicacao, an SGJ (JP Sololá 1931); Ambrocio Martínez, San Antonio Aguas Calientes, an Ubico, 12.7.1932 (JP Sacatepéquez 1931); Audiencia recibida por el Sr. Ministro de Gobernación y Justicia, 5.10.1933 (JP Sacatepéquez 1933); Adrian y José María Pérez, San Andrés Ceballos, an Ubico, 29.1.1934 (JP Sacatepéquez 1934); Regidores, Ministriles y Auxiliares de Sumpango an Ubico, 9.12.1935 (JP Sacatepéquez 1935); Luz Popol, San Martín Jilotepeque, an Alcalde primero, 22.3.1934 (JP Chimaltenango 1934); Memoria anual JP Escuintla 1930 (SGJ Escuintla, Leg. 30275).

auch von den Eliten wahrgenommen. 1933 stellte der *Jefe Político* von Sololá in einem Bericht an den Präsidenten fest:

> "Tiempos hubo en que los finqueros, terratenientes y agricultores no sabían a que causa atribuir la falta de jornales para las labores del campo y ahora, por el contrario, los jornaleros se quejan de la falta de trabajo y por más que lo anden buscando no logran conseguirlo si no es en tiempos de siembras o cosechas.[54]

Der markante Rückgang der Arbeitskräftenachfrage zu Beginn der 30er Jahre (Vgl. Diagramm 8.1.) schuf für die *finqueros* günstige Bedingungen für die Abschaffung der *habilitaciones*. Die Mehrheit von ihnen hätte einen Wandel in den Arbeitsbeziehungen begrüßt. Die Handlungsfähigkeit des Staates war jedoch zu diesem Zeitpunkt infolge der politischen Machtkämpfe dermaßen eingeschränkt, daß keine weitreichenden Gesetzesänderungen möglich waren. Die 20er Jahre hatten gezeigt, daß die Kaffeeoligarchie nicht im Stande war, ihre eigenen Reformprojekte auf parlamentarischem Weg durchzusetzen. Erst als sie die politische Macht an eine Militärdiktatur abtrat, die an ihrer Stelle handelte, gewann der Staat die nötige Stärke, um die längst fälligen Reformen an die Hand zu nehmen.

---

54 Informe JP Sololá an Ubico, o.D. (stammt mit Sicherheit aus dem Jahr 1933) (JP Sololá 1940). Der einschränkende Nachsatz "si no es en tiempos de siembras o cosechas" weist darauf hin, daß immer noch saisonale Engpässe auftreten konnten.

9. Von der "Schuldknechtschaft" zum "freien Markt"

Die Geschichte der Arbeit in Guatemala ist wie kaum anderswo geprägt von gewaltsamer Ausbeutung und Unterdrückung, aber auch von zähem Widerstand einer indianischen Bevölkerung, die ihre kulturelle Eigenständigkeit als Schutzwall gegen die Kolonialherren einsetzte. Daran änderten weder die Unabhängigkeit von der spanischen Krone noch die liberalen Reformen im 19. Jahrhundert etwas. In den ersten Jahrzehnten nach der Unabhängigkeit von Spanien lockerte sich zunächst der Arbeitszwang für die Indianer, da die wichtigsten Exportprodukte, Cochenille und Indigo, verhältnismäßig wenig Arbeitskräfte benötigten. Das erlaubte es der indianischen Bevölkerung, sich in ihre *municipios* zurückzuziehen. Besonders im zentralen und westlichen Hochland etablierte sich während dieser Zeit eine eigenständige, regional orientierte Kleinwarenwirtschaft. Erst mit dem Aufkommen der äußerst arbeitsintensiven Kaffeeproduktion in der zweiten Hälfte des 19. Jahrhunderts nahm der Druck auf die indianische Bevölkerung wieder zu. Neben den *mandamientos* sorgte besonders das *habilitaciones*-System für die ausreichende Versorgung der Plantagen mit Arbeitskräften. Vagabundengesetze spielten bis zu den ubiquistischen Reformen von 1934 nur eine untergeordnete Rolle.[1]

Die verschiedenen Ausprägungen des *habilitaciones*-Systems, das *colonato*, die *finca de mozos* und die Verschuldung der indianischen Kleinbauern im Hochland, lassen sich alle im Rahmen des Begriffs "Schuldknechtschaft" (*peonaje, debt peonage, debt bondage, debt slavery*) beschreiben. Damit wird ein Ausbeutungsverhältnis beschrieben, das nicht bloß auf unpersönlichen ökonomischen Mechanismen, sondern auf persönlichen sozialen Beziehungen beruhte. Deren Grundlage war das Prinzip der Reziprozität, das gegenseitigen Beistand garantierte. Beim Patron-Klientel-Verhältnis war die Reziprozität asymmetrisch ausgebildet. Beide Parteien hatten unterschiedliche Rechte und Pflichten; die Ströme von Gütern und Leistungen, die zwischen Patron und Klient flossen, waren ungleich.[2]

---

1 Dawson 1965: 125; Whetten 1961: 66; Schulz/Graham (Hgg.) 1984: 99; Adams 1970a: 89, 176f; McCreery 1983: 741; McCreery 1986: 109; Cambranes 1985: 183f; Figueroa Ibarra 1980: 77; Solórzano F. 1977: 259; Jones 1940: 154, 376 Anm. 18.

2 Vgl. dazu: Paré 1972: 343f; Nickel (Hg.) 1989: 24; Lomnitz Adler 1977: 134, 189f. Polanyi [1978: 71-87] sieht in den Prinzipien der Reziprozität und der Redistribution Austauschmechanismen von nicht marktwirtschaftlich organisierten Gesellschaften. Wesentliches Strukturmerkmal der Reziprozität ist dabei die Symmetrie. Im Patron-Klientel Verhältnis wird diese Symmetrie zugunsten des Patrons aufgehoben, ohne auf die zugrundeliegenden persönlichen Beziehungen zu verzichten. James C. Scott [1976: 169] beschreibt den Übergang von

Lange Zeit betrachtete die Forschung schuldknechtschaftliche Verhältnisse ausschließlich unter dem Blickwinkel der Ausbeutung. Im Vordergrund standen die Abhängigkeit der *mozos* vom *patrón* und dessen gewaltsame Praktiken der Mehrwertaneignung. Unter diesen Vorzeichen müßte man die Arbeitsbeziehungen im Rahmen des *habilitaciones*-Systems etwa folgendermaßen beschreiben.

Der *finquero* gewährte dem *mozo* ein Darlehen in der Form von Geld, Waren oder Landnutzungsrechten. Der *mozo* verpflichtete sich dazu, die Schuld durch seine persönliche Arbeitsleistung abzuarbeiten. Er war solange an den *patrón* gebunden, bis er die Schuld abgearbeitet hatte. Der *patrón* trachtete danach, das Schuldverhältnis zu verlängern und gewährte daher dem *mozo* stets neue Darlehen. Die Schuld wuchs mit der Zeit auf eine Höhe an, die das vorherrschende Lohnniveau um ein Vielfaches überstieg und die Rückzahlung verunmöglichte. Die *habilitaciones* hatten die Funktion, den *mozo* in eine lebenslange Abhängigkeit vom *patrón* zu treiben. Nach dem Tod des *mozo* wurde die Schuld auf seine Kinder übertragen, womit auch diese in Knechtschaft gerieten. Da die *mozos* keine Möglichkeit hatten, dem Herrschaftsbereich des *patrón* zu entfliehen, verfügte dieser über uneingeschränkte Macht. Er konnte die Arbeitsbedingungen beliebig festlegen und sich dadurch den größtmöglichen Teil der Wertschöpfung aus der Arbeit seiner *mozos* aneignen.[3]

Eine solche Betrachtung des Schuldknechtschaftsverhältnisses stellt den *patrón* ins Zentrum der Diskussion. Er ist das handelnde Subjekt; die *mozos* werden zu bloßen Objekten der Ausbeutung reduziert. Die Frage, wie sie das Ausbeutungsverhältnis wahrnahmen und welche Handlungsspielräume sie gegenüber dem *patrón* besaßen, wird nicht gestellt. Ferner wird die Mobilitätsbeschränkung infolge der Verschuldung überschätzt. Die *habilitaciones* erreichten nur in den seltensten Fällen eine Höhe, die die Abarbeitung oder Rückzahlung verunmöglicht hätte. Weder die lebenslängliche Verschuldung noch die Vererbung der Schuld auf die Kinder des *mozo* waren die Regel. Für den *finquero* bedeutete die Gewährung von Darlehen nicht bloß ein Mittel, um die Knechte an sich zu binden, sondern ebensosehr eine beträchtliche finanzielle Belastung und das Risiko, bei der Flucht des *mozo* die vorgestreckte Summe zu verlieren.[4]

Es liegt auf der Hand, daß allein der Ausbeutungsaspekt schuldknechtschaftlicher Verhältnisse nicht ausreicht, das Quellenmaterial, das die Grundlage für diese Studie bildete, befriedigend zu deuten. Hierzu bedarf es zunächst eines an-

---

gleichen zu ungleichen Austauschverhältnissen als die Zunahme von Machtunterschieden zwischen Patron und Klient.

3   Zahlreiche Autoren gehen von diesem Schuldknechtschaftsbegriff aus: Vgl. Cambranes 1985: 101; LeBot 1977: 60; Wisdom 1961: 272; Adams 1970a: 176-178; Coleman/Herring 1985: 25; Flores Alvarado 1977: 50; Madigan 1976: 244f; García Mainieri de Villeda 1978: 41f.

4   Bauer 1979: 39. Eine Erwiderung auf die Ausführungen von Bauer bringt Loveman 1979: 478-485.

deren Ausbeutungsbegriffs.[5] James C. Scott [1976: 56] geht davon aus, daß Ausbeutung nicht bloß ein abstrakter Mechanismus der einseitigen Mehrwertabschöpfung ist, sondern ein komplexes Verhältnis zwischen Ausbeuter und Ausgebeuteten. Erst die Berücksichtigung der konkreten Umstände und Interessen der Ausgebeuteten erlaubt es, die Wirkungsweise verschiedener Ausbeutungsformen zu verstehen. In bäuerlichen Gesellschaften, die am Rand der Subsistenz leben, stellt das Auftreten periodischer Hungerzeiten ein grundlegendes Existenzproblem dar. Für die Bauern geht es dabei weniger um ein maximales durchschnittliches Produktionsniveau als um möglichst ausgeglichene jährliche Erträge, die die Subsistenzgrenze nicht unterschreiten [Scott 1976: 56]. Die Antwort der Bauern auf diese spezifische Interessenlage ist neben der "Norm der Reziprozität" (*norm of reciprocity*) das "Prinzip vom Vorrang der Sicherheit" (*safety first principle*). Es steht im Zentrum eines kulturellen Wertsystems, das Scott als "Ethik der Subsistenz" (*subsistence ethic*) bezeichnet.[6] Ausbeutung wird aufgrund des Rechts auf Subsistenz beurteilt. Ein Ausbeutungssystem etwa, das den Bauern im langjährigen Durchschnitt 20% ihrer Ernte abverlangt, aber bei Mißernten keine Stabilisierungsmechanismen für das Überleben der Bauern kennt (Öffnen von Kornspeichern des *patrón*, Erlassen der Abgaben, prozentuale statt fixe Abgaben), wird von den Betroffenen als ausbeuterischer wahrgenommen als ein System, das ihnen durchschnittlich 30% abverlangt, die Subsistenz jedoch unter allen Umständen garantiert. Obschon in bezug auf die Reziprozität der Austausch im ersten System weniger ungleich ist, leuchtet angesichts der schwerwiegenden Konsequenzen einer Subsistenzkrise ein, daß die Bauern das zweite System vorziehen. Sie sind mehr daran interessiert, was ihnen bleibt, als daran, was ihnen abgenommen wird. Aus der Sicht der Bauern ist mehr noch als das Maß die *Form* der Ausbeutung entscheidend. Ausbeutungssysteme, die der Subsistenzsicherung, dem Grundproblem bäuerlicher Gesellschaften, Rechnung tragen, werden als weniger schlimm beurteilt als solche, die in dieser Beziehung wenig sensibel sind [Scott 1976: 29-32]. Ungleicher Austausch und Sicherung der Subsistenz sind somit zwei Dimensionen derselben sozialen Beziehung, die Scott [1976: 10] als "moral economy of the subsistence ethic" bezeichnet.

Betrachtet man das Verhältnis zwischen *patrón* und *mozos* unter diesen Vorzeichen, kann man die Auffassung, daß Schuldknechtschaft nichts weiter sei als ein überaus ausbeuterisches Unterdrückungssystem im Dienst der herrschenden

---

5   Vgl. zur Problematik des Ausbeutungsbegriffs: Moore 1966: 470-474; Levi/North 1982; Roemer 1982a; Roemer 1985; Reeve (Hg.) 1987; Miller 1990: Kap. 7. Das Diskussionfeld reicht in der einen Richtung von rein ökonomisch orientierten bis zu vornehmlich soziologischen Ansätzen. In der anderen Richtung reicht das Spektrum von orthodox marxistischen Mehrwertabschöpfungstheorien bis zu spieltheoretischen Modellen. Die Tendenz in der Forschung geht dahin, die verschiedenen Ansätze miteinander zu verbinden.

6   Scott 1976: 167. Vgl. auch: Nickel (Hg.) 1989: 23-25.

Klasse nicht a priori aufrechterhalten.[7] Die indianischen Arbeitskräfte waren in dieser Perspektive nicht einfach passive Opfer eines zynischen Ausbeutungssystems, sondern Akteure, die ihren - wenn auch beschränkten - Handlungsspielraum gegenüber den *finqueros* wahrzunehmen wußten.[8] Angesichts des hohen Risikos, das offene Proteste in sich bargen, setzten die *mozos* diffuse alltägliche Widerstandsformen ein. Darüber hinaus riefen sie aber auch immer wieder übergeordnete Behörden an, um ihre Interessen zu verteidigen und Mißbräuche anzuprangern. Sogar die *colonos permanentes*, deren Handlungsspielraum im Vergleich zu den saisonalen Arbeitskräften deutlich enger war, setzten das Bitt- und Klagerecht erfolgreich ein, um den Herrschaftsbereich ihres *patrón* aufzubrechen und Zugang zu konkurrierenden Machtträgern zu erhalten. Daß die indianischen Forderungen rückwärtsgewandt waren und meist auf die Erhaltung alter Rechte abzielten, ist angesichts ihrer knappen ökonomischen Ressourcen nicht erstaunlich. Sie konnten sich nicht mit der Durchsetzung kohärenter sozialer Alternativen auf der Basis von technologischem und sozialem Fortschritt befassen. Im Zentrum ihres Interesses mußte die Stabilisierung der eigenen Subsistenzbedingungen stehen.[9]

---

7 Neuere Untersuchungen über die mexikanische hacienda - dem Archetypen zur Beschreibung von Schuldknechtschaftsbeziehungen - weisen in die gleiche Richtung. Sie stellen die Beziehung zwischen patrón und peón in ein neues Licht. Insbesondere in bezug auf die Funktion der Verschuldung und das Maß der Mobilitätsbeschränkung kommen sie zu ähnlichen Ergebnissen, wie sie sich aus meiner Untersuchung ergeben. Vgl. Nickel (Hg.) 1989: 150-166, 196-213. Die Verschuldung war Ausdruck der Pflicht des patróns, für die Subsistenz seiner Untertanen besorgt zu sein. Sie bedeutete für die peones nicht eine bedrückende Fessel, sondern ein Privileg. Darauf deutet die Tatsache hin, daß zuverlässige und langjährige peones, die in der sozialen Hierarchie der hacienda in oberen Positionen, etwa als Vorarbeiter, standen, am höchsten verschuldet waren. Die Darlehen halfen den Knechten, schwierige Lebenssituationen wie Krankheit oder Tod eines Angehörigen zu überbrücken. In dieser Perspektive erhalten die Mechanismen der Schuldknechtschaftsbeziehung einen anderen Sinn. Das zeigt sich deutlich am Beispiel des haciendaeigenen Ladens. Die tienda de raya galt lange Zeit als Inbegriff des ausbeuterischen Charakters der Schuldknechtschaft. Ihre Bedeutung wurde darin gesehen, den Knechten Waren zu überhöhten Preisen auf Kredit abzugeben und sie dadurch noch stärker zu verschulden. Im Lichte der moral economy ergibt sich ein differenzierteres Bild. Die tienda de raya konnte saisonale Preisschwankungen mildern und inflationäre Tendenzen dämpfen. Zudem ersparte sie den peones lange und kostspielige Wege, um sich mit Nahrungsmitteln und Gebrauchsgütern zu versorgen. Vgl. hierzu: Tobler 1984: 79-81. In Guatemala spielte die tienda de raya nie eine große Rolle. 1940 wurden fincaeigene Läden von Ubico verboten. Vgl. Circular JP Sololá, 17.10.1940 (JP Sololá 1940).

8 In bezug auf die Untersuchung von agrarischen Gesellschaften in Lateinamerika fordert William Roseberry [1989: 186-196]: "the models must leave room for action of peasants". Vgl. ferner: Bauer 1979: 38; Loveman 1979: 488.

9 Vgl. hierzu: Scott 1976: 189; González Davison 1987a: 153; Smith 1984c: 150; Flores Alvarado 1975: 104.

In Guatemala verdichteten sich die individuellen Vermeidungsstrategien unter den Bedingungen der ethnischen Segregation zu einer eigentlichen Kultur des Widerstandes, die den Handlungsspielraum der Ausbeuter und damit die Form des Ausbeutungssystems erheblich beeinflußte. In diesem Sinne stellte das *habilitaciones*-System einen Kompromiß zwischen dem Subsistenzanspruch der *mozos* und dem Ausbeutungsanspruch der *finqueros* dar.

Eine Darstellung des *habilitaciones*-Systems, die nicht allein auf dem Ausbeutungsaspekt abhebt, sondern auch den Ansatz der *moral economy* berücksichtigt, der Reziprozität, Subsistenzsicherung und den Handlungsspielraum der Ausgebeuteten betont, will nicht Revisionismus betreiben und ein System beschönigen, das über Jahrhunderte hinweg den Arbeitsbeziehungen eine besonders ausbeuterische und gewaltsame Form verlieh.[10] Es geht im Gegenteil darum, eine klarere Vorstellung davon zu gewinnen, wie und warum Ausbeutung funktionierte. Ich sehe in den scheinbar widersprüchlichen Auffassungen des Patron-Klientel-Verhältnisses zwischen *finqueros* und *mozos*, das die einen mit "Schuldknechtschaft" und die anderen mit den Begriffen der *moral economy* beschreiben, die idealtypischen Pole eines Kontinuums verschiedener Ausbeutungsgrade und -formen. Der eine verkörpert die offene, gewaltsame Ausbeutung, der andere ein ausgewogenes System von unterschiedlichen Rechten und Pflichten. Die verschiedenen Ausprägungen schuldknechtschaftlicher Verhältnisse - wegen ihrer weiten Verbreitung bleibe ich hier bei dieser Bezeichnung - wird immer zwischen diesen Polen liegen.

Das *habilitaciones*-System verdankte seine dominierende Stellung bestimmten sozio-ökonomischen und politischen Rahmenbedingungen, die aus der Sicht der Herrschenden andere Methoden der Arbeitskräfterekrutierung benachteiligten. In diesem Zusammenhang sind vor allem zwei Aspekte von Bedeutung. Die patronalen Leistungen, die mit den *habilitaciones* verbunden waren, stellten den einzigen Bereich der sozialen Beziehungen zwischen *ladinos* und Indianern dar, wo eine Überlagerung der Werte- und Normensysteme von Herrschenden und Beherrschten möglich war. Die Untergrabung der Reziprozitätsmechanismen oder gar die Abschaffung des Systems nahm der ladinischen Herrschaft den Rest von Legitimität und bedrohten dadurch die Stabilität der sozialen Beziehungen auf dem Land.

Der zweite Aspekt bestand in der Leistungsfähigkeit des *habilitaciones*-Systems bei der Rekrutierung und Allokation der Arbeitskräfte auf einem Arbeitsmarkt, der sich durch ein sehr knappes und inelastisches Angebot auszeichnete. Dank flankierender staatlicher Maßnahmen, die die mißbräuchlichen Praktiken der *habilitadores* deckten, erlaubte das System eine Ausweitung des Arbeitskräf-

---

10 Dies wird den "moral economists" etwa von Brian Loveman [1979] unterstellt. Vgl. hierzu die Diskussion der weltanschaulichen Wurzeln des moral economy-Ansatzes im Vergleich zu neoliberalen Ansätzen der politischen Ökonomie und marxistischen Klassenkampfmodellen in: Paige 1983: 699-706.

teangebots. Gleichzeitig konnten die *finqueros* damit die Nachfragekonkurrenz zumindest teilweise einschränken. Hinzu kam, daß die *fincas* unter den Bedingungen des Nachfragemonopols auf suboptimalem Niveau produzierten und dadurch die Nachfrage nach Arbeitskräften tendenziell gesenkt wurde. Allerdings waren die Mengeneffekte angesichts der steilen Nachfragekurve gering. Viel stärker ins Gewicht fiel die Senkung des Lohnniveaus. Offensichtlich reichte sie aus, um die Auslagen für die *habilitaciones* zumindest auszugleichen.

Das *habilitaciones*-System entsprach einer Übergangssituation in der Herausbildung des kapitalistischen Produktionsmodus; ein Prozeß, der sich in Guatemala spätestens seit der zweiten Hälfte des 19. Jahrhunderts abzeichnete. In marxistischer Terminologie wird diese Anfangsphase der kapitalistischen Entwicklung als "ursprüngliche Akkumulation" bezeichnet.[11] Der Begriff steht für das Ineinandergreifen von zwei historischen Teilprozessen: die Konstitution des Privateigentums an den Produktionsmitteln auf der einen und die Erzeugung der "freien" Arbeitskraft auf der anderen Seite. Begleitet wird dieser Wandel der Eigentumsverhältnisse von tiefgreifenden Veränderungen im Produktionsbereich, in dessen Verlauf vorkapitalistische Arbeitsbeziehungen von der kapitalistischen Produktionsweise verdrängt werden.[12]

---

11   Marx 1971: 741-791. Vgl. ferner: Cueva 1987: 65-67, 70-78; Figueroa Ibarra 1979: 60-63; Barrios 1979 86-88; Monteforte Toledo 1972 2. Bd.: 288; Laclau 1989: 30; Smith 1979: 611.

12   Hinter den folgenden Ausführungen steht die Diskussion, ob sich eine Definition des Kapitalismus auf den Produktionsbereich oder auf den Bereich des Warenaustausches zu stützen habe. Die Verfechter der ersten These definieren den Kapitalismus als einen spezifischen Produktionsmodus, der sich durch das Vorhandensein einer freien Arbeitskraft kennzeichnet. Produktionsmodi mit unfreier Arbeitskraft sind vor-kapitalistisch. Das Dilemma dieser Auffassung besteht darin, daß man gezwungen wird, die Wirtschaften Lateinamerikas bis weit ins 20. Jahrhundert hinein als vor-kapitalistisch, mitunter feudal, zu bezeichnen. Begriffliche Differenzierungen in "Produktionsmodus" und "Wirtschaftssystem" können nur bedingt befriedigen. Vorgeschlagen wurde auch, mit dem "kolonialen Produktionsmodus" einen neuen Produktionsmodus einzuführen. Einen Ausweg aus diesem Dilemma bieten die "Zirkulationisten" (circulationists) an, die den Kapitalismus aufgrund der Austauschbeziehungen im Warenbereich definieren. In dieser Perspektive können die Wirtschaften Lateinamerikas schon seit der Kolonisierung als "kapitalistisch" bezeichnet werde. Insbesondere erlauben sie die elegantere Beschreibung eines grundlegenden Sachverhalts dieser Wirtschaften, nämlich dem interdependenten Nebeneinander von verschiedenen Produktionsmodi. Um den Konflikt mit der Produktionsmodus-These abzuschwächen wurde mitunter eine Begriffsdifferenzierung in Produktionsform und Produktionsmodus vorgeschlagen. Vgl. zum Vorangehenden: Banaji 1972; Banaji 1973; Smith 1979; Smith 1984c; Jonas 1991: 10; Roseberry 1989: 145-162; Thorner 1971: 216; Bernstein 1981: 3-24; Evans/Rüschemeyer/Skocpol (Hgg.) 1985: 95; McNall 1982: 214-221; Mills 1961: 33; Kay 1989: 157-160; Kerblay 1971: 151-155; Ennew/Hirst/Tribe 1977: 307-309; Singelmann 1981: 48. Zu den Vertretern der Produktionsmodus-These vgl.: Laclau 1989; Cardoso 1972. Zu den Zirkulationisten vgl.: Chase-Dunn 1984. Ich lasse mich nicht auf diese Diskussion ein und folge der Auffassung Carol Smith's, die verschiedenen Ansätze könnten sich gegenseitig ergänzen, wenn man das Gewicht mehr auf deren

Für Guatemala unterscheidet Carol Smith [1984c: 136-140] in diesem Zusammenhang drei Produktionsformen. Im Zentrum der bäuerlichen Produktion, die den Ausgangspunkt des ursprünglichen Akkumulationsprozesses bildet, standen selbsversorgende Kleinbauern, die über eigene Produktionsmittel verfügten. Von den Nichtproduzenten wurden sie mit extra-ökonomischen Mitteln gezwungen, einen Teil ihres Ertrags abzutreten. Der vorkapitalistische Charakter der Arbeitsbeziehungen äußerte sich insbesondere darin, daß die Bauern nicht frei waren, das Arbeitsverhältnis mit ihrem Herrn aufzulösen. Den Endpunkt dieser Entwicklunsphase markierte die kapitalistische Produktion auf der Basis "freier Lohnarbeit". In Guatemala führte der Prozeß der "ursprünglichen Akkumulation" nicht zu einer raschen Verdrängung vorkapitalistischer Strukturen. Vielmehr brachte er eine Produktionsform hervor, die ein langandauerndes Übergangsstadium zwischen bäuerlicher und kapitalistischer Produktionsweise darstellte. Smith bezeichnet sie als Kleinwarenproduktion (*petty commodity production*).13 Darunter ist eine Produktionsweise zu verstehen, in der die Produzenten Güter und Dienstleistungen mit Produktionsmitteln herstellten, die sie selber kontrollierten. Sie produzierten jedoch nicht bloß für ihre eigene Subsistenz, sondern waren in kompetitive Märkte für Subsistenzgüter, Waren und Produktionsfaktoren eingebunden. Natürlich kamen die von Smith erwähnten Produktionsformen nie in reiner Form vor. Sie unterlagen vielmehr einem ständigen Wandel, der als verlangsamter, aber stetiger Anpassungsprozeß an die Anforderungen einer sich rasch vollziehenden Integration der guatemaltekischen Wirtschaft in den kapitalistischen Weltmarkt aufgefaßt werden kann.

Betrachtet man den Wandel der Arbeitsverhältnisse in Guatemala seit der zweiten Hälfte des 19. Jahrhunderts, so lassen sich neben der "freien Lohnarbeit" drei Ausprägungen von "unfreier Arbeit" unterscheiden: *mandamientos, habilitaciones* und "freie Arbeit" in Verbindung mit einem Vagabundengesetz. Diese Arbeitsverhältnisse unterschieden sich in mehrfacher Hinsicht voneinander. So kann etwa nach der Art der Mehrwertabschöpfung gefragt werden. Wie wurde die Mehrarbeit von der notwendigen Arbeit abgetrennt? Geschah dies mittelbar in der Form von Tributen oder unmittelbar durch Arbeitsleistung [McCreery 1986: 101]? Handelte es sich um das Herausziehen des absoluten oder des relativen Mehrwerts [Cueva 1987: 83]? Diese Einteilungen ermöglichen zwar die Be-

---

Erklärungswert als auf die Frage der richtigen Exegese marxistischer Begriffe legt. Vgl. Smith 1979: 577. In Anlehnung an die Zirkulationisten gehe ich davon aus, daß die Wirtschaft Guatemalas spätestens seit der Unabhängigkeit einem kapitalistischen Entwicklungweg folgte.

13 In einem früheren Artikel spricht Smith [1979: 610f] in diesem Zusammenhang von einem "merchant capitalism". Andere Autoren bezeichnen gleiche oder ähnliche Sachverhalte als "producción mercantil simple" [Figueroa Ibarra 1979: 76], "traditional economy" [Madigan 1976: 86], "primitve merchant societies" [Whetten 1961: 107], "economía regional" oder "petty capitalism" [Tax 1947: 173 bzw. Tax 1964]. Vgl. zu den verschiedenen Begriffen auch: Mosk 1954: 3.

schreibung unterschiedlicher Ausbeutungsmodi, im Hinblick auf die Herausbildung eines Arbeitsmarktes sagen sie jedoch nichts aus. Ich schlage deshalb eine Typologisierung der Arbeitsverhältnisse vor, die folgende Fragen in den Vordergrund stellt: Wie hoch war der Grad der Mobilität der Arbeitskräfte? Wie vollzog sich die Rekrutierung und Allokation der Arbeitskräfte, und welche Rolle spielte dabei der Staat? Welche Funktion hatte der Lohn innerhalb des Arbeitsverhältnisses?

Im Rahmen der *mandamientos* übernahm der Staat eine zentrale Rolle in der Ausübung des Zwangs gegenüber den Arbeitskräften. Die Rekrutierung und die Zuteilung der *mozos* auf die einzelnen *fincas* erfolgte mittels obrigkeitlicher Aufgebote. Die Arbeitskräfte hatten keinerlei Einfluß auf Ort und Dauer ihrer Arbeitsleistung. Sofern ein Lohn bezahlt wurde, war er staatlich verordnet. Die *finqueros* konkurrierten sich nicht gegenseitig um die Arbeitskräfte, waren aber von den Organen des Staates abhängig. Die Flexibilität in bezug auf die Allokation der Arbeitskräfte hing von der periodischen Neuzuteilung der Kontingente durch den Staat ab und war notwendigerweise beschränkt. Der Marktmechanismus war hier vollständig aufgehoben.

Unter dem *habilitaciones*-System bestand keine allgemeine Arbeitspflicht. Den *finqueros* gelang es jedoch, im Rahmen von Patron-Klientel-Beziehungen, die Arbeitskräfte längere Zeit an sich zu binden. Der Lohn war nicht vollumfänglich arbeitsabhängig, weil ein Teil der patronalen Leistungen subsistenzorientiert waren. Sie bemaßen sich nicht aufgrund der gearbeiteten Tage oder der produzierten Menge, sondern aufgrund der Bedürfnisse des *mozo*. Die Mobilität und der Verhandlungsspielraum der Arbeitskräfte waren begrenzt. Bei einem Stellenwechsel mußte zuerst die Schuld des Knechts vom neuen patrón abgelöst werden. Der Staat trat nur mittelbar in Erscheinung. Er garantierte die Durchsetzung der Schuldverträge und ergriff flankierende Maßnahmen, um die Verschuldung der *mozos* zu fördern. Die patronalen Leistungen und die vom Staat gesetzten Rahmenbedingungen bewirkten zunächst eine Ausdehnung des Arbeitskraftangebots. Darüber hinaus wurde der Arbeitsmarkt aber noch in anderer Hinsicht beeinflußt. Im neoklassischen Arbeitsmarktmodell können die langfristig angelegten Beziehungen zwischen *mozos* und *patrones* als Aggregation zahlreicher einzelner Nachfragemonopole (Monopsien) aufgefaßt werden. Die graphische Lösung dieser Situation ist in Figur 9.1. ersichtlich.

Im neoklassischen Modell gilt der Schnittpunkt von Angebot und Nachfrage bei Konkurrenzbedingungen als optimal im Sinne des Pareto-Optimums. Die Definition besagt, daß in diesem Punkt keine Veränderung mehr möglich ist, die nicht mindestens einen Marktteilnehmer schlechter stellen würde.[14] Die aggre-

---

14 Diese Definition geht auf Vilfredo Pareto zurück. Es muß wohl nicht betont werden, daß es sich beim Pareto-Optimum um einen abstrakten, rein systembezogenen Optimumsbegriff handelt, der nur eine Aussage über die Effizienz eines Systems im Hinblick auf bestimmte

gierte Nachfrage der *fincas* bestand somit aus einer Vielzahl von suboptimal produzierenden Monopsisten. Die Auswirkungen auf den Arbeitsmarkt waren zweifacher Natur. Erstens wurde die Nachfrage des einzelnen Unternehmers "künstlich" gesenkt (von L_k auf L_m). Dadurch hatten bei gegebenem Angebot mehr Nachfrager auf dem Markt Platz. Zweitens lag das Lohnniveau infolge der monopsistischen Bedingungen auf den einzelnen Teilarbeitsmärkten tiefer als bei vollständiger Konkurrenz (bei w_m statt bei w_k). Die *finqueros* konnten sich aber nicht einfach den gesamten Lohnunterschied aneignen, denn die Aufrechterhaltung der Teilmonopole verursachte Kosten in Form von Darlehen und anderer patronaler Leistungen zugunsten der Arbeitskräfte. Das *habilitaciones*-System war für die *finqueros* nur interessant, solange die Monopolkosten durch die Lohndifferenz zumindest aufgewogen wurden. Diese hing vor allem von der Steilheit der Angebotskurve ab. Je steiler sie war, desto größer fiel der relative Unterschied zwischen Konkurrenz- und Monopsielohn aus.

Figur 9.1.: Arbeitsmarkt: *habilitaciones*-System

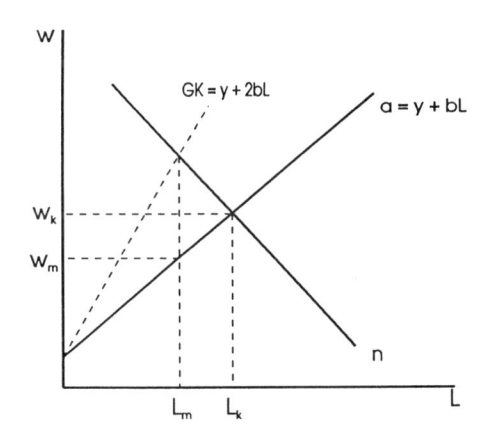

Anmerkung: Die graphische Lösung beruht auf der Überlegung, daß sich für einen Monopolisten oder Monopsisten der maximale Profit beim Punkt ergibt, wo der Grenzertrag gleich den Grenzkosten ist. Bei vollständiger Konkurrenz lautet die Maximierungsbedingung dagegen: Grenzkosten = Produktpreis. Für den Fall einer linearen Angebotskurve $a = y + bL$ ergeben sich die Lohnkosten als $K = yL + bL^2$. Die Grenzkosten nehmen nach einmaligem Ableiten die Form $GK = y + 2bL$ an. Vgl. Varian 1987: 439f.

Problembereiche zuläßt. Insbesondere wird damit keine Aussage über die Gerechtigkeit oder soziale Verträglichkeit eines Systems gemacht.

Auch das Vagabundengesetz Ubicos stellte einen extra-ökonomischen Arbeitszwang dar. Es wurde damit jedoch nicht zum Vornherein festgelegt, wo die *mozos* ihre Arbeitspflicht leisten mußten. Grundsätzlich stand es ihnen frei, ihre Arbeit zu wechseln und den Arbeitgeber zu bevorzugen, der höhere Löhne zahlte oder bessere Arbeitsbedingungen bot. Das Verhältnis zwischen *finquero* und *mozo* basierte auf einem arbeitsabhängigen Leistungslohn. Aufgrund der Mobilität der Arbeitskräfte standen die *finqueros* auf dem Arbeitsmarkt in unmittelbarer Konkurrenz zueinander. Durch den Arbeitszwang wurde zwar das allgemeine Lohnniveau gesenkt, die *mozos* behielten aber gegenüber den *finqueros* einen Rest an Verhandlungsspielraum. Der Staat war unmittelbar für die Rekrutierung der Arbeitskräfte zuständig. Die Allokation derselben vollzog sich indessen über den Marktmechanismus, der als solcher unangetastet blieb. Gleich wie andere Zwangssysteme zielte das Vagabundengesetz auf die Ausweitung des Arbeitskräfteangebots. Im neoklassischen Modell läßt sich dieser Sachverhalt als Verschiebung der Angebotskurve nach rechts unten darstellen. Infolge der Androhung von Repressionen sanken zudem für die *mozos* die Alternativkosten der Lohnarbeit, denn Lohnarbeit wurde insofern "attraktiver", als sie die staatlichen Zwangsmaßnahmen abwendete. Dadurch erhöhte sich die Elastizität des Arbeitskräfteangebots. Im Modell läßt sich dieser Sachverhalt als Drehung der Angebotskurve im Uhrzeigersinn beschreiben.

Figur 9.2. **Arbeitsmarkt: Vagabundengesetz**

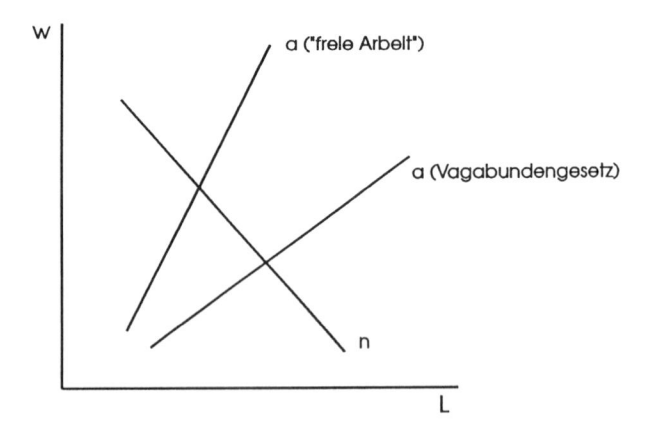

Die eben beschriebenen Arbeitsverhältnisse können in eine grobe chronologische Reihenfolge gebracht werden, wenn man sie in Beziehung zum Prozeß der ursprünglichen Akkumulation in Guatemala setzt. Daraus läßt sich eine schematische Ordnung entlang eines Kontinuums konstruieren, dessen Anfang die bäuerliche und dessen Ende die kapitalistische Produktionsweise bilden. Grundlegende Tendenz dieses Kontinuums ist die zunehmende Flexibilisierung der Arbeitsbeziehungen.

Figur 9.3. zeigt, daß das *habilitaciones*-System und das Vagabundengesetz Ubicos Übergangsformen im Prozeß der ursprünglichen Akkumulation darstellten. Hinsichtlich der Ablösung "unfreier" Arbeitsbeziehungen durch "freie Lohnarbeit" ist das *habilitaciones*-System von besonderem Interesse, weil es Elemente verschiedener Produktionsweisen in sich vereinigte. Daraus resultierte ein labiles Gleichgewicht zwischen dem Ausbeutungsanspruch der *finqueros* und dem Subsistenzanspruch der *mozos*. Die Verschiebung dieses Gleichgewichts in Richtung mehr Ausbeutung und weniger Subsistenzsicherung durch die Abnahme von reziprozitätsgesteuerten Austauschbeziehungen zugunsten von unpersönlichen Marktbeziehungen war Teil des Durchkapitalisierungsprozesses der Arbeitsbeziehungen, der schließlich zur Abschaffung der *habilitaciones* und zum Übergang zur "freien Lohnarbeit" führte.

Figur 9.3. **Zusammenhang zwischen Produktionsweisen und Arbeitsverhältnis**

bäuerliche Produktion	Kleinwarenproduktion		kapitalistische Produktion
mandamientos	*habilitaciones*-System	Vagabundengesetz	"freie Lohnarbeit"
(bis ca. 1920)	(bis 1934/36)	(Dekret 1996 von 1934 bis 1944/45)	(mit Einschränkungen seit 1945)

gering <——————— Flexibilität ———————> hoch

Der Wandel der Arbeitsverhältnisse ging mit einer Veränderung der Rolle des Staates einher. Der Durchkapitalisierungsprozeß war indessen nicht von einer kontinuierlichen Abnahme unmittelbarer staatlicher Einflußnahme auf den Markt begleitet. Vielmehr pendelte die Staatstätigkeit zwischen direktem und indirektem Eingreifen. Unter den *mandamientos* und dem Vagabundengesetz Ubicos übte der Staat unmittelbaren Zwang auf die Arbeitskräfte aus. Der fundamentale Unterschied zwischen beiden Systemen lag darin, daß die *mandamientos* sich auf Rekrutierung und Allokation der Arbeitskräfte auswirkten, das Vagabundengesetz sich hingegen ausdrücklich nur auf die Rekrutierung bezog. Die Zunahme der marktgesteuerten Mobilität der Arbeitskräfte war mit der unmittelbaren Steuerung des Arbeitskräfteangebots durch den Staat gekoppelt. Aufgrund dieser

Überlegungen läßt sich die vorangehende Typologisierung der Arbeitsverhältnisse in bezug auf die Flexibilität der Allokationsvorgänge auf dem Markt und die Rolle des Staates in einer einfachen Matrix zusammenfassen (Vgl. Figur 9.4.).
Während der Expansion der Kaffeewirtschaft im 19. Jahrhundert stellte sich schon bald die Überlegenheit des *habilitaciones*-Systems gegenüber den anderen Methoden zur Rekrutierung und Allokation der Arbeitskräfte heraus. Die Rahmenbedingungen, die den Hintergrund für diese Überlegenheit bildeten, hatten sich jedoch bis gegen Ende der 1920er Jahre soweit verändert, daß die Nachteile des Systems für die *finqueros* immer deutlicher zu Tage traten. Auf der Absatzseite verlangten erhöhte Komplexität und Instabilität des Kaffeeweltmarktes von den *finqueros* mehr Flexibilität beim Faktoreinsatz. Im Gegensatz dazu war das *habilitaciones*-System ein verhältnismäßig starres Verfahren, das die Reallokation der Arbeitskräfte nur zu hohen Transaktionskosten gestattete und den ohnehin schon stark fragmentierten Arbeitsmarkt noch zusätzlich verengte. Gleichzeitig bewirkten Bevölkerungswachstum, zunehmende soziale Differenzierung und die Überbeanspruchung der natürlichen Ressourcen eine kontinuierliche Ausweitung des Arbeitskräfteangebots. Die Alternativkosten der indianischen Bevölkerung gegenüber der Plantagenarbeit sanken, wodurch die Elastizität des Angebots in bezug auf den Lohn zunahm. Im neoklassischen Marktmodell ist dieser Proletarisierungsprozeß als eine Abflachung der Angebotskurve zu interpretieren. Weil sich dadurch der Lohneffekt des Nachfragemonopols verkleinerte, wurden für die *finqueros* die *habilitaciones* verhältnismäßig teurer.

Figur 9.4. **Typologie der Arbeitsverhältnisse**

Flexibilität		
gering	*mandamientos*	*habilitaciones*-System
hoch	Vagabundengesetz	"freie Lohnarbeit"

<---- Eingreifen des Staates ---->
direkt   indirekt

In den 1930er Jahren veränderte sich zudem das wirtschaftliche Umfeld zuungunsten des *habilitaciones*-Systems. Infolge der Weltwirtschaftskrise und der restriktiven Geldmengenpolitik Ubicos trat die Wirtschaft in eine Deflationsphase. Die starren Schuldverträge waren in den 20er Jahren noch geeignet gewesen, Inflationstendenzen bei den Löhnen zu bremsen. Nun standen sie einer Anpassung der Löhne nach unten im Weg.[15] Sahen sich die *finqueros* infolge der Absatzeinbußen gezwungen, Entlassungen vorzunehmen, mußten sie warten, bis die *mozos* einen anderen Arbeitgeber gefunden hatten, der bereit war, die gewährten Darlehen abzulösen.[16]

Offensichtlich hatten auch die mißbräuchlichen Praktiken der *habilitadores* einen Einfluß auf die Abschaffung des Systems. Ihre Betrügereien richteten sich nicht nur gegen die Indianer, sondern zunehmend auch gegen die *finqueros*.[17] Wie groß der Unmut gegenüber den *habilitadores* war, äußerte sich etwa darin, daß Ubico kurz nach seiner Machtübernahme für die Ergänzungswahlen der Legislative im Dezember 1931 die Aufstellung von Personen verbot, "que se dediquen a habilitar *mozos* o tengan fábricas de aguardiente."[18] Das Dekret Nr. 1995 von 1934 schaffte nicht nur das *habilitaciones*-System ab; es richtete sich ausdrücklich gegen die *habilitadores* selbst. Das Dekret legte fest, daß nur noch Angestellte der *fincas* als *agentes* zur Arbeitskräfterekrutierung eingesetzt werden durften. In der Praxis lief diese Bestimmung darauf hinaus, daß keine ehemaligen *habilitadores* als *agentes* auftreten durften. Wer in einem bestimmten *municipio* Arbeitskräfte rekrutieren wollte, brauchte dazu eine Ermächtigung der *Secretaría de Agricultura*. In deren Auftrag hatte der *Jefe Político* vorher abzuklären, ob der Bewerber in den *municipios* seines Departements als ehemaliger *habilitador* bekannt war. Erst wenn erwiesen war, daß der Bewerber nirgends als *habilitador* tätig gewesen war, wurde die Ermächtigung erteilt.[19]

McCreery [1994: 320] stellte in diesem Zusammenhang fest, daß das Gesetz vor allem Anwerber mit eigener ökonomischer Basis in den Hochlandmunicipios traf (lokale Bosse, Laden- und Tavernenbesitzer). Zweifellos lag dies im Interesse der *finqueros*. Bei der Abschaffung der *habilitaciones* ging es nicht bloß um

---

15 Vgl. dazu auch: McCreery 1983: 748.

16 Mozo deudor de la finca San Basilio, Chicacao, an JP Sololá, 28.2.1930 (JP Sololá 1930; Jornalero, San Andrés, an JP Sololá, 23.10.1930 (JP Sololá 1930); Jornalero, Atitlán, an JP Sololá, 26.10.1934 (JP Sololá 1935); Mozo deudor de la finca La India, Chicacao, an MGJ, 2.6.1931 (JP Sololá 1931); Jornalero, Sololá, an JP Sololá, 10.7.1931 (JP Sololá 1931).

17 Vgl. Pitti 1975: 231f, 286; Schmid 1973: 203; Alvarado 1936 2. Bd.: 456; Bunzel 1981: 44; McCreery 1983: 744; Alcalde Santa Lucía an JP Sololá, 10.8.1929 betr. "circular por el Sr. Presidente de la República relativa a las instrucciones [...] a reprimir abusos de habilitadores" (JP Sololá 1929).

18 JP Sololá an Ubico, 1.12.1931 (JP Sololá 1931).

19 Vgl. dazu beispielsweise: Intendente San Andrés an JP Sololá, 2.10.1938 betr. M.A. Campo als ehemaliger habilitador; Antworten der Intendentes der municipios Concepción, Santa Catarina Palopó, Visitación und Santa Lucía an JP Sololá, 21.9.1939 betr. V. de Leon als ehemaliger habilitador. Zur Autorisierung der agentes durch die Secretaría de Agricultura vgl.: JP Sololá an SA, 14.8.1939 betr. des Ersuchens der Banco de Occidente um Ermächtigung von E.D. Linares als agente; Circular JP Sololá an Intendentes municipales, 24.8.1939 betr. der Ermächtigung von E.D. Linares (alle JP Sololá 1939).

die Effizienzsteigerung bei der Rekrutierung und Allokation der Arbeitskräfte, sondern auch um die Veränderung des ländlichen Herrschaftsgefüges zulasten der lokalen Eliten. In dieser Hinsicht blieb der Erfolg des Dekrets 1995 jedoch beschränkt. Die Quellen weisen darauf hin, daß es regionale Unterschiede im Vollzug der Maßnahmen gab. Die umfangreiche offizielle Korrespondenz läßt vermuten, daß im Departement Sololá die Behörden dem Gesetz Nachachtung zu verschaffen suchten. Dagegen schienen im Departement Chimaltenango keine großen Anstrengungen in dieser Angelegenheit unternommen worden zu sein. Auf jeden Fall blieben starke lokale Eliten mit regionaler Ausrichtung unbehelligt, wie etwa diejenige von San Martín Jilotepeque. Hier stellte die (frühere) Tätigkeit als *habilitador* kein Hindernis dar, weiterhin als Arbeitskontraktor zu wirken, oder sogar als *Intendente* eingesetzt zu werden.[20]

Trotz solcher Einschränkungen ist unbestritten, daß die ubiquistische Reform der Arbeitsgesetzgebung darauf beruhte, den Handlungsspielraum lokaler Eliten einzuschränken und die Macht des Staates auszubauen. Unter der neuen Vagabundengesetzgebung übernahm der Staat die zentrale Rolle bei der Arbeitskräfterekrutierung. Dekret 1996 stützte sich auf einen Gesetzesentwurf, der bereits 1929 im Parlament diskutiert worden war. Infolge der Wirtschaftskrise war es damals zu keinem Entscheid gekommen.[21] Aber selbst der Erlaß eines strengen Vagabundengesetzes hätte im Jahr 1929 kaum viel bewirkt, weil die administrativen und rechtlichen Voraussetzungen für eine konsequente Durchsetzung des Gesetzes fehlten. Erst die Straffung der Verwaltung, der Ausbau des staatlichen Repressionsapparats, die Einführung der *Cédula de Vecindad* und die Einsetzung von ladinischen *Intendentes* in den indianischen *municipios*, aber auch der Ausbau des Straßennetzes und der telegraphischen Verbindungen schufen die Grundlagen für eine effiziente Kontrolle der Arbeitskräfte. Dennoch blieb die Durchsetzung des Vagabundengesetzes ein schwieriges Unterfangen, wie dies die zahlreichen Anpassungen der Ausführungsgesetze zeigen.

Die Wirksamkeit des Vagabundengesetzes hing indessen nicht nur mit der Effizienz der staatlichen Vollzugsorgane zusammen. Selbst mit einem noch so ausgebauten Kontrollapparat wäre eine umfassende Durchsetzung des Vagabundengesetzes unmöglich gewesen, wenn nicht schon ein wachsender Teil der indianischen Bevölkerung auf Lohnarbeit außerhalb des Subsistenzsektors angewiesen gewesen wäre. Die Mißachtung des Gesetzes durch eine Mehrheit der Betroffenen hätte den Vollzug unweigerlich verhindert. Gerichte und Gefängnisse wären den Anforderungen vor allem auch deshalb nicht gewachsen gewesen, weil die Verfahren wegen Vagabundismus sich auf wenige Monate im Jahr konzentrierten. Die Kontrolle der *libretos* durch die *Intendentes* konnte erst im

---

20 Vgl. JP Chimaltenango, San Martín Jilotepeque (JP Chimaltenango 1927-1939) sowie die detaillierte auf Material des Gemeindearchivs beruhende Studie von Adams 1978.

21 El Liberal Progresista, Dienstag, 8.5.1934 "Ley contra la vagancia".

März, gegen Ende des landwirtschaftlichen Jahres, beginnen. Der größte Teil der Vagabundismusprozesse vollzog sich dann in den darauffolgenden Monaten (vgl. Tabelle 9.1.).

Tabelle 9.1. Gerichtsverfahren wegen Vagabundismus im Departement Sacatepéquez 1940

Monat	Prozesse	Monat	Prozesse
Januar	7	Juli	74
Februar	6	August	34
März	4	September	30
April	167	Oktober	24
Mai	165	November	8
Juni	101	Dezember	6

Quelle: JP Sacatepéquez Informe anual 1940 (JP Sacatepéquez 1940)

Im Vergleich zur männlichen Bevölkerung von Sacatepéquez machten die wegen Vagabundismus Verurteilten weniger als 7% aus.[22] Das Ziel der Regierung, mit dem Vagabundengesetz mehr Arbeitskräfte auf den Arbeitsmarkt zu zwingen, war nur vor dem Hintergrund des fortschreitenden Proletarisierungsprozesses erreichbar. Die Wirkung des Dekrets 1996 bestand darin, diejenigen Minifundisten, die bereits am Rande der Lohnabhängigkeit standen und sich gegen eine weitere Proletarisierung wehrten, schneller in die Lohnarbeit zu stoßen und damit den Proletarisierungsprozeß zu beschleunigen. Die vorgeschriebenen Mindestflächen lassen den Schluß zu, daß die Regierung beabsichtigte, das Arbeitskräfteangebot zu steigern. Ob durch das Vagabundengesetz aber tatsächlich bedeutend mehr Indianer als vorher zur Plantagenarbeit gezwungen werden konnten, ist zweifelhaft. Offensichtlich war das Gesetz in dieser Hinsicht nur bedingt erfolgreich. In den Jahren 1935/36 kam es zu Engpässen in der Versorgung der *fincas* mit Arbeitskräften [Figueroa Ibarra 1980: 94; Karlen 1991: 305; Wagley 1941: 74]. Erst 1937 begann das Vagabundengesetz dank der ausgefeil-

---

22 Vgl. Censos de Vialidad del departamento de Sacatepéquez años 1934-1940 (Secretaría de Agricultura y Caminos, Oficina de Estadística y Censo de Vialidad, Legs. 42397-42407). Im Departement Sololá lagen die Prozentwerte der Vagabundismusurteile noch tiefer. Vgl. JP Sololá an SA, 13.1.1938; Ramo Criminal, Procesos tramitados 1939 (beide JP Sololá 1939); Censos de Vialidad del departamento de Sololá años 1934-1940 (Secretaría de Agricultura y Caminos, Oficina de Estadística y Censo de Vialidad, Legs. 42454-42464).

ten Ausführungsbestimmungen allgemein zu greifen. Eine sprunghafte Ausweitung des Arbeitskräfteangebots war damit aber nicht verbunden. Auf jeden Fall kam es - bei gleichbleibender Nachfrage - nicht zu einer massiven Senkung der Löhne, und auch die Klagen seitens der *finqueros* über mangelnde Arbeitskräfte hörten nicht auf.[23]

Das Vagabundengesetz veränderte zwar die Art des Drucks, der auf die indianischen Arbeitskräfte ausgeübt wurde, nicht aber dessen Ausmaß. Dem *habilitaciones*-System wurde mitunter zu Gute gehalten, daß wenigstens nichtverschuldete Indianer der Plantagenarbeit ausweichen konnten, wohingegen das Vagabundengesetz Ubicos einen allgemeinen Arbeitszwang festschrieb, dem niemand entrinnen konnte. Dem ist entgegenzuhalten, daß das *habilitaciones*-System auf Bedingungen beruhte, die die Indianer geradezu in die Abhängigkeit von einem *patrón* trieben. Für sie war die Verschuldung oft das kleinere Übel. Militärdienst, Zwang zu öffentlichen Arbeiten und Strafandrohung bei Vagabundismus waren die wenig verlockenden Alternativen. Gleichzeitig waren sie zahlreichen Mißbräuchen ausgesetzt. Die *finqueros* fälschten die Eintragungen in den *libretos*; *habilitadores* und lokale Behörden bürdeten mit illegalen Praktiken den *mozos* unfreiwillige Schulden auf. Die indianische Bevölkerung war als ganzes vom *habilitaciones*-System ebenso betroffen wie von der Vagabundengesetzgebung Ubicos.

In einzelnen *municipios* konnte das Vagabundengesetz eine Ausweitung des Arbeitszwangs bedeutet haben. Dagegen setzten sich die Indianer mit Bittschriften zur Wehr. Daß es ihnen dabei nicht nur darum ging, eine Ausdehnung des Arbeitszwangs zu verhindern, zeigt der Fall von Nahualá. Die *nahualenses* begründeten ihre Klagen gegen die Handhabung des Vagabundengesetzes mit dem Hinweis, daß sie über ausreichendes Land verfügten, um ihren Lebensunterhalt zu bestreiten. Noch nie hätten sie es nötig gehabt, sich zu verschulden und auf den *fincas* zu arbeiten.[24] Diese Behauptung wird indessen von anderen Dokumenten in Frage gestellt. Gemäß einem *Informe* des *Jefe Político* aus den 20er Jahren müssen zahlreiche *mozos* aus Nahualá auf der *finca* Chocolá in San Pablo Jocopilas, Suchitepéquez, gearbeitet haben. Ein Monatsbericht des *Intendente* aus dem Jahr 1936 hielt fest, daß einige Bauern ihr Land zu intensiv nutzten und der Boden daher ausgelaugt sei. Ein Jahr später beschwerte sich ein Einwohner aus Totonicapán darüber, daß die Indianer aus Nahualá ihre *rozas* immer weiter in den Wald vortrieben. Bis auf die Berggipfel hinauf würden sie ihre *milpas* anlegen. Nun beklagten sie sich, daß der Regen ausbleibe und ihre *siembras* nichts mehr hergeben würden.[25]

---

23   Circular JP Chimaltenango an Intendentes municipales, 25.8.1938 (JP Chimaltenango 1937).

24   Vgl. Vecinos indígenas Nahualá an Ubico, 13.7.1936 (JP Sololá 1936).

25   Informe JP Sololá (vermutlich) an SA (Genauere Angaben sind nicht möglich, da das mehrseitige Dokument erst ab Seite zwei vorhanden ist. Es muß zwischen 1924 und 1927 ver-

Die Subsistenzgrundlage in Nahualá schien nicht so solide zu sein, wie dies die *nahualenses* im Zusammenhang mit dem Vagabundengesetz geltend machten.[26] Es ist anzunehmen, daß die Minifundisten aus Nahualá mit ihrer Bittschrift versuchten, die Unklarheiten und versteckten Freiräume auszunutzen, die der Übergang vom *habilitaciones*-System zu einem "freien Arbeitsmarkt" bot. Ihnen ging es darum, unter dem neuen System nicht ebenso schlecht dazustehen wie vorher.

Nicht jede Klage gegen das Vagabundengesetz seitens der Indianer läßt darauf schließen, daß das neue System gegenüber den *habilitaciones* mehr Ausbeutung und mehr Unterdrückung mit sich brachte. In formal-juristischer Betrachtung gewannen die Indianer durch die neuen Gesetze sogar ein Stück Rechtssicherheit. Die Anforderungen waren klar geregelt und die Strafen bekannt. Willkür und Korruption von lokalen Beamten wurden durch die straffe Disziplin der ubiquistischen Verwaltung eingeschränkt. In der Praxis boten natürlich auch die neuen Gesetze noch einen großen Spielraum für Mißbräuche. Zum Beispiel konnten die *finqueros* die Bestätigung der geleisteten Arbeitstage im *libreto* verweigern und die *mozos* dadurch zu Zusatzarbeit zwingen [Wagley 1941: 74f; Karlen 1991: 306]. Im Gegensatz zum *habilitaciones*-System waren aber die mißbräuchlichen Praktiken nicht mehr systemnotwendig, um eine ausreichende Zahl an Arbeitskräften zu garantieren. Das gesetzliche Instrumentarium reichte dazu völlig aus.[27]

Die Frage, welches der beiden Systeme die Indianer mehr bedrückte, führt bei der Beurteilung der neuen Maßnahmen nicht weiter. Sowohl das *habilitaciones*-System wie das Vagabundengesetz Ubicos waren Zwangsmittel, mit denen sich die ladinische Oberschicht den Mehrwert der indianischen Arbeit aneignete. Das Ausmaß der Mehrwertaneignung war durch die Produktionsbedingungen und die Erwartungen der *finqueros* gegeben. Um eine bestimmte Produktion zu realisieren, mußten sie über eine bestimmte Anzahl Arbeiter verfügen, die zu Bedingungen arbeiteten, die den *finqueros* die erwartete Gewinnmarge ermöglichten. Angesichts der ungleichen Machtchancen in der guatemaltekischen Gesellschaft stand eine Einschränkung der Mehrwertabschöpfung nicht zur Diskussion. Auf der anderen Seite war eine nennenswerte Steigerung der Ausbeutungsrate auf Kosten der indianischen Bevölkerung nicht ohne weiteres möglich, weil sie an deren Subsistenzgrenze stieß. Unter diesen Bedingungen mußten die Arbeitsver-

---

faßt worden sein) (JP Sololá 1927); Informe mensual Intendente Nahualá an JP Sololá, 26. Mai 1936 (JP Sololá 1936); José Gregorio Juárez, Santa María Chiquimula, Departement Totonicapán, an SA, 8.3.1937 (JP Sololá 1937).

26 Vgl. auch Kapitel 5.

27 Vgl. zur Wahrnehmung des Gesetzes durch die Indianer auch: McCreery 1994: 320-321 und McCreery 1995: 222. Er vermutet, daß es infolge der neuen Arbeitsgesetze zu einer Abwanderung von ladinos aus dem Hochland kam und sich dadurch die wirtschaftlichen Möglichkeiten für die Indianer erweiterten.

hältnisse auf jeden Fall eine Mehrwertabschöpfung im bisherigen Rahmen sicherstellen. Die Diskussion über die Veränderungen im System der Arbeitskräfterekrutierung darf daher nicht bei der Frage nach dem Ausbeutungsniveau stekken bleiben. Sie muß vor allem den Wandel der Ausbeutungs*form* berücksichtigen.

Das Dekret 1995 bedeutete den formellen Bruch mit jahrhundertealten vorkapitalistischen Arbeitsverhältnissen und wies die Richtung zu kapitalistischen Lohnarbeitsbeziehungen. Dessen modernisierende Kraft darf jedoch nicht überschätzt werden. Im Grunde bewirkte das Dekret nicht mehr als eine Anpassung der Arbeitsgesetze an die veränderten Bedingungen auf dem Arbeitsmarkt. Aus der Sicht der *finqueros* ging es insbesondere darum, die Kosten für die Rekrutierung der Arbeitskräfte zu senken und die Reibungsverluste bei ihrer Allokation zu mindern.[28]

Im neoklassischen Modell läßt sich zeigen, inwiefern sich die zunehmende Proletarisierung der indianischen Bevölkerung auf den Systemwandel in den Arbeitsbeziehungen auswirkte. Figur 9.5. stellt die Situationen mit elastischem und inelastischem Angebot einander gegenüber. Auf den ersten Blick ist die Abnahme des Lohneffektes der Nachfragemonopole ersichtlich. Interessanter ist jedoch die Betrachtung der unter den jeweiligen Bedingungen anfallenden Renten.[29]

Die Flächen unter bzw. über den Kurven repräsentieren die Renten, die die Marktteilnehmer aus der herrschenden Marktlage herausschlagen können. Die Flächen N' und M entsprechen der Rente der Nachfrager, wobei M die Rente darstellt, die sich die *finqueros* dank dem Nachfragemonopol auf Kosten der Arbeitskräfte aneignen. Für diese bleibt nur noch Fläche A übrig. Der systembedingte Rentenverlust (*dead weight loss*) äußert sich in der Fläche D. Sie kenn-

---

28 Unter etwas anderen Vorzeichen beschreibt Severo Martínez Peláez [1971: 580] das Vagabundengesetz Ubicos folgendermaßen: "... se fueron perfeccionando - no `humanizando`, como maliciosamente se ha querido decir - los mecanismos legales de la opresión de los indios ...".

29 Die Rentenbetrachtung beruht auf folgenden Überlegungen: Die Nachfrager bezahlen infolge des abnehmenden Grenznutzens für jede zusätzlich nachgefragte Einheit einen geringeren Preis. In jedem Punkt links des Gleichgewichtspunktes wären sie bereit, für die entsprechende Einheit einen höheren Preis (Lohn) zu bezahlen, als er sich aus dem Schnittpunkt von Angebot und Nachfrage ergibt. Ihre Preiserwartung liegt in diesen Fällen über dem Marktpreis. Die Nachfrager beziehen somit, mit Ausnahme der letzten, alle Einheiten zu einem Preis, der unter ihren Erwartungen liegt. Die Summe der Unterschiede zwischen Marktpreis und Preiserwartung jeder nachgefragten Einheit ergibt die von den Nachfragern erzielte Rente. Sie ist als Fläche unter der Nachfragekurve darstellbar (Flächen N' + M). Für die Anbieter gelten umgekehrt analoge Überlegungen. Deren Rente wird von Fläche A repräsentiert. Bei vollständiger Konkurrenz fallen die Flächen M und D weg und die gesamte anfallende Rente verteilt sich auf die Nachfrager (Fläche N) und Anbieter (Fläche A). Es entstehen keine Rentenverluste. Der Markt befindet sich im Pareto-Optimum. Vgl. Varian 1987: 422-423.

zeichnet die Suboptimalität der durch das *habilitaciones*-System verursachten Monopolsituation. Die Flächen M und D drücken aus, wie stark die Monopol- und Konkurrenzsituation voneinander abweichen. Je größer diese Flächen sind, desto größere Veränderungen bringt für die Marktteilnehmer die Umstellung vom einen auf das andere System. Aus der Figur geht unmittelbar hervor, daß die Flächen M und D kleiner werden, wenn sich die Angebotskurve abflacht. Das heißt, daß der Unterschied zwischen der Monopolsituation und der Konkurrenzsituation abnimmt.

Figur 9.5. Renten auf dem Arbeitsmarkt bei elastischem und inelastischem Arbeitskräfteangebot

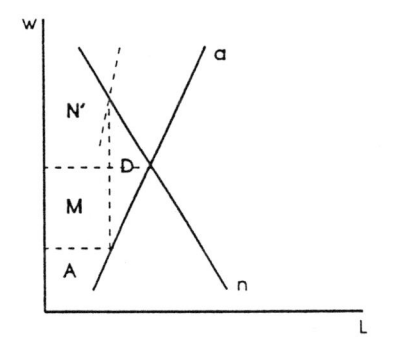

A. Inelastisches Angebot   B. Elastisches Angebot

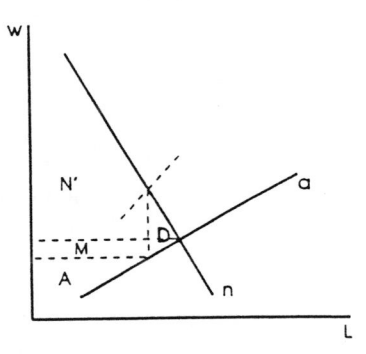

Vom Standpunkt der *finqueros* als Nachfrager nach Arbeitskräften war vor allem die Verkleinerung der Monopolrente (Fläche M) von Bedeutung. Ihr Vorteil aus dem Nachfragemonopol verkleinerte sich, je flacher die Angebotskurve infolge der Proletarisierung der indianischen Bevölkerung wurde. Dementsprechend geringer wurde ihr Widerstand gegen die Abschaffung des *habilitaciones*-Systems. Monopol- und Konkurrenzsituation hatten sich soweit angenähert, daß der Schritt zum "freien Arbeitsmarkt" keine großen Renteneinbußen nach sich zog. Im Gegenteil versprach die Effizienzsteigerung des Allokationssystems eine Erhöhung der Gewinnmarge. Das Vagabundengesetz stellte sicher, daß die Elastizität des Angebots ausreichte, um Rentenverluste der *finqueros* (infolge des Wegfalls von M) zu vermeiden.

Durch den Effizienzgewinn des Systems mußte die Manipulation der Angebotskurve nicht unbedingt einen Rentenverlust für die Arbeitskräfte bedeuten. Gegen Ende der 20er Jahre waren die sozio-ökonomischen Bedingungen gegeben, die den Übergang zu einem "freien Arbeitsmarkt" ermöglichten, ohne den *finqueros* eine Schmälerung ihrer Gewinnmarge abzuverlangen und ohne die Ausbeutungsrate gegenüber den Indianern zu erhöhen. Dies allein reichte jedoch nicht aus, um die Arbeitsverhältnisse grundlegend zu reformieren. Hierzu brauchte es einen starken Staat, dessen politischer Handlungsspielraum ausreichte, um die Abschaffung des *habilitaciones*-Systems durchzusetzen und der über die nötige infrastrukturelle Macht verfügte, um die Hauptverantwortung für die Zwangsrekrutierung der Arbeitskräfte zu übernehmen.[30] Keine dieser politischen Voraussetzungen war in den 20er Jahren gegeben. Das Machtvakuum, das nach dem Sturz Estrada Cabreras entstanden war, zwang die nationalen Eliten dazu, sich neu zu formieren. Insbesondere ging es darum, die Einflußmöglichkeiten von Regierung, Armeespitze und Kaffeeoligarchie, neu zu bestimmen. Obschon zwischen den drei institutionellen Machtgruppen personelle und zum Teil familiäre Bindungen bestanden, zeigten sich nicht zuletzt in der Frage des Anspruchs auf die indianischen Arbeitskräfte unterschwellige Interessenkonflikte, die zwar den Herrschaftspakt der nationalen Eliten gegenüber den lokalen Machtträgern und der indianischen Bevölkerung nie gefährdeten, die aber die Handlungsfähigkeit der gesellschaftlichen und politisch-militärischen Institutionen beeinträchtigten. Bis zur Machtübernahme Ubicos 1931 vermochte keine der drei Gruppen einen hegemonialen Führungsanspruch geltend zu machen. Dadurch entstand eine Situation, in der sich Regierung, Armee und Kaffeeoligarchie gegenseitig in Schach hielten. Zur Aufrechterhaltung des Status quo reichte diese Machtkonstellation zwar aus, die Durchführung grundlegender Reformen war unter solchen Voraussetzungen jedoch nicht möglich. Vor diesem Hintergrund erscheint die Diktatur Ubicos als notwendige Folge des liberalen Projekts, das die Geschichte Guatemalas seit den 70er Jahren des vorigen Jahrhunderts bestimmte. Die ausgesprochene Gewalttätigkeit des Regimes, seine ausgefeilten Ausbeutungs- und Unterdrückungsmethoden, setzten die liberale Politik gegenüber der indianischen Bevölkerung konsequent fort.

Die Abschaffung des *habilitaciones*-Systems Mitte der 30er Jahre war weder eine Maßnahme zur Linderung der Auswirkungen der Weltwirtschaftskrise noch ein unmittelbarer Ausdruck der Repressivität der Ubico-Diktatur. McCreerys [1995: 219] Behauptung, das Dekret 1995 habe den *finqueros* während der schlimmsten Zeit der Krise auf dem Kaffeemarkt zu zwei Jahren annähernd kostenloser Arbeitskraft verholfen, muß entgegengehalten werden, daß in den Jahren der Übergangsfrist 1934 bis 36 die Kaffeepreise sich bereits wieder leicht erholt hatten. Als Mittel zur Krisenbewältigung hätte das Gesetz zwei bis drei

---

30 Daß sich mit dem Vagabundengesetz ein Teil der Kontrollbefugnisse gegenüber den Arbeitskräften von den finqueros zum Staat verlagerten wird von verschiedenen Autoren erwähnt. Vgl. LeBot 1977: 254; Torres Rivas 1973: 87; Grieb 1979: 39; Adams 1970a: 178; Karlen 1991: 304.

Jahre früher in Kraft treten müssen.[31] Im Grunde handelte es sich bei der Abschaffung der *habilitaciones* um die längst fällige Anpassung des Arbeitsrechts an veränderte sozio-ökonomische Rahmenbedingungen. Deren Durchsetzung wurde in den 20er Jahren durch die instabilen Machtverhältnisse innerhalb der nationalen Eliten behindert. Verzögernd wirkte sich insbesondere die Tatsache aus, daß maßgebliche Kreise der *finquero*-Klasse nicht bloß Engpässe bei der Arbeitskräfterekrutierung befürchteten, sondern die gesamten Herrschaftsbeziehungen auf dem Land gefährdet sahen.

Die ubiquistischen Reformen wiesen den Weg in Richtung kapitalistischer Lohnarbeitsbeziehungen. Mit der zunehmenden Proletarisierung der indianischen Bevölkerung nahm die Bedeutung des Vagabundengesetzes allmählich ab. Seine endgültige Abschaffung Mitte der 40er Jahre verursachte keine namhaften Schwierigkeiten bei der Arbeitskräfterekrutierung. Hinter der "Freiheit" des kapitalistischen Arbeitsmarktes stand die existentielle Not, die die indianische Bevölkerung zur Lohnarbeit auf die Plantagen der ladinischen Herren trieb. Der "stumme Zwang der ökonomischen Verhältnisse" war an die Stelle staatlicher Gewalt getreten.[32]

Der ausbeuterische Charakter der Arbeitsverhältnisse war Ausdruck eines liberalen Wirtschaftsmodells, das allein auf die Entwicklung der außenorientierten Sektoren abzielte und im Innern auf ethnischer Segregation und Monopolisierung der Macht beruhte. Zu dessen Aufrechterhaltung waren die Eliten immer wieder bereit, auf Gewalt und Einschüchterung als Mittel zur Herrschaftssicherung zurückzugreifen. Die indianische Bevölkerung hatte nie die Möglichkeit, sich politisch zu organisieren und ihren Interessen auf nationaler Ebene Gestalt zu geben. Sie blieb auf die alltäglichen Widerstandsformen "im Kleinen" verwiesen, die zwar oft die schlimmsten Auswüchse der ladinischen Herrschaft verhindern konnten, aber keine zukunftsorientierten Perspektiven auf eine gerechtere Gesellschaft eröffneten.

---

31 Ferner ist einzuwenden, daß erstens nicht immer der ganze Lohn zur Schuldtilgung eingesetzt wurde und zweitens der Geldlohn nur einen Teil der gesamten für den finquero relevanten Lohnkosten darstellten (vgl. Kap. 6).

32 Zitiert nach Vorubra 1985: 47.

Zusammenfassung

Das Thema "Arbeitsmarkt" ist ein wirtschaftliches und gesellschaftliches zugleich. Rekrutierung von Arbeitskräften und Allokation des Faktors Arbeit umreißen die Dimensionen des Problems. In wirtschaftlicher Hinsicht interessiert zunächst, wie der Faktor Arbeit im Verhältnis zu den anderen Produktionsfaktoren eingesetzt wird. Relative Knappheiten können abgeschätzt, Effizienzkriterien aufgestellt und die Mobilität der Arbeitskräfte bestimmt werden. In gesellschaftlicher Hinsicht steht die Frage nach den Bedingungen der Arbeit im Vordergrund. "Freie" oder "unfreie" Arbeit, Ausbeutung und Proletarisierung heißen die Begriffe zur Erfassung dieses Themenkreises.

Der Arbeitsmarkt in Guatemala war bis in die 30er Jahre von Arbeitskräftemangel gekennzeichnet. Die indianische Bevölkerung verfügte im Hochland über eine minime Subsistenzbasis, die sie der völligen Lohnabhängigkeit enthob. Die minifundistische Milpalandwirtschaft, das Handwerk und der Handel boten wirtschaftliche Möglichkeiten, um einer raschen Proletarisierung zu entgehen. Die ethnische Kluft zwischen *ladinos* und Indianern ließ die Lohnarbeit auf den Kaffeefincas als wenig wünschenswerte Option erscheinen. Mittels verschiedener Vermeidungsstrategien versuchten die Indianer, den Druck seitens der *finqueros* einzuschränken.

In den 20er und verstärkt in den 30er Jahren zeichneten sich Prozesse ab, die die indianische Unabhängigkeit auszuhöhlen begannen. Infolge des zunehmenden Bevölkerungswachstums und der kontinuierlich fortschreitenden Landenteignung wurde die Subsistenzgrundlage im indianischen Hochland immer prekärer. Soziale Differenzierungsprozesse unterliefen die auf Reziprozität und Subsistenzerhalt ausgerichteten Strukturen der indianischen *municipios*. Sie waren immer weniger in der Lage, den Menschen den nötigen sozialen und kulturellen Rückhalt zu geben. Infolge dieser Entwicklungen nahmen gleichzeitig der wirtschaftliche Zwang zur Lohnarbeit zu und die kulturellen Barrieren gegen die Abwanderung aus den *municipios* ab. Auf dem Arbeitsmarkt wurde dadurch das Arbeitskräfteangebot elastischer, und der Lohn gewann als Steuerungsinstrument an Bedeutung.

Die Krise der 30er Jahre hatte nicht eine unmittelbare Bedrohung der Subsistenzgrundlage der Minifundisten zur Folge. Sie beschleunigte aber die Aushöhlungsvorgänge im indianischen Hochland und trieb dadurch die Proletarisierung der Bauern weiter voran. Einerseits erhöhte eine krisenbedingte Rückwanderungsbewegung ins Hochland den Druck auf die natürlichen Ressourcen. Andererseits verkleinerte die konsequente Durchsetzung von Enteignungen im Zusammenhang mit Hypothekarschulden, die viele Indianer gegenüber ladinischen Gläubigern hatten, das indianische Bodeneigentum.

Die Nachfrage nach Arbeitskräften zeichnete sich durch ausgesprochene saisonale Schwankungen aus. Während der Ernte des Kaffees kam es zu Nachfragespitzen, die die *finqueros* jeweils vor große Probleme stellten. Dem Arbeitskräftemangel begegneten sie mit verschiedenen Zwangsgesetzen, deren rechtliche Ausformung und gesellschaftliche Praxis die jeweilige Interessenlage der herrschenden Eliten widerspiegelte. Nach den ersten Jahrzehnten eines beinahe ungebrochenen Kaffeebooms wurde die Situation der *finqueros* im 20. Jahrhundert immer problematischer. Vielen von ihnen machten die schwierigen Kreditbedingungen und die hohen Zinsen zu schaffen. Das unternehmerische Risiko wuchs mit der zunehmenden Instabilität und Komplexität des Weltmarktes. Als in den 20er Jahren die guatemaltekische Währung an den US-Dollar gebunden wurde, schlugen die starken Schwankungen des Kaffeepreises unmittelbar auf die Ertragslage der *finqueros* durch.

Die infolge der weltweiten Überproduktion bereits 1927 einsetzende Rezession auf dem Kaffeemarkt wurde durch die Weltwirtschaftskrise von 1929 erheblich verschärft und verlängert. Viele *finqueros*, deren Güter mit Hypotheken belastet waren oder als Garantie für anderweitige Kredite dienten, waren nicht mehr in der Lage, ihre Schuldendienste zu leisten, und waren deshalb von der Enteignung bedroht. Die verminderte Gewinnmarge zwang sie zu einschneidenden Kostensenkungen. Ihr Spielraum war aber in dieser Hinsicht beschränkt. Zuallererst übten sie Druck auf die Löhne aus. Mittels Streichung der *raciones* und Einschränkung der *habilitaciones* versuchten die *finqueros* die Lohnkosten zu senken.

Die Krise machte die Schwächen des herrschenden Systems zur Rekrutierung und Allokation der Arbeitskräfte deutlich. Angesichts der veränderten Rahmenbedingungen auf dem Weltmarkt einerseits und dem Arbeitsmarkt andererseits sahen immer mehr *finqueros* den Zeitpunkt für eine grundlegende Umgestaltung der Arbeitsbeziehungen gekommen. Dennoch blieb die Kaffeeoligarchie in der Frage der Arbeitsgesetzgebung zerstritten. Die nationalen Eliten sahen zwar die ökonomischen Vorteile, die mit der Flexibilisierung der Arbeitsbeziehungen verbunden waren; viele schätzten jedoch die Risiken, die mit der Abschaffung des *habilitaciones*-Systems verbunden waren, als zu hoch ein. Dabei ließen sie sich nicht bloß von der Angst vor einem akuten Arbeitskräftemangel leiten. Zumindest ebenso wichtig war die Befürchtung, durch die Aufkündigung des patronalen Konsenses die Herrschaftsbeziehungen auf dem Land zu destabilisieren. Angesichts der Entscheidungsunfähigkeit der Eliten bedurfte es eines starken, autoritären Staates, um die erforderlichen Reformen durchzusetzen.

In engem Zusammenhang mit dem Zugriff auf die indianische Arbeitskraft der Hochlandgemeinden stand das Durchdringungsvermögen des staatlichen Herrschaftsapparates auf lokaler Ebene. Trotz des von den Liberalen seit 1871 vorangetriebenen Ausbaus der staatlichen Kontroll-und Repressionsinstrumente blieben die politischen Eliten bei der Verwaltung der indianischen *municipios* auf die traditionellen Strukturen der lokalen Selbstverwaltung angewiesen. Unter diesen

Voraussetzungen entstand zwischen dem Herrschaftsanspruch der ladinischen Oligarchie und dem Autonomiestreben der indianischen Bevölkerung ein vielschichtiges Spannungsfeld. Eine Schlüsselrolle darin nahmen die lokalen ladinischen Eliten ein. Sie agierten jedoch nicht in jedem Fall als verlängerter Arm der Zentralregierung, sondern verfolgten eigene Interessen, die mitunter in Widerspruch mit denjenigen der nationalen Eliten standen. Die indianische Bevölkerung konnte sich diese Situation zunutze machen, indem sie mit Beschwerden und Bittschriften an die Zentralbehörden die willkürlichen Ausbeutungspraktiken lokaler Eliten einzuschränken suchte. Im Kampf um die munizipale Autonomie nahm der indianische Widerstand gleichsam politischen Charakter an. Meist unter Führung der *principales* setzten sich bedrohte Gemeinschaften über Jahrzehnte hartnäckig für ihre Rechte ein. Besonders in *municipios* mit starken ladinischen Minderheiten hatte ihr Widerstand aber wenig Aussicht auf Erfolg. Die rechtliche Figur, derer sich die lokalen *ladinos* bedienten, um ihren Einfluß in den indianischen Gemeinden auszudehnen, war die *municipalidad mixta*, die ihnen die Hälfte der Gemeindeämter (darunter diejenigen des Bürgermeisters und des Gemeindeschreibers) sicherten. Bis in die 1930er Jahre wurde auf Betreiben der lokalen *ladinos* in zahlreichen Hochlandgemeinden die *municipalidad mixta* eingeführt, und die indianische Bevölkerung verlor wichtige Elemente ihrer Selbstbestimmung.

Mit der repressiven Diktatur Jorge Ubicos verschoben sich die Machtverhältnisse innerhalb der ladinischen Eliten. Kaffeeoligarchie und politisch-militärische Machtträger gewannen gegenüber lokalen und regionalen Eliten an Bedeutung. Die Einführung des *intendente*-Systems, das die lokal gewählten Bürgermeister durch allein den übergeordneten Behörden verantwortliche Beamte ersetzte, schmälerte nicht nur die Selbstbestimmungsrechte der indianischen Bevölkerung, sondern ebenso die Handlungsspielräume der lokalen ladinischen Eliten. Dadurch wurde der staatliche Herrschaftsbereich erweitert und die Voraussetzungen zur Umgestaltung der Arbeitsverhältnisse geschaffen. Gleichzeitig mit der Abschaffung der *habilitaciones* verschärfte Ubico die Vagabundengesetzgebung, um das Risiko eines Arbeitskräftemangels auszuschließen. Die Rekrutierung der Arbeitskräfte beruhte nun nicht mehr auf einer schuldknechtschaftähnlichen Abhängigkeit der Indianer gegenüber einem *patrón*, sondern auf einer allgemeinen Arbeitspflicht. Die Allokation des Faktors Arbeit vollzog sich auf der Basis eines "freien" Arbeitsmarktes. Dadurch wurde die Mobilität der Arbeitskräfte erhöht und das Arbeitsverhältnis flexibilisiert.

Brachten die Reformen der Ubico-Regierung für die *finqueros* unzweifelhaft namhafte Vorteile, waren die Auswirkungen auf die indianische Bevölkerung nicht so eindeutig. Mit dem Verbot der *habilitaciones* wurden die Indianer einerseits aus der Abhängigkeit von einem *patrón* befreit. Auf der anderen Seite verloren sie das wichtigste Argument, um ihren Anspruch auf patronale Subsistenzsicherung geltend zu machen. Angesichts der sich zuungunsten der Indianer verändernden Knappheitsverhältnisse war die "Freiheit" auf dem Arbeitsmarkt für die Indianer von zweifelhaftem Charakter. Das Vagabundengesetz zwang sie weiterhin zur Arbeit auf den *fincas* der *boca costa* und verhinderte selbst einen minimen Anstieg des Lohnniveaus.

Unter den neuen Arbeitsgesetzen stand die indianische Bevölkerung nicht besser, aber auch nicht schlechter da als vorher. Im Grunde zielten die ubiquistischen Reformen nicht auf die Anhebung des absoluten Ausbeutungsniveaus, sondern auf die Anpassung der Ausbeutungs*form* an veränderte Rahmenbedingungen. Die dadurch erzielte Effizienzsteigerung sicherte den *finqueros* ihre Gewinnmarge, ohne die Mehrwertabschöpfung aus der indianischen Arbeit zu steigern. Es kann daher nicht ohne weiteres davon ausgegangen werden, daß die 30er Jahre und die Diktatur Ubicos für die Indianer eine besonders schlimme Zeit darstellten. Nicht zuletzt brachten die Senkung und langfristige Stabilisierung der Grundnahrungsmittelpreise den indianischen Minifundisten erhebliche Erleichterungen gegenüber den 20er Jahren. Dennoch verschlechterte sich die Situation der indianischen Bevölkerung kontinuierlich. Die Ursache dafür war allerdings nicht die besonders gewalttätige und repressive Diktatur Jorge Ubicos; vielmehr zeigten sich darin die Folgen des liberalen Entwicklungsmodells guatemaltekischer Prägung, das den Indianern nie eine Chance gelassen hat, für eine gerechtere Gesellschaftsordnung zu kämpfen.

Abkürzungen und Siglen

A.G.A.	Asociación General de Agricultores
AGCA	Archivo General de Centroamérica, Guatemala-Stadt
ANACAFE	Asociación Nacional del Café
CIDA	Comité Interamericano de Desarrollo Agrícola
CIRMA	Centro de Investigaciones Regionales de Mesoamérica
EAP	Economically Active Population
IIES	Instituto de Investigaciones Económicas y Sociales
IIHAA	Instituto de Investigaciones Históricas, Antropológicas y Arqueológicas
INCAP	Instituto de Nutrición de Centro América y Panamá
INTA	Instituto Nacional de Transformación Agraria
IRCA	International Railways of Central America
JP	Jefatura Política
Leg.	Legajo
MA	Memoria de la Secretaría de Agricultura
MF	Memoria de la Secretaría de Fomento
MG	Memoria de la Secretaría de Guerra
MHC	Memoria de la Secretaría de Hacienda y Crédito
MPN	Memoria de la Dirección General de la Policía Nacional
PREALC	Programa Regional del Empleo para América Latina y el Caribe
SA	Secretaría de Agricultura
SF	Secretaría de Fomento
SGJ	Secretaría de Gobernación y Justicia
SHC	Secretaría de Hacienda y Crédito
SISG	Seminario de Integración Social Guatemalteco
UFCO	United Fruit Company
USAC	Universidad San Carlos

Umrechnung von Maßen und Einheiten

Längenmaße

1 legua	5000 varas	4000 Meter

Flächenmaße

1 caballería	64.58 manzanas	45.03 Hektaren
1 manzana	10000 varas cuadradas	0.70 Hektaren
1 manzana	16 cuerdas de 25 varas	

Gewichtsmaße

1 quintal	100 libras	45.3 kg

Geldeinheiten

1 Quetzal	60 pesos	1 US-Dollar

Quellen- und Literaturverzeichnis

1. Ungedruckte Quellen

Archivo General de Centroamérica, Guatemala-Stadt

Cartapacio especial de café. Principado agosto de 1941, terminado Junio 1943.

Catastros de Contribución de Caminos, 1887.

Jefatura Política Sacatepéquez, 1924-1940.

Jefatura Política Sololá, 1927-1940.

Jefatura Política Chimaltenango, 1920-1940.

Jefatura Política Escuintla, 1924-1940.

Jefatura Política Suchitepéquez, diverse Jahre.

Ministerio de Agricultura, Censos de Vialidad, 1934-1940.

Ministerio de Relaciones Exteriores, diverse Jahre.

Ministerio de Fomento, Dirección General de Estadísticas y Censos, 1930.

Secretaría de Agricultura, Oficina Central del Café: Registro de fincas de café y muestras, 1938/39.

Secretaría de Fomento, Correspondencia recibida de la Jefatura Política de Sacatepéquez, diverse Jahre.

Secretaría de Fomento, Correspondencia recibida de la Jefatura Política de Sololá, diverse Jahre.

Secretaría de Fomento, Correspondencia recibida de la Jefatura Política de Suchitepéquez, diverse Jahre.

Secretaría de Fomento, Correspondencia recibida de la Jefatura Política de Escuintla, diverse Jahre.

Secretaría de Fomento, Correspondencia recibida de la Secretaría de Agricultura, diverse Jahre.

Secretaría de Fomento, Correspondencia recibida de la Intendencia General de las fincas intervenidas, 1919-1921.

Secretaría de Fomento, Copiador de contratos de café, 1919-1920.

Secretaría de Fomento, Jornaleros, legajo Nr. 22228.
Secretaría de Fomento, Habilitadores, legajo Nr. 22215.
Secretaría de Gobernación y Justicia, Comunicaciones, diverse Jahre.
Secretaría de Gobernación y Justicia, Comprobantes de acuerdos, diverse Jahre.
Secretaría de Gobernación y Justicia, expedientes: Sololá, 1925-1940.
Secretaría de Gobernación y Justicia, expedientes: Sacatepéquez, 1925-1940.
Secretaría de Gobernación y Justicia, expedientes: Suchitepéquez, 1925-1940.
Secretaría de Gobernación y Justicia, expedientes: Chimaltenango, 1925-1940.
Secretaría de Gobernación y Justicia, expedientes: Escuintla, 1925-1940.

Registro General de Propiedad Inmueble, Quetzaltenango

Indice del departamento de Suchitepéquez.

2. Gedruckte Quellen

Archivo General de Centroamérica, Guatemala-Stadt

Directorio General de la República de Guatemala, 1929.
Memorias de la Secretaría de Agricultura, 1929-1940.
Memorias de la Secretaría de Hacienda y Crédito, 1920-1940.
Memorias de la Secretaría de Fomento, 1920-1940.
Memorias de la Secretaría de Gobernación y Justicia, 1929-1940.
Memorias de la Secretaría de Guerra, diverse Jahre.
Mensajes Presidenciales, 1931-1939.

Biblioteca Cesar Brañas, Guatemala-Stadt

Boletín de Agricultura y Caminos de Guatemala, Guatemala, 1928-1931.
Escuela de Agricultura, San José, C.R., 1934.
Guatemala Agrícola, Guatemala, 1928-1931.
Revista Agrícola, Guatemala, 1928-1937.

Hemeroteca de la Biblioteca Nacional/Hemeroteca del AGCA/ Archivo del Imparcial (La Morgue), Guatemala-Stadt

Boletín de Aduanas, diverse Jahre.
El Guatemalteco/Diario de Centroamérica, 1920-1940.
El Imparcial, 1920-1935.
El Liberal Progresista, 1930-1939.

3. Interviews

Interview mit J. Francisco Rubio vom 12. Dezember 1990.
Interview mit Rufino Guerra Cortave vom 16. Dezember 1990.

4. Offizielle Publikationen

Censo Agropecuario 1950. Guatemala 1954.
Censo Cafetalero 1950. Guatemala 1953.
Censo de la República de Guatemala 1921. Guatemala 1924.
Quinto Censo General de Población 1940. Guatemala 1942.
Sexto Censo de Población 1950. Guatemala 1957.

Recopilación de las leyes emitidas por el gobierno democratico de la República de Guatemala desde el 3 de junio de 1871, hasta el 30 de junio de 1881. 2 Bde. Guatemala 1881.

Recopilación de las leyes de la República de Guatemala. Guatemala 1893-1940.

Seis años de gobierno presidido por el General Jorge Ubico. Guatemala 1937.

5. Bibliographien und Forschungsberichte

Adams, Richard N. (1989): Estudios recientes sobre Guatemala. unveröffentlichtes Manuskript (CIRMA).

Bernecker, Walther L./ López de Abiada, José Manuel (Hgg.) (1993): Die Lateinamerikanistik in der Schweiz. Frankfurt a.M.

Butler, Ruth L. (1950): Guide to the Hispanic American Historical Review, 1918-1945. Durham.

Carmack, Robert M. (1983): Spanisch-Indian Relations in Highland Guatemala, 1800-1944. in: MacLeod, Murdo/Wasserstrom, Robert (Hgg.): Spaniards and Indians in Southeastern Mesoamerica. Lincoln, Nebraska, S. 215-252.

Cidade, Hélia T. (1962): Bibliografia de café. 1960. Extractos de livros, folhetos e artigos sobre café, publicados en 1960 e classificados segundo a Classificacao decimal universal. Lisboa.

Ewald, Robert H. (1956): Bibliografia comentada sobre antropología social, 1900-1955. Guatemala.

Figueroa, Celso A.L. (1989): Notas bibliográficas de la cultura y religión popular en Guatemala. in: Estudios Sociales Centroamericanos, Nr. 51, S. 145-150.

Grieb, Kenneth J. (Hg.) (1985): Research Guide to Central America and the Caribbean. Madison.

Grieb, Kenneth J. (1988): Central America in the 19th and 20th Century. An Annotated Bibliography. Boston.

Griffith, William J. (1960): The Historiography of Central America since 1830. in: The Hispanic American Historical Review, Vol. 40, Nr. 4, S. 548-569.

Hispanic American Historical Review (1996): Index to the Hispanic American Historical Review 1986-1995. in: Hispanic American Historical Review, Vol. 76, Nr. 1.

Humphreys, Robin A. (Hg.) (1977): Latin American History: a Guide to the Literature in English. Westport.

Instituto Interamericano de Ciencias Agrícolas (1960): Biblioteca Conmemorativa Orton: Café. Bibliografia de las publicaciones que se encuentran en la Biblioteca del Instituto, compilada por Angelina Martínez y Noel C. James. Turrialba, C.R.

Instituto Interamericano de Ciencias Agrícolas (1963): Biblioteca Conmemorativa Orton, Lista Bibliográfica no. 1, Suplemento no. 1. Café. Bibliografia de las Publicaciones que se encuentran en la Biblioteca del Instituto, compilada por Ghislaine P. Montoya. Turrialba, C.R.

Johnson, John J. (1985): One Hundred Years of Historical Writing on Modern Latin America by United States Historians. in: Hispanic American Historical Review, Vol. 65, Nr. 4, S. 745-765.

Franklin, Woodman B. (1981): Guatemala. The World Bibliographical Series, Vol. 9. Oxford/Santa Barbara.

Leonard, Thomas M. (1985): Central America and United States Policies, 1820-1980s. A Guide to Issues and References. Claremont, California.

Luján Muñoz, Jorge (1982): Guía del Archivo General de Centro América. Guatemala.

Lutz, Christopher H./Weber, Stephen (1980): El Archivo General de Centroamérica y otros recursos investigativos en Guatemala. in: Mesoamérica, Vol. 1, Nr. 1, S. 274-285.

Lutz, Christopher H. (1990): Putting the Late Nineteenth Century Guatemalan Indian in Historical Context: Past and Future Research. (Essay to be published in Margot Schevill: Cataloque of the Gustav Eisen Guatemalan Textile Collection, Lowie Museum, University of California, Berkeley. unveröffentlichtes Manuskript (CIRMA).

McCreery, David (1981b): Guatemala en la época nacional: estado de nuestros conocimientos y oportunidades para el historiador. in: Mesoamérica, Vol. 1, Nr. 2, S. 170-183.

Mueller, Wolf (1960): Bibliographie des Kaffee, des Kakao, der Schokolade, des Tee und deren Surrogate bis zum Jahre 1900. Wien/Zürich.

Nilges, Annemarie (1983): Nationalbibliographien Lateinamerikas. Köln.

Piel, Jean (1993): Aux sources de la mémoire vraie: quelques remarques à propos de l'archivistique et de la documentation historique au Guatemala. in: Histoire et Sociétés de l'Amérique Latine. Nr. 1 (mai), S. 5-15.

Rodríguez, Celso (1992): Researchers' Aid: Recent Reference Works on Latin America. in: Latin American Research Review, Vol. 27, Nr. 1, S. 245-263.

Schwebel, Karl (Hg.) (1972): Führer durch die Quellen zur Geschichte Lateinamerikas in der BRD. Bd. 38. Bearbeitet von Renate Hauschild-Thiessen und Elfriede Bachmann. Bremen.

Sheinin, David M.K. (1992): Assessing Recent Reference Works on Latin America. in: Latin American Research Review, Vol. 27, Nr. 2, S. 258-268.

Valenzuela Reyna, Gilberto (Hg.) (1963a): Bibliografía guatemalteca y catálogo general de libros, folletos, periódicos, revistas, etc. 1931-1940. Guatemala.

Valenzuela Reyna, Gilberto (Hg.) (1963b): Bibliografía guatemalteca y catálogo general de libros, folletos, periódicos, revistas, etc. 1941-1950. Guatemala.

Valenzuela Reyna, Gilberto (Hg.) (1964): Bibliografía guatemalteca y catálogo general de libros, folletos, periódicos, revistas, etc. 1951-1960. Guatemala.

Woodward, Ralph L. (1981): Where to Study Central America: A Geography of Historical Materials. in: Caribbean Review, Vol. 10, Nr. 1, S. 47-50.

Woodward, Ralph L. (1987): The Historiography of Modern Central America Since 1960. in: Hispanic American Historical Review, Vol. 67, Nr. 3, S. 461-496.

Woodward, Ralph L. (1988): El Salvador. The World Bibliographical Series, Vol. 98. Oxford/Santa Barbara.

Woodward, Ralph L. (1992): Unity and Diversity in Central American History. in: Latin American Research Review, Vol. 27, Nr. 3, S. 257-266.

Van Young, Eric (1985): Recent Anglophone Scholarship on Mexico and Central America in the Age of Revolution 1750-1850. in: Hispanic American Historical Review, Vol. 65, Nr. 4, S. 725-743.

6. Literatur

Acuña Ortega, Víctor H. (1993): Clases subalternas y movimientos sociales en Centroamérica (1870-1930). in: Acuña Ortega, Víctor Hugo (Hg.): Historia general de Centroamérica. Las repúblicas agroexportadoras (1870-1945), Vol. 4, Madrid, S. 255-323.

Adams, Richard N. (1957a): Political Changes in Guatemalan Indian Communities. New Orleans.

Adams, Richard N. (1957b): Cultural Surveys of Panama-Nicaragua-Guatemala-El Salvador-Honduras. Pan American Sanitary Bureau Regional Office of the World Health Organization, Washington, D.C.

Adams, Richard N. (1964): Rural Labor. in: Johnson, John J. (Hg.): Continuity and Change in Latin America. Stanford, S. 49-78.

Adams, Richard N. (1969): Social Power and Development. in: Continuing Seminar on Central American Development: a Synopsis by Herman D. Luján. Kansas.

Adams, Richard N. (1970a): Crucifixion by Power: Essays on Guatemalan National Social Structure: 1944-1966. Austin.

Adams, Richard N. (1970b): A Survey of Provincial Power Structure in Guatemala. in: Goldschmidt, Walter/Hoijer, Harry (Hgg): The Social Anthropology of Latin America. Essays in Honor of Ralph Leon Beals. Los Angeles, S. 157-174.

Adams, Richard N. (1975): Energy and Structure. A Theory of Social Power. Austin.

Adams, Richard N. (1990): Ethnic Images and Strategies in 1944. in: Smith, Carol A. (Hg.): Guatemalan Indians and the State: 1540 to 1988. Austin, S. 141-162.

Adams, Richard N. (1992): Las masacres de Patzicía de 1944: Una reflexión. in: Winak. Boletín Intercultural, Vol. 7, Nr. 1-4, S. 3-40.

Adams, Richard N. (1994): Guatemalan Ladinization and History. in: The Americas, Vol. 4, (April), S. 527-543.

Adams, Tani M. (1978): San Martín Jilotepeque: Aspects of the Political and Socioeconomical Structure of a Guatemalan, Peseant Community. unveröffentlichtes Manuskript (CIRMA).

Aldcroft, Derek H. (1969): The Development of the Managed Economy Before 1939. in: Journal of Contemporary History, Vol. 4, Nr. 4, S. 117-137.

Alemán, Hugo G. (²/1970): La mano de obra en Centroamérica. San Salvador.

Allebrand, Raimund (1997): Renaissance der Maya. in: Allebrand, Raimund (Hg.): Die Erben der Maya. Indianischer Aufbruch in Guatemala. Bad Honnef, S. 69-135.

Alvarado, Juan A. (1936): Tratado de caficultura práctica. 2 Bde. Guatemala.

Amico, Hugo (1978): Caracteristicas de la alimentación y nutrición del guatemalteco. in: Alero, Vol. 29, Nr. 3 (marzo-abril), S. 117-135.

ANACAFE (1987): Boletín estadístico, marzo.

Anderson, Charles W. (1967): Politics and Economic Change in Latin America: The Governing of Restless Nations. New York.

Anderson, Thomas P. (1982): Politics in Central America: Guatemala, El Salvador, Honduras, and Nicaragua. New York.

Annis, Sheldon (1987): God and Production in a Guatemalan Town. Austin.

Arango Cano, Jesús (1957): La industria mundial del café. Bogotá.

Arévalo Martínez, Rafael (1984): Ubico. Guatemala.

Arias de Blois, Jorge (1974): La población de Guatemala. Guatemala.

Asociación General de Agricultores (1922): Memoria que presenta la Junta Directiva a la Asamblea General referente a los trabajos efectuados en el año que terminó el 15 de diciembre de 1922. Guatemala.

Asociación General de Agricultores (1953): Centinela de los intereses de Guatemala. in: Publicaciones de la Asociación General de Agricultores (A.G.A.) después de la promulgación de la Ley de Reforma Agraria, septiembre. Guatemala.

Banaji, Jairus (1972): For a Theory of Colonial Modes of Production. in: Economic and Political Weekly, Vol. VII, (December), S. 2408-2502.

Banaji, Jairus (1973): Backward Capitalism, Primitive Accumulation and Modes of Production. in: Journal of Contemporary Asia, Vol. III, Nr. 4, S. 393-413.

Banco de Guatemala (1948): Memorias del semestre inicial de operaciones julio-diciembre 1946. Guatemala.

Banco de Guatemala (1976): Aspectos económicos del cultivo y producción de café, comparados con los de algodón, caña de azúcar y maíz. in: Informe Económico, Vol. XXIII, (julio-septiembre), S. 1-30.

Banco de Guatemala (1980): Posibilidades de mejorar la producción de café en Guatemala. in: Informe Económico, Vol. XXVII, (abril-junio), S. 1-65.

Banco de Guatemala (o.J.): Estadísticas cafetaleras de Guatemala. Guatemala.

Barrilas Barrientos, Juan F. (1981): En torno al trabajo forzado en las fincas cafetaleras (1922-26). Tesis Escuela de Historia USAC, Guatemala.

Barrios, Walda (1979): Comentario a la ponencia "Algunas consideraciones preliminares sobre la acumulación capitalista en el agro guatemalteco". in: Alero, Vol. 1, Nr. 4, (mayo-junio), S. 86-88.

Bartra, Roger (8/1985): Estructura agraria y clases sociales en México. México.

Bataillon, Claude/LeBot, Yvon (1976): Migración interna, empleo agrícola temporal en Guatemala. in: Estudios Sociales Centroamericanos, Vol. 5, Nr. 13 (enero.-abril), S. 35-67.

Bauer, Arnold J. (1979): Rural Workers in Spanish America: Problems of Peonage and Oppression. in: Hispanic American Historical Review, Vol. 59, Nr. 1, S. 34-63.

Bauer Paiz, Alfonso (1965): Catalogación de leyes y disposiciones de Guatemala del período 1872 a 1930. Guatemala.

Berg, Elliot (1961): Backward-sloping Labor Supply Functions in Dual Economies: The African Case. in: Quarterly Journal of Economics, Vol. 75, (August), S. 468-492.

Bergad, Laird W. (1983): Coffee and Rural Proletarianization in Puerto Rico, 1840-1898. in: Journal of Latin American Studies, Vol. 15, Nr. 1, S. 83-100.

Bergad, Laird W. (1984): On Comparative History: A Reply to Tom Brass. in: Journal of Latin American Studies, Vol. 16, Nr. 1, S. 153-156.

von Beyme, Klaus (1992, 7., neubearbeitete Auflage): Die politischen Theorien der Gegenwart. Eine Einführung. Opladen.

Biechler, Michael J. (1970): The Coffee Industry of Guatemala: a Geographic Analysis. Ph.D. Michigan State University, Ann Arbor.

Bingham, James W. (1974): Guatemalan Agriculture During the Administration of President M. Estrada Cabrera 1889-1920. M.A. Thesis University of Tulane.

Boesch, Hans (1952): La tierra del Quetzal: Zentralamerika heute. Bern.

Boris, Dieter/Rausch, Renate (Hgg.) (3/1986): Zentralamerika. Guatemala, El Salvador, Honduras, Nicaragua, Costa Rica. Köln.

Brass, Tom (1984): Coffee and Rural Proletarianization: A Comment on Bergard. in: Journal of Latin American Studies, Vol. 16, Nr. 1, S. 143-152.

Brass, Tom (1986): Unfree Labour and Capitalist Restructuring in the Agrarian Sector: Peru and India. in: Journal of Peasant Studies, Vol. 14, S. 51-77.

Braudel, Fernand (1969): Ecrits sur l'histoire. Paris.

Brintnall, Douglas E. (1979): Revolt Against the Dead: The Modernization of a Mayan Community in the Highlands of Guatemala. New York.

Brockett, Charles D. (1984): Malnutrition, Public Policy and Agrarian Change in Guatemala. in: Journal of Inter-American Studies and World Affairs, Vol. 26, Nr. 4, S. 477-497.

Brockett, Charles D. (1990): Land Power and Poverty - Agrarian Transformation and Political Conflict in Central-America. Boston.

Brougier, Adolf (1889): Der Kaffee. Dessen Kultur und Handel. Vortrag, gehalten am 26. Oktober 1886 im kaufmännischen Verein, München. Mit einem Anhang über den Terminhandel im Kaffeegeschäft. München.

Bulmer-Thomas, Victor (1983): Central American Economic Development Over the Long Run - Central America Since 1920. in: Journal of Latin American Studies, Vol. 15, Nr. 2, S. 269-294.

Bulmer-Thomas, Victor (1984): Central America in the Inter-War Period. in: Thorp, Rosemary (Hg.): Latin America in the 1930s. The Role of the Periphery in World Crisis. London/New York, S. 279-314.

Bulmer-Thomas, Victor (1987): The Political Economy of Central America Since 1920. Cambridge.

Bunzel, Ruth (1981): Chichicastenango. Guatemala.

El Café en América Latina (1960): Tomo II: Estado de São Paulo, Brasil. Situación actual y perspectivas de la producción. México.

Caldera, Juan R. (1979): Las fuerzas de la cuadrilla indígena. in: Alero, Vol. 2, Nr. 4 (julio-agosto), S. 73-91.

Cambranes, Julio C. (1985): Coffee and Peasants. The Origin of the Modern Plantation Economy in Guatemala, 1853-1897. Stockholm.

Cambranes, Julio C. (^{2}/1986): Introducción a la historia agraria de Guatemala 1500-1900. Guatemala.

Cardoso, Ciro F.S. (1972): Sobre los modos de producción coloniales de América. in: Estudios Sociales Centroamericanos, Vol. 1, Nr. 2 (mayo-agosto), S. 45-82.

Cardoso, Ciro F.S. (1975): Historia económica del café en Centroamérica: Estudio comparativo. in: Estudios Sociales Centroamericanos, Vol. 4, Nr. 10, S. 9-55.

Cardoso, Ciro F.S./Pérez Brignoli, Hector (^{2}/1986): Centroamérica y la economía occidental 1520-1930. San José, C.R.

Carmack, Robert M. (1983): Spanisch-Indian Relations in Highland Guatemala, 1800-1944. in: MacLeod, Murdo/Wasserstrom, Robert (Hgg.): Spaniards and Indians in Southeastern Mesoamerica. Lincoln, Nebraska, S. 215-252.

Carmack, Robert M. (Hg.) (1988): Harvest of Violence - The Maya Indians and the Guatemalan Crisis. Norman/London.

Castellanos Cambranes, Julio (1977): Studie zur sozial-ökonomischen und politischen Entwicklung Guatemalas 1868-1885 im Lichte von Archivmaterial der DDR. Leipzig.

Castellanos Cambranes, Julio (1992): Tendencias del desarrollo agrario en el siglo XIX y surgimiento de la propiedad capitalista de la tierra en Guatemala. in: Castellanos Cambranes, Julio (Hg.): 500 años de lucha por la tierra. Estudios sobre propiedad rural y reforma agraria en Guatemala. 2 Bde. Guatemala, 1. Bd., S. 279-347.

Castillo, Carlos M. (1966): Growth and Integration in Central America. New York.

de Castro, Frank (1959): Essai sur la stabilisation des prix du café. Thèse Université de Neuchâtel.

Cazali Avila, Augusto (1976): El desarrollo del cultivo del café y su influencia en el régimen del trabajo agrícola, época de la reforma liberal (1871-1885). in: Anuario de Estudios Centroamericanos, Vol. 2, Nr. 2, S. 35-93.

Centroamérica (1987): una historia sin retoque. México.

CEPAL (3/1980): Tenencia de la tierra y desarrollo rural en Centroamérica. San José, C.R.

Chambers, Robert/Longhurst, Richard/Pacey, Arnold (Hgg.) (1981): Seasonal Dimensions to Rural Poverty. London.

Chase-Dunn, Christopher (1984): The World-System Since 1950: What Has Really Changed?. in: Bergquist, Charles (Hg.): Labor in the Capitalist World-Economy. Beverly Hills, C.A.

Chinchilla, Norma S. (1980): Class Struggle in Central America: Background and Overview. in: Central America: The Strongmen are Shaking. Latin American Perspectives Issues 25 and 26, Vol. 7, Nr. 2-3, S. 2-23.

Choussy, Félix (1959): Historia del café en El Salvador. in: El Café de El Salvador, Vol. 29, Nr. 336-337, S. 689-696.

CIDA (1965): Tenencia de la tierra y desarrollo socio-económico del sector agrícola. Guatemala. Washington, D.C.

Coatsworth, John (1978): Obstacles to Economic Growth in Nineteenth-Century Mexico. in: Hispanic American Historical Review, Vol. 83, Nr. 1, S. 80-100.

Cojtí Cuxil, Demetrio (1997): Eine Politik für mein Volk. in: Allebrand, Raimund (Hg.): Die Erben der Maya. Indianischer Aufbruch in Guatemala. Bad Honnef, S. 136-171.

Coleman, Kenneth M./Herring, George C. (1985): The Central American Crisis. Sorces of Conflict and the Failure of U.S. Policy. Wilmington.

Fourth Conference of American States Members of the International Labour Organisation (1949): Conditions of Life and Work of Indigenous Populations of Latin American Countries. Geneva.

Conforti, Emilio A. (1970): Algunos aspectos socio-económicos de los sectores agrícola y laboral del altiplano centro-occidental de Guatemala. Guatemala.

Contreras, J.D. (1968): Una rebelión indígena en el partido de Totonicapán en 1820. El indio y la independencia. Guatemala.

Coolhaas, C./de Fluiter, H.J./Koenig, H.P. (1960, 2., neu bearbeitete Auflage): Tropische und subtropische Weltwirtschaftspflanzen. Ihre Geschichte, Kultur und volkswirtschaftliche Bedeutung. III. Teil: Genußpflanzen. 2. Bd. Kaffee. Stuttgart.

Coste, René (1965): Cafetos y cafés en el mundo. Tomo segundo: Los cafés. Paris.

Cueva, Agustin (11/1987): El desarrollo del capitalismo en América Latina. México.

Curtin, Philip D. (1990): The Rise and Fall of the Plantation Complex: Essays in Atlantic History. Cambridge.

Dawson, Frank G. (1965): Labor Legislation and Social Integration in Guatemala 1871-1944. in: American Journal of Comparative Law, Vol. XIV, S. 124-142.

Dessaint, Alain Y. (1962): Effects of the Hacienda and Plantation Systems on Guatemala's Indians. in: América Indígena, Vol. 22, Nr. 4, S. 323-354.

Díaz Alejandro, Carlos F. (1984): Latin America in the 1930s. in: Thorp, Rosemary (Hg.): Latin America in the 1930s. The Role of the Periphery in World Crisis. London/New York, S. 17-49.

Domínguez, Mauricio T. (1977): Desarrollo de los aspectos tecnológicos y científicos de la industria del café en Guatemala, 1830-1930. in: Anuario de Estudios Centroamericanos, Vol. 3, Nr. 3, S. 97-114.

Dorner, Peter (Hg.) (1971): Land Reform in Latin America: Issues and Cases. Madison.

Dosal, Paul J. (1988): The Political Economy of Guatemalan Industrialization, 1871-1948: The Career of Carlos P. Novella. in: Hispanic American Historical Review, Vol. 68, Nr. 2, S. 321-358.

Dosal, Paul J. (1989): The Politics of Guatemalan Industrialization 1944-1954. Paper Presented at the Latin American Studies Association Meeting in Miami, Florida Dezember 4.

Dozier, Craig L. (1958): Indigenous Tropical Agriculture in Central America. Washington, D.C.

Duncan, Kenneth/Rutledge, Ian (Hgg.) (1977): Land and Labour in Latin America: Essays on the Development of Agrarian Capitalism in the Nineteenth and Twentieth Centuries. London.

Dunkerley, James (1988): Power in the Istmus - A Political-History of Modern Central-America. London/New York.

Ellis, Frank (1983): Las transnacionales del banano en Centroamérica. San José, C.R.

Earle, Carville V. (1978): A Staple Interpretion of Slavery and Free Labor. in: The American Geographical Society, Vol. 68, Nr. 1, S. 51-65.

Early, John D. (1982): The Demographic Structure and Evolution of Peasant Systems: The Guatemalan Population. Boca Raton, Florida.

Elizaga, Juan C./Mellon, Roger (1971): Aspectos demográficos de la mano de obra en América Latina. Santiago de Chile.

Engel, Theodor H. (1992): El prestigio y el mercado en la sociedad Pokonchí. in: Winak. Boletín Intercultural, Vol. 7, Nr. 1-4, S. 69-93.

Ennew, Judith/Hirst, Paul Q./Tribe, Keith (1977): Peasantry as an Economic Category. in: Journal of Peasant Studies, Vol. 4, Nr. 4, S. 295-322.

Evans, Peter/Rüschemeyer, Dietrich/Skocpol, Theda (Hgg.) (1985): State Versus Market in the World-System. Sage Political Economy of the World System Annuals, Vol 8. Beverly Hills, C.A.

Falla, Ricardo (1978): Quiché Rebelde. Estudio de un movimiento de conversión religiosa, rebelde a las creencias tradicionales, en San Antonio Ilotenango, Quiché (1948-1970). Guatemala.

Femia, Joseph V. (1981): Gramsci's Political Thought. Hegemony, Consciousness, and the Revolutionary Process. Oxford.

Figueroa Ibarra, Carlos (1979): Algunas consideraciones preliminares sobre la acumulación capitalista en el agro guatemalteco. in: Alero, Vol. 1, Nr. 4 (mayo-junio), S. 58-85.

Figueroa Ibarra, Carlos (1980): El proletariado rural en el agro guatemalteco. Guatemala.

FitzGerald, E.V.K. (1984): A Note on Income Distribution, Accumulation and Recovery in the Depression: An Alternative View. in: Thorp, Rosemary (Hg.): Latin America in the 1930s. The Role of the Periphery in World Crisis. London/New York, S. 266-272.

Fletcher, Lehman B./Graber, Eric/Merrill, William C./Thorbecke, Erik (1971): Guatemala's Economic Development: The Role of Agriculture. Ames, Iowa.

Flores Alvarado, Humberto (1975): Trabajo agrícola asalariado y diferenciación social (II). in: Estudios Sociales Centroamericanos, Vol. 4, Nr. 12 (septiembre.-diciembre), S. 93-126.

Flores Alvarado, Humberto (1977): Proletarización del campesino de Guatemala. Estudio de la estructura agraria y de las tendencias del desarrollo de la economía capitalista en el sector campesino. Guatemala.

Fonseca Corrales, Elizabeth (1993): Economía y sociedad en Centroamérica (1540-1680). in: Pinto Soria, Julio César (Hg.): Historia general de Centroamérica. El régimen colonial (1524-1750), Vol. 2, Madrid, S. 95-150.

Freiburghaus, Dieter (1976): Zentrale Kontroversen der neueren Arbeitsmarkttheorie. in: Bolle, Michael (Hg.): Arbeitsmarkttheorie und Arbeitsmarktpolitik. Opladen.

Fried, Jonathan L./Gettleman, Marvin E./Levenson, Deborah T./Peckenham, Nancy (1983): Guatemala in Rebellion: Unfinished History. New York.

Friedmann, Georges/Naville, Pierre (Hgg.) (1962): Traité de sociologie du travail. Paris.

Furtado, Celso (^{7}/1971): Desarrollo y subdesarrollo. Buenos Aires.

Furtado, Celso (1976, 8., korrigierte und erweiterte Auflage): La economía latinoamericana. Formación y problemas contemporáneos. México.

Galenson, David W. (1989): Labor Market Behavior in Colonial America: Servitude, Slavery, and Free Labor. in: Galenson, David W. (Hg.): Markets in History. Economic Studies of the Past. Cambridge/New York.

Galli, Rosemary E. (Hg.) (1981): The Political Economy of Rural Development. Peasants, International Capital, and the State. Case Studies in Colombia, Mexico, Tanzania, and Bangladesh. Albany.

García Laguardia, Jorge M. (1985): La reforma liberal en Guatemala. Vida política y orden constitucional. Guatemala.

García Mainieri de Villeda, Amparo J. (1978): Relaciones de producción en Guatemala durante el período 1892-1898, o la proyección de la explotación colonial. Tesis Escuela de Historia USAC, Guatemala.

Garrard Burnett, Virginia (1990): Positivismo, liberalismo e impulso misionero: misiones protestantes en Guatemala 1880-1920. in: Mesoamérica, Vol. 11, Nr. 19, S. 13-31.

Garrard Burnett, Virginia (1997): Liberalism, Protestantism, and Indigenous Resistance in Guatemala, 1870-1920. in: Latin American Perspectives, Vol. 24, Nr. 2, S. 35-55.

Geer, Thomas (1971): An Oligopoly. The World Coffee Economy and Stabilization Schemes. Cambridge, Mass.

Geer, Thomas (1971): Price Formation on the World Coffee Market and Its Implications for the International Coffee Agreement. in: Weltwirtschaftliches Archiv, Vol. 106, Nr. 1, S. 128-152.

Genovese Fox, Elisabeth (1973): The Many Faces of Moral Economy. in: Past and Present, Vol. 58, (February.), S. 161-168.

Gerth, Hans.H./Mills, C.W. (1961): From Max Weber. London.

Giddens, Anthony (1979): Central Problems in Social Theory: Action, Structure and Contradiction in Social Analysis. Berkeley/Los Angeles.

Gilboy, Elizabeth.W. (1934): Times Series and the Derivation of Demand and Supply Curves: A Study of Coffee and Tea, 1850-1930. in: Quarterly Journal of Economics, Vol. 48, (August), S. 667-685.

Gillin, John (1958): San Luis Jilotepeque. La seguridad del individuo y de la sociedad en la cultura de una comunidad guatemalteca de indígenas y ladinos. Guatemala.

Gleijeses, Piero (1989): La aldea de Ubico: Guatemala, 1931-1944. in: Mesoamérica, Vol. 10, Nr. 17, S. 25-59.

Gleijeses, Piero (1991): Shattered Hope - The Guatemalan Revolution and the United States, 1944-1954. Princetown.

González, Jorge H. (1995): A History of Los Altos, Guatemala: A Study of Regional Conflict and National Integration, 1750-1885. Ph.D. University of Tulane.

González Campo, José (1963): El General Jorge Ubico, un dictador progresista. in: Estudios Centroamericanos, Vol. XVIII, Nr. 187 (noviembre), S. 345-355.

González Davison, Fernando (1987a): Guatemala 1500-1970. Reflexiones sobre su desarrollo histórico. Guatemala.

González Davison, Fernando (1987b): Guatemala, la agroexportación y las relaciones internacionales. Guatemala.

González, Casanova, Pablo (1984): La hegemonía del pueblo y la lucha centroamericana. San José, C.R.

Grajeda G., J.E. (1967-1968): La contabilidad de costos aplicada a la producción de café. in: Revista Cafetalera. Nr. 70-73, 75-78, S. 19-23, 27-32, 20-24, 25-30, 19-25, 19-22, 25-29, 22-29.

Grieb, Kenneth J. (1970): America's Involvment in the Rise of Jorge Ubico. in: Caribbean Studies, Vol. 10, (April), S. 5-21.

Grieb, Kenneth J. (1979): Guatemalan Caudillo: The Regime of Jorge Ubico, Guatemala 1931-1944. Athens, Ohio.

Guatemala, Oficina Central del Café (1949): Informe cafetalero de Guatemala, 1946. Guatemala.

Guatemala Instituto Indigenista Nacional (1946): Organización de municipalidades indígenas. in: Boletín del Instituto Indigenista Nacional, Vol. 2, Nr. 1, S. 9-106.

Gudeman, Stephen (1978): The Demise of a Rural Economy: From Subsistence to Capitalism in a Latin American Village. Boston.

Guerra Borges, Alfredo (1969): Geografia económica de Guatemala. 2 Bde. Guatemala.

Guerra Borges, Alfredo (1981): Compendio de geografia económica y humana de Guatemala. 2 Bde. Guatemala.

Haarer, Alec E. (1962): Modern Coffee Production. London.

Handy, Jim (1984): Gift of the Devil: A History of Guatemla. Boston.

Hart, R.A. (1988): Comment on Kregel, J.H.: The Theory of Demand and Supply of Labour: The Post-Keynesian View. in: Kregel, J.A./Matzner, E./Roncaglia, A. (Hgg.): Barriers to Full Employment. Papers from a conference sponsored by the Labour Market Policy Section of the International Institute of Management of the Wissenschaftszentrum of Berlin. London, S. 43-47.

Harvey, David L. (1982): Industrial Anomie and Hegemony. in: McNall, Scott (Hg.): Current Perspectives in Social Theory. Greenwich, S. 129-159.

Hawkins, John (1984): Inverse Images: The Meaning of Culture, Ethnicity and Family in Postcolonial Guatemala. Albuquerque.

Hearst, Louise (1932): Coffee Industry of Central America. in: Economic Geography, Vol. VIII, (January), S. 53-66.

Hernández de León, Federico (1940): Viajes presidenciales. Breves relatos de algunos expediciones administrativas del General D. Jorge Ubico, Presidente de la República. Guatemala.

Hernández Sifontes, Julio (1965): Realidad jurídica del indígena guatemalteco. Tesis USAC, Guatemala.

Higbee, E.C. (1947): The Agricultural Regions of Guatemala. in: The Geographical Review, Vol. 37, Nr. 2 (April), S. 181-201.

Hill, George W./Gollas, Manuel (1970): La ecomomía y sociedad minifundista del indígena guatemalteco del altiplano. in: Economía, Vol. VIII-2, Nr. 24 (abril-junio), S. 33-118.

Hinshaw, Robert/Pyeatt, Patrick/Habicht, Jean-P. (1972): Environmental Effects on Child-Spacing and Population Increase in Highland Guatemala. in: Current Anthropology, Vol. 13, Nr. 2 (April), S. 216-230.

Hobsbawn, Eric (1973): Peasants and Politics. in: Journal of Peasant Studies, Vol. 1, Nr. 1, S. 3-22.

Holloway, Thomas E. (1975): The Brazilian Coffee Valorization of 1906. Regional Politics and Economic Dependence. Madison.

Hoyt, Elizabeth E. (1955): The Indian Laborer on Guatemalan Coffee Fincas. in: Inter-American Economic Affairs, Vol. 9, Nr. 1 (Summer), S. 33-46.

INCAP/Reh, Emma (1953): Estudios de hábitos dietéticos en poblaciones de Guatemala. in: Boletín de la Oficina Sanitaria Panamericana. Publicaciones Cientificas del Instituto de Nutrición de Centro América y Panamá. Suplemento No.1. Washington, D.C.

INCAP/Reh, Emma/Flores, Marina (1955): Estudios de hábitos dietéticos en poblaciones de Guatemala: I. Magdalena Milpas Altas; II. Santo Domingo Xenocoj; III. San Antonio Aguas Calientes y su aldea, San Andrés Ceballos; IV. Santa María Cauqué. in: Boletín de la Oficina Sanitaria Panamericana, Publicaciones Científicas del Instituto de Nutrición de Centro América y Panamá. Suplemento No.2. Washington, D.C., S. 90-173.

Instituto de Investigaciones Económicas y Sociales de Occidente (IIESO) (1976): Guatemala: Estructura agraria del altiplano occidental. Análisis cuantitativo. Quetzaltenango/Guatemala.

The Inter-American Coffee Board (1948): Study of the World Coffee Situation. Washington, D.C.

International Bank for Reconstruction and Development (IBRD) (^{3}/1954): The Economic Development of Guatemala. Report of a Mission. Baltimore.

International Bank for Reconstruction and Development (IBRD) (1958): Reseña de la economía guatemalteca. in: Seminario de Integración Social Guatemalteca: Economía de Guatemala. Guatemala, S. 29-43.

Irnberger, Harald/Seibert, Ingrid (1989): Zentralamerika. Opfer, Akteure, Profiteure. Göttingen.

de Janvry, Alain (1981): The Agrarian Question and Reformism in Latin America. Baltimore.

Jensen, Amy E. (1955): Guatemala. A Historical Survey. New York.

Jonas, Susanne (1991): The Battle for Guatemala - Rebels, Death Squads, and United-States Power. Boulder.

Jones, Chester L. (1940): Guatemala Past and Present. Minneapolis.

Jones, Chester L. (1942): Indian Labor in Guatemala. in: Hispanic American Essay. Chapell Hill, University of North Carolina, S. 299-323.

Jones, Oakah L. (1994): Guatemala in the Spanish Colonial Period. Norman/London.

de Jongh Osborne, Lilly (1945): Arterias comerciales. in: Anales de la Sociedad de Geografía e Historia, Vol. 20, Nr. 4, S. 320-325.

Jüttner, D.J. (1972): Arbeitspotential, Arbeitsmarktreserven und Vollbeschäftigung. in: Zeitschrift für gesamte Staatswissenschaft, Vol. 128, Nr. 1, S. 22-38.

Kaplan, Marcos (1981): Aspectos del estado en América Latina. México.

Kaplan, Marcos (^{3}/1987): Estado y Sociedad. México.

Karlen, Stefan (1991): Paz, Progreso, Justicia y Honradez: Das Ubico-Regime in Guatemala, 1931-1944. Stuttgart.

Kauck, David M. (1989): Agricultural Commercialization and State Development in Central America: The Political Economy of the Coffee Industry from 1838 to 1940. Ph.D. University of Washington, Seattle.

Kay, Cristóbal (1989): Latin American Theories of Development and Underdevelopment. London/New York.

Kepner, Charles D./Soothill, Jay H. (1935): The Banana Empire. New York.

Kindleberger, Charles P. (1973): The World in Depression, 1929-1939. London/Berkeley.

Kindleberger, Charles P. (1984): The 1929 World Depression in Latin America - from the Outside. in: Thorp, Rosemary (Hg.): Latin America in the 1930s. The Role of the Periphery in World Crisis. London/New York, S. 315-329.

Kirk, William (1939): Social Change Among the Highland Indians of Guatemala. in: Sociology and Social Research, Vol. 23, S. 321-333.

Kloosterboer, Willemina (1960): Involuntary Labour Since the Abolition of Slavery. A Survey of Compulsory Labour Throughout the World. Leiden.

Kocka, Jürgen (Hg.) (1977): Theorien in der Praxis des Historikers: Forschungsbeispiele und ihre Diskussion. Göttingen.

Koselleck, Reinhard (1987): Moderne Sozialgeschichte und historische Zeiten. in: Rossi, Pietro (Hg.): Theorie der modernen Geschichtsschreibung. Frankfurt a.M., S, 173-190.

Kramer, Wendy/Lovell, George W./Lutz, Christopher H. (1993): La conquista española de Centroamérica. in: Pinto Soria, Julio César (Hg.): Historia general de Centroamérica. El régimen colonial (1524-1750), Vol. 2, Madrid, S. 21-93.

Kregel, J.A. (1988): The Theory of Demand and Supply of Labour: The Post-Keynesian View. in: Kregel, J.A./Matzner, E./Roncaglia, A. (Hgg.): Barriers to Full Employment. Papers from a conference sponsored by the Labour Market Policy Section of the International Institute of Management of the Wissenschaftszentrum of Berlin. London, S. 27-42.

Labastida, Jaime (1982): Centroamérica: Crisis y Política Internacional. México.

Laclau, Ernesto (1981): Teorías marxistas del estado: debates y perspectivas. in: Lechner, Norbert (Hg.): Estado y política en América Latina. México, S. 25-59.

Laclau, Ernesto ($12/1989$): Feudalismo y capitalismo en América Latina. in: Modos de producción en América Latina. México, S. 23-46.

LaFeber, Walter (1984): Inevitable Revolutions. London.

Landsberger, Henry A./Hewitt, Cynthia N. (1970): Ten Sources of Weakness and Cleavage in Latin American Peasant Movements. in: Stavenhagen, Rodolfo (Hg.): Agrarian Problems and Peasant Movements in Latin America. New York, S. 559-583.

LeBeau, Francis (1956): Agricultura de Guatemala. in: Guatemala, Seminario de Integración Social Guatemalteca: Integración social en Guatemala, S. 267-312.

LeBot, Yvon (1976): Tenencia y renta de la tierra en el Altiplano Occidental de Guatemala. in: Estudios Centroamericanos, Nr. 35, S. 69-95.

LeBot, Yvon (1977): Les Paysans, la Terre, le Pouvoir. Etude d' une société agraire á dominante Indienne dans les hautes Terres du Guatemala. Thèse de doctorat, Paris.

Lee, C.H. (1969): The Effects of the Depression on Primary Producing Countries. in: Journal of Contemporary History, Vol. 4, Nr. 4, S. 139-155.

Leipold, Helmut (1988, 5., bearbeitete Auflage): Wirtschafts- und Gesellschaftssysteme im Vergleich. Grundzüge einer Theorie der Wirtschaftssysteme. Stuttgart.

Levi, Margaret/North, Douglass C. (1982): Toward a Property-Rigths Theory of Exploitation. in: Politics & Society, Vol. 11, Nr. 3, S. 315-320.

Lewis, William. A. (1954): Economic Development with Unlimited Supplies of Labor. in: The Manchester School of Economic and Social Studies, Vol. XXII, Nr. 2, Manchester, S. 139-191.

Liehr, Reinhard (1977): Entstehung, Entwicklung und sozialökonomische Struktur der hispanoamerikanischen Hacienda. in: Puhle, Hans-Jürgen (Hg.): Lateinamerika. Historische Realität und Dependencia-Theorien. Hamburg, S. 105-146.

Lindner, Max W. (1955): Warenkunde und Untersuchung von Kaffee, Kaffee, Kaffee-Ersatz- und Zusatzstoffen. Berlin.

Lomnitz Adler, Larissa (1977): Networks and Marginality. Life in a Mexican Shantytown. New York.

Lovell, William.G. (1989): Supervivientes de la conquista: los Mayas de Guatemala en perspectiva historica. in: Anuario de Estudios Centroamericanos, Vol. 15, Nr. 1, S. 5-27.

Lovell, William G. (1985): Conquest and Survival in Colonial Guatemala - A Historical Geography of the Cuchumatan Highlands, 1500-1821. Kingston/Québec.

Loveman, Brian (1979): Critique of Arnold J. Bauer's "Rural Workers in Spanish America: Problems of Peonage and Oppression". in: Hispanic American Historical Review, Vol. 59, Nr. 3, S. 478-485.

Luhmann, Niklas (1975): Macht. Stuttgart.

MacLachlan, Colin M./Rodríguez O., Jaime E. (1980): The Forging of the Cosmic Race. A Reinterpretation of Colonial Mexico. Berkeley.

Madigan, Douglas G. (1976): Santiago Atitlán, Guatemala: A Socioeconomic and Demographic History. Ph.D. University of Pittsburgh.

Mann, Michael (6/1994): The Sources of Social Power, Vol. 1: A History of Power from the Beginning to A.D. 1760. Cambridge.

Mann, Michael (2/1995): The Sources of Social Power, Vol. 2: The Rise of Classes and Nation-States, 1760-1914. Cambridge.

Marsden, David (1989): Marché du travail - Limites sociales des nouvelles théories. Paris.

Marshall, C.F. (1983): The World Coffee Trade. Cambridge.

Martínez Peláez, Severo (1971): La patria del criollo: Ensayo de interpretación de la realidad colonial gutemalteca. Guatemala.

Martínez Peláez, Severo/Baeza Flores, Alberto (1974): Las raíces de la sociedad guatemalteca, el indio y la revolución. in: Nueva Sociedad. Nr. 10, San José, C.R., S. 58-75.

Marx, Karl (1969): Der achtzehnte Brumaire des Louis Bonaparte. in: Marx, Karl/Engels, Friedrich: Werke (MEW). Berlin, 8. Bd., S. 111-207.

Marx, Karl (1971): Das Kapital. in: Marx, Karl/Engels, Friedrich: Werke (MEW). Berlin, 23. Bd.

Massarrat, Mohssen (1993): Süd-Nord-Einkommenstransfer durch Dumping-Preise und der Mythos vom Freihandel: in: Massarrat, Mohssen/Wenzel, Hans-J./Sommer, Birgit/Széll, György (Hgg.): Die Dritte Welt und wir. Bilanz und Perspektiven für Wissenschaft und Praxis. Freiburg.

McBride, George M.C./Merle A. (1942): Highland Guatemala and its Maya Communities. in: Geographical Review, Vol. 32, Nr. 2, S. 252-268.

McBryde, Felix W. (1969): Geografia Cultural e Histórica del Suroeste de Guatemala. 2 Bde. Guatemala

McCreery, David (1976): Coffee and Class: The Structure of Development in Liberal Guatemala. in: Hispanic American Historical Review, Vol. 56, Nr. 3, S. 438-460.

McCreery, David (1981a): Desarrollo económico y político nacional. El Ministerio de Fomento de Guatemala, 1871-1885. Guatemala.

McCreery, David (1983): Debt Servitude in Rural Guatemala 1876-1936. in: Hispanic American Historical Review, Vol. 63, Nr. 4, S. 735-759.

McCreery, David (1986): An Odious Feudalism: Mandamiento Labor and Commercial Agriculture in Guatemala, 1858-1920. in: Latin American Perspectives, Vol. 13, Nr. 1, S. 99-117.

McCreery, David (1989): Tierra, mano de obra y violencia en el altiplano guatemalteco: San Juan Ixcoy. in: Revista de Historia. Nr. 19 (enero-junio), S. 19-35.

McCreery, David (1990): Hegemony and Repression in Rural Guatemala 1871-1940. in: Peasant Studies, Vol. 17, Nr. 3, S. 157-177.

McCreery, David/Munro, Doug (1993): La carga del Montserrat: mano de obra gilbertense en la producción de café en Guatemala, 1890 a 1908. in: Mesoamérica, Vol. 14, Nr. 25, S. 1-26.

McCreery, David (1994): Rural Guatemala 1760-1940. Stanford.

McCreery, David (1995): Wage Labor, Free Labor, and Vagrancy Laws: The Transition to Capitalism in Guatemala, 1920-1945. in: Roseberry, William/Gudmundson, Lowell/Samper Kutschbach, Mario (Hgg.): Coffee, Society, and Power in Latin America. Baltimore/London, S. 206-231.

McSweeny, James F. (1988a): El subsector café de Guatemala. Una evaluación. Guatemala.

McSweeny, James F. (1988b): Estructura de costos de producción. in: ANACAFE, Subgerencia de asuntos agrícolas departamento de asistencia y cooperación: Resumen del seminario "Administración de empresas cafetaleras". Guatemala, S. 84-121.

Mejía, José V. (2/1927): Geografía de la república de Guatemala. Guatemala.

Melville, Thomas/Melville, Marjorie (1971): Guatemala: The Politics of Land-Ownership. New York.

Méndez, Rosendo P. (1937b): Leyes vigentes de agricultura. Publicaciones de la Secretaría de Gobernación y Justicia. Guatemala.

Mendizábal Prem, Ana B. (1975): Aspectos fundamentales sobre el régimen de tenencia de la tierra en Guatemala. Estudio histórico 1931-1954. Tesis Escuela de Historia USAC, Guatemala.

Migdal, Joel S. (1974): Peasants, Politics, and Revolution: Pressures toward Political and Social Change in the Third World. Princeton.

Mills, C. Wright. (1961): The Sociological Imagination. New York.

Monteforte Toledo, Mario (1971): Mirada sobre Latinoamérica. San José, C.R.

Monteforte Toledo, Mario (1972): Centroamérica. Subdesarrollo y dependencia. 2 Bde. México.

Montenegro Ríos, Carlos R. (1976): La explotación cafetalera en Guatemala 1930-1940. Un estudio histórico. Tesis Escuela de Historia USAC, Guatemala.

Moore, Alexander (1973): Life Cycles in Atchalán. New York.

Moore, Barrington (1966): Social Origins of Dictatorship and Democracy. Boston.

Morales, Baltasar (3/1966): La caída de Jorge Ubico. Derrocamiento de una tiranía. Reseña de la gesta cívica de junio 1944. Guatemala.

Morales Urrutia, Mateo (1961): La división política y administrativa de la República de Guatemala (con sus datos históricos y de legislación. 2 Bde. Guatemala.

Mosk, Sanford A. (1954): Indigenous Economy in Latin America. in: Inter-American Economic Affairs, Vol. 8, Nr. 3 (Winter), S. 3-26.

Mosk, Sanford A. (1980): Economía cafetalera de Guatemala 1850-1918. in: Luján Muñoz, Jorge (Hg.): Economía de Guatemala 1750-1940. Antología de lecturas y materiales. 2 Bde. Guatemala, 1. Bd., S. 347-366.

Mouffe, Chantal (Hg.) (1979): Gramsci and Marxist Theory. London.

Nash, Manning (1957): The Multiple Society in Economic Development: Mexico and Guatemala. in: American Anthropologist, Vol. 59, Nr. 5 (October), S. 825-833.

Nash, Manning (1964): The Indian Economics of Middle America. in: 35. Congreso internacional de americanistas 1962, S. 299-311.

Nash, Manning (1970): Los Mayas en la era de la máquina. La industrialización de una comunidad guatemalteca. Guatemala.

Naylor, Robert A. (1967): Guatemala: Indian Attitudes Toward Land Tenure. in: Journal of Inter-American Studies, Vol. 9, Nr. 4, S. 619-639.

Nickel, Herbert J. (Hg.) (1989): Paternalismo y economía moral en las haciendas mexicanas del Porfiriato. México.

Noriega Morales, Manuel (1942): El indio como factor económico de Guatemala. in : Anales de la Sociedad de Geografia e Historia de Guatemala, Vol. 18, Nr. 2, S. 99-106.

North, Douglass C. (1981): Structure and Change in Economic History. New York.

Noval, Joaquín (1963): Problemas económicos de los indígenas de Guatemala. in: Guatemala Indígena, Vol. 3, Nr. 1, S. 5-30.

Noval, Joaquín (2/1972): Resumen etnográfico de Guatemala. Guatemala.

Novales Aguirre, María C. (1970): Patzún, su realidad su estructura y su problemática. in: Guatemala Indígena, Vol. 4, Nr. 4, S. 11-108.

Nyrop, Richard F. (Hg.) (2/1984): Guatemala. a Country Studie. (Area handbook series). Washington, D.C.

Obando Sánchez, Antonio (1978): Apuntes para la historia del movimiento obrero de Guatemala. in: Alero. Nr. 30 Nr. 3 (mayo-junio), S. 76-82.

O'Brien, Philip J. (1977): Zur Kritik lateinamerikanischer Dependencia-Theorien. in: Puhle, Hans-Jürgen (Hg.): Lateinamerika. Historische Realität und Dependencia-Theorien. Hamburg, S. 33-60.

Orellana, René A. (1970): Ingresos y gastos del asalariado agrícola. Encuesta sobre ingresos y gastos de la familia del campesino asalariado de Guatemala, 1966. Guatemala.

Palazuelos, Enrique/Granda Alva, German (1985): El mercado del café. Situación mundial e importancia en el comercio de España con América Latina. Madrid.

Pansini, J.J. (1983): Indian Seasonal Plantation Work in Guatemala. in: Cultural Survival Quarterly. Nr. 7, S. 17-19.

Paré, Louise (1972): Diseño teórico para el estudio del caciquismo actual en México. in: Revista Mexicana de Sociología, Vol. 34, Nr. 2 (abril-junio), S. 335-354.

Paige, Jeffery M. (1975): Agrarian Revolution: Social Movements and Export Agriculture in the Underdeveloped World. New York.

Paige, Jeffery M. (1983): Social Theory and Peasant Revolution in Vietnam and Guatemala. in: Theory and Society, Vol. 12, Nr. 6, S. 699-737.

Payer, Cheryl (Hg.) (1975): Commodity Trade of the Third World. New York.

Pelupessy, Wim (Hg.) (1991): Perspectives on the Agro-Export Economy in Central America. London.

Perera, Victor (1993): Unfinished Conquest. The Guatemalan Tragedy. Berkeley.

Pereyra, Carlos (1984): El problema de la hegemonía. in: Revista Mexicana de Sociología, Vol. 46, Nr. 2, S. 161-171.

Petzina, Dieter (1969): Germany and the Great Depression. in: Journal of Contemporary History, Vol. 4, Nr. 4, S. 59-74.

Piedra-Santa Arandi, Rafael (1981): Introducción a los problemas económicos de Guatemala. Guatemala.

Piel, Jean (1989): Sajcabajá. Muerte y resurrección de un pueblo de Guatemala, 1500-1970. México.

Piel, Jean (1995): Le travail forcé au Guatemala sous la dictature libérale. Le département du Quiché (1873-1920). in: Histoire et Sociétés Rurales, Vol. 4, Nr. 2, S. 137-176.

Pierenkemper, Toni/Tilly, Richard (Hgg.) (1982): Historische Arbeitsmarktforschung. Entstehung, Entwicklung und Probleme der Vermarktung von Arbeitskraft. Göttingen.

Pierenkemper, Toni (1996): Beschäftigung und Arbeitsmarkt. in: Ambrosius, Gerold/Petzina, Dietmar/Plumpe, Werner (Hgg.): Moderne Wirtschaftsgeschichte. Eine Einführung für Historiker und Ökonomen. München, S. 243-263.

Pinto Soria, Julio C. (1989): La agricultura de exportación en Guatemala: un acercamiento histórico. in: Estudios, Vol. 3, (noviembre), S. 49-64.

Pitti, Joseph A. (1975): Jorge Ubico and Guatemalan Politics in the 1920's. Ph.D. University of Albuquerque.

Plant, Roger (1978): Guatemala: Unnatural Disaster. London.

Polanyi, Karl (1978): The Great Transformation. Politische und ökonomische Ursprünge von Gesellschaften und Wirtschaftssystemen. Wien.

Prado Ponce, Eduardo (1984): Comunidades de Guatemala. Guatemala.

PREALC (1986): Cambio y polarización ocupacional en Centroamérica. San José, C.R.

Quintana, Epaminondas (1969): Rendimiento del trabajo y necesidad mínima familiar en el área rural. in: Guatemala Indígena, Vol. 4, Nr. 2, S. 154-166.

Redfield, Robert (1945): Notes on San Antonio Palopó. in: Microfilm Collection of Manuscripst on Middle American Cultural Anthropology. Nr. 4. Chicago.

Redfield, Robert/Tax, Sol (1952): General Characteristics of Present-Day Mesoamerican Indian Society. in: Tax, Sol and Members of the Viking Fund Seminar on Middle American Ethnology. Glencoe, Illinois, S. 31-42.

Reeve, Andrew (Hg.) (1987): Modern Theories of Exploitation. London.

Reh, Emma (1954) (with the collaboration of Aurora Castellanos and Yolanda Bravo de Rueda): Estudio de la dieta y de las condiciones de vida existentes entre los trabajadores de una plantación azucarera de Guatemala. in: Boletín de la Oficina Sanitaria Panamericana, Vol. 37, S. 32-51.

Riekenberg, Michael (1990): Zum Wandel von Herrschaft und Mentalität in Guatemala. Ein Beitrag zur Sozialgeschichte Lateinamerikas. Köln.

Ríos, Efraín (1948): Ombres contra hombres. Drama de la vida real. Guatemala.

Rodríguez Cerna, José (1931): Un pueblo en marcha. Guatemala (Geografía fisica, comercial y económica, leyes, historia y literatura). Madrid.

Rodríguez Rouanet, Francisco (1969): Síntesis del proceso migratorio de braceros del altiplano a la Costa Sur y sus repercusiones nacionales. in: Guatemala Indígena, Vol. 4, Nr. 2, S. 5-49.

Rosales, Juan de Dios (1949): Notes on San Pedro la Laguna. in: Microfilm Collection of Manuscripts on Middle American Cultural Anthropology, Nr. 25. Chicago.

Rösch, Adrian (1934): Allerlei aus der Alta Verapaz. Bilder aus dem deutschen Leben. Stuttgart.

Roncaglia, Alessandro (1988): Wage Costs and Employment: The Sraffian View. in: Kregel, J.A./Matzner, E./Roncaglia, A. (Hgg.): Barriers to Full Employment. Papers from a conference sponsored by the Labour Market Policy Section of the International Institute of Management of the Wissenschaftszentrum of Berlin. London, S. 9-23.

Roseberry, William (1989): Anthropologies and Histories. Essays in Culture, History, and Political Economy. New Brunswick/London.

Roseberry, William (1991): La falta de brazos - Land and Labor in Coffee Economies of 19th-Century Latin-America. in: Theory and Society, Vol. 20, Nr. 3, S. 351-382.

Roseberry, William (1995): Introduction. in: Roseberry, William/Gudmundson, Lowell/Samper Kutschbach, Mario (Hgg.): Coffee, Society, and Power in Latin America. Baltimore/London, S. 1-37.

Rosenthal, Gert (1982): Principales rasgos de la evolución de las economías centroamericanas desde la posguerra. in: Labastida, Jaime u.a. (Hgg.): Centroamérica: Crisis y Política Internacional. México, S. 19-38.

Roth, Hans (1929): Die Übererzeugung in der Welthandelsware Kaffee im Zeitraum von 1790-1929. in: Beiträge zur Erforschung der wirtschaftlichen Wechsellagen, Aufschwung, Krise, Stockung. Heft 2. Jena.

Rubio Sánchez, Manuel (1968): Historia del cultivo del café en Guatemala, 3 Bde. Guatemala.

Samper K., Mario (1993): Café, trabajo y sociedad en Centroamérica, (1870-1930): Una historia común y divergente. in: Acuña Ortega, Víctor Hugo (Hg.): Historia general de Centroamérica. Las repúblicas agroexportadoras (1870-1945), Vol. 4, Madrid, S. 11-110.

San Antonio Aguas Calientes (1948): Síntesis socio-económico de una comunidad indígena guatemalteca. Publicaciones especiales del Instituto Indigenista Nacional No 6. Guatemala.

Sandner, Gerhard (1985): Zentralamerika und der ferne Karibische Westen. Konjunkturen, Krisen und Konflikte 1503-1984. Stuttgart.

Sandoval Vásquez, Carlos A. (1946): Leifugados. México.

Sautter, Hermann (1977): Unterentwicklung und Abhängigkeit als Ergebnisse außenwirtschaftlicher Verflechtung. Zum ökonomischen Aussagewert der Dependencia-Theorie. in: Puhle, Hans-Jürgen (Hg.): Lateinamerika. Historische Realität und Dependencia-Theorien. Hamburg, S. 61-101.

Schmid, Günther (1975): Steuerungssysteme des Arbeitsmarktes - Vergleich von Frankreich, Großbritannien, Schweden, DDR und Sowjetunion mit der Bundesrepublik Deutschland. Göttingen.

Schmid, Lester (1968): The Productivity of Agricultural Labor in the Export Crops of Guatemala: Its Relation to Wages and Living Conditions. in: Inter-American Economic Affairs, Vol. 22, Nr. 2 (Autumn), S. 33-45.

Schmid, Lester (1973): El papel de la mano de obra migratoria en el desarrollo económico de Guatemala. Guatemala.

Schmölz-Häberlein, Michaela (1993): Die Grenzen des Caudillismo. Die Modernisierung des guatemaltekischen Staates unter Jorge Ubico 1931-1944. Eine regionalgeschichtliche Studie am Beispiel der Alta Verapaz. Frankfurt a.M./Berlin.

Schmölz-Häberlein, Michaela (1996): Continuity and Change in a Guatemalan Indian Community: San Cristóbal-Verapaz, 1870-1940. in: Hispanic American Historical Review, Vol. 76, Nr. 2, S. 227-248.

Schooley, Helen (1987): Conflict in Central America. Keesing's International Studies. Rossendale.

Schoonover, Thomas/Schoonover, Ebba (1989): Statistics for an Understanding of Foreign Intrusions into Central America from the 1820s to 1930. in: Anuario de Estudios Centroamericanos, Vol. 15, Nr. 1, S. 93-118.

Schultze Jena, Leonhard (1945): La Vida y las creencias de los Indios Quichés de Guatemala. in: Anales de la Sociedad de Geografía e Historia de Guatemala, Vol. 20, Nr. 1-4, Guatemala, S. 65-80, 145-160, 236-262, 337-360.

Schulz, Donald E./Graham, Douglas H. (Hgg.) (1984): Revolution and Counterrevolution in Central America and the Caribbean. Boulder/London.

Scott, James C. (1976): The Moral Economy of the Peasant. Rebellion and Subsistence in Southeast Asia. New Haven/London.

Scott, James C. (1985): Weapons of the Weak. Everyday Forms of Peasant Resistance. New Haven/London.

Scott, James C./Tria Kerkvliet, Benedict J. (1986): Everyday Forms of Peasant Resistance on South-East Asia. in: Journal of Peasant Studies (Special Issue), Vol. 13, Nr. 2.

Seminario de Integración Social Guatemalteca (SISG) (1968): Los pueblos del Lago de Atitlán. Guatemala.

Sengenberger, W. (Hg.) (1985): Der gespaltene Arbeitsmarkt. Probleme der Arbeitsmarktsegmentation. Frankfurt/New York.

Senghaas, Dieter (Hg.) (1979): Kapitalistische Weltökonomie Kontroversen über ihren Ursprung und ihre Entwicklungsdynamik. Frankfurt a.M.

Sexton, James D. (Hg.) (1990): Son of Tecún Umán. A Maya Indian Tells His Life Story. Prospect Heights, Illinois.

Sexton, James D. (Hg.) (1992): Ignacio. The Diary of a Maya Indian of Guatemala. Philadelphia.

Shanin, Theodor (1971): Peasantry as a Political Factor. in: Shanin, Theodor (Hg.): Peasants and Peasant Societies, Harmondsworth, S. 238-263.

Sherman, William L. (1987): El trabajo forzoso en América Central. Siglo XVI. Guatemala.

Siegel, Morris (1941): Resistance to Culture Change in Western Guatemala. in: Sociology and Social Research, Vol. 25, S. 414-430.

Silvert, Kalman H. (1969): Un estudio de gobierno: Guatemala. Guatemala.

Singelmann, Peter (1981): Structures of Domination and Peasant Movements in Latin America. Columbia/London.

Skocpol, Theda (1982): What Makes Peasants Revolutionary. in: Comparative Politics, Vol. 14, Nr. 3, S. 351-375.

Smith, Carol A. (1973): La evolución de los sistemas de mercado en el occidente de Guatemala: Un análisis de lugar central. in: Estudios Sociales. Revista de Ciencias Sociales, Vol. 10, (septiembre-octubre), S. 38-71.

Smith, Carol A. (1979): Beyond Dependency Theory: National and Regional Patterns of Underdevelopment in Guatemala. in: American Ethnologist, Vol. 5, Nr. 3, S. 574-617.

Smith, Carol A. (1984a): Local History in Global Context: Social and Economic Transitions in Western Guatemala. in: Comparative Studies in Society and History, Vol. 26, Nr. 2, S. 193-228.

Smith, Carol A. (1984b): Indian Class and Class Consciousness in Prerevolutionary Guatemala. The Wilson Center. Latin American Program, Working Paper No. 162. Washington, D.C.

Smith, Carol A. (1984c): Labor and International Capital in the Making of a Peripheral Social Formation: Economic Transformation of Guatemala, 1850-1980. in: Bergquist, Charles (Hg.): Labor in the Capitalist World-Economy. Beverly Hills/London, S. 135-156.

Smith, Carol A. (Hg.) (1990): Guatemalan Indians and the State: 1540 to 1988. Austin.

Solares, Jorge (Hg.) (1993): Estado y nación. Las demandas de los grupos étnicos en Guatemala. Guatemala.

Solórzano F., Valentín (1977): Evolución económica de Guatemala. Guatemala.

Solow, Robert M. (1990): The Labor-Market as a Social Institution. Cambridge.

Soto, Max A./Sevilla, Carlos A./Frank, Charles R.J. (1982): Guatemala: Desempleo y subempleo. San José, C.R.

Spahn, H.P./Vorubra, G. (1986): Das Beschäftigungsproblem. Die ökonomische Sonderstellung des Arbeitsmarktes und die Grenzen der Wirtschaftspolitik. in: Wirtschaft und Gesellschaft, Vol. 4, S. 439-459.

Stadelman, Raymond (1940): Maize Cultivation in Northwestern Guatemala. in: Contributions to American Anthropology and History, Vol. 6, Nr. 33, Carnegie Institution, Washington, D.C., S. 83-265.

Stone, Samuel Z. (1990): The Heritage of the Conquistadors - Ruling Classes in Central-America from the Conquest to the Sandinistas. Lincoln/London.

Suter, Jan (1996): Prosperität und Krise in einer Kaffeerepublik. Modernisierung, sozialer Wandel und politischer Umbruch in El Salvador, 1910-1945. Frankfurt a.M.

Swetnam, John (1989): What Else did Indians Have to Do with Their Time - Alternatives to Labor Migration in Prerevolutionary Guatemala. in: Economic Development and Cultural Change, Vol. 38, Nr. 1, S. 89-112.

Tapolski, William (1896): Der Kaffee Terminhandel. Diss. Heidelberg.

Taracena Arriola, Arturo (1989): El primer partido comunista de Guatemala. Diez años de una historia olvidada. in: Anuario de Estudios Centroamericanos, Vol. 15, Nr. 1, S. 49-63.

Taracena Arriola, Arturo (1993): Liberalismo y poder político en Centroamérica (1870-1929). in: Acuña Ortega, Víctor Hugo (Hg.): Historia general de Centroamérica. Las repúblicas agroexportadoras (1870-1945), Vol. 4, Madrid, S. 167-254.

Tax, Sol (1937): The Municipios of the Midwestern Highlands of Guatemala. in: American Anthropologist, Vol. 39, Nr. 3 (July), S. 423-444.

Tax, Sol (1941): World View and Social Relations in Guatemala. in: American Anthropologist, Vol. 43, S. 27-42.

Tax, Sol (1942): Ethnic Relations in Guatemala. in: América Indígena, Vol. 2, S. 43-48.

Tax, Sol (1946): The Towns of Lake Atitlán. in: Microfilm Collection of Manuscripts on Middle American Cultural Anthropology, Nr. 13. Chicago.

Tax, Sol (1947): La Economía regional de las indígenas de Guatemala. in: Boletín del Instituto Indigenista Nacional, Vol. 2, Nr. 3-4, S. 170-178.

Tax, Sol (1952): Economy and Technology. in: Sol, Tax and Members of the Viking Fund Seminar on Middle American Ethnology: Heritage of Conquest. Glencoe, Illinois, S. 43-75.

Tax, Sol (1957): Changing Consumption in Indian Guatemala. in: Economic Development and Cultural Change, Vol. 5, Nr. 2, S. 147-158.

Tax, Sol (1964): El capitalismo del centavo. Una enconomía indígena de Guatemala. 2 Bde. Guatemala.

Tax, Sol/Hinshaw, Robert (1970): Panajachel a Generation Later. in: Goldschmidt, Walter/Hoijer, Harry (Hgg): The Social Anthropology of Latin America. Essays in Honor of Ralph Leon Beals. Los Angeles, S. 175-198.

Taylor, Henry C./Taylor, Anne D. (1943): World Trade in Agricultural Products. New York.

Termer, Franz (1929): Ethnographische Studien unter den Indianern Guatemalas. in: Zeitschrift für Ethnologie, Vol. 61, S. 408-420.

Thorner, Daniel/Kerblay, Basile/Smith, R.E.F. (Hgg.) (1966): Chayanov on the Theory of Peasant Economy. Homewood, Illinois.

Thorner, Daniel (1969): Old and New Approaches to Peasant Economies. in: Wharton, Clifton (Hg.): Subsistence Agriculture and Economic Development. Chicago, S. 94-99.

Thorp, Rosemary (Hg.) (1984): Latin America in the 1930s: The Role of the Periphery in World Crisis. London/New York.

Thorp, Rosemary (1986): Latin America and the International Economy from the First World war to the World Depression. in: The Cambridge History of Latin America, Vol. IV (1870-1930). London, S. 57-81.

Timoshenko, Vladimir P. (1933): World Agriculture and the Depression. in: Michigan Business Studies, Vol. V, Nr. 5, University of Michigan, Ann Arbor, S. 541-663.

Tobler, Hans-W. (1984): Die mexikanische Revolution. Frankfurt a.M.

Tobler, Hans-W. (1988): Depressionsdiktaturen in Zentralamerika? Verschärfung staatlicher Gewalt von oben als Folge der Weltwirtschaftskrise der 30er Jahre. Unveröffentlichtes Papier im Rahmen des Symposiums über "Staatliche und parastaatliche Gewalt in Lateinamerika", Bad Homburg, 21.-23. Juli.

Torres Rivas, Edelberto (1972): La proletarización del campesino de Guatemala. in: Estudios Sociales Centroamericanos, Vol. 1, Nr. 2 (mayo-agosto), S. 83-99.

Torres Rivas, Edelberto ($3/1973$): Interpretación del desarrollo social centroamericano. Procesos y estructuras de una sociedad dependiente. San José, C.R.

Torres Rivas, Edelberto/Rosenthal K., Gert/Lizano, Eduardo/Menjívar, Rafael/ Ramírez, Sergio (Hgg.) (2/1976): Centroamérica: hoy. México.

Torres Rivas, Edelberto (1979): Aspectos generales de la economía centroamericana. in: Alero, Vol. 1, Nr. 4 (mayo-junio), S. 37-57.

Torres Rivas, Edelberto (1980): The Central American Model of Growth: Crisis for Whom?. in: Central America: The Strongmen Are Shaking. Latin American Perspectives Issues 25 and 26, Vol. VII, Nr. 2-3 (Spring and Summer), S. 24-44.

Torres Rivas, Edelberto (1981): La nación: problemas teóricos e historicos. in: Lechner, Norbert (Hg.): Estado y política en América Latina. México, S. 87-132.

Torres Rivas, Edelberto (1983): Central America Today. A Study in Regional Dependency. in: Diskin, Martin (Hg.): Trouble in Our Backyard. Central America and the United States in the Eighties. New York.

Touraine, Alain (1976): Les société dépendentes. Essais sur l' Amérique Latine. Paris.

Triantis, Stephen G. (1967): Cyclical Changes in Trade Balances of Countries Exporting Primary Products, 1927-1933. A Comparative Study of Forty-Nine Countries. Toronto.

Tumin, Melvin (1956): Cultura, casta y clase en Guatemala: una nueva evaluación. in: Seminario de Integración Social Guatemalteca (SISG): Integración social en Guatemala, S. 163-192.

Turton, Andrew (1986): Patrolling the Middle-Ground: Methodological Perspectives on 'Everyday Peasant Resistance'. in: Journal of Peasant Studies, Vol. 13, Nr. 2, S. 36-48.

Ukers, William H. (1922): All About Coffee. New York: The Tea and Coffee Trade Journal Company.

Universidad de San Carlos de Guatemala, Facultad de Ciencias Económicas (1981): El cultivo del café en Guatemala. Guatemala.

Valladares de León de Ruiz, Rosa M.V. (1983): Efectos políticos y económicos en Guatemala derivados de la crisis mundial de 1929-33. Tesis Escuela de Historia USAC, Guatemala.

Varian, Hal R. (1987): Intermediate Microeconomics. A Modern Approach. New York/London.

Veblen, Thomas T. (1978): Forest Preservation in the Western Highlands of Guatemala. in: Geographical Review, Vol. 68, Nr. 4, S. 417-434.

Villacorta Escobar, Manuel (1982): Recursos económicos de Guatemala. Guatemala.

Vorubra, Georg (1985): Arbeiten und Essen. Die Logik im Wandel des Verhältnisses von geselleschaflticher Arbeit und existentieller Sicherung im Kapitalismus. in: Leibfried, Stephan/Tennstedt, Florian (Hgg.): Politik der Armut und die Spaltung des Sozialstaats. Frankfurt a.M., S. 41-63.

Wagley, Charles (1941): Economics of a Guatemalan Village. in: Memoirs of the American Anthropological Association. Nr. 58, S. 1-85.

Wagley, Charles (1949): The Social and Religious Life of a Guatemalan Village. in: Memoirs of the American Anthropological Association. Nr. 71, S. 1-149.

Wagley, Charles (1964): The Peasant. in: Johnson, John J. (Hg.): Continuity and Change in Latin America. Stanford, S. 21-48.

Wagner, Regina (1987): Actividades empresariales de los alemanes en Guatemala 1870-1920. in: Mesoamérica, Vol. 8, Nr. 13, S. 87-124.

Wagner, Regina (1991): Los Alemanes en Guatemala, 1828-1944. Ph.D. University of Tulane, Guatemala .

Wallerstein, Immanuel (1974): The Modern World-System. New York.

Wallerstein, Immanuel (1979): The Capitalist World-Economy. New York.

Warren, Kay B. (1978): The Symbolism of Subordination. Indian Identity in a Guatemalan Town. Austin.

Watanabe, John M. (1981): Cambios económicos en Santiago Chimaltenango, Guatemala. in: Mesoamérica, Vol. 2, Nr. 2, S. 20-41.

Weber, Max (1976, 5., revidierte Auflage): Wirtschaft und Gesellschaft. 2 Bde. Tübingen.

Webre, Stephen (1993): Poder e ideología: La consolidación del sistema colonial (1542-1700). in: Pinto Soria, Julio César (Hg.): Historia general de Centroamérica. El régimen colonial (1524-1750), Vol. 2, Madrid, S. 151-218.

van der Wee, Herman (Hg.) (1972): The Great Depression Revisited. Essays on the Economies of the Thirties. The Hague.

Weeks, John (1985): The Economies of Central America. New York.

Whetten, Nathan L. (1961): Guatemala. The Land and the People. New Haven.

Wickizer, V.D. (1943): The World Coffee Economy With Special Reference to Control Schemes. Stanford.

Wilken, Gene C. (1987): Good Farmer: Traditional Agricultural Resource Management in Mexico and Central America. Berkeley.

Winson, Anthony (1978): Class Structure and Agrarian Transition in Central America. in: Latin American Perspectives, Vol. 5, Nr. 4, S. 27-48.

Wisdom, Charles (1961): Los Chortis de Guatemala. Seminario de Integración Social Guatemalteca (SISG). Publicación No. 10. Guatemala.

Wolf, Eric R. (1955): Types of Latin American Peasantry: A Preliminary Discussion. in: American Anthropologist, Vol. 57, Nr. 3, S. 452-471.

Wolf, Eric R. (1969): Peasant Wars of the Twentieth Century. New York.

Woodward, Ralph L. (Hg.) (1971): Positivism in Latin America, 1850-1900. Are Order and Progress Reconcilable? Toronto/London.

Woodward, Ralph L. (1976): Central America. A Nation Divided. New York.

Woodward, Ralph L. (1980): Crecimiento de población en Centroamérica durante la primera mitad del siglo de la Independencia Nacional. in: Mesoamérica, Vol. 1, Nr. 1, S. 219-231.

Woodward, Ralph L. (1983): The Rise and Fall of Liberalism in Central America: Historical Perspectives on the Contemporary Crisis. The Latin American Studies Association, October 1. Mexico

Woodward, Ralph L. (1984): The Rise an Decline of Liberalism in Central America. Historical Perspectives on the Contemporary Crisis. in: Journal of Interamerican Studies and World Affairs, Vol. 26, Nr. 3, S. 291-312.

Woodward, Ralph L. (1992): Unity and Diversity in Central American History. in: Latin American Research Review, Vol. 27, Nr. 3, S. 257-266.

The World's Coffee (1947): Studies of the Principal Agricultural Products on the World Market. International Institute of Agriculture, FAO, Rome.

Wortman, Miles L. (1982): Government and Society in Central America 1680-1840. New York.

Young, John P. (1980): Moneda y finanzas de Guatemala. in: Luján Muñoz, Jorge (Hg.): Economía de Guatemala 1750-1940. Antología de lecturas y materiales. 2 Bde. Guatemala, 2. Bd., S. 137-186.

Zavala, Silvio (3/1978): Ensayos sobre la colonización española en América. México.

Zermeño, Sergio (1981): Las fracturas del estado en América Latina. in: Lechner, Norbert (Hg.): Estado y política en América Latina. México, S. 60-86.

HISPANO-AMERICANA

GESCHICHTE, SPRACHE, LITERATUR

Herausgegeben von

Walther L. Bernecker, Martin Franzbach,
José María Navarro, Dieter Reichardt

Band 1 Jorge Hernández Eduardo: Verba dicendi. Kontrastive Untersuchungen Deutsch – Spanisch. 1993.

Band 2 Kerstin Schimmel: Straßenkinder in Bolivien. Darstellung und Problematisierung vorhandener Betreuungsangebote unter besonderer Berücksichtigung der Lebensbedingungen der Straßenkinder in Cochabamba. 1994.

Band 3 Jesús Irsula Peña: Substantiv - Verb - Kollokationen. Kontrastive Untersuchungen Deutsch - Spanisch. 1994.

Band 4 Irene Prüfer: La traducción de las partículas modales del alemán al español y al inglés. 1995.

Band 5 Marita Kohmäscher: Harmonie und Gegenseitigkeit. Kontinuität der Wertvorstellungen bei den Indios in den peruanischen Anden. 1995.

Band 6 Michael Förch: Zwischen utopischen Idealen und politischer Herausforderung. Die Nicaragua-Solidaritätsbewegung in der Bundesrepublik. Eine empirische Studie. 1995.

Band 7 Rosa María Sauter de Maihold: *Del silencio a la palabra* - Mythische und symbolische Wege zur Identität in den Erzählungen von Carlos Fuentes. 1995.

Band 8 Angela Bartens: Die iberoromanisch-basierten Kreolsprachen. Ansätze der linguistischen Beschreibung. 1995.

Band 9 Norman Meuser: Nation, Staat und Politik bei José Antonio Primo de Rivera. Faschismus in Spanien? 1995.

Band 10 Babette Kaiserkern: Carlos Fuentes, Gabriel García Márquez und der Film. Kritische Untersuchungen zur Geschichte und Phänomenologie des Films in der Literatur. 1995.

Band 11 Manfred Böcker: Ideologie und Programmatik im spanischen Faschismus der Zweiten Republik. 1996.

Band 12 Michael Herzig: Der Chaco-Krieg zwischen Bolivien und Paraguay 1932 - 1935. Eine historisch-strukturelle Analyse der Kriegsgründe und der Friedensverhandlungen. 1996.

Band 13 Rudolf Häuptli: Pioniere der wirtschaftlichen und sozialen Entwicklung im brasilianischen Nordosten. Die Wasserkraftgesellschaft des São Francisco – Pionierphase, Expansion und Umbruch (1948-1974). 1996.

Band 14 Natascha Rodrigues: Das Interview in der spanischen Presse. Formen, Arbeitsmethoden, Absichten und Möglichkeiten zur Manipulation. 1996.

Band 15 Antonio Sommavilla: Wirtschaft und Gesellschaft im Wandel: Argentinien. 1996.

Band 16 Thomas Fischer: Die verlorenen Dekaden. "Entwicklung nach außen" und ausländische Geschäfte in Kolumbien 1870-1914. 1997.

Band 17 Markus Glatz: Schweizerische Einwanderer in Misiones. Ein Beispiel ausländischer Siedlungskolonisation in Argentinien im 20. Jahrhundert. 1997.

Band 18 Walther L. Bernecker (Hrsg.): Die Schweiz und Lateinamerika im 20. Jahrhundert. Aspekte ihrer Wirtschafts- und Finanzbeziehungen. Mit Beiträgen von Branka Fluri, Annina Jegher, Martin Kloter, Peter Marbet. 1997.

Band 19 Peter Fleer: Arbeitsmarkt und Herrschaftsapparat in Guatemala 1920-1940. 1997.

Andreas Birner / Hermann Fried / Andreas Novy / Walter B. Stöhr

Lokale Entwicklungsinitiativen – ein interkultureller Vergleich

Lebensstrategien und globaler struktureller Wandel

Frankfurt/M., Berlin, Bern, New York, Paris, Wien, 1997.
365 S., zahlr. Abb. u. Tab.
ISBN 3-631-49467-X · br. DM 98.–*

Das Buch basiert auf einem Forschungsprojekt, das den interkulturellen Vergleich lokaler Entwicklungsinitiativen in zwei unterschiedlichen peripheren Regionen zum Gegenstand hat: dem Waldviertel in Österreich und einem Armenviertel in São Paulo/Brasilien. Es wurde den Fragen nachgegangen, warum Lokalinitiativen entstehen und wer an diesen teilnimmt, ob es der subjektive oder der objektive Problemdruck ist, der zur Gründung von Lokalinitiativen führt und ob ausreichende individuelle Ressourcenausstattung Voraussetzung für das Gründen von Lokalinitiativen ist. Letzteres wurde im Rahmen von über tausend Interviews getestet. Die Arbeit liefert mit einer machttheoretischen Analyse lokaler Akteure einen wesentlichen Beitrag zu einer Neukonzeptualisierung von Peripherisierungsprozessen und von Regionalpolitik.

Aus dem Inhalt: Regionale Beziehungsgeflechte und Macht · Auswirkungen sozialer Polarisation auf Lokalinitiativen · Problemsicht regionaler Schlüsselpersonen · Gründungsmotive und Problemlösungsstrategien von Lokalinitiativen im nördlichen Waldviertel und in São Paulo · Ressourcenausstattung lokaler Akteure im Vergleich · Warum entstehen Lokalinitiativen? · Wer nimmt an Lokalinitiativen teil? · Sind Lokalinitiativen eine wirksame lokale Antwort auf globale Impulse?

Frankfurt/M · Berlin · Bern · New York · Paris · Wien
Auslieferung: Verlag Peter Lang AG
Jupiterstr. 15, CH-3000 Bern 15
Telefax (004131) 9402131
*inklusive Mehrwertsteuer
Preisänderungen vorbehalten